Office 2007

Paso a paso

Microsoft·

TÍTULO DE LA OBRA ORIGINAL:
2007 Microsoft Office System Step by Step

RESPONSABLE EDITORIAL:
Eugenio Tuya Feijoó

TRADUCTORES:
Leire Amigo Fernández
Margarita Fernández-Villaverde del Valle
Mercedes García Vico
Samuel Blazquez Gomez
Rubén Méndez Suárez

DISEÑO DE CUBIERTA:
Cecilia Poza Melero

Office 2007

Paso a paso

Joyce Cox
Curtis Frye
Steve Lambert
Joan Preppernau
Katherine Murray
M. Dow Lambert III

Microsoft

ANAYA
MULTIMEDIA

Todos los nombres propios de programas, sistemas operativos, equipos hardware, etc. que aparecen en este libro son marcas registradas de sus respectivas compañías u organizaciones.

Edición española:

© EDICIONES ANAYA MULTIMEDIA (GRUPO ANAYA, S.A.), 2007
Juan Ignacio Luca de Tena, 15. 28027 Madrid
Depósito legal: M-18.620-2007
ISBN: 978-84-415-2201-5
Printed in Spain
Imprime: Artes Gráficas Guemo, S.L.
Febrero, 32. 28022 Madrid.

Sobre los autores

Joyce Cox

Joyce lleva 25 años desarrollando material de formación sobre temas técnicos para audiencias no técnicas y es la autora de docenas de libros sobre las tecnologías Office y Windows. Es vicepresidenta de Online Training Solutions, Inc. (OTSI). Fue presidenta y principal autora para Online Press, donde desarrolló las series de libros de formación informática *Quick Course* (Curso rápidos) para estudiantes adultos principiantes e intermedios. También fue la primera editora general de Microsoft Press, editora de Sybex, y editora para la Universidad de California. Joyce y su marido Ted viven en el centro de Bellevue, Washington, y se escapan siempre que les es posible a su pequeña y aislada cabaña de la montaña Cascade.

Curtis Frye

Curt Frye es escritor freelance y un MVP (*Most Valuable Professional*; profesional más valioso) de Microsoft para Microsoft Office Excel. Vive en Portland, Oregon, y es autor de ocho libros de Microsoft Press, entre los que se incluyen versiones Paso a paso (como la de Excel 2007) y libros de la colección *Plain & Simple* (como *Microsoft Office Access 2007 Plain & Simple* y *Microsoft Office Excel 2007 Plain & Simple*). Además, ha escrito una gran cantidad de artículos para el sitio Web Microsoft Work Essentials. Antes de iniciar su carrera como escritor en junio de 1995, Curt trabajó durante cuatro años en MITRE, como analista de comercio de defensa y un año como director de ventas y marketing en Digital Gateway Systems, un proveedor de servicios de Internet. Curt se graduó con matrícula de honor en ciencias políticas en la universidad de Syracuse en 1990. Cuando no está escribiendo, Curt ejerce de humorista de improvisación profesional en ComedySportz Portland.

Steve Lambert

Steve ha escrito 18 libros, la mayoría de ellos sobre aplicaciones de Microsoft. Como presidente de Online Publishing and Programming Solutions, Inc. (OP²S), ha dirigido el desarrollo de muchas herramientas para la creación y la visualización de material de formación. Steve aprovecha Internet y la tecnología informática para trabajar desde casa, un rancho de caballos de diez acres en Olympic Peninsula. Cuando no está trabajando en productos tecnológicos, él y su mujer Gale pasan el tiempo cuidando de su propiedad, entrenando, montando caballos y limpiando el terreno.

M. Dow Lambert III

Durante sus 20 años de vida académica, Dow ha sido autor y coautor de 19 publicaciones de investigación en ciencias sociales, ha desarrollado programas de planes de estudio y de formación para profesionales de servicios sociales, y ha dirigido estudios longitudinales sobre el comportamiento humano. En 1995 dejó el mundo académico para entrar en el sector privado, donde trabajó para una pequeña compañía que desarrollaba y mantenía sistemas de reservas para la industria de los viajes. Aquí aprendió la diferencia entre escribir informes de investigación para publicaciones científicas, escribir especificaciones técnicas para programadores y redactar guías de usuario para personas que realmente necesitaban comprender y utilizar el software que su compañía producía. En su tiempo libre, Dow y su mujer disfrutan observando y fotografiando pájaros.

Katherine Murray

Katherine Murray es la autora de muchos libros sobre tecnología, con especial énfasis en Microsoft Office. Su último libro, *First Look 2007 Microsoft Office System* (Microsoft Press, 2006) está disponible como descarga gratuita PDF en el sitio de descargas de Microsoft Office 2007. Katherine es también coautora de *Microsoft Word 2007 Inside Out* y *MSN Spaces: Share Your Story*. Katherine colabora de forma regular en diversos sitios de Microsoft y publica un blog denominado BlogOffice, en el que se ofrecen trucos, actualizaciones, noticias y recursos relacionados con distintas versiones y eventos de Microsoft Office.

Katherine ha estado fascinada por los ordenadores desde principios de los años ochenta, cuando su marido trajo a casa uno de los primeros ordenadores IBM que llegaron a la ciudad de Indianápolis. Vive en Midwest con sus tres hijos (una de ellas reside a una milla de distancia con su marido y su hija recién nacida, Ruby, ¡la primera nieta de Katherine!) y disfruta con muchas actividades que no están relacionadas con la tecnología, como la jardinería, la cocina, la lectura, el jazz y jugar al Trivial Pursuit con los niños.

Joan Lambert Preppernau

Joan es la autora de más de una docena de libros sobre Windows y Office, incluyendo el conocido libro *Microsoft Windows XP Step by Step* (Paso a paso) y ha participado en el desarrollo de los exámenes de certificación de Microsoft para el sistema Office 2007 y Windows Vista. Al haber aprendido todo lo relacionado con los ordenadores literalmente encima de su padre, su amplia experiencia en varias facetas de la industria informática le anima a producir interesante material de formación, útil y fácil de comprender. Joan es la presidenta de Online Training Solutions, Inc. (OTSI) y una ávida trabajadora en línea. La fuerza de Internet y su obsesión por la tecnología han hecho posible que Joan haya vivido y trabajado en Nueva Zelanda, Suecia, Dinamarca así como en varios lugares de Estados Unidos durante los últimos 15 años. Tras haber descubierto finalmente las delicias de una dosis diaria de sol, Joan se ha establecido recientemente en San Diego, California, con su marido Barry y su hija Trinity.

Online Training Solutions, Inc. (OTSI)

OTSI se especializa en el diseño, producción y creación de productos de formación sobre Office y Windows para trabajadores de la información y para usuarios particulares. Para obtener más información sobre OTSI, visite la página (en inglés) `http://www.otsi.com`.

Índice

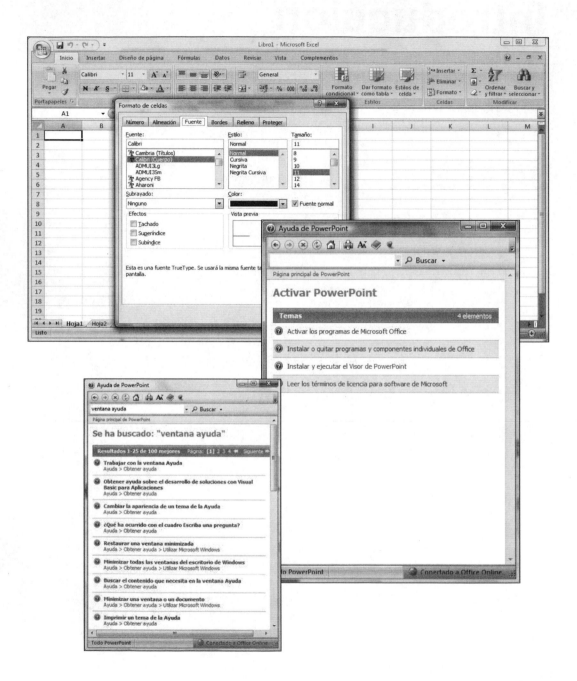

Introducción

Desde el momento en que abre cualquiera de las aplicaciones en el sistema de Microsoft Office 2007, notará una enorme diferencia: la interfaz de usuario al completo ha sido rediseñada para que sea más intuitiva, de más fácil navegación y más adecuada a la tarea que tengamos entre manos.

Cuando los desarrolladores de Office 2007 comenzaron su tormenta de ideas sobre la nueva interfaz de usuario, decidieron volver a la mesa de dibujo y crear una interfaz basada en la forma en la que las personas utilizan sus ordenadores en la actualidad. El resultado es un sistema simplificado e inteligente que le ofrece exclusivamente las herramientas que necesita, cuando las necesita. Se acabó lo de tener que hacer clic en menús, submenús y cuadros de diálogo anidados. Ahora los comandos aparecen delante de usted, dependiendo del tipo de objeto que seleccione y de la aplicación que esté utilizando. En esta sección hablaremos de los nuevos elementos de la interfaz de usuario de Office 2007 para que pueda reconocer las nuevas características cuando empiece a utilizar las distintas aplicaciones.

Utilizar la cinta de opciones

La cinta de opciones de Office 2007 fue noticia mucho antes de que se publicara Office 2007. ¿Por qué? Esta cinta de opciones es el drástico sustituto del sistema de menús tradicional de las versiones anteriores de Microsoft Office. La cinta de opciones se coloca en la parte superior de su área de trabajo en Word, Excel, PowerPoint y Access, y aparece en ventanas seleccionadas de Outlook, ofreciéndole fichas, comandos contextuales y más elementos relacionados con la operación que esté realizando (véase la figura I.1).

La cinta de opciones es, en realidad, un conjunto de diversos componentes:

1. La barra de herramientas de acceso rápido (que aparece en la parte superior izquierda de la ventana y contiene el **Botón de Office**, que abre el menú Archivo), y los iconos de **Guardar**, **Deshacer** y **Rehacer**. (Puede personalizar esta barra de herramientas de acceso rápido y añadirle las herramientas que utilice con más frecuencia.)

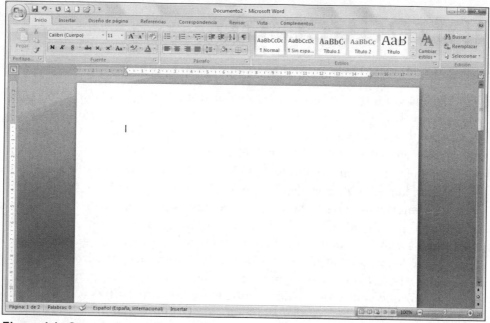

Figura I.1. Cuando haga clic en una ficha de comandos, se mostrarán en la cinta de opciones los grupos de comandos relacionados con dicha ficha.

2. Las fichas de comandos (como Inicio, Insertar, Diseño de página, Referencias, Correspondencia, Revisar y Vista en Word 2007) aparecen de forma horizontal en la pantalla, justo debajo de la barra de título.

3. Los grupos de comandos son los comandos disponibles para la ficha seleccionada que tienen relación directa con lo que usted está intentando hacer. El nombre de los grupos aparece debajo de los comandos (por ejemplo, Portapapeles, Fuente, Párrafo y Estilos en la figura I.1).

4. Los comandos contextuales aparecen sólo cuando se selecciona un objeto (una tabla, un gráfico, etc.).

Fichas de comandos

Estas fichas de comando tienen una relación directa con las etapas del proceso que probablemente siga cuando cree un proyecto en una aplicación. Por ejemplo, en Excel 2007, las fichas de comando son Inicio, Insertar, Diseño de página, Fórmulas, Datos, Revisar y Vista. Cuando crea una hoja de cálculo, lo primero que necesita son los comandos relacionados con la introducción de datos (Inicio), su edición (Insertar) y la aplicación de un determinado formato (Diseño de página). Más adelante en el proceso, querrá trabajar con la información introducida en la hoja de cálculo analizándola (Fórmulas), clasificándola, filtrándola, consolidándola y validándola (Datos). Si trabaja como parte de un equipo, querrá tener la oportunidad de revisar la hoja de cálculo y compartirla con los demás (Revisar). Durante todo el proceso, necesitará modificar la manera en la que se visualiza su hoja de cálculo (Vista).

Grupos de comandos

En la cinta de opciones aparecen distintos comandos dependiendo de la ficha que haya seleccionado. Si hace clic en la ficha Inicio de PowerPoint 2007, aparecerá un determinado grupo de comandos; si hace clic en la ficha Revisar, se mostrará un grupo diferente. Este enfoque reduce el número de menús, comandos y cuadros de diálogo por los que tiene que pasar para encontrar el elemento que está buscando. Cada grupo está compuesto por comandos relacionados con su función. En la figura I.2 puede ver los grupos de comandos Configurar página, Temas y Fondo que aparecen cuando se selecciona la ficha Diseño en PowerPoint 2007.

Pestañas contextuales

Las pestañas contextuales se diferencian de los grupos de comandos en que aparecen sólo cuando selecciona un objeto específico en su documento. Por ejemplo, cuando crea una tabla en Word, aparece la pestaña contextual Herramientas de tabla por encima de la cinta de opciones. El grupo de herramientas incluye dos fichas específicas para la tabla seleccionada: Diseño y Presentación (véase la figura I.3). La ficha Diseño incluye distintos grupos de comandos que le permiten dar formato a una tabla para proporcionarle el aspecto que desee obtener. La ficha Presentación de la pestaña contextual Herramientas de tabla le permite escoger la forma en la que quiere que se coloquen y organicen los datos en las celdas.

Iniciadores de cuadros de diálogo

Algunos grupos de comandos de la cinta de opciones están también disponibles como cuadros de diálogo de estilo tradicional. La presencia de una pequeña flecha en la esquina inferior derecha de un grupo de comandos indica que puede hacer clic en ese "iniciador" para mostrar el cuadro de diálogo que contiene esos comandos. Por ejemplo, si hace clic en el iniciador de cuadros de diálogo del grupo de comandos Fuente en la ficha Inicio de Excel, aparece el cuadro de diálogo Formato de celdas con la pestaña Fuente seleccionada, como puede ver en la figura I.4.

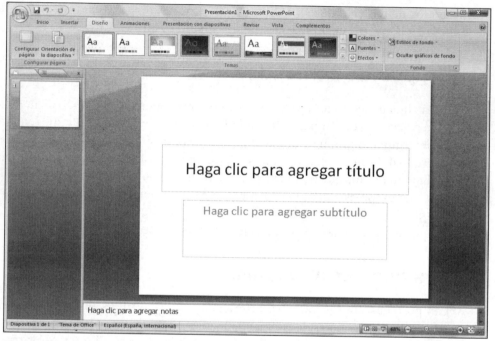

Figura I.2. El conjunto de comandos que se muestran en la cinta de opciones depende de la ficha de comandos que seleccione.

Nota: También encontrará un iniciador de cuadro de diálogo en la parte inferior de cualquier galería que muestre opciones avanzadas. Por ejemplo, en Word, si selecciona la ficha de comandos Diseño de página y hace clic en la flecha que aparece en el apartado Columnas dentro de ese grupo de comandos, aparece una galería de ajustes de columnas. Haga clic en la opción Más columnas que aparece en la parte inferior de la galería para acceder al cuadro de diálogo Columnas (véase la figura I.5).

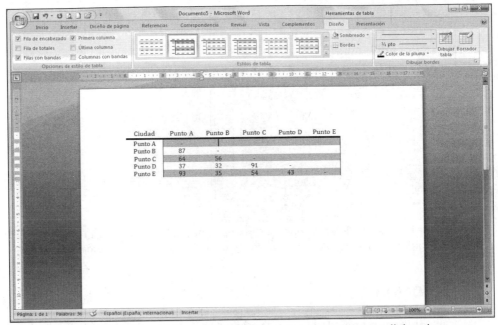

Figura I.3. Las pestañas contextuales le proporcionan opciones adicionales relacionadas con el objeto seleccionado.

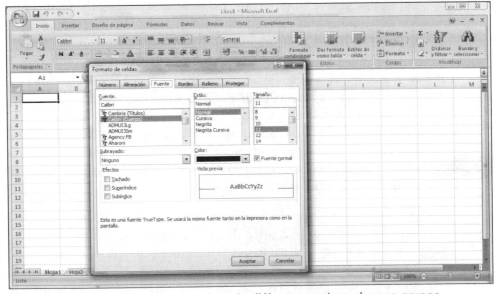

Figura I.4. Los iniciadores de cuadros de diálogo muestran algunos grupos de comandos en cuadros de diálogo tradicionales.

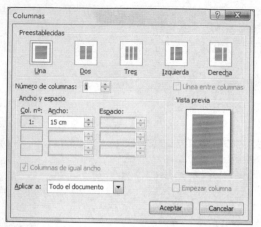

Figura I.5. Haga clic en la opción Más opciones que aparece en la parte inferior de la galería para acceder al cuadro de diálogo de opciones adicionales.

Galerías

Las galerías son una de las grandes incorporaciones al diseño de la nueva interfaz de usuario, le ayudan a encontrar el aspecto que desea con un simple clic de ratón. Office 2007 incluye dos tipos de galerías. Las galerías con sólo algunas opciones se muestran normalmente como parte de un grupo de comandos en la cinta de opciones pero las galerías con múltiples selecciones (como las de Estilos, Temas y Márgenes en Word 2007) aparecen como galerías desplegables en las que puede llevar a cabo su selección en el grupo que se muestra.

Cuando selecciona un comando que tiene una flecha cerca de él (lo que significa que existen opciones adicionales disponibles) aparece la galería (véase la figura I.6). Con un simple vistazo, puede ver qué combinación de color, formato, esquema de color, transición o tipo de gráfico desea utilizar. Sólo tiene que hacer clic en su elección (o simplemente poner el ratón encima si utiliza la característica de previsualización en directo) y el ajuste se aplicará al documento en el que esté trabajando o al objeto seleccionado.

Truco: La nueva característica de previsualización en directo de Office 2007 le permite ver el aspecto que tendrá un estilo antes de seleccionarlo. Simplemente ponga el ratón encima de una opción que esté considerando, y la aplicación mostrará el efecto de ese elemento en el área de trabajo. Cuando encuentre uno que le guste, haga clic para aplicarlo a su documento.

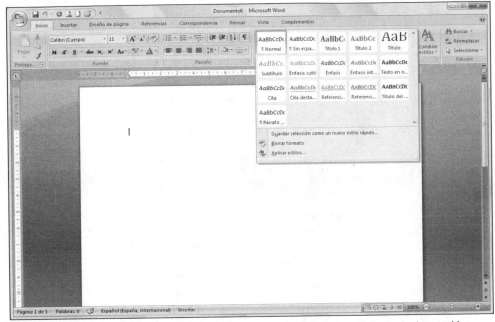

Figura I.6. Las galerías le permiten encontrar y seleccionar fácilmente la opción más adecuada para su proyecto.

El nuevo menú Archivo

El menú Archivo se ha visto sometido a una importante remodelación; en lugar de aparecer bajo el título Archivo, es el **Botón de Office** el que marca ahora el lugar en el que se encuentra este menú. Y los cambios realizados en el menú Archivo no son sólo de apariencia; se han llevado a cabo modificaciones funcionales para ayudarle a centrarse en las tareas relacionadas con archivos que necesita.

El nuevo menú Archivo incluye dos paneles. En la parte izquierda, puede ver las principales tareas de archivos; en la parte derecha, aparecen las opciones relacionadas con esas tareas cuando pone el ratón sobre uno de los comandos de la izquierda. Por ejemplo, si pone el ratón encima de Preparar, aparecerán las opciones que puede ver en la figura I.7.

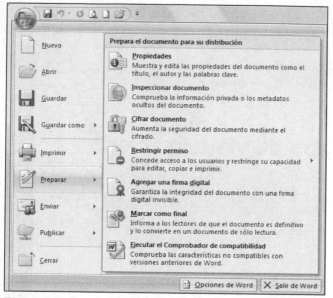

Figura I.7. El nuevo menú Archivo incluye novedades en el diseño y en la organización, y cuenta con comandos adicionales que le ofrecen distintas formas de trabajar con archivos.

Barra de herramientas de acceso rápido

A la derecha del botón de Office, encima de la cinta de opciones, puede ver tres herramientas que seguro le resultan familiares: **Guardar**, **Deshacer** y **Rehacer**. Estas herramientas forman parte de la barra de herramientas de acceso rápido, que viaja con usted de una aplicación a otra. Estas herramientas están disponibles en el mismo lugar en todas las aplicaciones principales de Office 2007 que tienen la nueva interfaz de usuario. Puede personalizar la barra de herramientas de acceso rápido para añadir otras herramientas que utilice con regularidad. Por ejemplo, podría querer añadir la herramienta Insertar hipervínculo a esta barra de herramientas para que esté disponible en todas sus aplicaciones.

Truco: Si decide poner varias herramientas en la barra de herramientas de acceso rápido, quizá le parezca conveniente que se muestre en su propia fila a lo largo de la cinta de opciones. Haga clic con el botón derecho del ratón en cualquier lugar de la cinta de opciones y seleccione Mostrar la barra de herramientas de acceso rápido por debajo de la cinta de opciones. Para devolver esta barra de herramientas a su estado original, haga clic con el botón derecho del ratón en la cinta de opciones una segunda vez y seleccione Mostrar la barra de herramientas de acceso rápido por encima de la cinta de opciones.

Nuevos controles de visualización

Microsoft Office 2007 cambia la ubicación de la ficha Vista con el fin de organizar los controles necesarios para la visualización de sus documentos. Todo lo que antes encontraba en los menús Ventana o Vista, lo encontrará ahora en la ficha Vista (véase la figura I.8). Las herramientas de visualización más familiares aparecen en la esquina inferior derecha de la ventana de documento, a la izquierda de la práctica herramienta Zoom que le permite aumentar o reducir la visualización de su documento mientras trabaja.

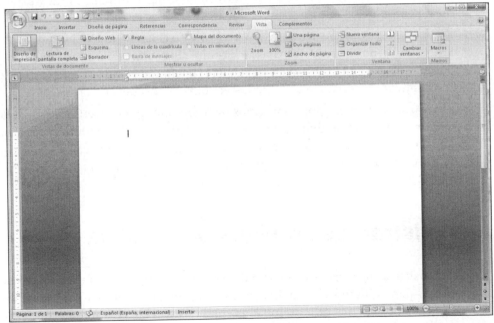

Figura I.8. Desplácese entre las distintas ventanas y cambie el modo de visualización utilizando los comandos que encontrará en la ficha Vista.

Truco: Al final de este libro encontrará un póster en cuatro colores que le servirá de referencia. Esta práctica guía le indica algunas de las mejores características de la nueva interfaz de usuario de Office e incluye trucos que le iniciarán en su utilización. Aprenderá más sobre estas características y otras muchas a medida que avance en la lectura de este libro.

Información para los lectores que utilicen Windows XP

Los gráficos y las instrucciones relacionadas con el sistema operativo incluidos en este libro hacen referencia a la interfaz de usuario de Windows Vista. Sin embargo, no es necesario utilizar Windows Vista; puede utilizar un ordenador con sistema operativo Microsoft Windows XP.

La mayoría de las diferencias con las que se encontrará cuando ponga en práctica los ejercicios incluidos en este libro en un ordenador con Windows XP serán más de apariencia que de funcionalidad.

Por ejemplo, el botón de inicio de Windows Vista es redondo en vez de rectangular, y en él no aparece la palabra "Inicio"; los marcos de las ventanas y los botones de gestión de ventanas tienen un aspecto diferente y, si su sistema soporta Windows Aero, los marcos de las ventanas podrían ser transparentes.

En esta sección le proporcionaremos instrucciones para acceder a o navegar por menús y cuadros de diálogo en Windows XP que son distintos de los que se muestran en los ejercicios de este libro. En la mayoría de los casos estas diferencias son lo suficientemente insignificantes como para que no tenga ninguna dificultad a la hora de llevar a cabo los ejercicios.

Administrar los archivos de práctica

Las instrucciones dadas en el apéndice del CD-ROM al final del libro son específicas para Windows Vista. Las únicas diferencias cuando utilice o elimine los archivos de práctica proporcionados en el CD son las ubicaciones por defecto.

En un ordenador con Windows Vista, la ubicación por defecto para la instalación de los archivos de práctica es `Documentos>Office 2007. Paso a paso`. En un ordenador con Windows XP, la ubicación por defecto para la instalación es `Mis documentos>Office 2007. Paso a paso.` Si su ordenador utiliza Windows XP, cuando un ejercicio le indique que navegue hasta la carpeta `Documentos`, usted deberá hacerlo en su lugar hasta la carpeta `Mis documentos.`

Utilizar el menú de inicio

Siga este procedimiento para abrir un programa, como Outlook 2007, en un ordenador que funcione con XP:

1. Haga clic en el botón **Inicio** ![Inicio], y luego en Todos los programas> Microsoft Office>Microsoft Office Outlook 2007.

Las carpetas del menú de inicio de Windows Vista se expande de forma vertical; en el menú de inicio de Windows XP lo hacen de forma horizontal. Observará esta variación entre las imágenes que se muestran en este libro y su menú Inicio (véase la figura I.9).

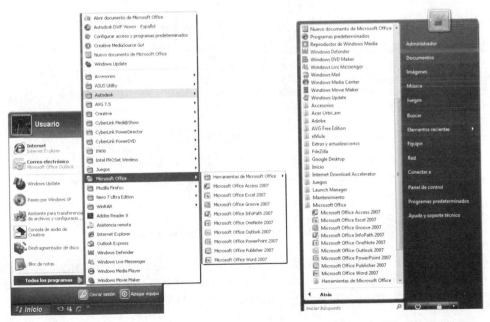

Figura I.9. Diferencias entre el menú Inicio de Windows XP y de Windows Vista.

Navegar por los cuadros de diálogo

En un ordenador que utilice Windows XP, algunos de los cuadros de diálogo con los que trabajará en estos ejercicios no sólo tendrán una apariencia distinta de la de los gráficos que se muestran en este libro, sino que también funcionarán de forma diferente. Estos cuadros de diálogo son principalmente los que actúan de interfaz entre Office y el sistema operativo, incluyendo cualquier cuadro de diálogo mediante el que se dirige a una determinada ubicación. Por ejemplo, en la figura I.10 puede ver los cuadros de diálogo **Abrir** de Office 2007 en Windows Vista y en Windows XP y algunos ejemplos de cómo navegar por ellos.

Figura I.10. Diferencias entre el cuadro de diálogo Abrir de Windows XP y de Windows Vista.

Para acceder a la carpeta del capítulo_01 en Windows Vista:

- En el panel **Vínculos favoritos**, haga clic en **Documentos**. A continuación, en el panel de contenidos de esa carpeta, haga doble clic en `Office 2007. Paso a paso`, y doble clic en la carpeta `Capítulo_01`.

Para volver a la carpeta `Office 2007. Paso a paso` de Windows Vista:

■ En la esquina superior izquierda del cuadro de diálogo haga clic en el botón **Atrás** .

Para acceder a la carpeta `Capítulo_01` en Windows XP:

■ En la barra **Buscar en**, haga clic en **Mis documentos**. A continuación, en el panel de contenido de la carpeta, haga doble clic en `Office 2007.` `Paso a paso`, y finalmente en `Capítulo_01`.

Para volver a la carpeta `Office 2007. Paso a paso` en Windows XP:

■ En la barra de herramientas, haga clic en el botón **Arriba** .

Convenciones y características

Este libro se ha diseñado para llevarle paso a paso por todas las tareas que quiera realizar con mayor probabilidad en Microsoft Office 2007. Si comienza por el principio y realiza todos los ejercicios, obtendrá las competencias necesarias para poder trabajar Microsoft Office 2007.

Podrá ahorrar tiempo cuando utilice este libro entendiendo cómo esta colección muestra instrucciones especiales, teclas para pulsar, botones para hacer clic, etc.

Convención	Significado
ASEGÚRESE	Lo encontrará al principio de los párrafos que preceden o suceden los ejercicios paso a paso. Indican elementos que debe comprobar o acciones que debe llevar a cabo ya sea antes de comenzar o tras completar un ejercicio.
UTILICE/ABRA	Lo encontrará al principio de los párrafos que preceden los ejercicios paso a paso. Indican archivos de práctica que necesitará utilizar en el ejercicio.
CIERRE	Lo encontrará al principio de los párrafos que suceden a los ejercicios paso a paso. Proporcionan instrucciones para cerrar archivos o programas abiertos antes de seguir con otro tema.

Convención	Significado
CD-ROM	Esta nota indica una referencia al CD que acompaña al libro.
Truco	Esta nota le ofrece un truco o un atajo útil que facilita el trabajo en una tarea.
Advertencia	Esta nota señala información que debe conocer para completar un procedimiento.
Nota	Esta nota le ofrece información adicional o relacionada.
Control-C	Un guión (-) entre dos nombres de teclas indica que debe mantener pulsada la primera tecla mientras pulsa la segunda. Por ejemplo, "pulse **Control-C**" significa "mantenga pulsada la tecla **Control** mientras pulsa la tecla **C**".
Tipo de letra Arial	Los nombres de los elementos del programa como los menús, opciones, cuadros de diálogo se muestran en este tipo de letra.
Tipo de letra `Courier`	Los nombres de archivos, direcciones Web, etiquetas HTML o códigos de programación se muestran en este tipo de letra.
Negrita	Los botones, combinaciones de teclas y en general cualquier cosa que deba teclear se muestra en negrita.

Obtener ayuda

Se ha realizado mucho esfuerzo para asegurar la precisión de este libro y del contenido de su CD-ROM adjunto. Si tiene algún problema, contacte con las fuentes que se enumeran más adelante para obtener ayuda.

Consultar el libro original

Si desea consultar el libro original, puede hacerlo en el siguiente sitio Web: `http://search.support.microsoft.com/search/?adv=1`.

Obtener ayuda con uno de los programas de Office

Si su pregunta está relacionada con un programa específico, el primer recurso es el sistema de ayuda de la propia aplicación. Por ejemplo, si está trabajando en PowerPoint 2007, siga los siguientes pasos y ejemplos para conseguir ayuda. Este sistema es una combinación de herramientas y archivos almacenados en su ordenador al instalar el sistema Microsoft Office 2007 y, si su ordenador está conectado a Internet, también tiene información disponible en Microsoft Office Online. Existen varias formas de conseguir ayuda relacionada con información general o específica:

- Para saber más sobre un elemento de la pantalla, puede acceder a una pequeña pantalla de ayuda. Por ejemplo, puede mostrar una de estas etiquetas para un botón pasando el ratón por encima de él sin hacer clic. Podrá ver que aparece información que contiene el nombre del botón, el método abreviado de teclado asociado si existe y, a menos que especifique lo contrario, una descripción de la operación que llevará a cabo el botón si hace clic sobre él.

- En la ventana de programa de PowerPoint, puede hacer clic en el botón de ayuda de Microsoft Office PowerPoint (una interrogación dentro de un círculo azul) en el extremo derecho de la cinta de opciones para acceder a la ventana Ayuda de PowerPoint.

- Una vez abierto ese cuadro de diálogo, puede hacer clic en el botón **Ayuda** (que es también una interrogación) que se encuentra en el extremo derecho de la barra de título del cuadro de diálogo para mostrar la ventana Ayuda de PowerPoint con temas relacionados con las funciones de ese cuadro de diálogo identificadas.

Para practicar cómo conseguir ayuda, puede llevar a cabo el siguiente ejercicio.

ASÉGURESE de abrir PowerPoint antes de comenzar el ejercicio.

1. En el extremo derecho de la cinta de opciones, haga clic en el botón **Ayuda** de Microsoft Office PowerPoint. Se abrirá la ventana Ayuda de PowerPoint.

2. En la lista de temas de esta ventana, haga clic en Activar PowerPoint. La ayuda de PowerPoint le muestra la lista de temas relacionados con la activación de los programas de Microsoft Office (véase la figura I.11).

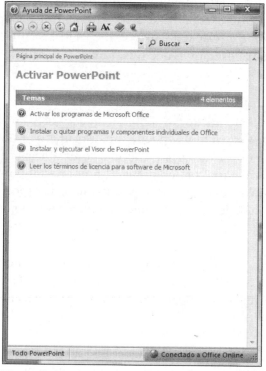

Figura I.11. Cuadro de diálogo Ayuda de PowerPoint.

Puede hacer clic en cualquiera de los temas para mostrar la información correspondiente.

3. En la barra de herramientas, haga clic en el botón Mostrar tabla de contenido. Aparecerá la Tabla de contenido en el panel izquierdo, organizada por categorías, como si se tratara de la tabla de contenidos de un libro (véase la figura I.12).

yuda de PowerPoint.

ategorías (representadas por el icono de un
mas de dicha categoría (representados por
ier formación online disponible (represen-

erPoint muestra los temas y la formación
le Office, además de los temas almacena-

clic en algunas categorías y temas y, a
delante 🔄 y **Atrás** 🔙 para desplazarse
.

5. En el extremo derecho de la barra de título de la Tabla de contenido, haga clic en el botón **Cerrar** ⊠.

6. En la parte superior de la ventana Ayuda de PowerPoint, haga clic en el cuadro de búsqueda, escriba Ventana Ayuda y pulse la tecla **Intro**. La ventana Ayuda de PowerPoint mostrará los temas relacionados con las palabras que haya escrito (véase la figura I.13).

Figura I.13. Resultados de una búsqueda en la ayuda de PowerPoint.

7. En la lista de resultados, haga clic en Imprimir un tema de la ayuda. El tema seleccionado aparece entonces en la ventana Ayuda de PowerPoint, explicándole que puede hacer clic en el botón **Imprimir** de la barra de herramientas para imprimir cualquier tema.

8. Debajo del título, en la parte superior del tema, haga clic en Mostrar todo. PowerPoint mostrará cualquier información auxiliar oculta disponible en el tema y cambiará el botón Mostrar todo por el de Ocultar todo. Puede mostrar u ocultar elementos de forma individual haciendo clic sobre ellos. Cuando haga clic en el botón **Imprimir**, PowerPoint imprimirá toda la información que se esté mostrando.

CIERRE la ventana Ayuda de PowerPoint.

Si quiere obtener más información

Si su pregunta versa sobre Microsoft Office 2007 o sobre cualquier otro producto de software de Microsoft y no puede encontrar la respuesta en el sistema de ayuda del producto, busque en el centro de soluciones del producto apropiado o en *Microsoft Press Knowledge Base* en: `support.microsoft.com`.

También dispone de opciones de ayuda de software para ubicaciones específicas (ambas páginas en inglés) en: `support.microsoft.com/gp/selfoverview/`.

1. Explorando Word 2007

En este capítulo aprenderá a:

✓ Trabajar con la interfaz de Word.

✓ Abrir, desplazarse por un documento y cerrarlo.

✓ Mostrar las diferentes vistas de un documento.

✓ Crear y guardar un documento.

✓ Previsualizar e imprimir un documento.

Cuando utilizamos un programa de ordenador para crear, editar y producir documentos estamos "procesando textos". Microsoft Office Word 2007 es uno de los procesadores de texto más sofisticados que existen hoy en día. Nunca antes había sido tan sencillo crear de forma eficiente una variedad tan amplia de documentos personales y profesionales, desde la carta más simple hasta el informe más complejo. Word posee muchas herramientas de autoedición que podemos utilizar para mejorar la apariencia de los documentos, de forma que sean atractivos y fáciles de leer. El programa ha sido completamente rediseñado para que todas estas herramientas, así como otras potentes características, sean mucho más accesibles, de forma que hasta los nuevos usuarios puedan empezar a trabajar en Word.

Trabajar con la interfaz de Word

Al igual que sucede con el resto de programas de la versión 2007 de Microsoft Office, la forma más sencilla de ejecutar Word es desde el menú Iniciar, que se despliega cuando hacemos clic en el botón **Iniciar**, situado en el extremo izquierdo de la barra de tareas de Windows. Si este es el primer programa que utiliza del nuevo paquete Office 2007 se encontrará con una sorpresa: la ventana del programa ha cambiado de forma radical respecto a las versiones anteriores.

La nueva interfaz de Word está diseñada para adaptarse mejor a la forma en la que la gente suele trabajar con el programa. Cuando iniciamos Word por primera vez, la interfaz está compuesta por los siguientes elementos:

■ Haciendo clic en el **Botón de Office** se despliega un menú que contiene los comandos relacionados con la gestión de Word y con los documentos de Word en sentido general (no en relación a su contenido).

■ A la derecha del **Botón de Office** encontramos la Barra de herramientas de acceso rápido, que posee botones para ejecutar algunos comandos. Por defecto, esta barra contiene los botones **Guardar**, **Deshacer** y **Repetir**, pero podemos personalizarla para incluir cualquier otro comando que utilicemos frecuentemente.

■ En la barra de título se muestra el nombre del documento activo. En su extremo derecho están los botones habituales de todos los programas de Windows, que nos permiten ocultar de forma temporal la ventana de Word (haciendo clic en el botón **Minimizar**), ajustar el tamaño de la ventana con el botón **Restaurar/Maximizar** y cerrar el documento activo o salir de Word con el botón **Cerrar**.

■ Bajo la barra de título encontramos la Cinta de opciones, que hace que todas las herramientas de Word estén disponibles en una misma área, ayudándonos así a trabajar de forma más eficiente.

■ Los comandos que utilizamos para trabajar con el contenido del documento están representados por medio de botones, repartidos por las diferentes fichas que conforman la Cinta de opciones. La ficha Inicio es la que está activa por defecto. Para mostrar los botones de cualquier otra ficha sólo hay que hacer clic en la pestaña correspondiente (para ver los botones de la ficha Insertar, haga clic en la pestaña Insertar).

■ Dentro de cada una de las fichas, los botones están organizados en Grupos. Dependiendo del tamaño de la ventana de la aplicación, el botón que más se utiliza de un grupo es a veces más grande que el resto.

■ Dentro de cada grupo existen otros comandos que no se utilizan con tanta frecuencia y que en vez de estar representados por medio de botones están contenidos en cuadros de diálogo. Para abrir estos cuadros de diálogo hay que hacer clic en el **Iniciador del cuadro de diálogo del grupo** , situado en la esquina inferior derecha de la barra de título de cada grupo.

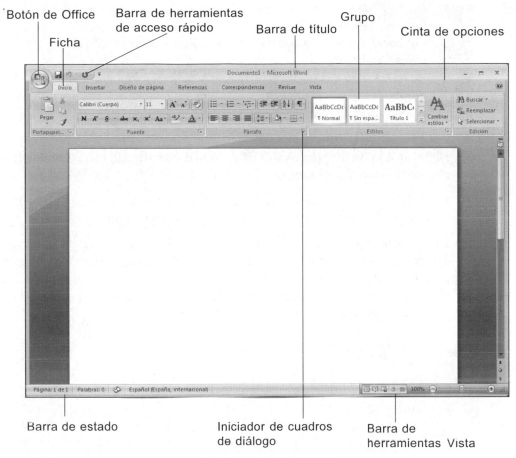

Figura 1.1. La nueva interfaz de Microsoft Word 2007.

- Unos botones muestran el nombre del comando y otros no. Si detenemos el puntero del ratón unos segundos sobre un botón aparecerá una etiqueta de Información sobre herramientas que nos indicará el nombre y sus funciones.

- Algunos botones tienen flechas, pero no todas las flechas son iguales. Si el botón y la flecha están juntos dentro de un mismo recuadro y son los dos del mismo color, al hacer clic en el botón se mostrarán las diferentes opciones que definen la acción del comando. Por el contrario, si el botón y la flecha están separados y tienen un sombreado distinto, haciendo clic en el botón ejecutaremos ese comando con los ajustes actuales del botón. Si queremos cambiar estos ajustes tendremos que hacer clic en la flecha para mostrar las opciones disponibles (véase figura 1.2).

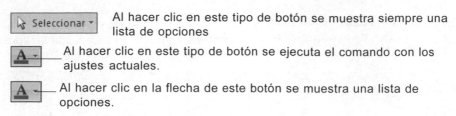

Al hacer clic en este tipo de botón se muestra siempre una lista de opciones

Al hacer clic en este tipo de botón se ejecuta el comando con los ajustes actuales.

Al hacer clic en la flecha de este botón se muestra una lista de opciones.

Figura 1.2. Distintos tipos de flechas de los botones de comando.

■ El botón **Ayuda de Microsoft Office Word** está situado en el extremo derecho de la Cinta de opciones.

■ Los documentos se crean en la ventana del documento. Cuando está abierto más de un documento, cada uno tendrá su propia ventana.

■ En la parte inferior de la ventana de la aplicación está situada la barra de estado. La barra de estado nos proporciona información sobre el documento abierto. Podemos activar o desactivar estos elementos de información haciendo clic con el botón derecho sobre la barra de estado y seleccionando ese elemento en el menú contextual (véase figura 1.3).

Personalizar barra de estado	
Número de página con formato	1
Sección	1
√ Número de página	1 de 1
Posición de página vertical	2,4 cm
Número de línea	1
Columna	1
√ Contar palabras	0
√ Revisión ortográfica y gramatical	Comprobando
√ Idioma	Español (España, internacional)
√ Firmas	Desactivado
√ Directiva de administración de información	Desactivado
√ Permisos	Desactivado
Control de cambios	Desactivado
Bloq Mayús	Desactivado
Sobrescribir	Insertar
Modo Selección	
Grabación de macros	Sin grabación
√ Ver accesos directos	
√ Zoom	100%
√ Control deslizante del zoom	

Haga clic en este elemento para mostrarlo en la barra de estado.

Figura 1.3. Menú contextual para personalizar la barra de estado.

■ En el extremo derecho de la barra de estado está la barra de herramientas Vista, que contiene las herramientas necesarias para ajustar la forma en que se muestra el contenido del documento.

El objetivo de la nueva interfaz rediseñada es lograr que el trabajo resulte más intuitivo. En esta versión del programa, los comandos que se utilizan más a menudo ya no están escondidos en menús y cuadros de diálogo, y algunas herramientas, que puede que antes no conociese, son ahora mucho más accesibles.

Cuando una herramienta de formato tiene varias opciones disponibles, éstas se mostrarán muchas veces en una galería de miniaturas. Estas galerías nos permiten comprobar de un solo vistazo el aspecto de cada opción y si detenemos el puntero del ratón sobre alguna de las miniaturas de la galería, una nueva y sorprendente propiedad llamada Vista previa activa, nos permite ver cómo quedaría esa opción si la aplicásemos al documento (véase figura 1.4).

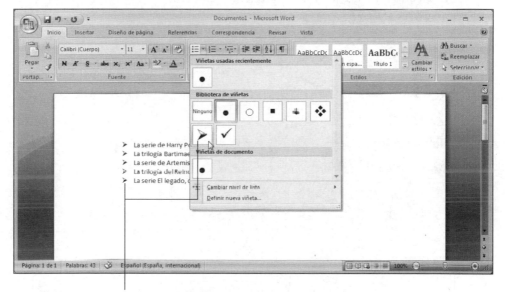

Cuando situamos el puntero del ratón sobre una de las miniaturas la vista previa activa muestra el efecto de esa opción sobre el documento.

Figura 1.4. Herramienta Vista previa activa.

En el siguiente ejercicio le explicaremos cómo iniciar Word, analizaremos las opciones del **Botón de Office** y las fichas y grupos de la Cinta de opciones, y le enseñaremos a aprovechar las ventajas de las galerías y de la vista previa activa.

ASEGÚRESE de encender su ordenador, pero no inicie Word todavía.

1. En la barra de tareas de Windows haga clic en el botón **Iniciar** , seleccione la opción Todos los programas, haga clic en la carpeta Microsoft Office y seguidamente en Microsoft Office Word 2007. Se abre la ventana del programa, mostrando un documento en blanco.

2. Haga clic en el **Botón de Office** . Se abre un menú que contiene comandos relacionados con la gestión de documentos, como crear, guardar o imprimir un documento. Este menú, que puede ver en la figura 1.5 y al que nos referiremos a lo largo del libro como Menú de Office, sustituye al menú Archivo de las versiones anteriores de Word.

Figura 1.5. Menú de Office.

Los comandos de la izquierda se refieren a las tareas relacionadas con el documento como un todo. Una vez que hayamos trabajado con un documento, su nombre aparecerá en la lista de Documentos recientes, de forma que podamos abrirlo de nuevo fácilmente cuando lo necesitemos. En la parte inferior del menú están los botones para cambiar las opciones del programa y para salir de Word.

3. Pulse la tecla **Esc** para cerrar el menú. Como puede comprobar, en la Cinta de opciones está activa la ficha Inicio (véase figura 1.6). Esta ficha contiene

botones relacionados con el contenido del documento, organizados en cinco grupos distintos: Portapapeles, Fuente, Párrafo, Estilos y Edición. Sólo estarán activos aquellos comandos que puedan ejecutarse en el documento que tengamos abierto en cada momento.

Figura 1.6. Grupos y botones de la ficha Inicio.

4. Pase el cursor del ratón sobre los botones activos de la ficha Inicio para mostrar las etiquetas de información de herramientas que indican su nombre y explican sus funciones.

5. Haga clic en la pestaña Insertar y observe los botones de esta ficha (véase figura 1.7). Dentro de la ficha Insertar se muestran aquellos botones relacionados con los elementos que podemos insertar en un documento, organizados en siete grupos distintos: Páginas, Tablas, Ilustraciones, Vínculos, Encabezado y pie de página, Texto y Símbolos.

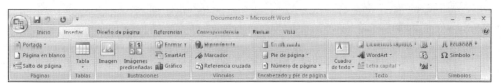

Figura 1.7. Grupos y botones de la ficha Insertar.

6. Haga clic en la pestaña de la ficha Diseño de página y examine sus botones (véase figura 1.8). En esta ficha se muestran, organizados en cinco grupos, los botones relacionados con la apariencia del documento: Temas, Configurar página, Fondo de página, Párrafo y Organizar.

Figura 1.8. Grupos y botones de la ficha Diseño de página.

7. En el grupo **Configurar página**, muestre la etiqueta de información del botón **Márgenes**. La etiqueta de información sobre herramientas nos explica cómo podemos ajustar los márgenes del documento.

8. Haga clic en iniciador del cuadro de diálogo **Configurar página** , situado en el extremo derecho de la barra de título del grupo **Configurar página**. Se abre el cuadro de diálogo **Configurar página** que se muestra en la figura 1.9.

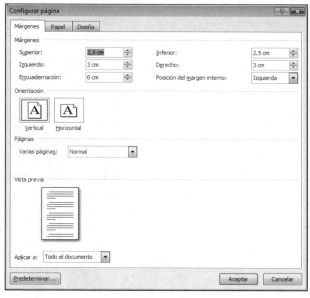

Figura 1.9. Cuadro de diálogo Configurar página.

9. Haga clic en **Cancelar** para cerrar el cuadro de diálogo.

10. Dentro del grupo **Temas** haga clic en el botón **Temas**. Podrá ver una galería con miniaturas de los temas disponibles (véase figura 1.10).

11. Pulse la tecla **Esc** para cerrar la galería sin seleccionar ninguna opción.

12. Haga clic en el botón **Color de página** del grupo **Fondo de página**. Detenga el puntero del ratón en cada uno de los colores de la fila superior de la paleta **Colores del tema**. El documento en blanco mostrará una vista previa activa, para que sepamos cómo quedará cada color antes de aplicarlo. Esto nos permite comprobar el efecto de las opciones sin necesidad de seleccionarlas.

13. Pulse la tecla **Esc** para cerrar la paleta sin hacer ninguna selección.

14. Haga clic en la pestaña Referencias y observe sus botones (véase figura 1.11). En esta ficha se muestran botones relacionados con elementos que podemos añadir a documentos largos (como informes) divididos en seis grupos: Tabla de contenido, Notas al pie, Citas y bibliografía, Títulos, Índice y Tabla de autoridades.

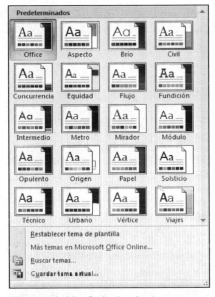

Figura 1.10. Galería de temas.

Figura 1.11. Grupos y botones de la ficha Referencias.

15. Haga clic en la pestaña Correspondencia y examine sus botones (véase figura 1.12). Esta ficha contiene botones relacionados con la creación de correspondencia masiva, organizados en cinco grupos: Crear, Iniciar combinación de correspondencia, Escribir e insertar campos, Vista previa de resultados y Finalizar.

Figura 1.12. Grupos y botones de la ficha Correspondencia.

16. Haga clic en la pestaña Revisar para analizar sus botones (véase figura 1.13). La ficha Revisar contiene botones relacionados con la revisión, comentarios y cambios realizados en los documentos, divididos en seis grupos distintos: Revisión, Comentarios, Seguimiento, Cambios, Comparar y Proteger.

Figura 1.13. Grupos y botones de la ficha Revisar.

17. Haga clic en la pestaña Vista y observe sus botones (véase figura 1.14). Esta ficha contiene los botones relacionados con la forma de ver o mostrar el documento, organizados en cinco grupos: Vistas de documento, Mostrar u ocultar, Zoom, Ventana y Macros.

Figura 1.14. Grupos y botones de la ficha Vista.

Abrir un documento, desplazarse por el mismo y cerrarlo

Para abrir un documento existente, haga clic en el **Botón de Office** y seguidamente en el comando Abrir. Aparecerá en la pantalla el cuadro de diálogo Abrir que puede ver en la figura 1.15. La primera vez que utilice este comando, el cuadro de diálogo Abrir mostrará el contenido de su carpeta de Documentos. Si vuelve a abrir este cuadro de diálogo en la misma sesión de Word se mostrará el contenido de la última carpeta que haya utilizado. Para mostrar el contenido de una carpeta diferente utilice la técnica estándar de Windows. Una vez que haya localizado el archivo con el que quiere trabajar haga doble clic en él para abrirlo.

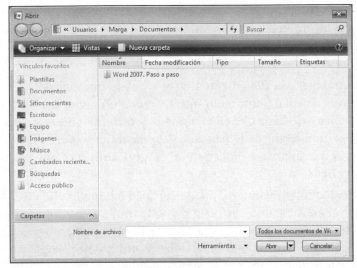

Figura 1.15. Cuadro de diálogo Abrir.

Si quiere moverse dentro de un documento abierto sin cambiar la ubicación del punto de inserción, utilice las barras de desplazamiento vertical y horizontal de la siguiente forma:

■ Haga clic en las flechas de las barras de desplazamiento para mover la ventana del documento hacia arriba o hacia abajo línea a línea, o hacia la izquierda y hacia la derecha unos pocos caracteres.

■ Haga clic por encima o por debajo del cuadro de desplazamiento vertical para desplazarse hacia arriba o hacia abajo una ventana completa, o haga clic a la derecha o a la izquierda del cuadro de desplazamiento horizontal para moverse una ventana hacia cualquiera de los dos lados.

■ Arrastre el cuadro de desplazamiento a lo largo de la barra de desplazamiento para mostrar la parte del documento correspondiente a la ubicación del cuadro de desplazamiento. Por ejemplo, arrastrando el cuadro de desplazamiento vertical al centro de la barra de desplazamiento visualizaremos la parte central del documento.

También puede moverse por el documento desplazando el punto de inserción. Para colocar el punto de inserción en una ubicación determinada, simplemente haga clic en ella. Si quiere moverlo hacia delante o hacia atrás una página completa, puede hacer clic en los botones **Página anterior** y **Página siguiente**, situados justo debajo de la barra de desplazamiento vertical.

También se pueden utilizar teclas o combinaciones de teclas del teclado para mover el punto de inserción. La tecla **Inicio**, por ejemplo, sitúa el punto de inserción en el extremo izquierdo de la línea y las teclas **Control-Inicio** lo colocan al principio del documento.

A veces, cuando trabaje con documentos largos puede que necesite moverse rápidamente a través de un determinado tipo de elementos, por ejemplo de un gráfico a otro. Para hacerlo haga clic en el botón **Seleccionar objeto de búsqueda**, situado en la parte inferior de la barra de desplazamiento vertical, y escoja una de las opciones que aparecen en la paleta, como **Examinar por páginas** o **Examinar por gráficos**.

Si tiene más de un documento abierto, puede cerrarlo haciendo clic en el botón **Cerrar** situado en el extremo derecho de la barra de título. Cuando sólo haya un documento abierto, al hacer clic en **Cerrar** se cierra el documento y se sale de Word. Si quiere cerrar el documento pero dejar Word abierto, haga clic en el **Botón de Office** y seguidamente en el comando Cerrar.

En el ejercicio siguiente abrirá un documento existente y practicará varias formas de desplazarse por el mismo. Para acabar, cerrará el documento.

UTILICE el documento 01_Abrir. Este archivo de práctica está contenido en la subcarpeta Capítulo_01, que encontrará a su vez dentro de la carpeta Office 2007. Paso a paso.

1. Haga clic en el **Botón de Office** y luego haga clic en el comando Abrir. Aparece el cuadro de diálogo **Abrir**.

2. Localice la carpeta Office 2007. Paso a paso y dentro de Capítulo_01, haga clic en el documento 01_Abrir y luego en el botón **Abrir**. El documento 01_Abrir se abre en la ventana de Word.

3. En la segunda línea del título del documento, haga clic al final del párrafo para colocar el nuevo punto de inserción.

4. Pulse la tecla **Inicio** para mover el punto de inserción al principio de la línea.

5. Pulse la tecla **Flecha dcha.** tres veces para mover el punto de inserción al principio de la palabra "serie" del título.

6. Pulse la tecla **Fin** para mover el punto de inserción al final de la línea.

7. Pulse la combinación de teclas **Control-Fin** para mover el punto de inserción al final del documento.

8. Pulse **Control-Inicio** para mover el punto de inserción al principio del documento.

9. En la parte inferior de la barra de desplazamiento vertical, haga clic en el botón **Página siguiente**.

10. Haga clic por encima del cuadro de desplazamiento vertical para cambiar la vista del documento una ventana hacia arriba.

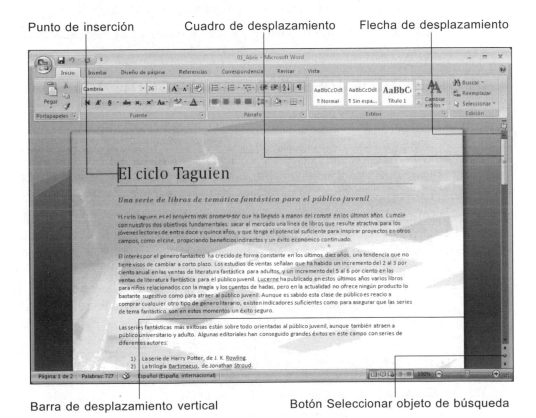

Figura 1.16. Elementos de las barras de desplazamiento.

11. Arrastre el cuadro de desplazamiento vertical hasta la parte superior de la barra de desplazamiento. Se mostrará el principio del documento. Fíjese en que la ubicación del punto de inserción no se ha modificado, sólo hemos cambiado la vista del documento.

12. Haga clic a la izquierda del título para colocar el punto de inserción en la parte superior del documento. Luego, en la parte inferior de la barra de desplazamiento vertical, haga clic en el botón **Seleccionar objeto de búsqueda** ⊙. Se abrirá la paleta de opciones de búsqueda.

13. Sitúe el puntero del ratón sobre distintos botones de la paleta. Al colocar el puntero del ratón sobre un botón, su nombre se muestra en la parte superior de la paleta.

14. Haga clic en el botón **Examinar por páginas** ⃞. El punto de inserción se mueve del principio de la página 1 al principio de la página 2.

15. Haga clic en el **Botón de Office** y a continuación en el comando Cerrar.

Las diferentes vistas de un documento

Word nos permite mostrar un documento utilizando varias vistas:

- **Diseño de impresión:** La vista Diseño de impresión muestra en pantalla el aspecto que tendrá el documento cuando lo imprimamos. En esta vista podemos ver elementos como márgenes, saltos de página, encabezados y pies de página o marcas de agua.

- **Lectura de pantalla completa:** Esta vista maximiza el tamaño del documento en pantalla, para que resulte más cómodo de leer. La Cinta de opciones se sustituye por una única barra de herramientas, situada en la parte superior de la pantalla, con botones que podemos utilizar para guardar e imprimir el documento, acceder a otras herramientas y a referencias, resaltar el texto o hacer comentarios. También podemos movernos página a página y ajustar la vista.

- **Diseño Web:** Esta vista muestra el documento en pantalla tal y como se verá en un navegador Web. Nos permite ver fondos, autoformas y otros efectos. También podemos ver cómo se ajustará el texto a la ventana del navegador y comprobar la colocación de los gráficos.

- **Esquema:** La vista Esquema muestra la estructura del documento, con sus niveles y cuerpo de texto anidados. Contiene herramientas para ver y modificar su jerarquía.

- **Borrador:** Esta vista muestra el contenido del documento con un diseño simplificado para que podamos escribir y editarlo fácilmente. No nos permite ver algunos elementos, como encabezados y pies de página.

Podemos cambiar de una vista a otra utilizando los botones del grupo Vistas de documento en la ficha Vista, o bien utilizando los botones de la barra de herramientas Vista situada en la esquina inferior derecha de la ventana (figura 1.17).

Figura 1.17. Barra de herramientas Vista.

La ficha Vista contiene también otros botones que nos permiten:

- Mostrar reglas y cuadrículas que nos ayuden a posicionar y alinear elementos.

- Mostrar un panel independiente que contenga el Mapa del documento, un listado de los niveles o encabezados que conforman la estructura del documento, permitiéndonos a la vez ver y editar su contenido.

- Mostrar un panel independiente con las Vistas en miniatura de las páginas del documento.

- Colocar y trabajar con ventanas.

- Modificar el zoom del documento.

También se puede ajustar el zoom del documento utilizando las herramientas de la barra de herramientas Vista, situada en el extremo derecho de la barra de estado. Podemos hacer clic en el botón **Zoom** y seleccionar o escribir un porcentaje, arrastrar el deslizador hacia la izquierda o la derecha, o hacer clic en los botones **Alejar** y **Acercar** situados en los extremos del deslizador.

Cuando trabajemos con documentos complejos, resultará más sencillo colocar los elementos con exactitud activando la vista de aquellos caracteres que no se imprimirán. Estos caracteres pueden ser de dos tipos: los que controlan el diseño del documento y los que proporcionan la estructura para procesos en segundo plano, como el indexado. Podemos mostrar u ocultar estos caracteres haciendo clic en el botón **Mostrar todo**, ¶, del grupo Párrafo, dentro de la ficha Inicio.

En el siguiente ejercicio analizaremos distintas formas de personalizar la vista Diseño de impresión, para trabajar de modo más eficiente.

UTILICE los documentos `02_Vista` y `03_Vista`. Estos archivos de práctica están ubicados en la subcarpeta `Capítulo_01`, dentro de la carpeta `Office 2007. Paso a paso`.

ABRA el documento `02_Vista`.

1. Muévase por el documento utilizando la vista Diseño de impresión.

2. Sitúe el puntero del ratón en el espacio entre una página y la siguiente. Cuando se convierta en dos flechas opuestas, haga doble clic. Vuelva a desplazarse por el documento. El espacio en blanco situado entre el final de una página y el principio de la siguiente está ahora oculto (véase figura 1.18).

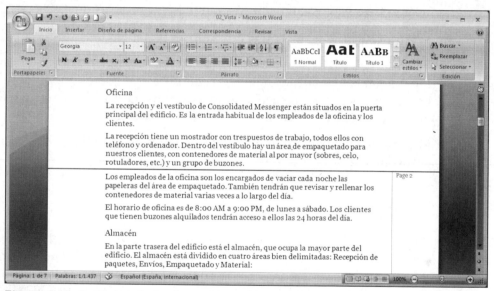

Figura 1.18. Se ha ocultado el espacio en blanco entre las páginas.

3. Vuelva a mostrar el espacio en blanco situando el puntero del ratón en la línea negra que separa una página de la siguiente y haciendo doble clic.

4. Pulse **Control-Inicio** para desplazarse al principio del documento y en la barra de herramientas Vista haga clic en el botón **Zoom** 100%. Se abre el cuadro de diálogo Zoom que se muestra en la figura 1.19.

Figura 1.19. Cuadro de diálogo Zoom.

5. Haga clic en el botón del monitor situado bajo la opción **Varias páginas**, seleccione la miniatura de la segunda página en la fila superior y haga clic en **Aceptar**. El zoom de la ventana se modifica de forma que podamos ver dos páginas, una junto a otra (véase figura 1.20).

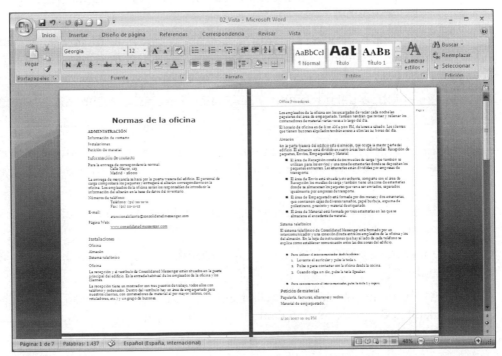

Figura 1.20. Utilizando el cuadro de diálogo Zoom podemos ver dos páginas contiguas.

6. Haga clic en el botón **Página siguiente** ⤓, situado justo debajo de la barra de desplazamiento vertical, para mostrar la tercera y cuarta página del documento.

7. En la barra de herramientas Vista, haga clic en el botón **Zoom**. Escoja en el cuadro de diálogo la opción 75% y haga clic en **Aceptar**. La posición del deslizador del zoom se modifica para reflejar el nuevo ajuste.

8. En el extremo izquierdo del deslizador del zoom, haga clic en el botón **Alejar** ⊖ un par de veces. A medida que hace clic en el botón, el deslizador se mueve hacia la izquierda y el porcentaje de zoom disminuye.

9. En el extremo derecho del deslizador del zoom, haga clic en el botón **Acercar** ⊕ hasta que el porcentaje de zoom llegue al 100 por cien.

10. En el grupo Mostrar u ocultar, dentro de la ficha Vista, marque la casilla de verificación de la opción Regla. Aparecen una regla horizontal y otra vertical en la parte superior e izquierda de la ventana. En las reglas, la parte activa de la página está en blanco y los márgenes en azul.

11. En el grupo Mostrar u ocultar haga clic en la casilla de verificación Mapa del documento.

    Se abre un panel a la izquierda de la pantalla, que muestra un esquema de los apartados del documento, resaltando el primer nivel de la página activa (véase figura 1.21).

12. En el Mapa del documento haga clic en el apartado "Envíos".

    Word muestra la página que contiene el apartado seleccionado.

13. En el grupo Mostrar u ocultar haga clic en la casilla de verificación Vistas en miniatura. Desplácese por el panel Vistas en miniatura y haga clic en la página 5.

14. Haga clic en el botón **Cerrar** ✕ del panel Vistas en miniatura. Se cierra el panel de la izquierda.

15. En la ficha Inicio, dentro del grupo Párrafo, haga clic en el botón **Mostrar todo** ¶.

    Tal y como puede ver en la figura 1.22, ahora se muestran las marcas ocultas de espacios, tabulaciones y párrafos, que no se imprimirán en el documento.

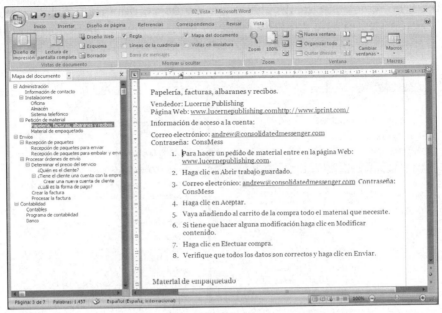

Figura 1.21. Mapa del documento.

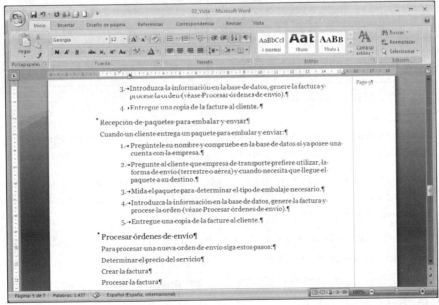

Figura 1.22. Utilización del botón Mostrar todo.

16. En la ficha Vista, dentro del grupo Vistas de documento, haga clic en el botón **Lectura de pantalla completa** . La pantalla cambia para mostrar el documento en un formato que facilita su lectura (véase figura 1.23).

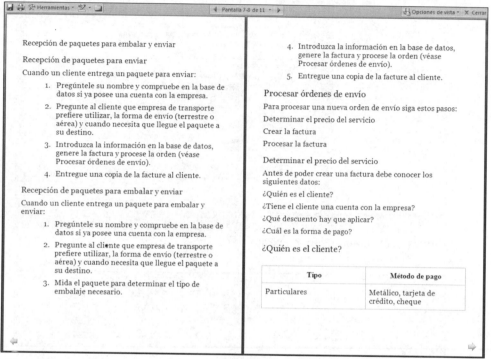

Figura 1.23. Vista de Lectura en pantalla completa.

17. En la parte superior de la pantalla, haga clic en el botón **Siguiente pantalla** . Word saltará a las dos pantallas siguientes del documento.

18. Explore los otros botones de la parte superior de la vista de Lectura en pantalla completa y haga clic en el botón **Cerrar** X Cerrar para regresar a la vista de Diseño de impresión.

19. Pulse **Control-Inicio**. Luego, en la barra de herramientas Vista haga clic en el botón **Diseño Web** y desplácese por el documento. En un navegador Web la columna de texto llenará la ventana y no habrá saltos de página.

20. Pulse **Control-Inicio** otra vez. En la barra de herramientas vista haga clic en el botón **Esquema** .

La pantalla cambia para mostrar la estructura jerárquica del documento, y aparece la ficha Esquema en el extremo izquierdo de la Cinta de opciones.

21. En la ficha Esquema, dentro del grupo Herramientas del esquema, haga clic en el cuadro de lista desplegable Mostrar nivel, y el la lista seleccione la opción Nivel 2. El documento se comprime para mostrar sólo los niveles 1 y 2, como puede comprobar en la figura 1.24.

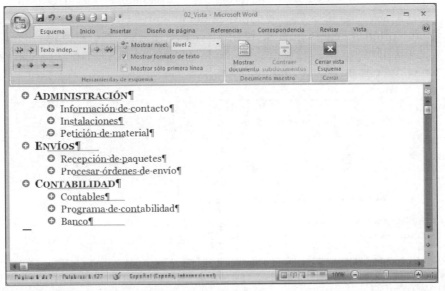

Figura 1.24. Vista Esquema.

22. En la barra de herramientas Vista haga clic en el botón **Borrador** y desplácese por el documento. Word muestra el contenido básico del documento, sin ningún elemento superfluo como márgenes, encabezados o pies de página. El área activa de la regla indica el ancho de la columna de texto y las líneas de puntos señalan los saltos de página. Moverse por el documento es más fácil y rápido.

23. Haga clic en el **Botón de Office** y luego en el botón **Abrir**. En el cuadro de diálogo Abrir haga doble clic en el archivo 03_Vista. El archivo 03_Vista se abre en su propia ventana de documento, con la vista Diseño de impresión. Fíjese en el número de teléfono que aparece en el cuerpo del memorando, está subrayado con una línea de puntos porque es un texto oculto.

24. En la ficha Inicio, dentro del grupo Párrafo, haga clic en el botón **Mostrar todo** para desactivarlo. Los caracteres no imprimibles y el texto oculto dejan de estar a la vista.

25. En la ficha Vista, dentro del grupo Ventana, haga clic en el botón **Cambiar ventanas** y seleccione el archivo 02_Vista. Se muestra el otro documento abierto, en vista Borrador, con los caracteres no imprimibles a la vista.

26. En la ficha Vista, dentro del grupo Ventana, haga clic en **Organizar todo** 🔲 Organizar todo . Las dos ventanas de documento se redimensionan y se colocan apiladas una encima de la otra (véase figura 1.25). Cada ventana tiene su propia Cinta de opciones, de modo que podamos trabajar con cada documento de forma independiente.

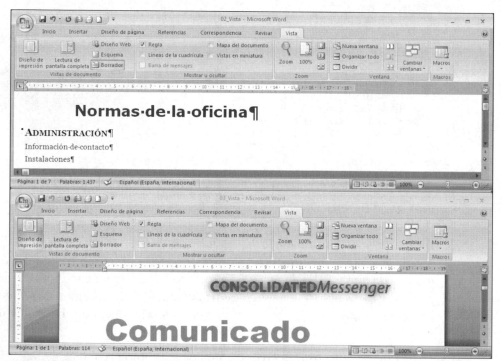

Figura 1.25. Dos ventanas de documento apiladas.

27. En el extremo derecho de la barra de título de la ventana del documento 02_Vista, haga clic en el botón **Cerrar** x . Haciendo clic en el botón **Cerrar** saldrá de Word, ya que hay más de un documento abierto.

28. En el extremo derecho de la bar ra de título del documento `03_Vista` haga clic en el botón **Maximizar** ▭ . La ventana del documento se expande para llenar la pantalla completa.

29. En la pestaña Vista, dentro del grupo Mostrar u ocultar, desmarque la casilla de verificación Reglas para ocultarlas.

CIERRE el documento `03_Vista`.

Crear y guardar un documento

Para crear un documento de Word, simplemente hay que abrir un nuevo documento en blanco y escribir el contenido. El punto de inserción parpadeante nos muestra dónde aparecerá el siguiente carácter que introduzcamos. Cuando el punto de inserción llegue al margen derecho, la palabra que estamos escribiendo se desplazará a la línea siguiente. Con esta característica, típica de los programas de procesamiento de textos y autoedición, sólo tenemos que pulsar la tecla **Intro** para comenzar un nuevo párrafo, y no para saltar de línea. Todos los documentos que creamos son temporales, a menos que los guardemos como archivo con un nombre y localización únicos. Para guardar un documento por primera vez tenemos que hacer clic en el botón **Guardar** de la Barra de herramientas de acceso rápido, o bien hacer clic en el **Botón de Office** y luego en el comando Guardar. Cualquiera de estas dos acciones abre el cuadro de diálogo Guardar como, donde podemos asignar un nombre al archivo y especificar la carpeta en la que queremos guardarlo.

Para guardar el documento en una carpeta distinta de la que se muestra en la barra de dirección, podemos hacer clic en la flecha situada a la izquierda del nombre de la carpeta actual y navegar hasta la carpeta que nos interese. También podemos hacer clic en el botón **Examinar carpetas** para abrir el panel de navegación y su barra de herramientas.

Si queremos crear una nueva carpeta en la que guardar el archivo, bastará con hacer clic en el botón **Nueva carpeta** de la barra de herramientas del panel de navegación.

Después de haber guardado el documento por primera vez, para guardar los cambios que hagamos en él sólo tendremos que hacer clic en el botón **Guardar**. La nueva versión del documento sobrescribirá la versión anterior. En el caso de que queramos guardar ambas versiones, la anterior y la nueva, tendremos que hacer clic en el comando Guardar como del menú de Office y guardar la nueva versión con un nombre diferente en la misma carpeta, o con el mismo nombre pero en una carpeta diferente. (No podemos guardar dos archivos con el mismo nombre en una misma carpeta.)

En el ejercicio siguiente introduciremos texto en un nuevo documento y luego guardaremos ese documento en una carpeta que crearemos para ello. No hay archivos de práctica para este ejercicio.

ASEGÚRESE de cerrar cualquier documento abierto antes de empezar este ejercicio.

1. Haga clic en el **Botón de Office** y luego en el comando Nuevo. En el cuadro de diálogo Nuevo documento seleccione la opción Documento en blanco. Se abre un nuevo documento en vista Diseño de impresión.

2. Con el punto de inserción situado en el principio del nuevo documento, escriba: **¡Decoradores, llega el cambio!** y a continuación pulse **Intro**. El texto aparece en el nuevo documento.

3. Ahora escriba **Con la primavera a la vuelta de la esquina, es el momento de hacer esos cambios de decoración en los que lleva pensando todo el invierno. Incorpore nuevos y atrevidos colores. Añada algún que otro adorno. Presente el plan perfecto para una habitación perfecta.**

    Fíjese en que no es necesario pulsar la tecla **Intro** cuando el punto de inserción alcanza el margen derecho, dado que el texto se ajusta automáticamente a la línea siguiente (véase figura 1.26).

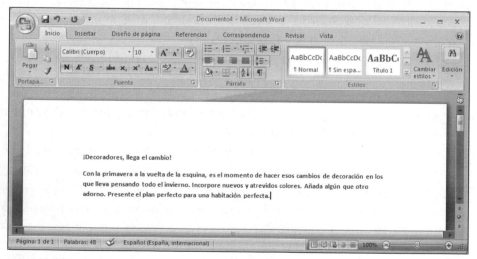

Figura 1.26. Texto introducido en el nuevo documento.

4. Pulse **Intro** y siga escribiendo: **En Wide World Importers sabemos que necesita las mejores herramientas para proporcionar a sus clientes un gran proyecto. Por eso nos complace presentarle la última incorporación a nuestro catálogo de herramientas de decoración: la aplicación Room Planner.**

5. En la Barra de herramientas de acceso rápido haga clic en el botón **Guardar** . Se abre el cuadro de diálogo Guardar como, mostrando el contenido de la carpeta Documentos. En el cuadro de texto Nombre de archivo Word nos propone Decoradores, la primera palabra del documento, como posible nombre para el archivo.

6. En la esquina inferior izquierda del cuadro de diálogo, haga clic en Examinar carpetas.El cuadro de diálogo se expande para mostrar el panel de navegación y una barra de herramientas, como puede ver en la figura 1.27.

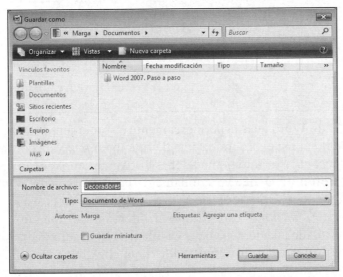

Figura 1.27. El cuadro de diálogo Guardar como con el panel de navegación abierto.

7. Haga doble clic en la carpeta Office 2007. Paso a paso y luego en Capítulo_01.

8. En la barra de herramientas del cuadro de diálogo haga clic en el botón **Nueva carpeta** , escriba **Mis nuevos documentos** como nombre para la carpeta y pulse **Intro**.

Ahora, la carpeta `Mis nuevos documentos` es la que aparece en el cuadro de diálogo Guardar como.

9. En el cuadro de texto Nombre de archivo haga doble clic sobre el nombre del archivo y sustitúyalo por `Mi anuncio`.

10. Haga clic en **Guardar**. Se cierra el cuadro de diálogo Guardar como, Word guarda el archivo `Mi anuncio` en la carpeta `Mis nuevos docu-mentos`, y el nombre de este nuevo documento se muestra en la barra de título de la ventana de la aplicación.

11. Haga clic en el **Botón de Office** y en Guardar como.

12. En la barra de direcciones del cuadro de diálogo Guardar como, haga clic en la flecha situada a la derecha de `Mis nuevos documentos`. Seleccio-ne en la lista la carpeta `Capítulo_01`. El cuadro de diálogo muestra ahora el contenido de la carpeta `Capítulo_01`, dentro de la cual está incluida la carpeta `Mis nuevos documentos`.

13. Haga clic en **Guardar**.

CIERRE el archivo `Mi anuncio`.

Truco: Por defecto, Word guarda periódicamente el documento en el que estamos trabajando por si el programa deja de funcionar o hay un corte de luz. Para establecer cada cuánto tiempo debe Word guardar el documento haga clic en el **Botón de Office** y seguidamente en **Opciones de Word**. En el cuadro de diálogo Opciones de Word, seleccione en el panel izquierdo la opción Guardar y especifique el intervalo de tiempo en el cuadro de texto situado a la derecha de la casilla de verificación Guardar información de Autorrecuperación cada. Haga clic en **Aceptar**.

Vista previa e impresión de un documento

Cuando esté preparado para imprimir un documento, haga clic en el **Botón de Office**, luego en la opción Imprimir y dentro de ella seleccione el comando Impresión rápida. De esta forma Word utilizará la impresora por defecto y los ajustes que especificados en el cuadro de diálogo Imprimir. Si quiere utilizar una impresora diferente o modificar estos ajustes haga clic en el **Botón de Office** y en Imprimir. Se abrirá el cuadro de diálogo Imprimir, donde podrá especificar la impresora que desea utilizar, las páginas que quiere imprimir, cuántas copias y realizar otros cambios en los ajustes.

Lo más normal es que antes de imprimir un documento queramos saber cómo quedará en papel utilizando la vista previa. Previsualizar un documento es esencial cuando se trata de documentos formados por múltiples páginas, pero también es bastante útil para documentos de una sola página. Para previsualizar un documento, haga clic en el **Botón de Office**, escoja la opción Imprimir y luego Vista preliminar. Esta vista nos muestra cómo quedará exactamente cada página del documento cuando se imprima. En la cinta de opciones aparece la ficha Vista preliminar, que contiene herramientas para comprobar cada página y hacer ajustes si no nos gusta lo que vemos.

Utilizando los botones del grupo Configurar página de la ficha Vista preliminar podemos realizar los siguientes cambios:

- Cambiar los márgenes del documento para encajar más o menos información en cada página, o para controlar dónde aparece la información. Para definir el tamaño de los márgenes superior, inferior, derecho e izquierdo haga clic en el botón **Márgenes** y escoja una de las opciones de la galería de márgenes, o bien haga clic en Márgenes personalizados y especifique el tamaño de los mismos en la ficha Márgenes del cuadro de diálogo Configurar página.

- Modificar la orientación de la página, es decir, la dirección en la que se coloca el texto dentro del papel. La orientación por defecto es la vertical, en la que la página es más alta que ancha. Puede escoger también la orientación horizontal, en la que la página será más ancha que alta, haciendo clic en el botón **Orientación** y seleccionando dicha opción.

- Seleccionar el tamaño de papel haciendo clic en el botón **Tamaño** y escogiendo una opción de la galería de tamaños de papel.

Podemos utilizar los botones de los otros grupos para cambiar las opciones de la impresora, modificar la vista del documento y cambiar el puntero del ratón para poder editar el texto.

En este ejercicio abrirá la vista previa de un documento, ajustará sus márgenes, cambiara la orientación de la página y seleccionará una nueva impresora antes de enviar el documento a la misma.

UTILICE el documento 04_Imprimir. Este archivo de práctica está situado dentro de la subcarpeta Capítulo_01, dentro de Office 2007. Paso a paso.

ASEGÚRESE de instalar una impresora y encenderla antes de comenzar el ejercicio.

ABRA el documento `04_Imprimir`.

1. Haga clic en el **Botón de Office** y dentro de la opción Imprimir seleccione Vista preliminar.

2. En la ficha Vista preliminar haga clic en el botón **Dos páginas** del grupo Zoom. Word muestra las dos páginas del documento, una junto a otra, como puede ver en la figura 1.30.

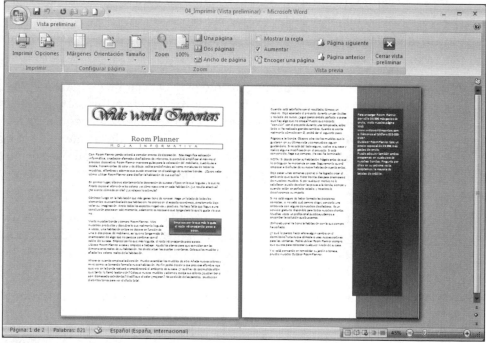

Figura 1.28. Vista preliminar de dos páginas del documento.

3. Haga clic en el botón **Márgenes** del grupo Configurar página. Aparece la galería de márgenes (véase la figura 1.29).

4. En la galería escoja la opción Ancho. El texto se estrecha dentro de los nuevos márgenes y Word nos indica, a la izquierda de la barra de estado, que el documento tiene ahora tres páginas.

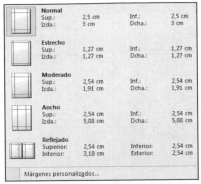

Figura 1.29. Galería de márgenes.

5. En el grupo Vista previa haga clic en el botón **Página siguiente** para ver la última página del documento.

6. Haga clic en el iniciador del cuadro de diálogo **Configurar página** . Se abre el cuadro de diálogo Configurar página, con la ficha Márgenes activa.

7. En Márgenes, sustituya el valor del margen Izquierdo escribiendo **2,5**. Sustituya también el valor del margen Derecho por **2,5** y haga clic en **Aceptar**.

8. En el grupo Configurar página haga clic en el botón **Orientación** y escoja la opción Horizontal. Las páginas del documento ahora son más anchas que altas.

9. Mueva el cursor a la parte superior de la primera página del documento. Haga clic cuando se convierta en una lupa. La primera página aumenta de tamaño. Fíjese en que el indicador del zoom, en el extremo derecho de la barra de estado, es ahora del 100%.

10. Vuelva a hacer clic en la parte superior del documento. El porcentaje de zoom se modifica y volvemos a ver las dos páginas del documento.

11. En el grupo Vista previa, haga clic en el botón **Cerrar vista preliminar**. No tenemos por qué estar en el modo Vista preliminar para cambiar la orientación de un documento, podemos hacerlo también en la vista Diseño de impresión.

12. En la ficha Diseño de página, dentro del grupo Configurar página, haga clic en el botón **Orientación** y escoja la opción Vertical.

13. Haga clic en el **Botón de Office** y escoja la opción Imprimir. Se abre el cuadro de diálogo Imprimir que se muestra en la figura 1.30.

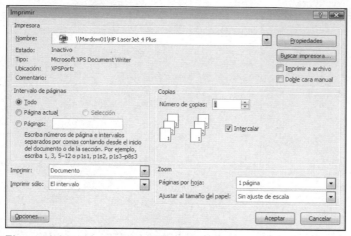

Figura 1.30. Cuadro de diálogo Imprimir.

14. Si tiene más de una impresora instalada y quiere utilizar otra, haga clic en el cuadro de lista desplegable **Nombre** y escoja la impresora que desee.

15. En la sección **Intervalo de páginas** marque el botón de opción **Página actual**.

16. En la sección **Copias**, cambie el número de copias a 2 y haga clic en **Aceptar**. Word imprime dos copias de la primera página del documento en la impresora.

CIERRE el documento `04_Imprimir` sin guardar los cambios, y si no va a continuar en este momento con el capítulo siguiente, salga también de Word.

Puntos clave

- Con Word podemos abrir más de un documento, y también podemos ver más de un documento a la vez. Sin embargo sólo puede estar activo un documento.

- Para crear un documento de Word tenemos que escribir el texto en el punto de inserción. Es bastante sencillo mover el punto de inserción haciendo clic en el texto o pulsando teclas o combinaciones de teclas.

- Cuando guardamos un documento de Word, especificamos su nombre, ubicación y formato de archivo en el cuadro de diálogo **Guardar como**.

- Podemos ver un documento de varias formas distintas, dependiendo de nuestras necesidades mientras trabajamos en él y de la finalidad para la que lo estamos creando.

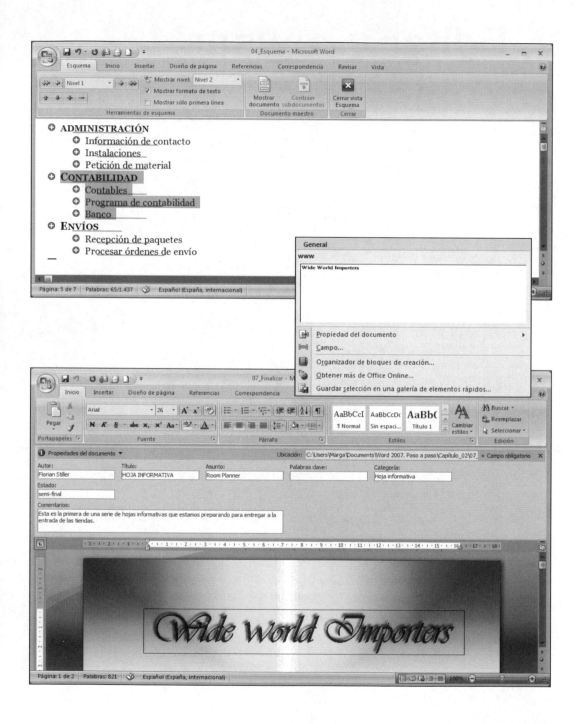

2. Editar y revisar documentos

En este capítulo aprenderá a:

✓ Hacer cambios en un documento.

✓ Insertar texto guardado.

✓ Encontrar la palabra más apropiada.

✓ Reorganizar el esquema de un documento.

✓ Encontrar y sustituir textos.

✓ Corregir la ortografía y los errores gramaticales.

Microsoft Office Word 2007 posee varias herramientas que hacen que la creación de documentos profesionales sea sencilla y eficiente:

■ Las herramientas de edición proporcionan técnicas rápidas de selección de textos, que hacen que resulte muy sencillo mover y copiar bloques de texto.

■ Los bloques de creación nos permiten guardar y reutilizar términos especializados o párrafos cstándar.

■ Las herramientas de referencia incluyen un potente diccionario que facilita la localización de sinónimos, y un servicio de búsqueda para encontrar información en material de referencia Web.

■ Las herramientas de esquema nos facilitan la reorganización de los títulos, apartados y texto de nuestro documento.

■ Las herramientas de búsqueda nos ayudan a localizar y reemplazar palabras o frases, de una en una o en todo el documento a la vez.

■ Las herramientas Autocorrección y Ortografía y gramática hacen que resulte muy sencillo corregir faltas de ortografía y errores gramaticales antes de compartir el documento con terceros.

■ Las herramientas de finalización nos permiten asegurarnos de que el documento esté listo para ser distribuido.

En este capítulo aprenderá a editar un documento, insertando y borrando palabras, copiando y pegando frases y moviendo párrafos. Le enseñaremos a guardar bloques de creación y a reorganizar un documento en la vista Esquema.

Hacer cambios en un documento

Es muy poco frecuente que escribamos un documento perfecto a la primera que no necesite ser editado mínimamente. Por lo general casi siempre tendremos que añadir una o dos palabras, cambiar una frase o mover texto de un lugar a otro. Podemos ir editando el documento a medida que lo creamos, o bien escribirlo primero y luego revisarlo. O puede que queramos editar un documento previamente creado y que ahora nos interese utilizar para otra cosa (por ejemplo editar la carta de la campaña de marketing del año pasado para crear una nueva carta para la campaña de este año).

Insertar texto es muy sencillo, basta con hacer clic para situar el punto de inserción en el lugar adecuado y empezar a escribir.

Borrar texto es también muy fácil. Para borrar solamente uno o unos pocos caracteres sitúe el punto de inserción en el lugar adecuado y pulse las teclas **Retroceso** o **Supr** hasta que los caracteres desaparezcan. Pulsando la techa **Retroceso** se borra el carácter situado a la izquierda del punto de inserción, pulsando la tecla **Supr** se borra el carácter situado a la derecha del punto de inserción. Para poder borrar más caracteres de forma eficiente, primero debe aprender a seleccionar texto.

Para seleccionar palabras, líneas o párrafos adyacentes coloque el punto de inserción al principio del texto que quiere seleccionar, mantenga pulsada la tecla **Mayús** y pulse las teclas del cursor o haga clic al final del texto. Si desea seleccionar palabras, frases o párrafos separados, haga la primera selección y mantenga pulsada la tecla **Control** mientas selecciona el siguiente bloque.

Otra forma de seleccionar elementos rápidamente es utilizando el área de selección. El área de selección es un área invisible situada en el margen izquierdo del documento, donde el puntero del ratón se convierte en una flecha que apunta hacia la derecha (véase figura 2.1). Puede utilizar el área de selección de la siguiente manera:

■ Para seleccionar una línea haga clic en el área de selección situada a la izquierda de la línea.

- Para seleccionar un párrafo haga doble clic en el área de selección situada a la izquierda del párrafo.

- Para seleccionar todo el texto del documento haga triple clic en el área de selección.

Área de selección

Figura 2.1. Para seleccionar una línea haga clic en el área de selección situada a su izquierda.

Cuando haya seleccionado texto, podrá moverlo o copiarlo de la forma siguiente:

- Cuando tenga que mover o copiar texto entre dos puntos que no puede ver al tiempo (entre dos páginas o entre dos documentos por ejemplo) utilice el Portapapeles. El Portapapeles es un área de almacenaje temporal en la memoria de nuestro ordenador. Seleccione en primer lugar el texto y haga clic en los botones **Cortar** o **Copiar** del grupo Portapapeles, dentro de la ficha Inicio. Seguidamente coloque el punto de inserción en el lugar en que desea colocar el texto y haga clic en el botón **Pegar** para insertar la selección en la nueva ubicación. Al cortar un texto, éste es eliminado de su emplazamiento original, mientras que si lo copiamos permanece también en su lugar de origen.

- Utilice la propiedad arrastrar y soltar (normalmente llamada sólo arrastrar) para mover o copiar texto a un punto cercano (por ejemplo dentro de un mismo párrafo). Al arrastrar un texto no utilizamos el Portapapeles. Empiece por seleccionar el texto, haga clic en él y sin soltar el botón del ratón arrástrelo hasta su nuevo emplazamiento. Si quiere copiar el texto seleccionado mantenga pulsada la tecla **Control** mientras lo arrastra.

Si hacemos un cambio en el documento y nos damos cuenta de que hemos cometido un error, podemos dar marcha atrás fácilmente. Word nos permite deshacer la última acción haciendo clic en el botón **Deshacer** de la Barra de herramientas de acceso rápido. Para deshacer una acción anterior, haga clic en la flecha del botón **Deshacer** y escoja esa acción en la lista.

Si deshacemos una acción y luego cambiamos de idea, podemos hacer clic en el botón **Rehacer** de la Barra de herramientas de acceso rápido. Sólo se puede rehacer la última acción que se ha deshecho.

En el ejercicio siguiente aprenderá a editar el texto de un documento, a insertar y borrar texto, a deshacer acciones, a copiar y pegar una frase y a mover un párrafo.

UTILICE el documento 01_Cambios. Este archivo de práctica está contenido en la subcarpeta Capítulo_02, dentro de la carpeta Office 2007. Paso a paso.

ASEGÚRESE de iniciar Word antes de empezar este ejercicio.

ABRA el documento 01_Cambios.

1. Si están ocultos los caracteres no imprimibles, en la ficha Inicio haga clic en el botón **Mostrar todo** ¶ del grupo Párrafo (véase figura 2.2).

2. En la tercera frase del primer párrafo, haga clic justo a la izquierda de la palabra "de", mantenga pulsada la tecla **Mayús** y haga clic justo a la derecha de la palabra "años" de la línea siguiente (y a la izquierda de la coma que va tras ella). Word selecciona el texto situado entre los dos clics.

3. Pulse la tecla **Supr** para borrar el texto seleccionado.

4. Seleccione la palabra "literario" de la primera frase del primer párrafo haciendo doble clic en ella y pulse la tecla **Retroceso**.

5. Haga doble clic en la palabra "fundamentales" de ese mismo párrafo y sustitúyala escribiendo directamente la palabra **primordiales**.

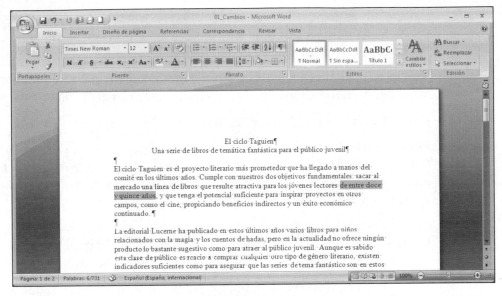

Figura 2.2. Documento 01_Cambios con los caracteres no imprimibles a la vista.

Fíjese en que no ha tenido que insertar un espacio tras la palabra primordiales, Word lo hace por usted.

Nota: Word inserta y borra espacios porque está activada la opción Usar cortar y pegar inteligentemente en las Opciones de Word. Si desea controlar el espaciado, haga clic en el **Botón de Office** y luego en **Opciones de Word**. En el cuadro de diálogo Opciones de Word seleccione la ficha Avanzadas, desactive esta casilla de verificación y haga clic en **Aceptar**.

---

6. Coloque el puntero del ratón en el área de selección, a la derecha de la frase "Una serie de libros de temática fantástica para el público juvenil", y haga clic una vez para seleccionar la línea entera.

7. En la ficha Inicio haga clic en el botón **Copiar** del grupo Portapapeles. La selección se copia en el Portapapeles.

8. Haga clic en el botón **Página siguiente**, situado debajo de la barra de desplazamiento vertical, para moverse al principio de la página siguiente. Pulse la techa **Flecha abajo** y en el grupo Portapapeles haga clic en el botón **Pegar** (no en su flecha).

Las Opciones de pegado aparecen debajo y a la derecha del texto insertado. Puede hacer clic en este botón para modificar la forma de pegado que utiliza Word por defecto. En este caso lo ignoraremos.

9. Vuelva a la página 1 y en la lista numerada haga triple clic en cualquier lugar del párrafo "La trilogía Bartimaeus" para seleccionarlo entero.

10. Haga clic en el botón **Cortar** ✄ del grupo Portapapeles.

11. Pulse la tecla de cursor **Flecha arriba** para desplazarse a la primera línea de la lista numerada ("La serie de Harry Potter") y haga clic en el botón **Pegar** del grupo Portapapeles. Los dos párrafos cambian de posición y la lista vuelve a numerarse automáticamente.

12. En la Barra de herramientas de acceso rápido haga clic en la flecha de **Deshacer** ↻ ▾ y en la lista seleccione la tercera acción (Pegar). Word deshace la operación anterior de cortar-pegar y el pegado del texto copiado.

13. Pulse las teclas **Control-Inicio** para moverse al principio del documento. Luego coloque el puntero del ratón en el área de selección situada junto al párrafo que comienza con las palabras "El interés por el género fantástico". Haga doble clic para seleccionarlo.

14. Haga clic sobre la selección y sin soltar el botón del ratón arrastre el párrafo hasta el principio del párrafo situado sobre él. Al soltar el botón del ratón el texto aparece en su nuevo emplazamiento.

15. Con el texto aún seleccionado pulse la tecla **Fin**. Word libera la selección y mueve el punto de inserción al final del párrafo.

16. Pulse la **Barra espaciadora** y luego la tecla **Supr**. Word borra la marca de párrafo y los dos párrafos se convierten en uno (véase figura 2.3).

17. En el área de selección haga clic junto a la marca de párrafo situada bajo el párrafo combinado y pulse **Supr**.

CIERRE el documento 01_Cambios sin guardar los cambios.

Insertar texto guardado

Para ahorrar tiempo y asegurarnos de que nuestros textos sean consistentes, podemos guardar cualquier fragmento de texto que utilicemos frecuentemente como bloque de creación. Para hacerlo tenemos que seleccionar el texto, hacer clic en el botón **Elementos rápidos** del grupo Texto, dentro de la ficha Insertar, seleccionar la opción Guardar selección en una galería de elementos rápidos y asignarle un nombre al texto. Después de esto el texto aparecerá con dicho nombre en la galería de elementos rápidos.

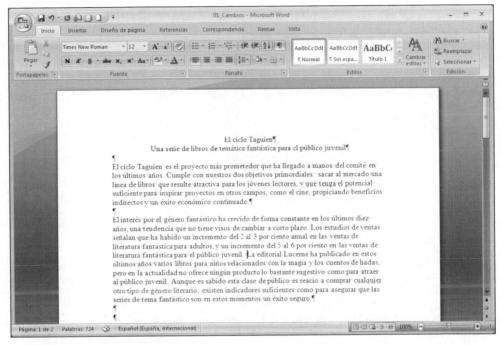

Figura 2.3. Los dos párrafos se unen en uno solo.

Una vez que hayamos guardado el texto podemos insertarlo en cualquier punto haciendo clic en el botón **Elementos rápidos** para mostrar la galería y escoger el bloque de creación que queramos.

En el ejercicio siguiente guardará los nombres de una empresa y su producto como bloques de creación, para insertarlos luego en cualquier lugar de un documento.

UTILICE el documento 02_TextoGuardado, que podrá encontrar en la subcarpeta Capítulo_02, dentro a su vez de la carpeta Office 2007. Paso a paso.

ABRA el documento 02_TextoGuardado.

1. Hacia el final del primer párrafo del documento, seleccione las palabras "Wide World Importers".

2. En la ficha Insertar, dentro del grupo Texto, haga clic en el botón **Elementos Rápidos**  y escoja la opción Guardar selección en una galería de elementos rápidos.

    Se abrirá el cuadro de diálogo Crear nuevo bloque de creación, que se muestra en la figura 2.4.

Figura 2.4. Cuadro de diálogo Crear nuevo bloque de creación.

3. En el cuadro de texto Nombre escriba **www** y haga clic en **Aceptar**. Word guarda la selección en la galería de elementos rápidos.

4. En el tercer párrafo del documento seleccione las palabras "chimonobambusa marmorea" y haga clic en el botón **Elementos rápidos** del grupo Texto. Fíjese en que ahora el nombre de la empresa aparece como bloque de creación en la galería de elementos rápidos (véase figura 2.5).

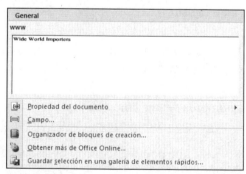

Figura 2.5. Galería de elementos rápidos.

5. Haga clic en la opción Guardar selección en una galería de elementos rápidos y guarde el texto seleccionado con el nombre **cm**.

6. Pulse las teclas **Control-Fin** para desplazar el punto de inserción al final del documento. Pulse la **Barra espaciadora**.

7. Escriba las palabras **En concreto** y un espacio. Luego, en el grupo Texto, haga clic en el botón **Elementos rápidos** y escoja en la galería el elemento www. El nombre de la empresa aparece el punto de inserción.

8. Inserte otro espacio y tras él escriba **recomienda la cm**.

9 Pulse la tecla **F3** y luego añada un punto. Word sustituye la palabra "cm" por el bloque de creación "chimonobambusa marmorea", como en la figura 2.6.

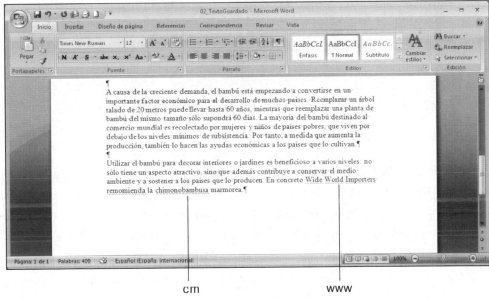

cm   www

Figura 2.6. Utilización de los dos bloques de creación.

CIERRE el documento 02_TextoGuardado sin guardar los cambios

Nota: Cuando cierre la aplicación, Word le preguntará si quiere guardar la plantilla de bloques de creación, que es donde se guardan por defecto nuestros bloques de creación personalizados. Si quiere eliminar los bloques de creación que ha creado en esta sesión de Word haga clic en **No**, si quiere guardarlos haga clic en **Sí**.

Encontrar la palabra más adecuada

Para que podamos asegurarnos de utilizar siempre las palabras que mejor se adecuen a nuestras intenciones, dependiendo del contexto, Word proporciona un diccionario en el que podemos buscar sinónimos (palabras alternativas) para las palabras que hemos escrito. El diccionario de sinónimos de Word forma parte de los servicios de referencia de la aplicación.

Para buscar el sinónimo de una palabra, seleccione la palabra en el texto y haga clic en el botón **Sinónimos** del grupo **Revisión**, dentro de la ficha **Revisar**. Esto abrirá el panel **Referencia** con una lista de sinónimos. Para sustituir la palabra seleccionada simplemente haga clic en el sinónimo que quiere utilizar.

En este ejercicio aprenderá a utilizar el diccionario para sustituir una palabra por otra.

UTILICE el documento `03_EncontrarPalabra`, que podrá encontrar en la subcarpeta `Capítulo_02`, dentro de la carpeta `Office 2007. Paso a paso`.

ABRA el archivo `03_EncontrarPalabra`.

1. Haga doble clic en la palabra "magnífica", en la primera línea del primer párrafo de la carta.

2. En la ficha **Revisar**, dentro del grupo **Revisión**, haga clic en el botón **Sinónimos** 〔Sinónimos〕. Como puede ver en la figura 2.7, se abre el panel **Referencia** mostrando sinónimos de la palabra "magnífica".

3. En el panel **Referencia**, haga clic en la palabra valiosa (situada bajo el encabezado ostentosa (adj.)).

   La palabra "valiosa" sustituye a la palabra "magnífica" en el cuadro de texto **Buscar**, en la parte superior del panel, y en el listado se muestran ahora sinónimos de la palabra "valiosa".

4. Sitúe el puntero del ratón sobre la palabra "excelente", haga clic en la flecha que aparece y seleccione la opción **Insertar**. La palabra "excelente" sustituye a la palabra "magnífica" en el texto.

5. Cierre el panel **Referencia**.

CIERRE el archivo `03_EncontrarPalabra` sin guardar los cambios.

Figura 2.7. Panel Referencia con los sinónimos de la palabra "magnífica".

Reorganizar el esquema de un documento

Si está creando un documento que contiene distintos niveles de título puede darle formato con algún estilo prediseñado que incluya niveles. Luego le resultará muy sencillo visualizar y organizar el documento en la vista Esquema.

Para mostrar un documento en la vista Esquema, haga clic en el botón **Esquema** del grupo Vistas de documento, en la ficha Vista, o bien haga clic en el botón **Esquema** de la barra de herramientas Vista. El documento se mostrará con una estructura jerárquica y aparecerá la ficha Esquema en la Cinta de opciones (véase figura 2.8).

Figura 2.8. Ficha Esquema.

Las **Herramientas de esquema** de esta ficha incluyen botones que podemos utilizar para mostrar los títulos a partir de un determinado nivel hacia arriba, botones para aumentar o disminuir el nivel de un título o de un cuerpo de texto, botones para subir o bajar secciones, junto con sus títulos y cuerpo de texto correspondientes.

Las tabulaciones y símbolos que se muestran en pantalla para indicarnos la estructura del documento no aparecen en otras vistas del documento, ni tampoco cuando lo imprimamos.

Truco: Podemos utilizar los botones del grupo **Documento maestro** para crear un documento maestro con subdocumentos, que luego podremos mostrar u ocultar. La explicación de los documentos maestros y subdocumentos se sale del ámbito de este libro. Para obtener más información sobre este tema utilice la ayuda de Word.

En el ejercicio siguiente abrirá la vista Esquema, modificará el nivel de los apartados del documento, reorganizará los niveles y aprenderá a expandir y contraer el esquema.

UTILICE el documento 04_Esquema, que puede encontrar en la subcarpeta `Capí-tulo_02`, dentro de la carpeta `Word 2007. Paso a paso`.

ABRA el documento `04_Esquema`.

1. En la esquina inferior derecha de la ventana del documento, en la barra de herramientas Vista, haga clic en el botón **Esquema** . La pantalla cambia para mostrar el documento en vista Esquema, y aparece la ficha **Esquema** en la parte izquierda de la Cinta de opciones.

2. En la ficha **Esquema**, dentro del grupo **Herramientas de esquema**, haga clic en la flecha de **Mostrar nivel** y escoja en la lista la opción **Nivel 1**. El documento se contrae para mostrar solamente los encabezados de nivel 1 (véase figura 2.9).

3. Haga clic en cualquier lugar del título "Contabilidad".

4. En el grupo **Herramientas de esquema** haga clic en el botón **Expandir** . Word expande la sección "Contabilidad" para mostrar sus títulos de segundo nivel.

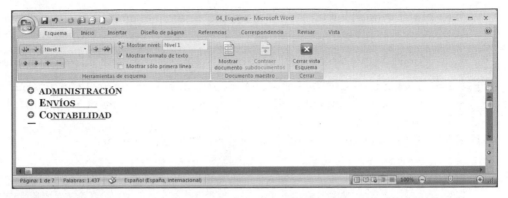

Figura 2.9. El documento se contrae para mostrar solamente los títulos de primer nivel.

5. En el grupo Herramientas de esquema haga clic en el botón **Disminuir nivel** . El título "Contabilidad" pasa al segundo nivel.

6. En la Barra de herramientas de acceso rápido haga clic en el botón **Deshacer** . El título "Contabilidad" vuelve al primer nivel.

7. En el grupo Herramientas de esquema haga clic en el botón **Contraer** .

8. Haga clic en el botón **Disminuir nivel**. Una vez más, el título "Contabilidad" pasa al segundo nivel.

9. Haga clic en el botón **Expandir**. Como los títulos colocados bajo "Contabilidad" estaban ocultos cuando hemos disminuido su nivel, han pasado automáticamente al tercer nivel, para mantener la jerarquía de la sección.

10. Haga clic en el botón **Contraer** y luego, en el grupo Herramientas de esquema, haga clic en el botón **Aumentar nivel** . El título "Contabilidad" vuelve a pasar al primer nivel.

11. Pulse las teclas **Control-Inicio** para saltar al principio del documento y en el grupo Herramientas de esquema seleccione en la lista Mostrar nivel la opción Nivel 2. El esquema muestra todos los títulos de primer y segundo nivel.

12. Haga clic en el signo + situado a la izquierda del título "Contabilidad" y en el grupo Herramientas de esquema haga clic en el botón **Subir** tres veces. El título "Contabilidad" y los títulos colocados bajo él se colocan por encima del título "Envíos", como puede comprobar en la figura 2.10.

13. En el grupo **Herramientas de esquema**, en el cuadro de lista desplegable **Mostrar nivel**, escoja la opción **Todos los niveles**.

Puede desplazarse por el documento para ver el efecto de la reordenación.

14. En el grupo **Cerrar** haga clic en el botón **Cerrar vista esquema**. Word muestra el documento reorganizado en la vista Diseño de impresión.

CIERRE el documento `04_Esquema` sin guardar los cambios.

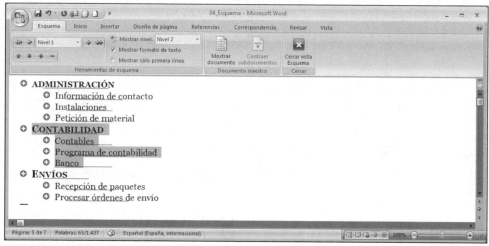

Figura 2.10. Word nos permite mover las secciones de un documento fácilmente.

Buscar y reemplazar texto

Una forma de asegurarnos de que el texto de nuestro documento es exacto y preciso es utilizar la herramienta de búsqueda de Word, para localizar las repeticiones de una determinada palabra o frase dentro del documento.

Haciendo clic en el botón **Buscar**, situado en el grupo Edición de la ficha Inicio, se abre el cuadro de diálogo Buscar y reemplazar con la ficha Buscar activa.

Una vez que haya escrito el texto que quiere localizar en el cuadro de texto Buscar, podrá hacer lo siguiente:

■ Haga clic en el botón **Buscar siguiente** para localizar la primera aparición de ese texto.

- En la lista **Resaltado de lectura**, haga clic en Resaltar todo para resaltar todas las veces que aparece ese texto en el documento.

Si encuentra un error en el documento mientras está realizando la búsqueda, puede hacer los cambios sobre la marcha sin necesidad de cerrar el cuadro de diálogo Buscar y reemplazar.

Simplemente haga clic en el documento para hacer el cambio y cuando acabe vuelva a hacer clic en el cuadro de diálogo Buscar y reemplazar para seguir utilizándolo.

Si quiere sustituir una palabra o frase por otra determinada, puede utilizar la herramienta Reemplazar para encontrar las veces que aparece ese texto en el documento y sustituirlo por un texto diferente. Haga clic en el botón **Reemplazar** del grupo Edición para abrir la ficha Reemplazar del cuadro de diálogo Buscar y reemplazar, que es muy parecida a la ficha Buscar. En esta ficha podrá hacer:

- Haga clic en el botón **Reemplazar** para sustituir la siguiente aparición del texto con el texto especificado en el cuadro de texto Reemplazar con y pasar a la siguiente repetición.

- Haga clic en el botón **Reemplazar todos** para sustituir todas las apariciones del texto por el texto especificado en Reemplazar con.

- Haga clic en **Buscar siguiente** para dejar el texto seleccionado tal y como está y localizar la siguiente repetición.

Puede utilizar el cuadro de diálogo Buscar y reemplazar para llevar a cabo búsquedas y sustituciones más complejas. Haga clic en el botón **Más** >> para expandir el cuadro de diálogo y mostrar sus opciones adicionales (véase figura 2.11).

Seleccionando una de las opciones del cuadro de lista desplegable Buscar, puede establecer la dirección de la búsqueda hacia arriba o hacia abajo en el texto. Puede activar la casilla de verificación Coincidir mayúsculas y minúsculas para ajustarse a la utilización de las mismas.

Con la casilla de verificación Sólo palabras completas activada, Word buscará solamente la palabra exacta especificada en el cuadro de texto Buscar.

Si quiere comprobar si ha utilizado correctamente en el texto dos palabras similares, como por ejemplo "efecto" y "afecto", puede activar la casilla de verificación Usar caracteres comodín y utilizar caracteres comodín en el cuadro de texto Buscar para localizar ambos términos. Los más habituales son:

- El comodín ? sustituye a un único carácter situado en esa posición.

- El comodín * sustituye a cualquier número de caracteres.

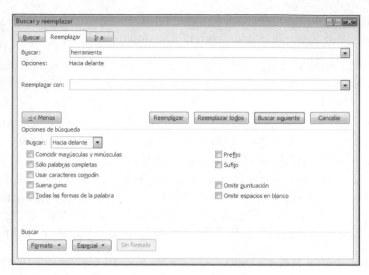

Figura 2.11. Cuadro de diálogo Buscar y reemplazar con todas sus opciones a la vista.

Activando la casilla de verificación **Suena como**, Word buscará en el texto palabras que suenen igual pero que se escriban de forma distinta. Activando la casilla de verificación **Todas las formas de la palabra**, Word buscará distintas variaciones de la palabra. Puede buscar palabras que contengan un determinado prefijo o sufijo, así como ignorar la puntuación y los espacios en blanco. Finalmente, puede localizar la utilización de distintos tipos de formato, como negrita, o de caracteres especiales, como tabulaciones, seleccionándolos de las listas **Formato** o **Especial**.

En el siguiente ejercicio buscará una frase y hará una corrección en el documento. Luego sustituirá una frase por otra en todo el documento.

UTILICE el documento `05_EncontrarTexto`, que podrá encontrar en la subcarpeta `Capítulo_02`, dentro de la carpeta `Office 2007. Paso a paso`.

ABRA el archivo `05_EncontrarTexto`.

1. Con el punto de inserción situado al inicio del documento, vaya a la ficha Inicio y en el grupo Edición haga clic en el botón **Buscar** 🔍 Buscar ▾ .

2. En el cuadro de texto Buscar escriba las palabras **El ciclo Taguien**, haga clic en el botón **Resaltado de lectura** y escoja la opción Resaltar todo.

3. Vaya a la segunda página del documento. Word ha encontrado y selecciona-
    do todas las repeticiones del texto "El ciclo Taguien" en el documento, como
    puede verse en la figura 2.12.

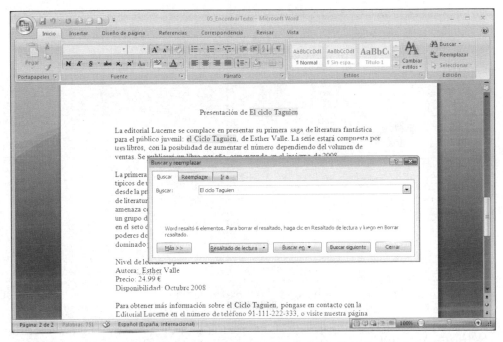

Figura 2.12. Word resalta todas las apariciones de las palabras "El ciclo Taguien"
en el texto.

4. Haga clic en el documento, por detrás del cuadro de diálogo Buscar y re-
    emplazar. Haga doble clic en la palabra "el", en "el ciclo Taguien" del
    primer párrafo, (no en el título) de la página 2, y escriba **El** para corregir el
    uso de mayúsculas.

5. Pulse **Control-Inicio** para situar el punto de inserción al principio del
    documento.

6. Haga clic en la barra de título del cuadro de diálogo Buscar y reemplazar
    y seguidamente en la pestaña Reemplazar. En el cuadro de texto Buscar se
    conserva la entrada de la búsqueda anterior.

7. Haga clic en el cuadro de texto Reemplazar con, escriba **El ciclo Taguien**
    y haga clic en el botón **Más** >>.

8. En la parte inferior del cuadro de diálogo expandido, haga clic en el botón **Formato** y escoja la opción Fuente. Se abre el cuadro de diálogo Reemplazar fuente (véase figura 2.13).

Figura 2.13. Cuadro de diálogo Reemplazar fuente.

9. En Estilo de fuente escoja la opción Cursiva y haga clic en **Aceptar**.

10. Haga clic en el botón **Buscar siguiente** y luego en **Reemplazar**. El texto normal seleccionado se sustituye por el texto en cursiva, y Word selecciona la siguiente aparición de "El ciclo Taguien".

11. Haga clic en **Reemplazar todos**. Word muestra un cuadro de diálogo para informar de que se realizaron seis sustituciones en el texto.

12. Haga clic en **Aceptar** para cerrar el mensaje y en el cuadro de diálogo Buscar y reemplazar haga clic en la ficha Buscar.

13. Haga clic en el botón **Resaltado de lectura** y en la lista escoja la opción Resaltar todo. Word resalta seis repeticiones del elemento introducido en el cuadro de texto Buscar.

14. Haga clic en **Resaltado de lectura** y escoja la opción Borrar resaltado.

CIERRE el cuadro de diálogo Buscar y reemplazar y luego cierre el documento 05_EncontrarTexto sin guardar los cambios.

Corregir faltas de ortografía y errores gramaticales

Word proporciona dos herramientas que simplifican la tarea de corregir faltas de ortografía y errores gramaticales, las herramientas Autocorrección y Ortografía y gramática.

¿Se ha fijado en que Word va corrigiendo automáticamente algunos errores tipográficos a medida que escribimos? Esto es labor de la herramienta de autocorrección. Esta herramienta sustituye sobre la marcha las típicas palabras que suelen escribirse mal (por ejemplo "sre" por "ser") para evitar que tengamos que corregirlas nosotros más adelante. La herramienta Autocorrección posee una larga lista de palabras que a menudo se escriben mal, junto con su forma correcta correspondiente.

En el caso de que normalmente escribamos mal una palabra que la herramienta de autocorrección no modifique, podemos añadirla fácilmente a su lista en el cuadro de diálogo Autocorrección.

Si deliberadamente queremos escribir mal una palabra y Word nos la corrige de forma automática, podemos solucionarlo haciendo clic en el botón **Deshacer** de la Barra de herramientas de acceso rápido antes de seguir escribiendo nada más.

Aunque la autocorrección nos permite estar seguros de que nuestros documentos están libres de los errores ortográficos más frecuentes, no detecta otros errores tipográficos o gramaticales ocasionales. Para corregir este tipo de errores tenemos que acudir a la herramienta Ortografía y gramática.

Ya se habrá dado cuenta de que mientas escribimos, Word subraya con una línea ondulada roja los errores ortográficos potenciales, y con una línea ondulada verde los errores gramaticales. Haciendo clic con el botón derecho del ratón sobre cualquier palabra o frase subrayada, Word muestra las sugerencias de corrección. Si lo que quiere es comprobar la ortografía y gramática de la totalidad del documento, es más sencillo hacer clic en el botón **Ortografía y gramática** (dentro del grupo Revisión de la pestaña Revisar) que ir corrigiendo una a una todas las palabras o frases subrayadas.

Word va revisando todo el documento a partir del punto de inserción y si encuentra algún error abre el cuadro de diálogo Ortografía y gramática. Si el error es una falta de ortografía, el cuadro de diálogo sugerirá correcciones. Si el error es gramatical, nos informará de la regla gramatical que se ha roto y ofrecerá también posibles correcciones. Los botones del cuadro de diálogo Ortografía y gramática son dinámicos, es decir, cambian dependiendo del tipo de error. Si por ejemplo se trata de un error gramatical, Word nos dará la opción de ignorar la regla que hemos roto a lo largo de todo el documento.

En el ejercicio siguiente modificará un ajuste de autocorrección y añadirá una palabra mal escrita a su lista. Comprobará la ortografía, añadirá términos al diccionario personalizado y encontrará, revisará y corregirá un error gramatical.

UTILICE el archivo `06_Ortografía`, que podrá encontrar dentro de la subcarpeta `Capítulo_02`, contenida a su vez en la carpeta `Office 2007. Paso a paso`.

ABRA el archivo `06_Ortografía`.

1. Haga clic al final del segundo párrafo del texto, pulse la **Barra espaciadora** y escriba **La primera fila se reservaba a sazerdotes y autoridades** seguido de un punto. Fíjese en que cuando añade el espacio tras la palabra "sazerdotes", Word sustituye automáticamente esta palabra mal escrita por su forma correcta "sacerdotes".

2. Haga clic en el **Botón de Office** y luego en **Opciones de Word**.

3. En el panel izquierdo, haga clic en Revisión, y dentro de esta ficha haga clic en **Opciones de Autocorrección**. Se abrirá el cuadro de diálogo Autocorrección, mostrando la ficha Autocorrección (véase figura 2.14).

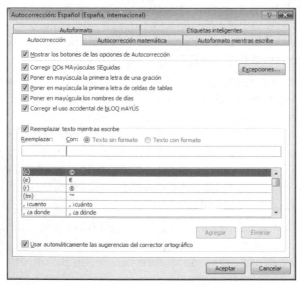

Figura 2.14. Cuadro de diálogo Autocorrección.

Fíjese en las correcciones que realiza la herramienta Autocorrección. Si no quiere que Word corrija un determinado elemento, haga clic en la casilla de verificación correspondiente para desactivarla. (Si por ejemplo no quiere que la herramienta de autocorrección ponga en mayúsculas la primera letra detrás de un punto, desactive la casilla de verificación Poner en mayúscula la primera letra de una oración.)

4. Haga clic en el cuadro de texto Reemplazar y escriba la palabra **trade**. Word se desplaza por la lista para mostrar la entrada que más se parece a la palabra escrita.

5. Pulse la tecla **Tab** para colocar el punto de inserción en el cuadro de texto Con y escriba en él la palabra **tarde**.

6. Haga clic en el botón **Agregar** para añadir esta entrada a la lista de correcciones y luego haga clic en **Aceptar**.

7. Haga clic en **Aceptar** para cerrar el cuadro de diálogo Opciones de Word.

8. Pulse las teclas **Control-Fin** para desplazarse al final del último párrafo.

9. Pulse la **Barra espaciadora** y escriba **por la mañana o por la trade**, seguido de un punto. La palabra "trade" (mal escrita) se sustituye de forma automática por "tarde".

10. Pulse **Control-Inicio** para saltar al principio del documento y haga clic con el botón derecho sobre la palabra "enter", la tercera palabra subrayada con una línea ondulada roja. Word muestra las posibles correcciones para esta palabra, así como otras acciones que podemos llevar a cabo (véase figura 2.15).

Figura 2.15. Menú contextual con las posibles correcciones de la palabra "enter".

11. Haga clic en la palabra entre de la lista. Word elimina el subrayado ondulado rojo y sustituye la palabra.

12. Pulse **Control-Inicio** otra vez, y en la ficha Revisar, dentro del grupo Revisión, haga clic en el botón **Ortografía y gramática**. Se abre el cuadro de diálogo Ortografía y gramática, mostrando la primera palabra que Word no reconoce, "reconstrución", que se destaca en rojo en el cuadro No se encontró (véase figura 2.16).

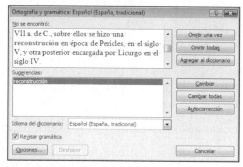

Figura 2.16. Cuadro de diálogo Ortografía y gramática destacando un error ortográfico.

13. Con la palabra "reconstrución" seleccionada en el cuadro Sugerencias, haga clic en el botón **Autocorrección**. Word añade la palabra mal escrita (reconstrución) y su corrección (reconstrucción) a la lista de la herramienta Autocorrección, de forma que la siguiente vez que la escribamos mal Word la corregirá de forma automática. Ahora se marca la palabra "cavea" como el siguiente error.

14. Haga clic en **Omitir todas**. Word pasará por alto ésta y el resto de apariciones de esta palabra en latín, y destacará el siguiente error, la palabra duplicada "que".

15. Haga clic en **Eliminar**. Word borra el segundo "que" y marca a continuación un posible error gramatical.

    Word identifica este error gramatical como una utilización impersonal del verbo haber. Tendremos que leer la frase y decidir si debemos corregirla o no.

16. Haga clic en el documento por detrás del cuadro de diálogo Ortografía y gramática. Haga doble clic en la palabra "habían" y escriba **había**.

17. Haga clic en la barra de título del cuadro de diálogo Ortografía y gramática y luego en el botón **Reanudar**. La siguiente palabra que Word no reconoce es "Enric". Es un nombre propio y está bien escrito. Añadiendo este tipo de palabras al diccionario evitamos que Word siga marcándolas como errores.

18. Haga clic en **Agregar al diccionario**. Word muestra un mensaje indicando que ha terminado la revisión ortográfica y gramatical del documento.

19. Haga clic en **Aceptar** para cerrar el cuadro de texto.

CIERRE el archivo 06_Ortografía sin guardar los cambios.

Puntos clave

- Podemos cortar o copiar texto y pegarlo en cualquier otro lugar del mismo documento, o bien en un documento distinto. El texto copiado y cortado se almacena en el Portapapeles.

- ¿Hemos cometido un error? No hay problema. Podemos deshacer la última acción, o las últimas acciones realizadas, haciendo clic en el botón **Deshacer** (o en su flecha) de la Barra de acceso rápido. También podemos repetir la acción si volvemos a cambiar de idea.

- No es necesario que escribamos el mismo texto una y otra vez. Podemos guardar un texto como Elemento rápido e insertarlo con unos pocos clics del ratón.

- ¿Necesitamos encontrar una palabra más exacta para el texto? Podemos utilizar el diccionario de sinónimos para buscar los sinónimos de una determinada palabra, y utilizar el servicio Referencia para acceder a material de referencia especializado y a recursos online.

- Si nos tomamos el tiempo de aplicar estilos de título a nuestro documento, luego podremos utilizar la vista Esquema para reorganizar el documento.

- Podemos buscar las diferentes apariciones de una palabra en el texto y sustituirla por otra.

- La herramienta Autocorrección corrige automáticamente los errores ortográficos más frecuentes. Podemos corregir el resto de errores ortográficos y gramaticales a medida que escribimos o revisando el documento completo de una sola vez.

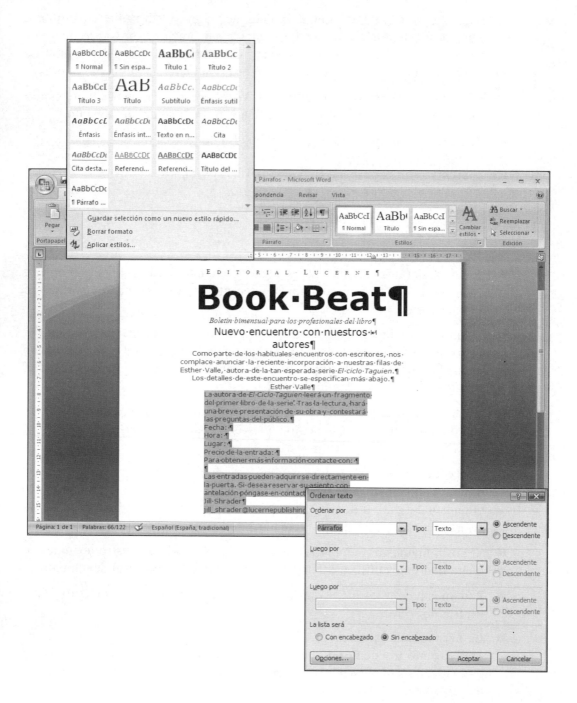

3. Cambiar el aspecto del texto

En este capítulo aprenderá a:

- ✓ Dar formato rápidamente a texto y párrafos.
- ✓ Cambiar de forma manual el aspecto de los caracteres.
- ✓ Cambiar de forma manual el aspecto de los párrafos.
- ✓ Crear y modificar listas.

Microsoft Office Word 2007 puede ayudarnos a crear documentos de aspecto profesional, cuya apariencia corresponda con el contenido. Podemos dar formato al texto fácilmente, de forma que destaquen los puntos principales y nuestros argumentos sean fáciles de captar.

Dar formato rápido a texto y párrafos

Word 2007 posee nuevas herramientas y también ha mejorado varias de sus herramientas antiguas para simplificar el proceso de dar formato al contenido de un texto. Por ejemplo, los botones que se utilizan para cambiar el tamaño, color y otros atributos de las fuentes, se han reunido en el grupo Fuente de la ficha Inicio, para que sean fácilmente accesibles. También podemos encontrar los botones de formato que más se utilizan en la Minibarra de herramientas que aparece cuando colocamos el puntero del ratón sobre un texto seleccionado.

Sin embargo no es necesario que apliquemos los atributos uno a uno. Podemos cambiar varios atributos de una vez con un par de clics del ratón, o bien utilizando los Estilos rápidos, una potente herramienta a la que podemos acceder desde el grupo Estilos de la ficha Inicio. Los Estilos rápidos son galerías que contienen:

- Estilos de párrafo: Podemos utilizar estos estilos para darles un aspecto uniforme a distintos tipos de párrafo, como títulos, cuerpo de texto o listas.

■   Estilos de fuente: Podemos utilizar estos estilos para cambiar el aspecto de una o de varias palabras seleccionadas.

Todos los Estilos rápidos de una determinada galería se coordinan unos con otros para dar un aspecto profesional a nuestros documentos. Podemos pasar de un conjunto de estilos a otro seleccionándolo en las galerías de Estilos rápidos, que tienen nombres como Tradicional, Distintivo, Moderno o Elegante.

En el siguiente ejercicio aprenderá a trabajar con los Estilos rápidos.

UTILICE el archivo de práctica 01_FormatoRápido, que encontrará dentro de la subcarpeta Capítulo_03, dentro de la carpeta Office 2007. Paso a paso.

ABRA el archivo 01_FormatoRápido.

1. Con el punto de inserción colocado en la parte superior del documento, vaya al grupo Estilos de la ficha Inicio y desplace el puntero del ratón por encima de las miniaturas que se muestran en la fila de la galería de Estilos rápidos.

    El formato del título se modifica, mostrándonos una vista previa del aspecto que tendrá el documento si hacemos clic sobre el estilo al que estamos apuntando. Con Word 2007 ya no es necesario aplicar un formato para ver su efecto.

2. Sin hacer ninguna selección, haga clic en la flecha Abajo ▾ situada a la derecha de la galería de Estilos rápidos. Se muestra la siguiente fila de la galería de Estilos rápidos.

3. Sitúe el puntero del ratón sobre cada una de estas miniaturas de Estilos rápidos.

4. En el grupo Estilos, haga clic en el botón **Más** ▾. Word muestra toda la galería de Estilos rápidos. El estilo aplicado al párrafo en el que está situado el punto de inserción aparece bordeado con una línea amarilla, como puede verse en la figura 3.1.

5. En la galería de Estilos rápidos, haga clic en la miniatura Título para aplicar este estilo al párrafo en el que está situado el punto de inserción.

6. Coloque el punto de inserción en cualquier lugar del subtítulo "Hoja informativa" y en la galería de Estilos rápidos haga clic en la miniatura Subtítulo.

7. Sitúe el punto de inserción en cualquier parte del título "Trasladar el bambú a una nueva casa". En la galería de Estilos rápidos haga clic en la flecha Arriba ▴ y seleccione la miniatura Título 1.

Figura 3.1. Galería de Estilos rápidos.

8. Aplique el mismo estilo Título 1 a los títulos "Una planta de bambú saludable" y "Mantener a los insectos a raya".

9. Aplique el estilo Título 3 a los títulos "Ácaros" y "Cochinilla".

10. En el grupo Estilos, haga clic en el botón **Cambiar estilos**, escoja en el menú emergente la opción Conjunto de estilos y vaya pasando el puntero del ratón sobre cada uno de sus estilos para ver el efecto sobre el documento.

11. Cuando acabe de examinar estos estilos, haga clic en Moderno. El formato del documento cambia y los títulos y texto adoptan el aspecto de este conjunto de estilos.

CIERRE el archivo 01_FormatoRápido.

Cambiar de forma manual el aspecto de los caracteres

Cuando escribimos un texto en un documento, éste se muestra con una fuente determinada. Cada fuente está formada por 256 caracteres alfabéticos, numéricos y símbolos que comparten un diseño común. La fuente que se utiliza por defecto para los nuevos documentos de Word 2007 es Calibri, pero podemos cambiarla en cualquier momento. Las fuentes disponibles varían de unos ordenadores a otros, dependiendo de los programas que tengamos instalados, las más comunes son Arial, Verdana y Times New Roman.

Podemos variar el aspecto de una fuente modificando alguno de los siguientes atributos:

- Cada fuente tiene diferentes tamaños de fuente, que se miden en puntos desde la parte superior de las letras que tienen rasgos ascendentes, como por ejemplo la h, hasta la parte inferior de las letras que tienen rasgos descendentes, como la p. Un punto es aproximadamente 1/72 de pulgada.

- Casi todas las fuentes tienen varios estilos, los más comunes son normal, cursiva, negrita y negrita cursiva.

- Las fuentes pueden resaltarse aplicando diferentes efectos, como subrayado, versales o sombras.

- Existe una paleta de colores de fuente, aunque también se pueden utilizar colores personalizados.

- Se puede modificar el espaciado entre caracteres separando o acercando las letras.

En el ejercicio siguiente aprenderá a dar formato al texto de un documento cambiando su fuente, estilo de fuente, color y espaciado entre caracteres.

UTILICE el archivo de práctica 02_Caracteres, que puede encontrar dentro de la subcarpeta Capítulo_03, dentro a su vez de la carpeta Office 2007. Paso a paso.

ABRA el archivo 02_Caracteres.

1. Haga clic en cualquier parte de la palabra "Bonito" del título ("Bonito bambú").

2. En la ficha Inicio, dentro del grupo Fuente, haga clic en el botón **Subrayado** S ▾. La palabra en la que estaba situado el punto de inserción aparece ahora subrayada. Fíjese en que no ha tenido que seleccionar la palabra completa.

3. En el mismo título, haga clic en cualquier parte de la palabra "Bambú" y en la Barra de herramientas de acceso rápido haga clic en el botón **Repetir** ↺. El último comando de formato se repite. Una vez más, queda subrayada la palabra completa sin necesidad de que la seleccionemos.

4. En el área de selección haga clic junto a "Bonito bambú" para seleccionar el título completo. Word muestra una Minibarra de herramientas que podemos utilizar para cambiar rápidamente el aspecto de la selección.

5. En la Minibarra de herramientas haga clic en el botón **Negrita** N.

El título se muestra ahora en negrita. Los botones activos de la Minibarra de herramientas y del grupo Fuente indican los atributos que hemos aplicado a la selección (véase figura 3.2).

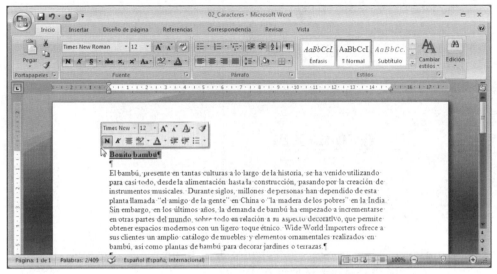

Figura 3.2. Texto seleccionado con la Minibarra de herramientas.

6. En la Minibarra de herramientas haga clic en el botón **Copiar formato** y a continuación haga clic en el área de selección situada junto al título "Tipos de bambú". Word copia el formato de "Bonito bambú" en el título "Tipos de bambú".

7. Seleccione "Bonito bambú" y en la ficha Inicio, dentro del grupo Fuente, haga clic en la fecha del botón **Fuente** para ver la lista de fuentes disponibles. Haga clic en Stencil.

    El título de la parte superior del documento se muestra ahora con la nueva fuente.

8. En el grupo Fuente haga clic en la flecha del botón **Tamaño de fuente** y escoja en el cuadro de lista desplegable el tamaño 26. El tamaño del título aumenta a 26 puntos.

9. Haga clic en el Iniciador del cuadro de diálogo Fuente . Se abre el cuadro de diálogo Fuente, que puede ver en la figura 3.3.

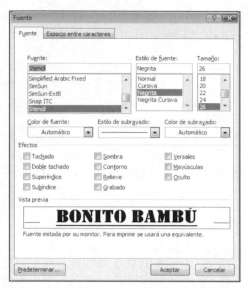

Figura 3.3. Cuadro de diálogo Fuente.

10. Haga clic en la flecha del cuadro de lista desplegable Estilo de subrayado y escoja la opción (ninguno).

11. En Efectos, active la casilla de verificación Contorno.

12. Haga clic en la pestaña Espacio entre caracteres (véase figura 3.4).

13. En el cuadro de lista desplegable Espaciado escoja la opción Expandido.

14. En la opción En, situada a la derecha de Espaciado, haga clic en la flecha Arriba hasta que el espaciado se expanda en 2 puntos. Haga clic en **Aceptar**.

15. En la ficha Inicio, dentro del grupo Fuente, haga clic en el botón **Borrar formato** . Se elimina el formato del texto seleccionado.

16. En la Barra de herramientas de acceso rápido haga clic en el botón **Deshacer** . Vuelve a aplicarse el formato al texto.

17. En la última frase del segundo párrafo seleccione las palabras "verde claro".

18. En la ficha Inicio, haga clic en la flecha del botón **Color de fuente** , y en la sección Colores estándar de la paleta escoja el color Verde claro.

19. En esa misma frase seleccione las palabras "verde oscuro e intenso". Haga clic en la flecha del botón **Color de fuente** y en la parte inferior de la paleta haga clic en Más colores. Se abre el cuadro de diálogo Colores que se muestra en la figura 3.5.

Figura 3.4. Ficha Espacio entre caracteres del cuadro de diálogo Fucnte.

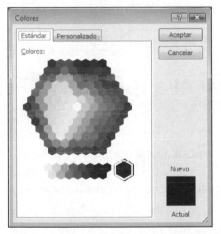

Figura 3.5. Cuadro de diálogo Colores.

20. En la rueda de colores de la ficha Estándar, seleccione alguno de los tonos verde oscuro y haga clic en **Aceptar**. El texto seleccionado se muestra ahora en verde oscuro.

21. Seleccione las palabras "conservar el medio ambiente" del último párrafo. Haga clic en la flecha del botón **Color de resaltado del texto** del grupo Fuente y en el apartado Colores recientes escoja el color verde.

22. En el párrafo que comienza con las palabras "Al ser una planta tan adaptable" seleccione la especie "chimonobambusa marmorea". Mantenga pulsada la tecla **Control** y vaya seleccionando el resto de especies: "indocalamus tessellatus", "pleioblastus chino vaginatus", "bambusa glaucophylla" y "otatea acuminata aztectorum".

23. Haga clic en el iniciador del cuadro de diálogo Fuente.

24. Haga clic en la pestaña Fuente del cuadro de diálogo Fuente. En la sección Efectos active la casilla de verificación Versales y haga clic en **Aceptar**. Las letras minúsculas de las especies de bambú se convierten en mayúsculas de pequeño tamaño, que hacen que estas palabras destaquen dentro del texto.

25. Haga clic en cualquier parte del nombre de la primera especie. En la ficha Inicio, dentro del grupo Edición, haga clic en el botón **Seleccionar** [Seleccionar ▾] y escoja la opción Seleccionar texto con formato similar. Se seleccionan todas las palabras escritas en versales.

26. En el grupo Fuente haga clic en el botón **Negrita** y luego haga clic en cualquier lugar fuera de la selección. Los nombres de las especies de bambú aparecen ahora en versales y negrita (véase figura 3.6).

CIERRE el documento `02_Caracteres` sin guardar los cambios.

Cambiar de forma manual el aspecto de los párrafos

Un párrafo puede estar compuesto por una sola palabra, una sola frase o varias frases. Podemos modificar el aspecto de un párrafo cambiando su alineación, el interlineado o el espacio en blanco situado por encima o por debajo del mismo.

En Word no definimos el ancho de los párrafos o la longitud de las páginas especificando el área que debe ocupar el texto, lo que hacemos es indicar el tamaño que debe tener el espacio en blanco que lo rodea (los márgenes derecho, izquierdo, superior e inferior). El botón **Márgenes** del grupo Configurar página, dentro de la ficha Diseño de página, nos permite definir estos márgenes, ya sea para el documento entero o para secciones del mismo.

Aunque sólo podemos definir los márgenes derecho e izquierdo para el todo el documento o para una sección del mismo, sí que podemos variar la posición del texto dentro de esos márgenes. La forma más sencilla de hacerlo es desplazando los marcadores de la regla horizontal. Podemos sangrar párrafos desde los márgenes izquierdo o derecho, así como especificar dónde debe comenzar la primera línea del párrafo y dónde empezarán las siguientes.

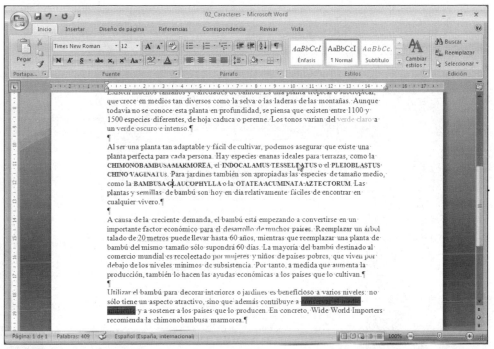

Figura 3.6. Tras darles formato, los nombres de las especies de bambú destacan claramente en el texto.

Cuando establecemos una sangría derecha, estamos indicando el punto en el que deben acabar todas las líneas de un párrafo. Sin embargo, habrá veces en que nos interese especificar dónde debe acabar una línea concreta del párrafo. Por ejemplo, puede que queramos dividir un título en dos líneas a partir de una determinada palabra, para que quede más equilibrado en el conjunto del texto. Word nos permite cortar una línea insertando un salto de ajuste de texto o un salto de línea. Para hacerlo empiece por colocar el punto de inserción en el lugar en que quiere que se produzca el salto, haga clic en el botón **Saltos** (dentro del grupo Configurar página de la ficha Diseño de página) y escoja en la galería la opción Ajuste del texto. Word señala el salto de línea con una flecha en forma de ángulo. Insertar un salto de línea no es lo mismo que empezar un nuevo párrafo, por tanto cuando apliquemos un formato de párrafo a una línea de texto que termina con un salto de línea, el formato se aplicará a todo el párrafo, no sólo a esa línea.

Podemos alinear las líneas de texto en diferentes puntos dentro de una misma página utilizando las tabulaciones (véase figura 3.7).

Botón   Regla   Tabulación   Tabulación
Tabulación   horizontal   personalizada   predeterminada

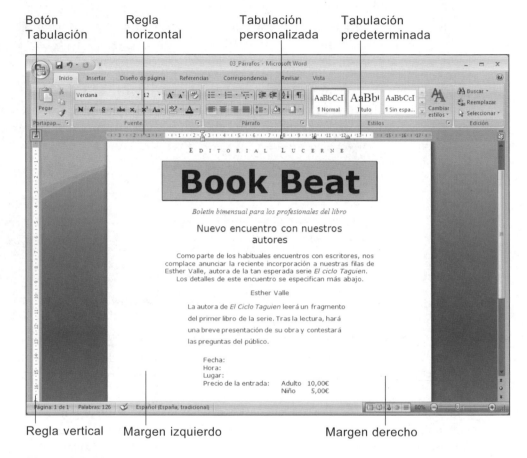

Regla vertical   Margen izquierdo   Margen derecho

Figura 3.7. Márgenes y tabulaciones de un documento de Word.

La forma más sencilla de establecer tabulaciones es utilizando la regla horizontal. Por defecto, las tabulaciones izquierdas predeterminadas de Word son de 1,25 cm. Para crear una tabulación personalizada haga clic en el selector de tabulaciones, situado en el extremo izquierdo de la regla horizontal, hasta que muestre el tipo de tabulación que desea utilizar. Éstas son las opciones:

■ **Tabulación izquierda:** Alinea el extremo izquierdo del texto con la tabulación.

■ **Centrar tabulación:** Alinea el centro del texto con la tabulación.

- **Tabulación derecha:** Alinea el extremo derecho del texto con la tabulación.

- **Tabulación decimal:** Alinea los números de una cifra en torno a una coma decimal, que se situará en la tabulación.

- **Barra de tabulaciones:** Dibuja una línea vertical alineada con la tabulación a lo largo del párrafo que contiene el punto de inserción.

Una vez que haya escogido el tipo de tabulación que quiere utilizar, haga clic en el punto de la regla en que quiere crear la tabulación. Word eliminará de forma automática cualquier otra tabulación situada a la izquierda de la misma. Para cambiar la posición de una tabulación personalizada arrástrela hacia la izquierda o hacia la derecha a lo largo de la regla. Para borrarla, arrástrela fuera de la regla.

Para mover el texto desde la derecha del punto de inserción hasta la siguiente tabulación, pulse la tecla **Tab**. El texto se alinea con la tabulación dependiendo del tipo de tabulación que sea. Por ejemplo, si se trata de una tabulación central, la tecla **Tab** desplazará el texto para que su centro quede alineado con la tabulación.

Además de las tabulaciones, la regla horizontal muestra también las sangrías, que sirven para controlar dónde deben comenzar o acabar las líneas del texto.

También se puede determinar la posición de un párrafo entre los márgenes derecho e izquierdo cambiando su alineación. Podemos utilizar los botones del grupo Párrafo, dentro de la ficha Inicio, para alinear los párrafos de la siguiente forma:

- **Alinear texto a la izquierda:** Alinea todas las líneas del párrafo respecto al margen izquierdo, dejando en el lado derecho un borde desigual.

- **Alinear texto a la derecha:** Alinea todas las líneas del párrafo respecto al margen derecho, dejando en el lado izquierdo un borde desigual.

- **Centrar:** Alinea cada línea del párrafo respecto al centro de la página, dejando a derecha e izquierda bordes desiguales.

- **Justificar:** Alinea uniformemente las líneas entre ambos márgenes, dejando nivelados los bordes derecho e izquierdo.

Para que sea más evidente dónde acaba un párrafo y comienza el siguiente, podemos aumentar el espacio entre ellos ajustando las opciones **Espacio después de** y **Espacio antes de**, situadas en el grupo Párrafo de la ficha Diseño de página.

Para ajustar el espacio que separa las líneas de un párrafo utilizaremos el botón **Interlineado** del grupo Párrafo, dentro de la ficha Inicio.

Si queremos que un párrafo destaque mucho podemos aplicarle un borde o un efecto de sombra, o bien combinar ambas opciones.

En el ejercicio siguiente aprenderá a cambiar la alineación del texto y las sangrías, modificará tabulaciones, párrafos e interlineados y añadirá bordes y sombra a un párrafo para destacarlo sobre el conjunto del texto.

UTILICE el documento 03_Párrafos. Puede encontrar este archivo de práctica en la carpeta Capítulo_03, dentro a su vez de la carpeta Office 2007. Paso a paso.

ASEGÚRESE de activar el botón **Mostrar todo** para mostrar los caracteres no imprimibles del documento. Active también las reglas.

ABRA el documento 03_Párrafos.

1. En la esquina inferior derecha de la ventana del documento haga clic dos veces en el botón **Alejar** 🔾, para establecer un porcentaje de zoom del 80 por ciento. Esto le permitirá ver en pantalla todo el texto del documento.

2. En la cuarta línea del documento, haga clic a la izquierda de la palabra "autores". A continuación, en la ficha Diseño de página, dentro del grupo Configurar página, haga clic en el botón **Saltos** 🖺 Saltos ▾ y seleccione la opción Ajuste del texto. Word inserta un carácter de salto de línea y mueve la parte del párrafo situada tras ese carácter a la línea siguiente.

3. Seleccione las primeras cuatro líneas del documento y en la ficha Inicio, dentro del grupo Párrafo, haga clic en **Centrar** ≡ (véase la figura 3.8).

4. Seleccione los dos párrafos siguientes y en el grupo Párrafo haga clic en el botón **Justificar** ≡. Las líneas del primer párrafo se extienden para ocupar todo el espacio entre los márgenes izquierdo y derecho. El segundo párrafo seleccionado no cambia, ya que ocupa menos de una línea.

5. Con ambos párrafos aún seleccionados, arrastre la **Sangría de primera línea** ▽ hasta situarla a 0,75 cm del margen izquierdo. La primera línea de cada párrafo queda separada 0,75 cm del margen izquierdo, como puede verse en la figura 3.9.

6. Haga clic en cualquier parte del párrafo "Esther Valle" y en el grupo Párrafo haga clic en el botón **Centrar**.

Salto de línea

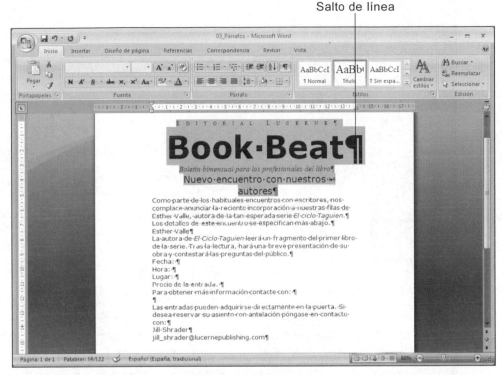

Figura 3.8. Si insertamos un salto de línea en un párrafo, el texto situado tras el mismo sigue formando parte de dicho párrafo.

7. Seleccione todos los párrafos situados bajo el párrafo "Esther Valle" y en la regla horizontal arrastre la **Sangría izquierda** hasta la marca de 1,5 cm. La Sangría de primera línea y la Sangría francesa se desplazan junto con la Sangría izquierda, y los párrafos seleccionados se colocan a 1,5 cm del margen izquierdo.

8. Arrastre la **Sangría derecha** hasta la marca de 12,25 cm. Los párrafos quedan sangrados también respecto al margen derecho (véase figura 3.10).

9. Seleccione los párrafos "Fecha:", "Hora:", "Lugar:" y "Precio de la entrada:", y en el grupo Párrafo haga clic en el botón **Aumentar Sangría**. Los cuatro párrafos quedan sangrados a 2,5 cm del margen izquierdo.

10. Sin cambiar la selección, asegúrese de que está activa la **Tabulación izquierda** en el selector de tabulaciones, situado en la unión de las reglas horizontal y vertical, y haga clic en el punto 7,75 cm de la regla para establecer justo ahí una tabulación izquierda.

Sangría de primera línea

Figura 3.9. Modificación de la sangría de primera línea para los párrafos seleccionados.

Sangría izquierda   Sangría derecha

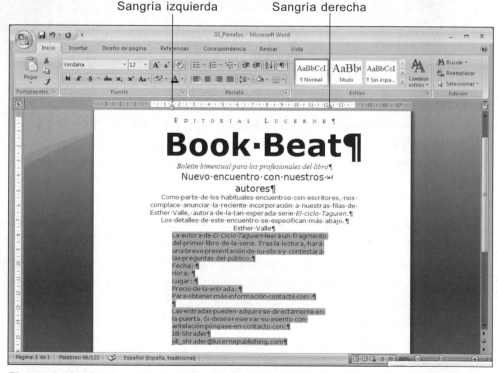

Figura 3.10. Modificación de las sangrías izquierda y derecha.

11. Haga clic al final del párrafo "Fecha:" colocando el punto de inserción antes de la marca de párrafo y pulse la tecla **Tab**. Word alineará cualquier texto que escriba tras la marca de tabulación a partir de la nueva tabulación creada.

12. Pulse la tecla **Flecha abajo** y luego la tecla **Tab**.

13. Repita el paso 12 para los párrafos "Lugar:" y "Precio de la entrada:". Los cuatro párrafos tienen ahora tabulaciones situadas a 7,75 cm del margen izquierdo (véase figura 3.11).

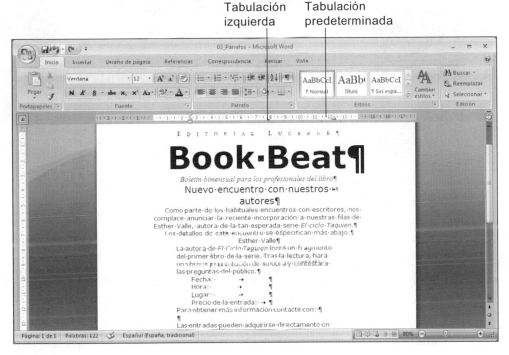

Figura 3.11. Utilización de las tabulaciones.

14. Sin mover el punto de inserción escriba **Adulto** y pulse la tecla **Tab**.

15. Haga clic tres veces en el selector de tabulaciones para activar la **Tabulación decimal** y a continuación haga clic en la marca 10,75 cm de la regla horizontal.

16. Escriba **10,00 €**, pulse la tecla **Intro**, pulse la tecla **Tab**, escriba **Niño**, pulse de nuevo la tecla **Tab** y escriba **5,00 €**. El nuevo párrafo adquiere el mismo formato que el párrafo "Precio de la entrada" y los precios quedan alineados a partir de su coma, como puede ver en la figura 3.12.

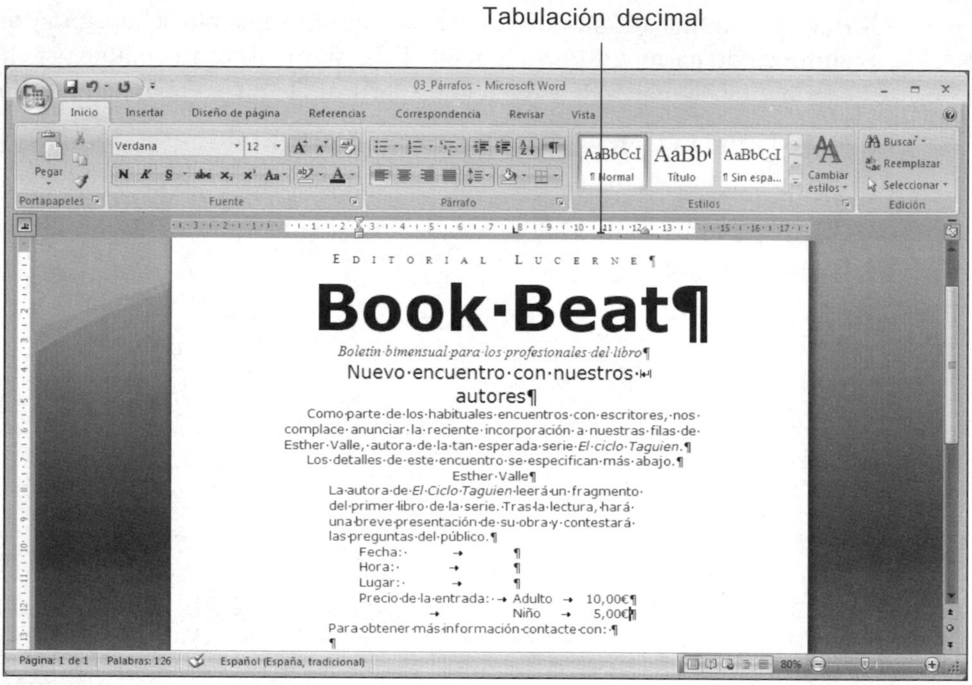

Tabulación decimal

Figura 3.12. Creación de una tabulación decimal.

17. Seleccione los párrafos que contienen los precios y en la regla horizontal arrastre la tabulación decimal a la marca 10 cm.

18. En la ficha Inicio, dentro del grupo Edición, haga clic en el botón **Seleccionar** [Seleccionar ▾] y escoja la opción Seleccionar todo.

19. En la ficha Diseño de página, dentro del grupo Párrafo, cambie el **Espaciado después de** a 12 puntos. Word inserta 12 puntos de espacio bajo cada párrafo del documento.

20. Haga clic en cualquier lugar del párrafo que comienza con las palabras "Como parte de", y en la ficha Inicio, dentro del grupo Párrafo, haga clic en el botón **Interlineado** [‡≡ ▾] y seleccione la opción Quitar espacio después de párrafo.

21. Seleccione los párrafos "Fecha:", "Hora:", "Lugar:" y "Precio de la entrada:" y repita el paso 20.

22. A continuación seleccione los dos últimos párrafos "Jill Shrader" y "jill_ shrader@lucernepublising.com" y repita de nuevo el paso 20.

23. Haga clic en cualquier punto del párrafo que comienza "La autora de", haga clic en el botón **Interlineado** y escoja la opción 1,5. Ha ajustado tanto el espaciado de los párrafos como el interlineado del documento.

24. Haga clic en el párrafo "*Book Beat*". Luego, en la ficha Inicio, dentro del grupo Párrafo, haga clic en la flecha del botón **Bordes** y en la parte inferior de la lista escoja la opción Bordes y sombreado. Se abre el cuadro de diálogo Bordes y sombreado (figura 3.13).

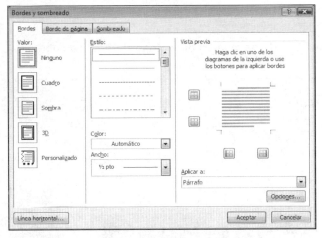

Figura 3.13. Cuadro de diálogo Bordes y sombreado.

25. En la sección Valor haga clic en el icono Sombra.

26. Haga clic en la pestaña Sombreado. Podemos utilizar las opciones de esta ficha para dar formato al fondo del párrafo seleccionado (véase figura 3.14).

27. Haga clic en la flecha de la opción Relleno. En la paleta de colores, bajo Colores del tema, haga clic en el segundo tono púrpura más claro (**Púrpura, Énfasis 4, Claro 60%**). Haga clic en **Aceptar** para cerrar el cuadro de diálogo Bordes y sombreado. Se muestra un borde con un sombreado rodeando el texto, con un color de fondo púrpura claro como muestra la figura 3.15.

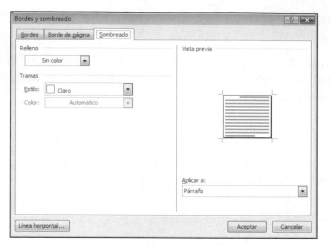

Figura 3.14. Pestaña Sombreado del cuadro de diálogo Bordes y sombreado.

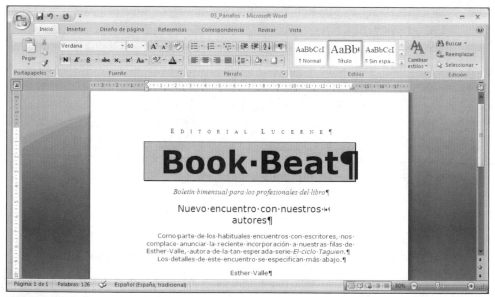

Figura 3.15. Texto tras aplicar un borde y un sombreado de color.

ASEGÚRESE de cambiar el porcentaje del zoom al 100 por ciento antes de empezar el siguiente ejercicio, y si lo desea desactive también las reglas.

CIERRE el documento `03_Párrafos` sin guardar los cambios.

Crear y modificar listas

Cuando tenemos que añadir una lista de elementos a un documento, lo normal es que cada elemento aparezca en su propia línea, y no todos ellos enterrados dentro de un mismo párrafo. Cuando el orden de los elementos no es relevante (por ejemplo la lista de elementos necesarios para llevar a cabo una tarea) utilizaremos listas de viñetas, cuando el orden es importante (por ejemplo los pasos de un proceso) utilizaremos listas numeradas.

Para crear una lista de viñetas o numerada en Word haga lo siguiente:

- Para crear una lista de viñetas escriba un asterisco (*) al principio del párrafo y luego pulse la **Barra espaciadora** o la tecla **Tab**.

- Para crear una lista numerada escriba el número 1 seguido de un punto (1.) al principio del párrafo y luego pulse la **Barra espaciadora** o la tecla **Tab**.

En ambos casos, cuando escriba el primer elemento de la lista y pulse **Intro**, Word empezará el nuevo párrafo con una viñeta o un número 2 seguido de un punto, y le dará al primer y al segundo párrafo formato de lista. Para añadir más elementos sólo tendrá que escribirlos y pulsar **Intro**. Para finalizar la lista, pulse **Intro** dos veces, o bien **Intro** y la tecla **Retroceso**.

En el siguiente ejercicio creará una lista de viñetas y una lista numerada, modificará las listas de diversas formas y creará una lista multinivel utilizando letras en vez de números.

UTILICE el documento 04_Listas. Puede encontrar este archivo de práctica en la carpeta Capítulo_03, dentro de la carpeta Office 2007. Paso a paso.

ABRA el documento 04_Listas.

1. Seleccione los tres párrafos situados bajo en encabezado "Bases" y en la ficha Inicio, dentro del grupo Párrafo, haga clic en el botón **Viñetas** ⠿ ▾. Word modifica el formato de los párrafos seleccionados para convertirlos en una lista de viñetas, como puede ver en la figura 3.16.

2. Con los tres párrafos aún seleccionados, haga clic en la flecha del botón **Viñetas**. Se muestra la Biblioteca de viñetas (véase figura 3.17).

3. Seleccione la viñeta formada por cuatro pequeños rombos. Las viñetas de la lista seleccionada se modifican.

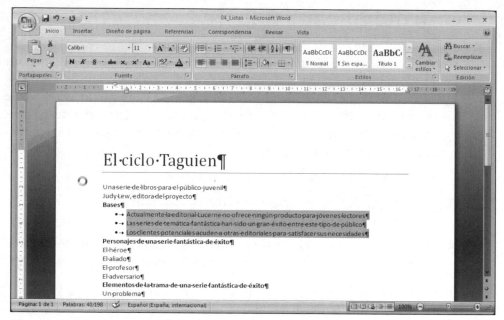

Figura 3.16. Word convierte los párrafos seleccionados en una lista de viñetas.

Figura 3.17. Biblioteca de viñetas.

4. Seleccione los cuatro párrafos situados bajo el encabezado "Personajes de una serie fantástica de éxito" y haga clic en el botón **Viñetas**.

5. Seleccione los párrafos situados bajo cada uno de los encabezados en negrita y haga clic en el botón **Viñetas**.

6. Vaya al final de la página, seleccione los cuatro párrafos situados bajo el encabezado "La serie de eventos", abra de nuevo la Biblioteca de viñetas y escoja la opción Ninguna. Los párrafos de la lista vuelven a convertirse en párrafos normales.

7. Con los párrafos aún seleccionados, haga clic en el botón **Numeración** de la ficha Inicio, dentro del grupo Párrafo. Los párrafos seleccionados se convierten en una lista numerada, como puede ver en la figura 3.18.

8. Haga clic en la flecha del botón **Numeración**. Se abre la Biblioteca de numeración (figura 3.19)

9. Escoja en la Biblioteca de numeración la opción A.B.C. Los números se cambian por letras mayúsculas.

10. Con la lista aún seleccionada haga clic en el botón **Disminuir sangría** del grupo Párrafo. La lista numerada se desplaza hacia el margen izquierdo.

11. Haga clic en el botón **Aumentar sangría** para devolverle a la lista su sangría original.

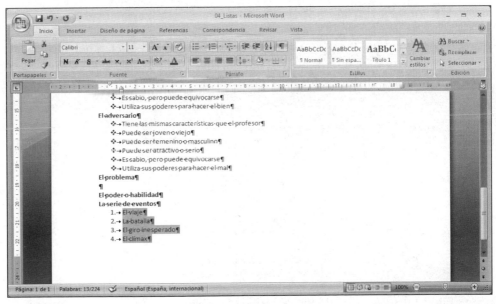

Figura 3.18. Word convierte los párrafos seleccionados en una lista numerada.

Figura 3.19. Biblioteca de numeración.

12. Seleccione los párrafos de la lista situada bajo el encabezado "El héroe" y haga clic en el botón **Ordenar** ↕ del grupo Párrafo. Se abre el cuadro de diálogo Ordenar texto (figura 3.20).

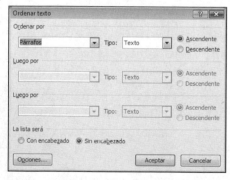

Figura 3.20. Cuadro de diálogo Ordenar texto.

13. Con la opción Ascendente seleccionada haga clic en **Aceptar**. Los elementos de la lista de viñetas se muestran ahora ordenados alfabéticamente.

14. Haga clic en el párrafo en blanco situado bajo el encabezado "El aliado" y en el grupo Párrafo haga clic en el botón **Lista multinivel** . Se abre la Biblioteca de listas (figura 3.21).

Figura 3.21. Biblioteca de listas.

15 En la Biblioteca de listas escoja la opción situada debajo de Lista actual. El primer elemento de la nueva lista numerada irá precedido de una letra mayúscula.

16. Escriba **No tiene por qué ser humano** y pulse **Intro**. A continuación escriba **Es una fuerza estabilizadora**, pulse **Intro** y luego la tecla **Tab**. El nuevo elemento quedará más sangrado y tendrá un estilo numérico diferente.

17. Escriba **La voz de la conciencia** y pulse **Intro**. A continuación escriba **No dice "amén" a todo**, pulse **Intro** y luego las teclas **Mayús-Tab**.

18. Escriba **Personifica la lealtad**. Word se encarga de ir dando formato a la lista multinivel, como puede ver en la figura 3.22.

19. Haga clic a la izquierda de la marca de párrafo situada bajo el encabezado "El problema", escriba un asterisco (*), pulse la tecla **Tab**, escriba **Una decisión difícil** y pulse **Intro**. Word convierte el asterisco en una viñeta y le da el formato de lista de viñetas (figura 3.23).

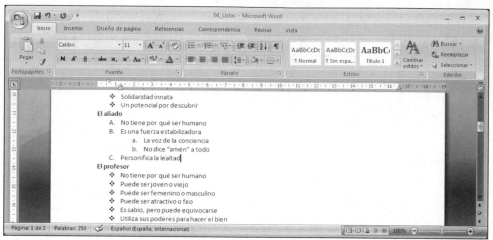

Figura 3.22. Word va dando formato a la lista multinivel.

20. Escriba **Una injusticia**, pulse **Intro** y escriba **Una búsqueda**.

CIERRE el documento `04_Listas` sin guardar los cambios.

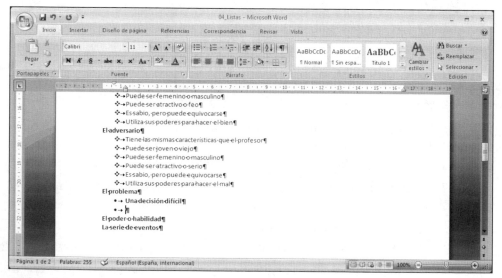

Figura 3.23. Word convierte el primer asterisco en una viñeta.

Puntos clave

- Los Estilos rápidos son una forma estupenda de aplicar combinaciones o formatos para dar a nuestros documentos un aspecto profesional.

- Podemos dar formato a los caracteres utilizando un número casi ilimitado de combinaciones de tamaño de fuente y efectos, pero para obtener los mejores resultados es conveniente utilizar tan solo un pequeño grupo de combinaciones útiles.

- Podemos cambiar el aspecto de los párrafos variando su sangrado, espaciado, alineación y estableciendo tabulaciones. Utilice estas opciones para dar a los documentos un aspecto equilibrado y ordenado.

- Las listas numeradas y de viñetas son una gran forma de presentar información en un formato cómodo de leer y fácil de comprender. Si lo deseamos también podemos definir nuestros propios estilos de lista.

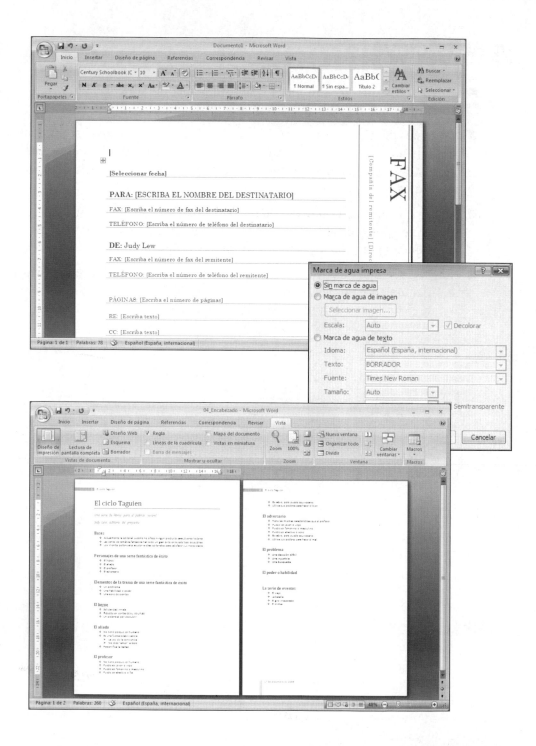

4. Modificar el aspecto del documento

En este capítulo aprenderá a:

- ✓ Cambiar el fondo de un documento.
- ✓ Cambiar el tema de un documento.
- ✓ Trabajar con plantillas.
- ✓ Añadir encabezados y pies de página.
- ✓ Controlar el contenido que aparece en cada página.

Las herramientas de formato de Microsoft Office Word 2007 nos permiten darle al documento un aspecto uniforme, aunque si queremos mejorarlo aún más podemos aplicarle también un fondo de página o un tema. También podemos crear un documento a partir de una de las plantillas predefinidas, personales o profesionales, instaladas en Word, o bien de las plantillas que podemos descargar desde la página Web de Microsoft Office Online. Otra opción es diseñar nuestras propias plantillas y utilizarlas luego como base para crear nuevos documentos.

Word nos permite controlar el diseño de las páginas de un documento que va a ser impreso. Si por ejemplo queremos que se repita en todas las páginas del documento una determinada información, podemos colocarla en un encabezado o pie de página. Para controlar el texto que debe aparecer en cada página utilizaremos los saltos de página o los saltos de sección.

Cambiar el fondo de un documento

Ya sea porque estemos creando un documento para imprimirlo, para verlo en un ordenador o para publicarlo en Internet y visualizarlo a través de un navegador, podemos hacer que destaque mucho más añadiéndole una trama o un color de fondo. Otras veces querremos que se vean determinadas palabras o imágenes atenuadas por detrás del texto del documento. Estas imágenes atenuadas que colocamos en el fondo de un documento reciben el nombre de marcas de agua. Las marcas de agua son visibles en el documento, pero al ser muy tenues no interfieren en la lectura del texto. Los colores, tramas y marcas de agua del fondo de un documento se aplican utilizando los botones del grupo Fondo de página, dentro de la ficha Diseño de página.

En el ejercicio siguiente aplicará una trama y un color de fondo a un documento, y luego le añadirá un texto como marca de agua.

UTILICE el documento 01_Fondo. Puede encontrar este archivo de práctica dentro de la carpeta Capítulo_04, dentro a su vez de la carpeta Office 2007. Paso a paso.

ASEGÚRESE de iniciar Word antes de comenzar este ejercicio.

ABRA el documento 01_Fondo.

1. En la ficha Diseño de página, dentro del grupo Fondo de página, haga clic en el botón **Color de página** [Color de página], y bajo Colores del tema haga clic en el segundo verde más claro (Verde oliva, Énfasis 3, Claro 60%). El fondo del documento cambia al tono seleccionado.

2. En el grupo Fondo de página, haga clic en el botón **Color de página** y escoja la opción Efectos de relleno. Se abre el cuadro de diálogo Efectos de relleno (véase figura 4.1).

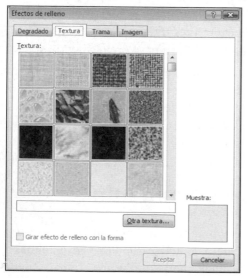

Figura 4.1. Cuadro de diálogo Efectos de relleno.

3. Haga clic en la pestaña Textura.

4. Seleccione la textura situada en la segunda columna de la primera fila y haga clic en **Aceptar**. El fondo cambia para mostrar el efecto de relleno en vez del color.

5. En la ficha Diseño de página, dentro del grupo Fondo de página, haga clic en el botón **Marca de agua** . Se abre la galería de marcas de agua que puede ver en la figura 4.2.

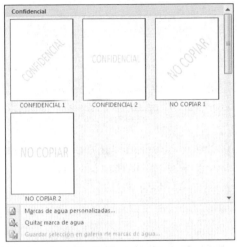

Figura 4.2. Galería de marcas de agua

6. Desplácese hasta el final de la galería para ver todas las opciones disponibles. Haciendo clic en cualquiera de las miniaturas, Word insertará la marca de agua correspondiente en un tono azul claro en todas las páginas del documento.

7. Haga clic en la opción Marcas de agua personalizadas, situada en la parte inferior de la galería. Se abre el cuadro de diálogo Marca de agua impresa (véase figura 4.3). Fíjese en que puede utilizar un texto o insertar una imagen como marca de agua.

8. Seleccione la opción Marca de agua de texto. Haga clic en la flecha del cuadro de lista desplegable Texto y escoja la opción URGENTE.

9. Haga clic en la flecha del cuadro de lista desplegable Color y, bajo Colores del tema, haga clic en el color blanco.

Figura 4.3. Cuadro de diálogo Marca de agua impresa.

10. Con las casillas de verificación Semitransparente y Diagonal seleccionadas, haga clic en **Aceptar**. El texto especificado se inserta a lo largo de la
página en diagonal.

11. En el extremo inferior derecho de la barra de estado haga clic en el botón del
zoom 100% . En el cuadro de diálogo Zoom marque la opción Toda la
página y haga clic en **Aceptar** (véase la figura 4.4).

CIERRE el documento 04_Fondo sin guardar los cambios.

Utilizar una imagen como marca de agua

Si quiere decorar las páginas de un documento sin distraer la atención del
texto principal, puede considerar la opción de añadir una imagen como marca de agua. Siga estos pasos para añadir una marca de agua de imagen:

1. En la ficha Diseño de página, dentro del grupo Fondo de página,
haga clic en el botón **Marca de agua** y seleccione la opción Marcas
de agua personalizadas.

2. En el cuadro de diálogo Marca de agua impresa, seleccione la opción
Marca de agua de imagen y haga clic en el botón **Seleccionar imagen**.

3. Se abre el cuadro de diálogo Insertar imagen. Vaya a la carpeta en la
que está almacenada la imagen que quiere utilizar y haga doble clic en
el nombre de la imagen.

4. Haga clic en la flecha del cuadro de diálogo Escala y escoja el tamaño
en que quiere que se muestre la imagen en las páginas del documento.

5. Para obtener un efecto más vibrante desactive la casilla de verificación Decolorar.

6. Haga clic en **Aceptar**.

La imagen se inserta en el fondo de la página como marca de agua, con el tamaño especificado.

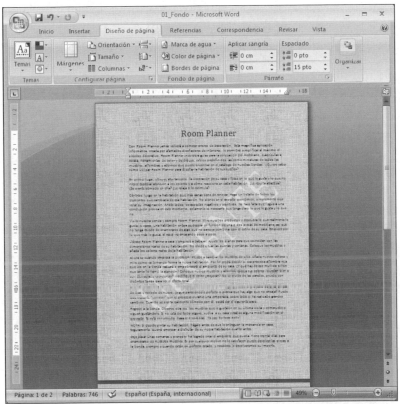

Figura 4.4. El documento con una textura y una marca de agua de fondo.

Cambiar el tema en un documento

Podemos mejorar el aspecto de un documento aplicándole uno de los temas predefinidos de Word. Un tema es una combinación de colores, fuentes y efectos que transmiten un determinado tono o estilo. Por ejemplo, el tema Flujo utiliza una paleta de azules y verdes, las fuentes Constantia y Calabri y efectos sobrios.

Para aplicar un tema a un documento completo haga clic en el botón **Temas**, dentro del grupo Temas de la ficha Diseño de página, y escoja una de las opciones de la galería de temas. Si le gustan los colores de un tema y las fuentes de otro, también es posible mezclar y combinar los elementos de los diferentes temas.

En el caso de que haya creado una combinación de colores y fuentes que quiera conservar para poder utilizarla en otros documentos, puede guardar dicha combinación como nuevo tema. Cuando guardamos los temas personalizados en la carpeta por defecto Document Themes, éstos se mostrarán en la galería de temas.

En el siguiente ejercicio aplicará un tema a un documento existente, modificará los colores y las fuentes y guardará el nuevo tema personalizado.

UTILICE el documento 02_Tema, que podrá encontrar dentro de la carpeta Capítulo_04, dentro a su vez de la carpeta Office 2007. Paso a paso.

ABRA el documento 02_Tema.

1. En la ficha Diseño de página, dentro del grupo Temas, haga clic en el botón **Temas**. Se abre la galería de temas (véase figura 4.5).

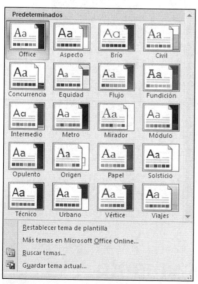

Figura 4.5. Galería de temas de Word 2007.

2. Pase el puntero del ratón por cada una de las miniaturas de la galería para mostrar una vista previa activa de las mismas.

3. En la galería de temas haga clic en el tema Aspecto. Las fuentes y colores del documento se sustituyen por los del tema seleccionado.

4. En el grupo Temas, haga clic en el botón **Colores del tema** ▣▾.Se abre la galería de colores del tema. Los colores que se están utilizando en el documento actual aparecen bordeados (véase figura 4.6).

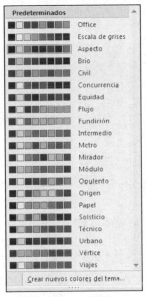

Figura 4.6. Galería de colores del tema.

5. Pase el puntero del ratón por alguna de las opciones para mostrar una vista previa activa de las mismas. Haga clic en la combinación de colores Opulento.

6. En el grupo Temas, haga clic en el botón **Fuentes del tema** Ａ▾. Se abre la galería de fuentes del tema (véase la figura 4.7). Las fuentes del documento actual aparecen resaltadas. Cada una de las opciones está formada por un conjunto de dos fuentes, la primera se usa para los títulos y la segunda para el texto.

7. Pase el puntero del ratón por las diferentes combinaciones de fuentes para mostrar una vista previa activa de las mismas, y seleccione luego la opción Brío. Las fuentes del tema Brío sustituyen a las del tema Aspecto, pero los colores no se modifican.

Figura 4.7. Galería de fuentes del tema.

8. En el grupo **Temas**, haga clic en el botón **Temas** y en la parte inferior de la galería escoja la opción **Guardar tema actual**. Se abre el cuadro de diálogo **Guardar tema actual**, mostrando la carpeta `Document Themes` en la barra de direcciones.

   Este cuadro de diálogo es muy parecido al cuadro de diálogo **Guardar como**. La carpeta `Document Themes` es la ubicación por defecto para guardar los temas personalizados que creamos en Word.

9. En el cuadro de texto **Nombre de archivo** sustituya el nombre sugerido por Word por **Mi tema** y haga clic en **Guardar**.

10. Vuelva a hacer clic en el botón **Temas** para abrir la galería. El nuevo tema aparece en la parte superior de la galería de temas, bajo la sección **Personalizados** (véase la figura 4.8). Ahora podrá aplicar este tema a cualquier documento.

11. Pulse **Esc** para salir de la galería sin hacer ninguna selección.

CIERRE el archivo `02_Tema` sin guardar los cambios.

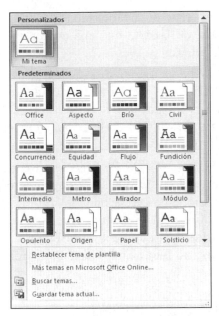

Figura 4.8. Galería de temas con el nuevo tema personalizado.

Trabajar con plantillas

Una de las mejores formas de crear rápidamente un documento útil y visualmente atractivo es aprovechando la labor de diseño de otras personas. Con Word 2007 tenemos acceso a muchas plantillas profesionales prediseñadas. Una plantilla es un archivo que almacena texto, estilos de párrafo y de carácter, formatos de página y otros elementos (como gráficos), que podemos utilizar como modelo para crear otros documentos. A menos que especifiquemos lo contrario, los nuevos documentos de Word siempre se crean a partir de la plantilla de documento Normal, que se caracteriza por unos pocos estilos muy sencillos: estilo de párrafo normal, diferentes niveles de título y unos pocos estilos de carácter que modifican el aspecto del texto seleccionado.

Nota: Las plantillas se guardan con la extensión `.dotx`.

Además de la plantilla de documento Normal, Word posee una gran variedad de plantillas para crear diferentes tipos de documentos. Para crear un documento basado en alguna de estas plantillas, abra en primer lugar el cuadro de diálogo

Nuevo documento. En el panel izquierdo, bajo el encabezado Plantillas, haga clic en la opción Plantillas instaladas y en la lista que aparece en el panel central seleccione la plantilla que quiere utilizar.

Si no le sirve ninguna de las plantillas instaladas en Word, puede buscar más plantillas en el sitio Web de Microsoft Office Online. Para crear un documento basado en una de estas plantillas, abra la ventana Nuevo documento. En el panel izquierdo, bajo el encabezado Microsoft Office Online, haga clic en una de las categorías (Como Folletos o Boletines) y en la lista que aparece en el panel central escoja primero la subcategoría y luego la plantilla.

Además de poder utilizar las plantillas instaladas en Word o las que descarguemos de Microsoft Office Online, también podemos crear nuestras propias plantillas. Si creamos habitualmente un mismo tipo de documentos, como por ejemplo un informe financiero mensual, podemos crear el documento y darle formato una sola vez, guardarlo como plantilla y utilizarlo luego como base para crear este tipo de documentos.

En el siguiente ejercicio creará una nueva plantilla a partir de una plantilla predefinida de Word, y luego creará un documento a partir de esta nueva plantilla personalizada. También aprenderá a convertir un documento en una plantilla y a modificar la plantilla creando un nuevo estilo. Para finalizar creará un documento basado en la plantilla y le aplicará el nuevo estilo.

UTILICE el documento 03_Plantilla, que podrá encontrar dentro de la carpeta Capítulo_04, dentro a su vez de la carpeta Office 2007. Paso a paso.

ASEGÚRESE de cerrar todos los documentos abiertos antes de empezar este ejercicio.

1. Abra el cuadro de diálogo Nuevo documento haciendo clic en el **Botón de Office** 🗐 y en la opción Nuevo. Bajo el encabezado Plantillas, haga clic en la opción Plantillas instaladas (véase la figura 4.9).

2. Descienda por la lista de Plantillas instaladas hasta encontrar la plantilla Fax mirador y haga doble clic en ella. Word abre un nuevo documento de fax basado en la plantilla seleccionada, con marcadores de posición para que insertemos el texto correspondiente (véase la figura 4.10).

3. En la parte derecha de la página, haga clic en [Compañía del remitente] y escriba **Editorial Lucerne**.

4. Haga clic en el marcador de posición [Dirección de la compañía] y escriba **c/ Literatura 245, 28000 Madrid**.

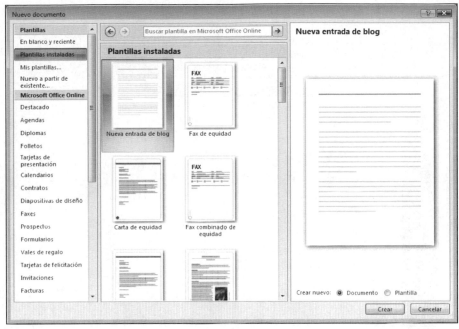

Figura 4.9. Cuadro de diálogo Nuevo documento con las plantillas instaladas en Word.

5. Siga bajando por la página, y en el marcador de posición [Número de teléfono de la compañía] escriba **(91) 111 11 12** y haga clic fuera del marcador de posición.

6. En el apartado "DE:" del fax, haga clic en [Escriba el número de fax del remitente] y escriba **(91) 111 22 22**.

7. Haga clic en el marcador de posición [Escriba el número de teléfono del remitente] y escriba **(91) 111 11 12**.

8. En la parte derecha de la página, seleccione las palabras "Editorial Lucerne". En la ficha Inicio, dentro del grupo Estilos, haga clic en el estilo Texto en negrita.

9. Seleccione por turno la dirección y el número de teléfono y aplíqueles el estilo Énfasis.

10. Haga clic en el **Botón de Office** y escoja la opción Guardar como. Se abre el cuadro de diálogo Guardar como.

11. En el cuadro de texto Nombre de archivo, escriba **Mi plantilla de fax**.

12. Haga clic en la flecha del cuadro de lista desplegable Tipo y escoja la opción Plantilla de Word.

Figura 4.10. Plantilla Fax mirador.

13. En el panel de navegación haga clic en Plantillas. Word muestra el contenido de la carpeta `Plantillas`.

14. Haga clic en **Guardar** y cierre la plantilla.

15. Abra la ventana Nuevo documento y bajo el encabezado Plantillas, haga clic en Mis plantillas. Se abre el cuadro de diálogo Nueva (véase la figura 4.11).

16. En la ficha Mis plantillas, fíjese en que aparece seleccionada Mi plantilla de fax. Con la opción Documento seleccionada bajo el apartado Crear nuevo, haga clic en **Aceptar**.

17. Personalice la portada del fax como desee, guárdela en la carpeta `Capítulo_04` con el nombre **Mi fax** y cierre el documento.

18. Haga clic en el **Botón de Office**, haga clic en Abrir y seleccione el documento `03_Plantilla` de la carpeta `Capítulo_04`.

19. Abra el cuadro de diálogo Guardar como. En el cuadro de texto Archivo escriba **Mi boletín**, en el cuadro de diálogo Tipo seleccione la opción Plan-

tilla de Word y haga clic en **Guardar**. Word guarda el documento como plantilla.

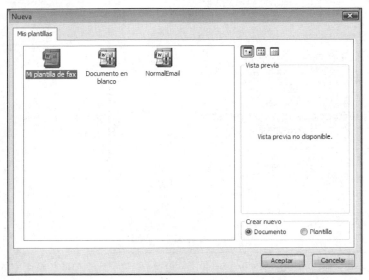

Figura 4.11. Cuadro de diálogo Nueva con las plantillas personalizadas.

20. Haga clic en cualquier lugar del encabezado "Nuevo encuentro con nuestros autores". En la ficha Inicio, dentro del grupo Estilos, haga clic en el botón **Más** y en la parte inferior de la galería haga clic en la opción Guardar selección como nuevo estilo rápido. Se abre el cuadro de diálogo Crear nuevo estilo a partir de formato. Fíjese que el estilo mostrado en Vista previa del estilo de párrafo refleja el formato del párrafo en el que está situado el punto de inserción (véase la figura 4.12).

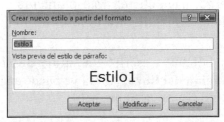

Figura 4.12. Cuadro de diálogo Crear nuevo estilo a partir de formato.

21. En el cuadro de texto Nombre sustituya Estilo1 por **Título del boletín** y haga clic en **Modificar** (véase figura 4.13).

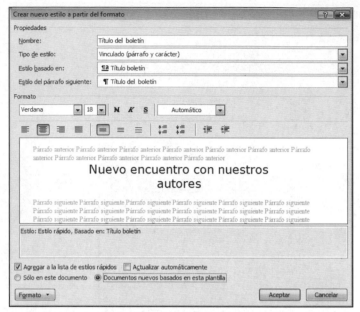

Figura 4.13. Cuadro de diálogo Crear nuevo estilo a partir de formato en su modo expandido.

22. En la parte inferior del cuadro de diálogo expandido, haga clic en la opción Documentos nuevos basados en esta plantilla y luego en el botón **Aceptar**.

23. De vuelta en la plantilla, sustituya la frase "Nuevo encuentro con nuestros autores" por las palabras **Título del boletín**. Seleccione todo el texto situado bajo este encabezado y pulse la tecla **Retroceso** para borrarlo.

24. En la Barra de herramientas de acceso rápido haga clic en el botón **Guardar** y cierre la plantilla.

25. Abra la ventana Nuevo documento, haga clic en Mis plantillas y en el cuadro de diálogo Nueva seleccione la plantilla Mi boletín para crear un documento a partir de ella.

26. Seleccione las palabras "Título del boletín" y escriba **La autora de El ciclo Taguien inicia la gira de presentación del libro**. Ahora ya puede añadir el texto del boletín por debajo del título (véase la figura 4.14).

CIERRE el documento sin guardar los cambios.

Figura 4.14. Documento creado a partir de la plantilla personalizada.

Añadir encabezados y pies de página

Los encabezados y pies de página nos permiten mostrar números de página y otro tipo de información en todas las páginas del documento, son áreas situadas en la parte superior e inferior de la página a las que podemos dar formato de forma independiente. Podemos crear un encabezado distinto para la primera página de un documento, o crear encabezados y pies de página diferentes para las páginas pares e impares.

Cuando creamos un encabezado o pie de página, Word nos permite escoger el estilo que queremos utilizar en una galería de estilos. Luego aplicará el estilo especificado al documento, delimitará las áreas de encabezado y pie de página con una línea de puntos y abrirá la pestaña Diseño en la Cinta de opciones. Podemos introducir información en las áreas de encabezado y pie de página del mismo modo en que introducimos el texto del cuerpo del documento. Los botones de la ficha Diseño nos permiten incluir determinados elementos (como números de página) y darles formato, así como movernos de un encabezado o pie de página a otro.

En el ejercicio siguiente añadirá un encabezado y pie de página a un documento. Luego creará un encabezado y pie de página diferentes para la primera página.

UTILICE el documento 04_Encabezado. Este archivo de práctica está contenido en la carpeta Capítulo 04, dentro a su vez de la carpeta Office 2007. Paso a paso.

ABRA el documento 04_Encabezado.

1. Con el punto de inserción situado al principio del documento, en la ficha Insertar, dentro del grupo Encabezado y pie de página, haga clic en el botón **Encabezado** ⊞ Encabezado ▾. Se abre la galería de encabezados (véase figura 4.15).

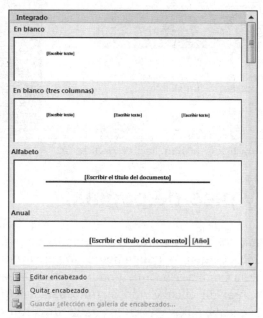

Figura 4.15. Galería de encabezados.

2. Desplácese por la galería fijándose en los distintos encabezados disponibles. Haga clic en el encabezado Movimiento (página par) (véase figura 4.16).

3. En la ficha Diseño, dentro del grupo Opciones, haga clic en la casilla de verificación Primera página diferente para activarla. En el encabezado del documento, Word sustituye la etiqueta Encabezado por la etiqueta Encabezado en primera página.

4. En la ficha Diseño, dentro del grupo Exploración, haga clic en el botón **Sección siguiente**. Word se desplaza a la segunda página del documento, que aún tiene el encabezado original.

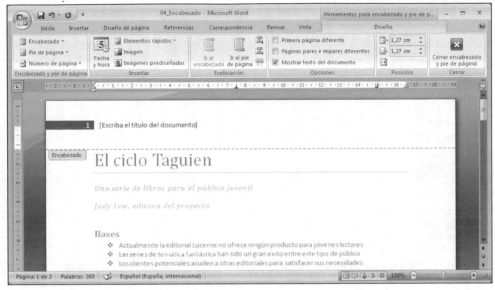

Figura 4.16. Encabezado Movimiento.

5. En el encabezado del documento haga clic en el marcador de posición [Escriba el título del documento] y sustitúyalo por **El ciclo Taguien**.

6. En la ficha Diseño, dentro del grupo Exploración, haga clic en el botón **Ir al pie de página**. Word muestra el área de pie de página.

7. En el grupo Encabezado y pie de página, haga clic en el botón **Pie de página** 🔲 Pie de página ▾ y seleccione en la galería la opción Movimiento (página par). Como el nombre del documento y el número de página ya están incluidos en el encabezado, sólo añadiremos la fecha al pie de página (véase figura 4.17).

8. Haga clic en el marcador de posición [Seleccionar fecha], haga clic en la flecha que aparece a la derecha y seleccione la fecha actual en el calendario. Word inserta la fecha en el pie de página de la segunda página del documento.

9. En el grupo Exploración, haga clic en el botón **Sección anterior**. Aunque hemos especificado que el encabezado y pie de página de la primera página deben ser diferentes, nos interesa que también aparezca la fecha en esta página.

10. En el grupo Encabezado y pie de página, haga clic en el botón **Pie de página** y escoja en la galería la opción Movimiento (página par). La fecha se muestra ahora en la primera página.

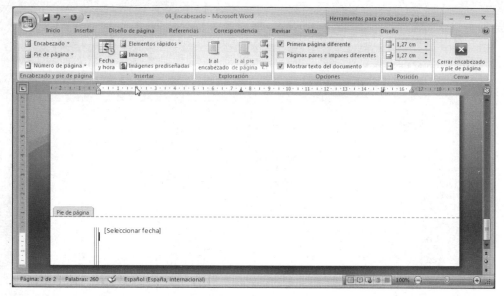

Figura 4.17. Pie de página Movimiento.

11. Cierre la ficha Diseño, haciendo clic en el botón **Cerrar encabezado y pie de página** del grupo Cerrar.

12. En el extremo derecho de la barra de estado haga clic en el botón del **zoom**. En el cuadro de diálogo Zoom seleccione la opción Toda la página y haga clic en **Aceptar** para mostrar el encabezado y pie de página al tiempo.

13. En la ficha Vista, dentro del grupo Zoom, haga clic en el botón **Dos páginas** para mostrar los encabezados y pies de página de las dos páginas del documento (véase la figura 4.18).

CIERRE el documento 04_Encabezado sin guardar los cambios.

Controlar el contenido que aparece en cada página

Cuando añadimos más contenido del que cabe entre los márgenes superior e inferior del documento, Word crea una nueva página insertando un salto de página automático. El salto de página automático genera dos páginas separadas en la vista Diseño de impresión y se muestra como una línea de puntos en la vista Borrador.

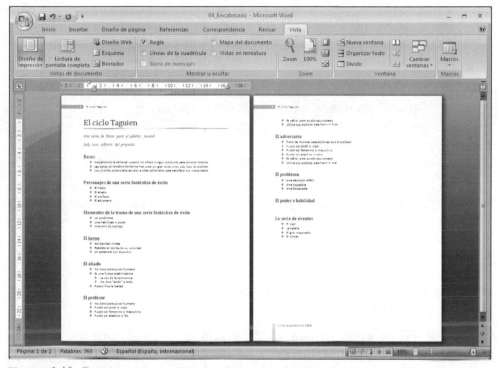

Figura 4.18. Encabezados y pies de página del documento.

Si queremos controlar nosotros mismos los saltos de página, podemos insertar un salto de página manual de cualquiera de estas tres formas:

- Haciendo clic en el botón **Salto de página** del grupo Páginas, dentro de la ficha Insertar.

- Haciendo clic en el botón **Saltos** del grupo Configurar página, dentro de la ficha Diseño de página, y seleccionando la opción Página.

- Pulsando las teclas **Control-Intro**.

Un salto de página manual genera páginas separadas en la vista Diseño de impresión y se muestra como una línea de puntos con las palabras Salto de página en la vista Borrador.

Podemos controlar si el salto de página debe dejar o no líneas viudas y huérfanas, es decir, líneas individuales que aparecen en una página diferente a la del párrafo al que pertenecen. Una línea viuda es la última línea de un párrafo que se muestra sola en la parte superior de una página. Una línea huérfana es la primera línea de un párrafo que se muestra sola en la parte inferior de una página. Estas líneas de texto pueden hacer que el documento sea más incómodo de leer, por tanto Word siempre especifica por defecto un mínimo de dos líneas. En la ficha Líneas y saltos de página del cuadro de diálogo Párrafo (que se abre haciendo clic en el iniciador del cuadro de diálogo del grupo **Párrafo**) podemos modificar las siguientes opciones:

- Control de líneas viudas y huérfanas: Con esta opción activada le estamos indicando a Word que al realizar un salto de página no deje la última o la primera línea de un párrafo suelta al principio o al final de la página. Esta opción está activada por defecto para todos los documentos que creamos.

- Conservar con el siguiente: Con esta opción activada le estamos especificando a Word que no debe realizar un salto de página entre el párrafo seleccionado y el siguiente.

- Conservar líneas juntas: Esta opción le indica a Word que no debe hacer un salto de página dentro del párrafo seleccionado.

- Salto de página anterior: Con esta opción controlamos si Word debe hacer un salto de página antes del párrafo seleccionado.

Además de saltos de página, también podemos insertar saltos de sección en nuestros documentos. Los saltos de sección sirven para especificar una parte del documento a la que podremos aplicar ajustes de página independientes (como orientación o márgenes), distintos de los del resto del documento. Por ejemplo, puede que nos interese girar una página del texto para que quepa en ella una tabla de datos grande.

Podemos insertar saltos de sección haciendo clic en el botón **Saltos** del grupo Configurar página, dentro de la ficha Diseño de página. Éstos son los distintos saltos de sección disponibles:

- Página siguiente: La sección comienza en la página siguiente.

- Continua: Se crea una sección sin afectar a los saltos de página.

- Página par: La sección comienza en la siguiente página par.

- Página impar: La sección comienza en la siguiente página impar.

Los saltos de sección no se muestran en la vista Diseño de impresión, a menos que estén activados los caracteres no imprimibles, en cuyo caso aparecerá como una línea de puntos doble que va desde la marca de párrafo precedente hasta el margen del documento. En la vista Borrador se muestra como una línea de puntos doble a lo ancho de la página. En ambos casos, se muestran las palabras Salto de sección seguidas por el tipo de salto entre paréntesis.

En el siguiente ejercicio insertará saltos de página y de sección y se asegurará de que los saltos de página del documento estén situados en lugares lógicos.

UTILICE el documento `05_ControlarPágina`. Este archivo de práctica está en la carpeta `Capítulo 04`, dentro a su vez de la carpeta `Office 2007. Paso a paso`.

ABRA el documento `05_ControlarPágina`.

1. Desplácese por el documento para localizar saltos de página desacertados, como secciones o listas que empiecen cerca del final de una página.

2. En la ficha Inicio, dentro del grupo Edición, haga clic en el botón **Seleccionar** ![Seleccionar] y escoja la opción Seleccionar todo.

3. Haga clic en el iniciador del cuadro de diálogo Párrafo ![icono]. Cuando se abra el cuadro de diálogo, haga clic en la pestaña Líneas y saltos de página (véase la figura 4.19).

Figura 4.19. Ficha Líneas y saltos de página del cuadro de diálogo Párrafo.

4. Active las casillas de verificación Control de líneas viudas y huérfanas y Conservar líneas juntas.

5. Desactive el resto de las casillas haciendo clic dos veces sobre cada una y haga clic en **Aceptar**.

6. Desplácese por el documento y haga clic a la izquierda del título "Instalaciones".

7. En la ficha Insertar, dentro del grupo Páginas, haga clic en el botón **Salto de página**. Word desplaza a la página siguiente el título "Instalaciones" y el texto que le sigue.

8. Baje por el documento y seleccione el encabezado "Para utilizar el intercomunicador desde la oficina" y los dos pasos siguientes. En la ficha Inicio, haga clic en el iniciador del cuadro de diálogo Párrafo.

9. En la ficha Líneas y saltos de página del cuadro de diálogo Párrafo, active la casilla de verificación Conservar con el siguiente y haga clic en **Aceptar**. Word desplaza el procedimiento completo a la página siguiente.

10. Haga clic a la izquierda del título "Guía rápida de envíos", situado hacia el final del documento.

11. En la ficha Diseño de página, dentro del grupo Configurar página, haga clic en el botón **Saltos** ⊟ Saltos ▾ y en el apartado Saltos de sección escoja la opción Página siguiente. Aparece una línea de puntos doble con las palabras Salto de sección (página siguiente) antes del salto de sección.

12. Haga clic en cualquier lugar del título de la recién creada sección y en la ficha Diseño de página, dentro del grupo Configurar página, haga clic en el botón **Márgenes**. En la galería de márgenes escoja la opción Ancho. El texto de la nueva sección se mueve hacia la derecha, para ajustarse a los nuevos márgenes, más anchos que los del resto del documento.

13. En la ficha Insertar, dentro del grupo Encabezado y pie de página, haga clic en el botón **Encabezado** y seleccione la opción Editar encabezado. Como están activadas las opciones Vincular al anterior y Primera página diferente, el encabezado de la primera página de la sección es el mismo que el de la primera página del documento.

14. En la ficha Diseño, dentro del grupo Opciones, desactive la casilla de verificación Primera página diferente. Ahora, la opción Vincular al anterior hace que el encabezado que se repite desde la segunda página del documento aparezca también en esta sección (véase la figura 4.20).

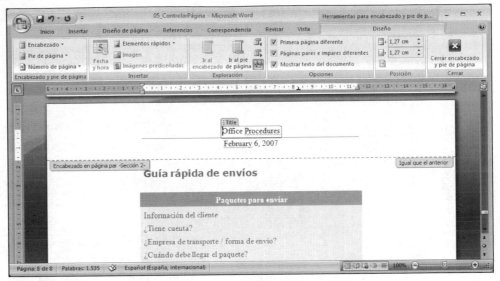

Figura 4.20. Encabezado de la nueva sección del documento.

CIERRE el documento `05_ControlarPágina` sin guardar los cambios.

Puntos clave

- Un color de fondo o una trama puede mejorar mucho el aspecto de un documento, pero tenga cuidado de que no interfieran con el texto principal. Lo mismo sucede con los textos o imágenes de fondo.

- Un documento puede tener un aspecto completamente distinto dependiendo del tema que le apliquemos. Podemos combinar los colores, fuentes y efectos de los temas para lograr el resultado que buscamos.

- Podemos ahorrar mucho tiempo creando documentos a partir de alguna de las plantillas predefinidas de Word. También podemos crear nuestras propias plantillas.

- Los encabezados y pies de página proporcionan información útil y añaden un toque profesional a cualquier documento formado por más de una página.

- Podemos controlar qué elementos deben mantenerse juntos en una página y también dividir el documento en secciones, cada una de ellas con sus propios márgenes y formato.

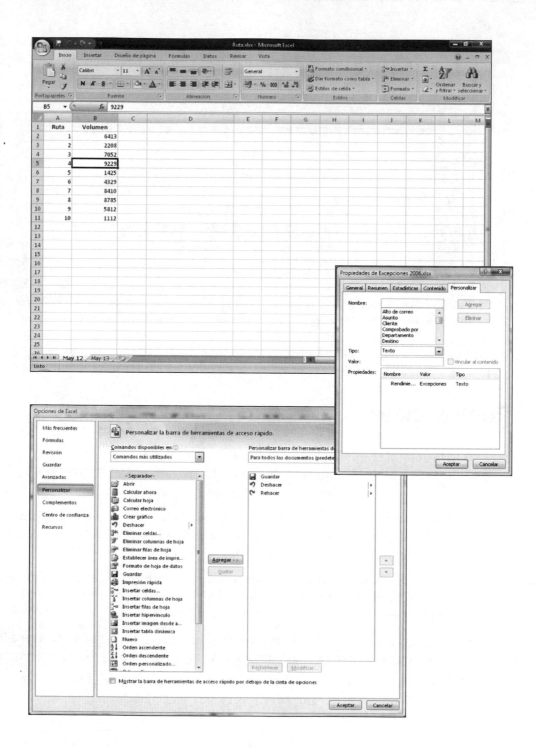

5. Crear un libro de Excel

En este capítulo aprenderá a:

✓ Crear un libro.

✓ Modificar un libro.

✓ Modificar una hoja de cálculo.

✓ Personalizar la ventana del programa Excel 2007.

Cuando se inicia Microsoft® Office Excel® 2007, el programa presenta un libro en blanco que contiene tres hojas de cálculo. Podemos añadir o borrar hojas de cálculo, esconderlas en el libro sin eliminarlas o cambiar el orden de esas hojas de cálculo dentro del libro. También podemos copiar una hoja de cálculo en otro libro o moverla sin dejar una copia de esa hoja de cálculo en el primer libro. Si necesita trabajar con un número de documentos grande, puede definir los valores de la propiedad para encontrar más fácilmente los libros cuando intente localizarlos con la opción de búsqueda de Microsoft Windows®.

Crear libros

Cada vez que quiera reunir y almacenar datos que no estén estrechamente relacionados a ninguno de los existentes, debe crear un nuevo libro. El nuevo libro que aparece por defecto en Excel 2007 tiene tres hojas de cálculo, aunque se pueden añadir más hojas o eliminar las ya existentes si se quiere. Crear un nuevo libro es un proceso sencillo, simplemente haciendo clic en el **Botón de Office** y después en Nuevo e identificando el tipo de libro que queremos crear (véase la figura 5.1).

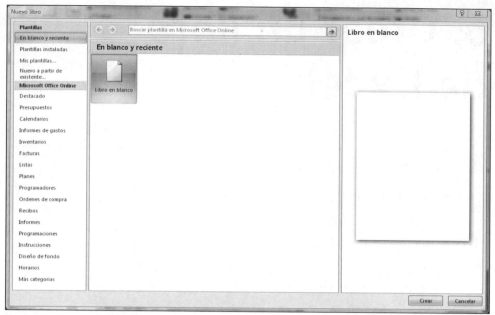

Figura 5.1. Crear nuevo libro de Excel 2007.

Cuando guarde un archivo, sobrescriba en la copia anterior del archivo. Si se han realizado cambios que quiere guardar, pero también quiere guardar una copia del archivo como estaba antes, puede utilizar el comando Guardar como para especificar un nombre para el nuevo archivo.

También se pueden utilizar los controles en el cuadro de diálogo Guardar como para especificar un formato para un archivo nuevo y una ubicación diferente en la que guardar la nueva versión del archivo.

Después de crear un archivo, se puede añadir información adicional para hacer que ese archivo sea más fácil de encontrar cuando lo busque con la opción de búsqueda de Windows. Cada categoría de información, o **propiedad**, almacena información específica sobre su archivo. En Windows, se pueden buscar archivos basados en el autor del archivo o en el título, o por palabras claves asociadas con el archivo. Un archivo que sigue la pista de los destinos de los códigos postales de todos los paquetes enviados desde una recogida podía tener las palabras claves **postal**, **destino** y **origen** asociadas a él.

Para establecer valores para las propiedades de su libro, haga clic en el **Botón de Office**, señale Preparar, y haga clic en Propiedades para visualizar el panel de Propiedades del documento en la interfaz del usuario (véase la figura 5.2). La versión estándar del panel de Propiedades del documento tiene campos para el autor, título, asunto, palabras clave, categoría y estado y para cualquier comentario sobre el archivo. También puede crear propiedades personalizadas haciendo clic en el botón **Opciones y vistas de propiedades**, a la derecha de la ficha Propiedades del documento, y después haciendo clic en las Propiedades avanzadas....

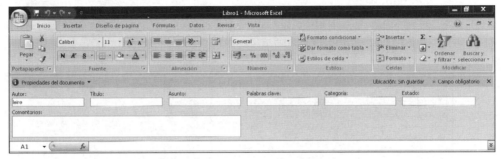

Figura 5.2. Propiedades del documento de Excel 2007.

En la ficha Personalizar del cuadro de diálogo Propiedades avanzadas, puede hacer clic en una de las categorías personalizadas ya existentes o crear una propia escribiendo un nombre nuevo de propiedad en el campo Nombre, haciendo clic en la flecha Tipo y seleccionando un tipo de datos, seleccionado o escribiendo un valor en el campo Valor y a continuación haciendo clic en Añadir. Si quiere eliminar una propiedad personalizada existente, mueva el puntero del ratón a la lista de Propiedades, haga clic en la propiedad de la que se quiera deshacer, y después en Eliminar. Cuando termine de hacer los cambios, haga clic en el botón **Aceptar**. Para esconder el panel Propiedades del documento en la interfaz del usuario, haga clic en el botón **Cerrar** en la esquina superior izquierda del panel. En este ejercicio, creará un nuevo libro, lo guardará con un nombre nuevo, le asignará valores a las propiedades estándar del libro y creará una propiedad personalizada.

UTILICE el libro ResumenExcepciones en la carpeta de los archivos de prácticas para este tema. Este archivo de prácticas está ubicado en la carpeta `Capitulo_05` de `Office 2007. Paso a paso.`

ASEGÚRESE de iniciar Excel 2007 antes de comenzar con estos ejercicios.

ABRA el libro `ResumenExcepciones.`

1. Haga clic en el **Botón de Office** y después en **Cerrar**. Desaparece el libro `ResumenExcepciones`.

2. Haga clic en el **Botón de Office** y después en **Nuevo**. Aparece el cuadro de diálogo Nuevo libro.

3. Haga clic en Libro en blanco y después en **Crear**. Aparece un nuevo libro en blanco.

4. Haga clic en el **Botón de Office** y después en Guardar como…. Aparece el cuadro de diálogo Guardar como (véase la figura 5.3).

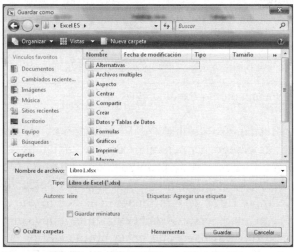

Figura 5.3. Cuadro de diálogo Guardar como.

5. Utilice los controles de navegación para visualizar la carpeta `Capítulo_05` de `Office 2007. Paso a paso`.

6. Haga clic en el botón **Guardar**. Excel 2007 guarda su trabajo y desaparece el cuadro de diálogo Guardar como….

7. Haga clic en el **Botón de Office**, en **Preparar** y después en **Propiedades**. Aparece el panel Propiedades del documento (véase la figura 5.4).

8. En el campo Palabras claves, escriba excepciones, regional, porcentaje.

9. En el campo Categoría, escriba rendimiento.

10. Haga clic en el botón **Opciones y vistas de propiedades**, después en Propiedades avanzadas…. Aparece el cuadro de diálogo Propiedades de Excepciones 2006.

Figura 5.4. Cuadro de diálogo Propiedades de Excepciones 2006.

11. Haga clic en Personalizar. Aparece la ficha Personalizar.

12. En el campo Nombre, escriba Rendimiento.

13. En el campo Valor, escriba Excepciones.

14. Haga clic en el botón **Agregar** y después en **Aceptar**. Desaparece el cuadro de diálogo Propiedades de Excepciones 2006.

15. En la Barra de herramientas de acceso rápido, haga clic en el botón **Guardar** para guardar su trabajo.

CIERRE el libro Excepciones 2006.

Modificar libros

La mayor parte del tiempo, se crean libros para registrar información sobre una actividad financiera concreta, como el número de paquetes que maneja un centro de distribución regional o el tiempo medio de la última entrega en una ruta. Cada hoja de cálculo del libro debería representar una subdivisión de esta actividad. Para visualizar una hoja de cálculo concreta, solamente haga clic en la etiqueta de esa hoja de cálculo sobre la barra de etiquetas (justo debajo de la cuadrícula de celdas).

Para crear una hoja de cálculo, haga clic en el botón **Insertar hoja de cálculo** en el margen derecho de la barra de etiquetas (véase la figura 5.5).

Figura 5.5. Barra de etiquetas de Excel 2007.

Cuando se crea una hoja de cálculo, Excel 2007 le asigna un nombre genérico como Hoja4, Hoja5 u Hoja6. Después de decidir la clase de datos que quiere almacenar en una hoja, debería cambiar los nombres que vienen por defecto por alguno más descriptivo. Por ejemplo, podría cambiar el nombre Hoja1 en el libro de seguimiento del centro de distribución regional por el de Northeast. Cuando quiera cambiar el nombre de una hoja, haga doble clic en la etiqueta de la hoja sobre la barra de etiquetas para cambiar el nombre, escriba el nuevo nombre y pulse **Intro**.

Otra forma de trabajar con más de un libro es copiar una hoja de cálculo de otro libro al libro actual. Una circunstancia en la que podría considerar copiar hojas de cálculo al libro actual es si tiene una lista de sus empleados actuales en otro libro. Puede copiar hojas de otro libro haciendo clic en el botón derecho del ratón en la etiqueta de la hoja de cálculo que quiera copiar, en el atajo de menú que aparece, haga clic en Mover o copiar... y visualizará el cuadro de diálogo Mover o copiar (véase la figura 5.6).

Figura 5.6. Cuadro de diálogo Mover o copiar.

Después de que las hojas de cálculo estén en el libro de destino, puede cambiar su orden para localizar mejor los datos dentro del libro. Para cambiar la ubicación de una hoja dentro de un libro, arrastre la etiqueta de la hoja al lugar que quiera en la barra de etiquetas. Si quiere que una hoja destaque en un libro, puede hacer clic en el botón derecho del ratón sobre la etiqueta de la hoja y utilizar el menú que aparece para cambiar el color de la etiqueta. Al otro extremo del espectro, puede esconder la hoja de cálculo activa haciendo clic en el botón derecho de la etiqueta de la hoja, en Ocultar del menú contextual que aparece. Cuando quiera que Excel 2007 vuelva a mostrar la hoja, haga clic en cualquiera de las etiquetas de hoja visibles y haga clic en Mostrar. En el cuadro de diálogo Mostrar, haga clic en la hoja que quiere visualizar y en **Aceptar**.

Si decide que ya no necesita más una hoja de cálculo concreta, como la que ha creado para almacenar algunas cifras temporalmente, puede borrar esa hoja rápidamente. Para hacerlo, haga clic en su etiqueta y después en Eliminar.

En este ejercicio, insertará y cambiará de nombre una hoja de cálculo, cambiará la posición de esa hoja de cálculo en un libro, ocultará y mostrará la hoja de cálculo, la copiará en otro libro, cambiará el color de la etiqueta de la hoja y eliminará una hoja de cálculo.

UTILICE el libro ResumenExcepciones en la carpeta de los archivos de prácticas para este tema. Este archivo de prácticas está ubicado en la carpeta Capítulo_05 de Office 2007. Paso a paso.

ABRA el libro ResumenExcepciones.

1. En la barra de etiquetas, haga clic en el botón **Insertar hoja de cálculo**. Aparece una nueva hoja de cálculo.

2. Haga clic en el botón derecho de la etiqueta de la hoja de cálculo y haga clic en Cambiar nombre.

3. Escriba 2007 y pulse **Intro**.

4. En la barra de etiquetas, haga clic en el botón derecho de la etiqueta de la Hoja1 y haga clic en Cambiar nombre.

5. Escriba 2006 y pulse **Intro**.

6. Haga clic en el botón derecho de la etiqueta de la hoja 2006, seleccione Color de la etiqueta, y a continuación, en la sección Colores estándar de la paleta de color, haga clic en el cuadrado verde.

7. En la barra de etiquetas, arrastre la etiqueta de la hoja 2007 hacia la izquierda de la etiqueta Borrador.

8. Haga clic en la etiqueta de la hoja 2007 y después en Ocultar.

9. Haga clic en el botón derecho de la etiqueta de la hoja 2006 y después en Mover o copiar... (véase la figura 5.7).

10. Haga clic en la flecha hacia abajo de Al libro y después en (nuevo libro).

11. Seleccione la casilla de verificación Crear una copia.

Figura 5.7. Cuadro de diálogo Mover o copiar.

12. Haga clic en **Aceptar**. Aparece un libro nuevo; contiene sólo la hoja de cálculo que hemos copiado.

13. Haga clic en la Barra de herramientas de acceso rápido, a continuación en el botón **Guardar**.

14. En el campo Nombre de archivo, escriba Archivo 2006 y pulse **Intro**.

15. En la ficha Vista, haga clic en el botón **Cambiar Ventanas** y, a continuación, haga clic en Resumen Excepciones.

16. En la barra de etiquetas, haga clic en el botón derecho de la etiqueta de la hoja Borrador y después en Eliminar. Desaparece la hoja Borrador.

17. Haga clic en el botón derecho de la etiqueta de la hoja 2006 y después en Mostrar (véase la figura 5.8).

Figura 5.8. Cuadro de diálogo Mostrar.

18. Haga clic en 2007 y después en **Aceptar**. Desaparece el cuadro de diálogo Mostrar y aparece la hoja de cálculo 2007 en el libro.

CIERRE el libro ResumenExcepciones.

Modificar hojas de cálculo

Modificar el ancho de una columna o el alto de una fila puede facilitar el trabajar con los contenidos de un libro, pero también puede insertar una fila o columna entre el margen de una hoja y las celdas que contienen los datos para conseguirlo. Añadir espacio entre el margen de una hoja de cálculo y las celdas, o quizá entre una etiqueta y los datos a los que se refiere, hace que el contenido del libro esté menos abarrotado y sea más fácil trabajar con él. Inserte las filas haciendo clic en una celda en la ficha Inicio. A continuación, en el grupo Celdas, haga clic en la flecha hacia abajo del botón **Insertar**, y seleccione Insertar filas de hoja. Excel 2007 inserta una fila sobre la fila que contiene la celda activa. Inserte una columna de la misma forma seleccionado Insertar columnas de hoja de la lista del botón desplegable. Cuando lo haga, Excel 2007 insertará una columna a la izquierda de la celda activa.

Cuando inserte una fila, columna o celda en una hoja de cálculo con el formato existente, aparece el botón **Opciones de inserción**. Haciendo clic en **Opciones de inserción** despliega una lista de selecciones que puede hacer sobre cómo debería ser el formato de la fila o columna insertada.

Si quiere borrar una fila o columna, haga clic en el botón derecho del encabezado de la fila o columna y a continuación del menú que aparece, haga clic en Eliminar. Puede ocultar temporalmente varias filas o columnas seleccionado dichas filas o columnas y a continuación en la ficha Inicio, en el grupo Celdas, haga clic en el botón **Formato**, seleccione Ocultar y mostrar y después haciendo clic bien en Ocultar filas, o bien en Ocultar columnas. Las filas o columnas que seleccionó desaparecen, pero no para siempre, como pasaría si usara Eliminar. En lugar de eso, sólo han sido eliminadas de la visualización hasta que los necesite de nuevo. Para que vuelvan a verse las filas escondidas, haga clic sobre la ficha Inicio, en el grupo Celdas, haga clic en el botón **Formato**, seleccione Ocultar y mostrar y después haga clic bien en Mostrar filas o bien en Mostrar columnas.

De la misma manera puede insertar celdas individuales en una hoja de cálculo. Para insertar una celda, haga clic en la celda que está en la posición donde quiere que aparezca la nueva celda. Seleccione Inicio, en el grupo Celdas, haga clic en la flecha del botón **Insertar** y, a continuación, seleccione Insertar celdas... para visualizar el cuadro de diálogo. En el cuadro de diálogo Insertar celdas, puede elegir si desplazar las celdas rodeando la celda insertada (si sus datos están ordenados como una columna) o a la derecha (si sus datos están ordenados como una fila).

Si quiere mover los datos de un grupo de celdas a otra ubicación en su hoja de cálculo, seleccione las celdas que quiere mover y coloque el puntero del ratón en la esquina de la selección. Cuando el puntero del ratón cambie a una flecha de cuatro direcciones, puede arrastrar las celdas seleccionadas a la ubicación deseada en la hoja de cálculo. Si las celdas destino tienen datos, Excel 2007 desplegará un cuadro de diálogo que le preguntará si quiere escribir encima de los contenidos de la celda destino. Si quiere reemplazar los valores existentes, haga clic en el botón **Aceptar**. Si no quiere reemplazar los valores, haga clic en el botón **Cancelar** e inserte el número de celdas necesario para dar cabida a los datos que quiere mover. En este ejercicio, insertará una columna y una fila en la hoja de cálculo, especificará las opciones de inserción, ocultará una columna, insertará una celda en una hoja de cálculo, eliminará una celda de una hoja de cálculo y moverá un grupo de celdas en una hoja.

UTILICE el libro `RutaVolumen` de la carpeta de archivos de prácticas para este tema. Este archivo de prácticas está ubicado en la carpeta `Capítulo_05` de `Office 2007. Paso a paso`.

ABRA el libro `RutaVolumen`.

1. En la hoja de cálculo **12 Mayo**, seleccione la celda **A1**.

2. En la ficha **Inicio**, en el grupo **Celdas**, haga clic en la flecha hacia abajo del botón **Insertar** y a continuación en **Insertar columnas de hoja**. Aparece una columna A nueva.

3. En la ficha **Inicio**, en el grupo **Celdas**, haga clic en la flecha hacia abajo del botón **Insertar** y a continuación en **Insertar celdas de hoja**. Aparece una celda 1 nueva.

4. Haga clic en el botón **Opciones de inserción**, seleccione **Borrar formato**. Excel 2007 elimina el formato de la fila 1 nueva.

5. Haga clic en el botón derecho del encabezado de la columna E y en **Ocultar**. Desaparece la columna E (véase la figura 5.9).

6. Sobre la barra de etiquetas, haga clic en la etiqueta de la hoja **13 Mayo**. Aparece la hoja de cálculo llamada **13 Mayo**.

7. Haga clic en la celda B6.

8. En la ficha **Inicio**, en el grupo **Celdas**, haga clic en la flecha hacia abajo del botón **Eliminar** y a continuación haga clic en **Eliminar celdas** (véase la figura 5.10).

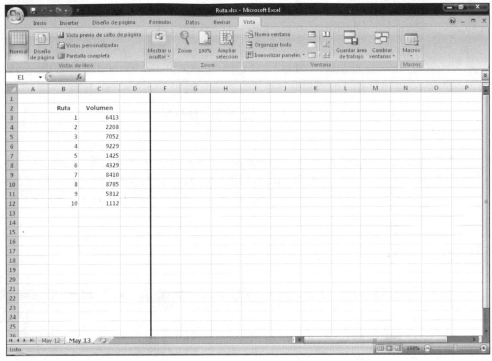

Figura 5.9. Hoja de cálculo con una columna oculta.

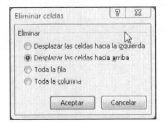

Figura 5.10. Cuadro de diálogo Eliminar celdas.

9. Si es necesario, seleccione la opción Desplazar celdas hacia arriba y después haga clic en **Aceptar**. Desaparece el cuadro de diálogo Eliminar y Excel 2007 elimina la celda B6, moviendo las celdas hacia arriba para rellenar el hueco.

10. Haga clic en la celda C6.

11. En la ficha Inicio, en el grupo Celdas, haga clic en el botón **Insertar** y después en Insertar celdas.

12. Si es necesario, seleccione el botón de opción Desplazar celdas hacia abajo y a continuación haga clic en **Aceptar**.

    Desaparece el cuadro de diálogo Insertar y Excel 2007 crea una nueva celda C6, moviendo las celdas C6:C11 hacia abajo para dar cabida a la celda insertada.

13. En la celda C6, escriba 4499 y pulse **Intro**.

14. Seleccione las celdas E13:F13.

15. Señale el borde de las celdas seleccionadas. Cuando el puntero del ratón cambie a una flecha de cuatro direcciones, arrastre las celdas seleccionadas a las celdas B13:C13. Las celdas arrastradas reemplazan a las celdas C13:D13 (véase la figura 5.11).

CIERRE el libro RutaVolumen.

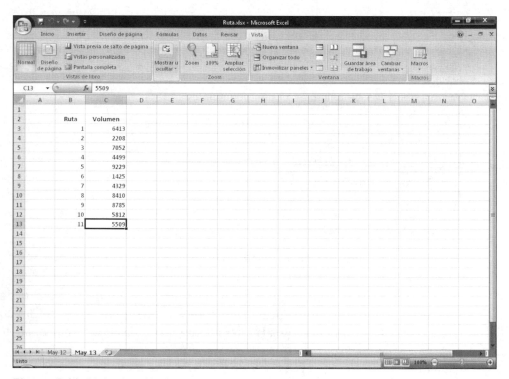

Figura 5.11. Hoja de cálculo con celdas reemplazadas.

Personalizar la ventana del programa de Excel 2007

Si descubre que quiere cambiar la ventana del programa Excel 2007, incluyendo la interfaz de usuario puede hacerlo. Puede cambiar la forma en la que Excel 2005 muestra sus hojas de cálculo, acercar los datos de la hoja y añadir los comandos utilizados con más frecuencia a la Barra de herramientas de acceso rápido.

Acercar una hoja de cálculo

Una forma de facilitar el trabajar con Excel 2007 es cambiar el nivel de zoom del programa. Al igual que puede "acercarse" con una cámara para aumentar el tamaño de un objeto en el visor, puede usar la configuración del zoom de Excel 2007 para cambiar el tamaño de los objetos en la ventana del programa. El cuadro de diálogo Zoom contiene controles que le permiten seleccionar un nivel de magnificación programado con anterioridad o escribir un nivel de magnificación personal. También podría utilizar el control de Zoom en la esquina inferior izquierda de la ventana de Excel 2007 (véase la figura 5.12).

Figura 5.12. Controles de Zoom en la ventana de Excel 2007.

Haciendo clic en el control Acercar aumenta el tamaño de los artículos en la ventana de programa un 10 por 100, mientras que haciendo clic en Alejar disminuye el tamaño de los artículos en la ventana de programa un 10 por 100. Si quiere un control del nivel de zoom con más precisión, puede utilizar el control de desplazamiento para seleccionar un nivel de zoom específico.

El grupo Zoom de la ficha Vista también contiene el botón, que rellena la ventana del programa con los contenidos de cualquiera de las celdas seleccionadas, hasta el nivel de zoom máximo del programa de 400 por 100.

Ordenar ventanas de libros múltiples

Cuando trabaje con Excel 2007, probablemente necesitará tener abierto más de un libro a la vez. Por ejemplo, podría abrir un libro que contenga la información de contacto de los clientes y copiarla en otro para usarlo como fuente de datos para un mailing generalizado que crea en Microsoft Office Word 2007. Cuando tiene varios libros abiertos a la vez, puede cambiar entre ellos haciendo clic en la ficha Vista, en el grupo Ventana, y a continuación en el botón **Cambiar ventanas** y en el nombre del libro que quiere ver.

Puede ordenar los libros en la ventana Excel 2007, así verá la mayoría de los libros activos, pero los otros son accesibles fácilmente haciendo clic en la ficha Vista, en el grupo Ventana, y después en el botón **Organizar todo**. A continuación en el cuadro de diálogo de la Organizar ventanas (véase la figura 5.13), seleccione la opción Cascada (véase la figura 5.14).

Figura 5.13. Cuadro de diálogo de la Organizar ventanas.

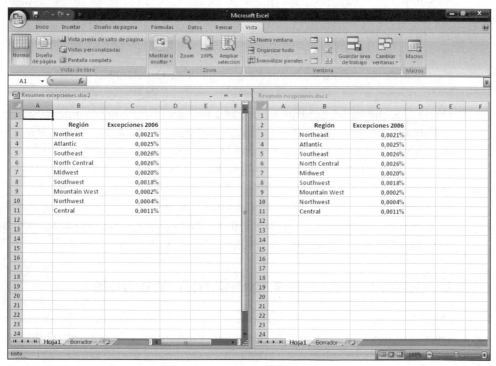

Figura 5.14. Hoja de cálculo con ventanas en vista Cascada.

Muchos libros de Excel 2007 tienen fórmulas en una hoja de cálculo que derivan su valor de datos de otra hoja de cálculo, lo que significa que necesita cambiar entre las dos hojas cada vez que quiera ver cómo modificando sus datos cambia el resultado de la fórmula. Sin embargo, puede visualizar dos copias del mismo libro, visualizando las hojas de cálculo que contienen los datos en la ventana original y visualizando la hoja de cálculo con la fórmula en la nueva ventana. Cuando cambia los datos en la copia original del libro, Excel 2007 actualiza el resultado de la fórmula en una ventana nueva. Para visualizar dos copias del mismo libro, abra el libro y a continuación en la ficha Vista, en el grupo Ventana, haga clic en Nueva ventana. Excel 2007 abrirá una segunda copia del libro. Si el nombre del libro original era ResumenExcepciones, Excel 2007 muestra el nombre ResumenExcepciones:1 en la barra de título del libro original y ResumenExcepciones:2 en la barra de título del segundo libro.

Añadir botones a la Barra de herramientas de acceso rápido

Mientras continúa trabajando en Excel 2007, puede descubrir que utiliza ciertos comandos con más frecuencia que otros. Si sus libros extraen datos de fuentes externas, puede visualizarlos en la ficha Datos, en el grupo Conexiones, haciendo clic en el botón **Actualizar todo** con mucha más frecuencia de la que habrían esperado los diseñadores del programa. Puede hacer que cualquier botón sea accesible con sólo un clic añadiéndolo a la Barra de herramientas de acceso rápido, ubicada a la derecha del **Botón de Office** en la esquina superior izquierda de la ventana del programa Excel 2007.

Para añadir un botón a la Barra de herramientas de acceso rápido, haga clic en el **Botón de Office** y a continuación en **Opciones de Excel** (véase la figura 5.15). En el cuadro de diálogo Opciones de Excel, haga clic en el nombre Personalizar, en la flecha Comandos disponibles en, y a continuación haga clic en la categoría desde la que puede seleccionar el control para añadir.

En este ejercicio, cambiará el nivel del zoom de su hoja de cálculo, acercará el zoom para enfatizar un rango de celdas seleccionadas, cambiará entre los múltiples libros activos, pondrá en cascada los múltiples libros activos en la ventana de programa de Excel 2007 y añadirá un botón a la Barra de herramientas de acceso rápido.

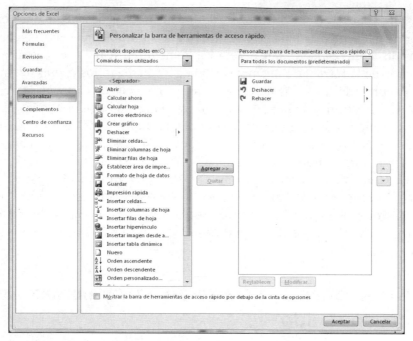

Figura 5.15. Cuadro de diálogo de Opciones de Excel.

UTILICE el libro **RutaVolumen** de la carpeta de archivos de prácticas para este tema. Este archivo de prácticas está ubicado en la carpeta Capítulo_05 de Office 2007. Paso a paso.

ABRA el libro RutaVolumen.

1. En el libro ResumenExcepciones, visualice la hoja de cálculo **2006**.

2. En la esquina inferior derecha de la ventana de Excel 2007, haga clic en el control **Zoom** cinco veces. El nivel de zoom de la hoja de cálculo cambia a 150 por 100.

3. Seleccione las celdas B2:C11.

4. En la ficha **Vista>Zoom**, haga clic en el botón **Ampliar selección**. Excel 2007 despliega las celdas seleccionadas así rellenan la ventana del programa (véase la figura 5.16).

5. En la ficha **Vista**, en el grupo **Zoom**, haga clic en el botón **Zoom** (véase la figura 5.17).

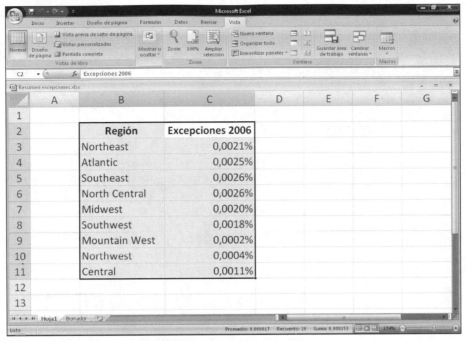

Figura 5.16. Hoja de cálculo con Zoom aplicado.

Figura 5.17. Cuadro de diálogo Zoom.

6. Seleccione el botón de la opción 100% y a continuación haga clic en **Aceptar**. La hoja de cálculo volverá a su nivel de zoom predeterminado.

7. En la ficha Vista, en el grupo Ventana, haga clic en el botón **Cambiar ventana**s y a continuación en Ruta.

8. En la ficha Vista, en el grupo Ventana, haga clic en **Organizar todo**.

9. Seleccione el botón de la opción Cascada y haga clic en **Aceptar** (véase la figura 5.18).

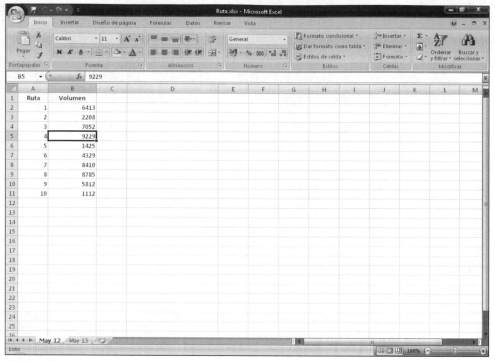

Figura 5.18. Hoja de cálculo con columnas en Cascada.

10. Haga clic en el **Botón de Office** y después en Opciones de Excel. Aparece el cuadro de diálogo Opciones de Excel.

11. Haga clic en Personalizar. Aparece la ficha Personalizar.

12. Haga clic en la flecha hacia abajo del campo Comandos disponibles en y después en la ficha Revisar.

Los comandos de la categoría ficha Revisar aparecen en la lista de comandos.

13. Haga clic en el comando Ortografía y a continuación en **Agregar** (véase la figura 5.19).

14. Haga clic en **Aceptar**. Excel añade el comando Ortografía a la Barra de herramientas de acceso rápido.

CIERRE Excel.

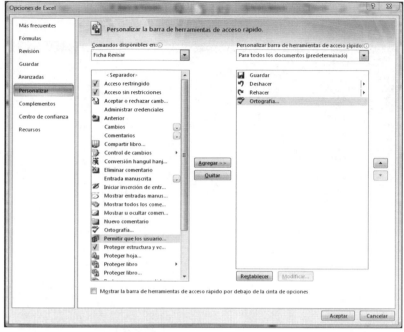

Figura 5.19. Cuadro de diálogo de Opciones de Excel.

Puntos clave

- Guarde su trabajo siempre que haga algo que odiaría repetir.

- Asignar valores a las propiedades de un libro facilita el encontrar su libro utilizando la opción de búsqueda de Windows.

- Asegúrese de dar a sus hojas de cálculo nombres descriptivos.

- Si quiere utilizar los datos de una hoja de cálculo en otro libro, puede enviar una copia de esa hoja al otro libro sin borrar la hoja de cálculo original.

- Puede eliminar una hoja de cálculo que ya no necesite, pero también puede ocultarla en el libro. Al necesitar los datos en la hoja de cálculo puede mostrarla.

- Puede guardar muchos molestos cortar y pegar insertando y eliminando celdas, columnas y filas de las hojas de cálculo.

- Personalice su ventana de programa de Excel 2007 cambiando la forma de visualizar sus libros, acercando los datos y añadiendo los botones usados con más frecuencia a la Barra de herramientas de acceso rápido.

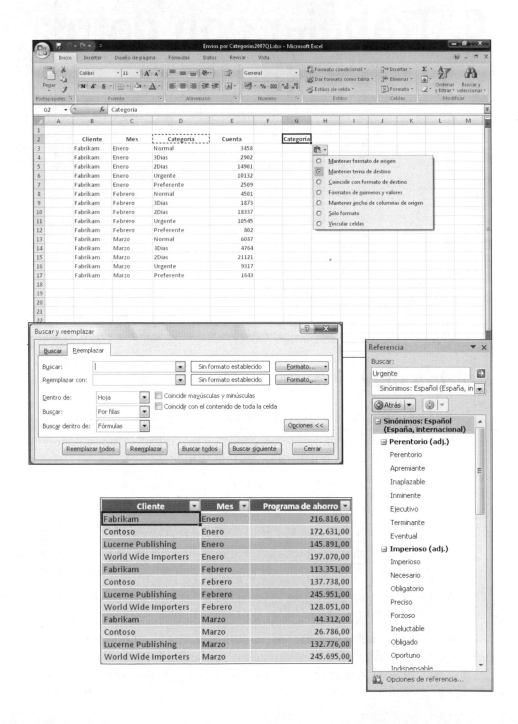

6. Trabajar con datos y tablas de datos

En este capítulo aprenderá a:

- ✓ Introducir datos rápidamente.
- ✓ Mover datos dentro de un libro.
- ✓ Encontrar y reemplazar datos de un libro.
- ✓ Verificar y expandir datos de un libro utilizando herramientas de revisión y referencia.
- ✓ Organizar datos utilizando tablas.

Introducir y revisar datos

Después de crear un libro, puede comenzar a introducir datos. El modo más sencillo de introducir datos es haciendo clic en una celda y escribiendo un valor, es un método que funciona muy bien cuando está introduciendo sólo unos pocos datos, pero no es muy bueno cuando está introduciendo secuencias largas o series de valores (véase la figura 6.1).

Se puede introducir la secuencia Enero, Febrero, Marzo y así repetidamente, copiando y pegando el primer caso de la secuencia, pero hay una forma más fácil de hacerlo: utilizando el Autorelleno (véase la figura 6.2). Con el Autorelleno introduce el primer elemento en una serie reconocida, agarra el asidero de relleno en la esquina inferior derecha de la celda y lo arrastra hasta que la serie se extienda lo suficiente como para dar cabida a sus datos.

Una herramienta similar, Rellenar serie, le permite introducir dos valores en una serie y utilizar el asidero de relleno para extender la serie en la hoja de cálculo. Por ejemplo, si quiere crear una serie comenzando en 2 y aumentando de 2 en 2, puede poner un 2 en la primera celda y un 4 en la segunda, seleccionar ambas celdas y usar el asidero de relleno para extender la serie al valor final deseado.

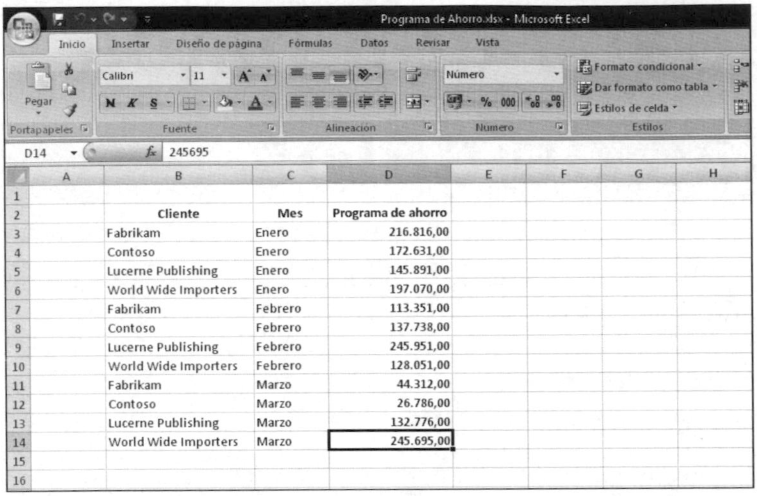

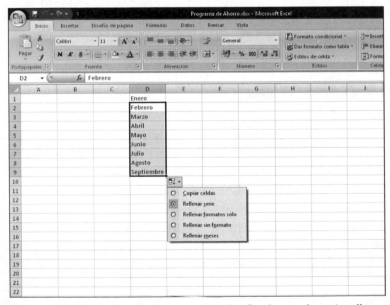

Figura 6.1. Hoja de cálculo Programa de Ahorro.

Figura 6.2. Hoja de cálculo con el botón Opciones de autorelleno.

Se puede tener control sobre cómo Excel 2007 extiende los valores en una serie cuando arrastra el asidero de relleno. Por ejemplo, si lo arrastra hacia arriba (o hacia la izquierda), Excel 2007 extiende la serie para incluir los valores anteriores. Si escribe Enero en una celda y después arrastra ese asidero hacia arriba (o hacia la izquierda), Excel 2007 coloca Diciembre en la primera celda, Noviembre en la segunda y así sucesivamente.

Otra forma de controlar cómo Excel 2007 extiende una serie de datos es manteniendo pulsada la tecla **Control** mientras arrastra el asidero. Por ejemplo, si selecciona una celda que contiene el valor Enero y después arrastra el asidero de relleno hacia abajo, Excel 2007 extiende la serie colocando Febrero en la siguiente celda, Marzo en la celda después de esa y así sucesivamente. Sin embargo, si mantiene pulsada la tecla **Control**, Excel 2007 repite el valor Enero en cada celda que añade a la serie.

Otras técnicas de entradas de datos que utilizará en esta sección son Autocompletar, que detecta cuando el valor que está introduciendo es parecido a los valores introducidos anteriormente, Elegir de la lista desplegable, que le permite seleccionar un valor entre los valores actuales de una columna y **Control-Intro**, que le permite introducir un valor en celdas múltiples simultáneamente.

En este ejercicio, introducirá una serie de datos arrastrando el asidero de relleno, introducirá datos aceptando los valores de Autocompletar, introducirá celdas utilizando Elegir de la lista desplegable y controlará cómo Excel da formato a una serie de datos expandida con las Opciones de autorelleno del programa.

UTILICE el libro Series de la carpeta de archivos de prácticas para este tema. Este archivo de prácticas está ubicado en la carpeta Capítulo_06 de Office 2007. Paso a paso.

ASEGÚRESE de iniciar Excel 2007 antes de comenzar con estos ejercicios.

ABRA el libro Series.

1. En la hoja de cálculo Mensual, seleccione la celda B3 y arrastre el asidero de relleno hacia abajo hasta cubrir las celdas B3:B7. Excel repite el valor Fabrikam en las celdas B4:B7.

2. Seleccione la celda C3, mantenga pulsada la tecla **Control** y arrastre el asidero de relleno hacia abajo hasta cubrir las celdas C3:C7. Excel repite el valor Enero en las celdas C4:C7.

3. Seleccione la celda B8 y escriba la letra F. Excel 2007 despliega los caracteres abrikam. (véase la figura 6.3).

4. Pulse la tecla **Tab** para aceptar el valor Fabrikam para la celda.

5. En la celda C8, escriba Febrero.

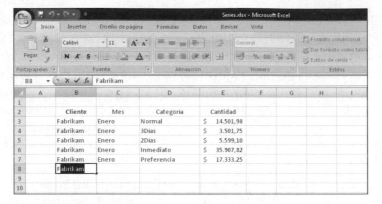

Figura 6.3. Hoja de cálculo Mensual.

6. Haga clic en el botón derecho de la celda D8 y después en Elegir de la lista desplegable. Aparece una lista de valores en la columna D debajo de la celda D8 (véase la figura 6.4).

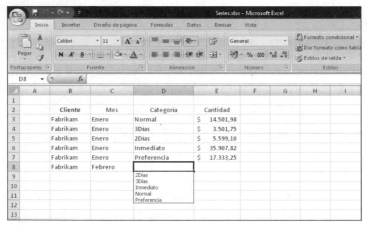

Figura 6.4. Hoja de cálculo con opción Elegir de la lista desplegable.

7. Haga clic en 2Días de la lista que aparece. El valor 2Días aparece en la celda D8.

8. En la celda E8, escriba 11802,14. Aparecerá en valor $11802,14 en la celda E8.

9. Seleccione la celda B2 y después arrastre el asidero de relleno, así cubrirá las celdas C2:E2. Excel 2007 reemplaza los valores de las celdas C2:E2 con el valor **Cliente**.

10. Haga clic en el botón **Opciones de autorelleno**, y después en **Rellenar formato sólo**. Excel 2007 restaura los valores originales en las celdas C2:E2, pero aplica el formato de la celda B2 a esas celdas.

CIERRE el libro `Series`.

Mover datos en una hoja de cálculo

Puede mover una celda específica de muchas maneras, pero el método más directo es haciendo clic en la celda que quiere mover, será perfilada en negro, y sus contenidos, si los tuviera, aparecerían en la barra de fórmula. Cuando una celda está perfilada, es la celda activa, lo que significa que puede modificar sus contenidos. Puede utilizar un método similar para seleccionar celdas múltiples (referidas como rango de celda), sólo haciendo clic en la primera celda del rango y arrastrando el puntero del ratón sobre el resto de las celdas que quiere seleccionar. Después de seleccionar la celda o celdas con las que quiere trabajar, puede copiar, pegar, eliminar o cambiar el formato de los contenidos de la celda o celdas.

No está limitado a seleccionar celdas por separado o como parte de un rango. Podría necesitar cambiar una columna con datos de precios una columna a la derecha para hacer sitio para una columna de encabezados, que indique a qué categoría de servicio pertenece (normal, urgente 3 días, urgente 2 días, inmediato o preferencia) un grupo de números. Para mover una columna entera (o columnas enteras) de datos a un mismo tiempo, haga clic en el encabezado de la columna, en la parte superior de la hoja de cálculo. Haciendo clic en el encabezado de la columna destaca todas las celdas de la columna y le permite copiar o cortar la columna y pegarla en cualquier otro sitio del libro.

Aparece el botón **Opciones de pegado** al lado de los datos que copia de una celda y pega en otra. Haciendo clic en el botón **Opciones de pegado** despliega una lista de acciones que Excel 2007 puede realizar con relación a las celdas pegadas (véase la figura 6.5).

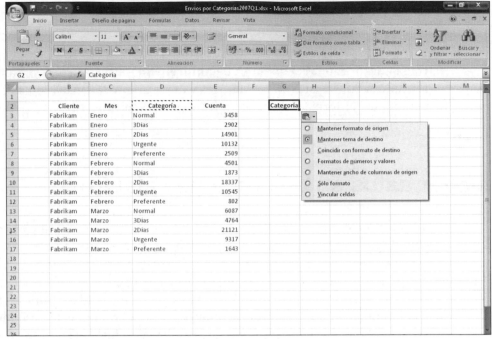

Figura 6.5. Opciones de pegado de Excel 2007.

Las opciones de esta lista están resumidas en la tabla 6.1.

Tabla 6.1. Tabla con opciones de pegado.

Opción	Acción
Utilizar tema de destino	Pega los contenidos del Portapapeles (que contiene la última información seleccionada por Copiar o Pegar) en las celdas y formatos de destino de los datos utilizando el tema aplicado en el libro de destino.
Coincidir formato de destino	Pega los contenidos del Portapapeles en las celdas y formatos de destino de los datos utilizando el formato en las celdas destino, sin tener en cuenta el tema del libro.
Mantener formato de origen	Pega una columna de celdas en una columna destino; aplica el formato de la columna copiada en la nueva columna.

Opción	Acción
Sólo valores	Pega los valores de la columna copiada en la columna destino sin aplicar ningún formato.
Formato de números y valores	Pega los contenidos del Portapapeles en las celdas destino, manteniendo los formatos numéricos.
Formato de origen y valores	Pega los contenidos del Portapapeles en las celdas destino, manteniendo los formatos de las celdas de origen.
Mantener ancho de columna de origen	Pega los contenidos del Portapapeles en las celdas destino y cambia el tamaño de las columnas de las celdas destino para coincidir en el ancho de las columnas de las celdas de origen.
Sólo formato	Aplica el formato de las celdas de origen en las celdas destino, pero no copia los contenidos de esas celdas.

En este ejercicio, copiará un conjunto de encabezados de columna a otra hoja de cálculo, moverá una columna de datos dentro de una hoja y seleccionará opciones de pegado para los datos copiados.

UTILICE el libro Entregaspocategoría2007Q1 de la carpeta de archivos de prácticas para este tema. Este archivo de prácticas está ubicado en la carpeta Capítulo_06 de Office 2007. Paso a paso.

ABRA el libro Entregasporcategoría2007Q1.

1. En la hoja Total, seleccione las celdas B2:D2.

2. En la ficha Inicio, en el grupo Portapapeles, haga clic en el botón **Copiar**. Excel 2007 copia los contenidos de las celdas B2:D2 en el Portapapeles.

3. En la barra de etiquetas, haga clic en la etiqueta Ventas. Aparece la hoja de cálculo Ventas.

4. Seleccione la celda B2.

5. En la ficha Inicio, en el grupo **Portapapeles**, haga clic en el botón **Pegar**. Excel pega los valores del encabezado en las celdas B2:D2.

6. Haga clic en la etiqueta pequeña **Opciones de pegado**, y a continuación en **Mantener formato de origen**. Excel 2007 conserva el formato original de las celdas.

7. Haga clic en el botón derecho del encabezado de la columna I y a continuación haga clic en **Cortar**. Excel 2007 encuadra la columna I con un marco.

8. Haga clic en el botón derecho del encabezado de la columna E y a continuación haga clic en **Pegar**. Excel pega los contenidos de la columna I en la columna E (véase la figura 6.6).

CIERRE el libro Entregas por categoría 2007Q1.

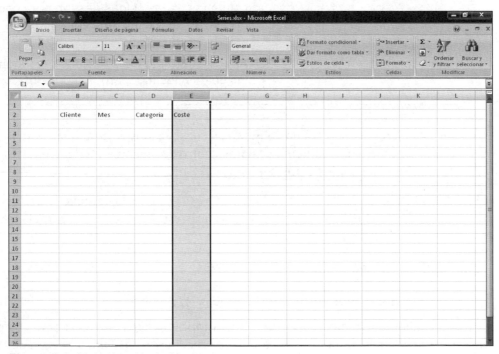

Figura 6.6. Hoja de cálculo Ventas.

Buscar y reemplazar datos

Las hojas de cálculo de Excel 2007 pueden contener más de un millón de filas de datos, así que es poco probable que tuviera tiempo para mover una fila por una hoja de cálculo al mismo tiempo que localizar los datos que quiere encontrar. Puede localizar datos específicos en una hoja de cálculo de Excel 2007 utilizando el cuadro de diálogo Buscar y reemplazar, que tiene dos etiquetas (una llamada Buscar, la otra Reemplazar) que le permite buscar celdas que contienen determinados valores. Utilizando los controles de la etiqueta Buscar encuentra los datos que especifica; utilizando los controles de la etiqueta Reemplazar le permite sustituir un valor por otro (véase la figura 6.7).

Figura 6.7. Cuadro de diálogo Buscar y Reemplazar.

Una forma en la que puede utilizar las opciones extra del cuadro de diálogo Buscar y Reemplazar es para identificar datos que necesita revisar utilizando un formato específico. Para cambiar un valor a mano, seleccione la celda y a continuación escriba el nuevo valor en la celda o en la barra de fórmula, seleccione el valor que quiere reemplazar y escriba el nuevo valor.

En este ejercicio, buscará un valor específico en una hoja de cálculo, reemplazará cada ocurrencia de un nombre de compañía en una hoja de cálculo y buscará una celda con un formato concreto.

UTILICE el libro Media de Entregas de la carpeta de archivos de prácticas para este tema. Este archivo de prácticas está ubicado en la carpeta Capítulo_06 de Office 2007. Paso a paso.

ABRA el libro Media de Entregas.

1. Si fuera necesario, haga clic en la etiqueta de la hoja Resumen de Hora. Aparece la hoja Resumen de Hora.

2. En la ficha Inicio, en el grupo Modificar, haga clic en Buscar y seleccionar, y seleccione Buscar (véase la figura 6.8).

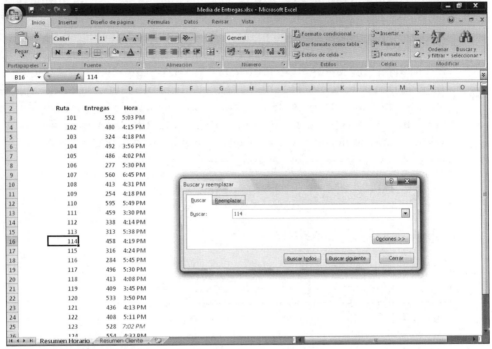

Figura 6.8. Ficha Buscar.

3. En el campo Buscar, escriba 114.

4. Haga clic en **Buscar siguiente**. Excel 2007 resalta la celda B16 que contiene el valor 114.

5. Borre el valor en el campo Buscar y después en el botón **Opciones**. Aparece el cuadro de diálogo Buscar y reemplazar expandido para mostrar opciones de búsqueda adicionales.

6. Haga clic en Formato. Aparece el cuadro de diálogo Buscar Formato (véase la figura 6.9).

7. Haga clic en la ficha Fuente. Aparece la ficha Fuente.

8. En la lista Fuente, haga clic en Cursiva.

9. Haga clic en **Aceptar**. Desaparece el cuadro de diálogo Buscar Formato.

10. Haga clic en Buscar siguiente. Excel 2007 resalta la celda D25.

Figura 6.9. Cuadro de diálogo Buscar formato.

11. Haga clic en **Cerrar**. Desaparece el cuadro de diálogo Buscar y reemplazar.

12. En la barra de fichas, haga clic en la ficha Resumen cliente. Aparece la hoja de cálculo Resumen cliente.

13. En la ficha Inicio, en el grupo Modificar, haga clic en Buscar y seleccionar y después en Reemplazar. Aparece el cuadro de diálogo Encontrar y seleccionar con la ficha Reemplazar desplegada (véase la figura 6.10).

Figura 6.10. Cuadro de diálogo Buscar y reemplazar.

14. En el botón **Formato** a la derecha del campo Buscar, haga clic en la flecha hacia abajo del botón **Formato** y a continuación en Borrar formato de búsqueda. Desaparece el formato desplegado al lado del campo Buscar.

15. En el campo Buscar, escriba Contoso.

16. En el campo Reemplazar con, escriba Northwind Traders.

17. Haga clic en Reemplazar todo.

18. Haga clic en **Aceptar** para eliminar el cuadro de mensaje que aparece, que indica que Excel 2007 hizo tres reemplazos.

19. Haga clic en **Cerrar**. Desaparece el cuadro de diálogo Buscar y reemplazar.

CIERRE el libro `Media de Entregas`.

Corregir y expandir datos de la hoja de cálculo

Después de introducir los datos, debería tomarse un tiempo para comprobarlos y corregirlos. No necesita verificar visualmente que cada dato numérico sea correcto, pero puede asegurarse de que el texto está escrito correctamente utilizando el corrector ortográfico de Excel 2007. Cuando éste encuentra una palabra que no reconoce, destaca la palabra y ofrece sugerencias que serían la mejor opción de palabra correcta. También puede editar la palabra directamente, seleccionando la palabra adecuada de la lista de sugerencias, o decir al corrector ortográfico que ignore la corrección. También puede utilizar el corrector para añadir nuevas palabras al diccionario personalizado.

Si no está seguro de su elección o si utiliza una palabra que es parecida, pero no lo bastante correcta para su significado, puede buscar palabras alternativas utilizando el tesauro. También están disponibles varias herramientas más de investigación, como la enciclopedia Microsoft Encarta a la que puede consultar para crear su libro. Para visualizar esas herramientas, en la ficha Revisar de la interfaz de usuario, en el grupo Revisión, haga clic en Referencia para visualizar el panel de tareas Referencia (véase la figura 6.11). Finalmente, si quiere traducir una palabra de un idioma a otro, puede hacerlo seleccionando la celda que contiene el valor que quiere traducir, desplegando la ficha Revisión, en el grupo Referencia, haciendo clic en Traducir. El panel de tareas Referencia aparece (o cambia si ya está abierto) y despliega los controles que puede utilizar para seleccionar los idiomas de origen y destino (véase la figura 6.12).

En este ejercicio, comprobará la ortografía de una hoja de cálculo, añadirá dos términos nuevos al diccionario, deshará un cambio, buscará una palabra alternativa usando el tesauro y traducirá una palabra al inglés.

Figura 6.11. Panel de tareas Referencia.

Figura 6.12. Panel de tareas Referencia.

UTILICE el libro `Niveles de Servicio` de la carpeta de archivos de prácticas para este tema. Este archivo de prácticas está ubicado en la carpeta `Capítulo_06` de `Office 2007. Paso a paso.`

ABRA el libro `Niveles de Servicio.`

1. En la ficha Revisar, en el grupo Revisión, haga clic en Ortografía. Aparece el cuadro de diálogo Ortografía con la palabra mal escrita desplegada en el campo No está en el diccionario (véase la figura 6.13).

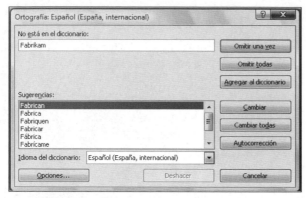

Figura 6.13. Cuadro de diálogo Ortografía.

2. Compruebe que la palabra mal escrita está destacada en el panel Sugerencias y haga clic en el botón **Cambiar**. Excel 2007 corrige la palabra y muestra la siguiente palabra en duda.

3. Haga clic en **Agregar al diccionario**. Excel agrega la palabra al diccionario.

4. Haga clic en Cerrar. Desaparece el cuadro de diálogo Ortografía, y aparece un cuadro de mensaje, indicando que finalizó la corrección ortográfica para los elementos seleccionados.

5. Haga clic **Aceptar** para cerrar el cuadro de mensaje.

6. Haga clic en la celda B6.

7. En la ficha Revisar, en el grupo Revisión, haga clic en Sinónimos. Aparece el panel de tareas Referencia y despliega una lista de sinónimos y antónimos para la palabra urgente (véase la figura 6.14).

8. En la ficha Revisar, en el grupo Revisión, haga clic en Traducir. El panel de tareas Referencia despliega las herramientas de traducción.

9. Si es necesario, haga clic en la flecha hacia abajo del cuadro Desde y haga clic en Español (España, Internacional).

10. Haga clic en la flecha hacia abajo del cuadro A y haga clic en Inglés (Estados Unidos). El panel de tareas Referencia despliega las palabras inglesas que significan urgente (véase la figura 6.15).

Figura 6.14. Panel de tareas Referencia con sinónimos para la palabra Urgente.

Figura 6.15. Panel de tareas Referencia con traducciones para la palabra Urgente.

CIERRE el libro Niveles de Servicio.

Definir una tabla

Excel siempre ha podido manejar listas de datos con eficacia, permitiéndole clasificar los datos de su hoja de cálculo basados en los valores de una o más columnas, limitar los datos desplegados utilizando criterios (por ejemplo, mostrando sólo aquellas rutas con menos de 100 paradas), y crear fórmulas que resumen los valores en celdas visibles. La reacción de los clientes indicando que muchos usuarios de Excel 2007 querían una estructura más sólida en Excel 2007 que permitiera a los usuarios realizar esas operaciones y más. Excel 2003 incluía una estructura llamada lista que ha evolucionado a la tabla en Excel 2007(véase la figura 6.16).

Cliente	Mes	Programa de ahorro
Fabrikam	Enero	216.816,00
Contoso	Enero	172.631,00
Lucerne Publishing	Enero	145.891,00
World Wide Importers	Enero	197.070,00
Fabrikam	Febrero	113.351,00
Contoso	Febrero	137.738,00
Lucerne Publishing	Febrero	245.951,00
World Wide Importers	Febrero	128.051,00
Fabrikam	Marzo	44.312,00
Contoso	Marzo	26.786,00
Lucerne Publishing	Marzo	132.776,00
World Wide Importers	Marzo	245.695,00

Figura 6.16. Tabla en Excel 2007.

Para crear una tabla de datos, escriba una serie de encabezados de columna en las celdas contiguas y después escriba una fila de datos debajo de los encabezados. Seleccione los encabezados y los datos; en la ficha Inicio, grupo Estilos, haga clic en Dar formato de tabla; a continuación de la galería que aparece haga clic en el estilo que quiera aplicar a la tabla. Cuando aparece el cuadro Dar formato de tabla, compruebe que las celdas en el campo ¿Dónde están los datos de la tabla? reflejan su selección actual y que la casilla de verificación La tabla tiene encabezados está seleccionada y haga clic en **Aceptar**.

Excel 2007 también crea una tabla de una lista de datos existente siempre que sus datos tengan un encabezado de fila con diferente formato, la lista no tenga filas o columnas en blanco en los datos, y no haya datos superfluos en las celdas inmediatamente debajo o al lado de la lista.

Cuando quiera añadir datos a la tabla, seleccione una celda de la fila justo debajo de la última fila de la tabla o una celda en la columna justo a la derecha de la tabla; a continuación escriba un valor en la celda. Después de introducir el valor y sacarlo de la celda, aparece la pequeña etiqueta de **Opciones de Autocorrección**. Si no quería incluir los datos en la tabla, puede hacer clic en Deshacer expansión automática de la tabla para excluir las celdas de la tabla. Si quiere que Excel no incluya nunca datos contiguos en una tabla, haga clic en la opción Interrumpir la expansión automática de las tablas.

Puede añadir filas y columnas a una tabla o eliminarlas arrastrando el asidero de la esquina inferior derecha. Si los encabezados de la tabla contienen una serie de valores reconocibles (como Región1, Región2 y Región3), y arrastra el asidero para crear una cuarta columna, Excel 2007 crea la columna con la etiqueta Región4, el siguiente valor de la serie. Las tablas generalmente contienen datos que puede resumir calculando una suma o media, o buscando el valor máximo o mínimo en una columna. Para resumir una o más columnas de datos, puede añadir una fila Total a la tabla (véase la figura 6.17).

Contoso	Marzo	26.786,00
Lucerne Publishing	Marzo	132.776,00
World Wide Importers	Marzo	245.695,00
Total		1.807.068,00

Figura 6.17. Tabla con fila Total.

Cuando añade la fila Total, Excel 2007 crea una fórmula que calcula la suma de los valores en la columna más a la derecha de la tabla. Para cambiar la operación de suma o para añadir una operación de suma a cualquier otra celda de la fila Total, haga clic en la celda y a continuación en la flecha hacia abajo que aparece, después en la operación de suma que quiere aplicar. Haga clic en el elemento Más funciones del cuadro de diálogo Insertar función, desde el que puede seleccionar cualquiera de las funciones de Excel 2007.

Al igual que hace cuando crea una nueva hoja, Excel le da nombres genéricos de tablas como Tabla1, Tabla2. Puede cambiar el nombre de una tabla por uno más fácil de reconocer haciendo clic en cualquier celda de la tabla, haciendo clic en la etiqueta contextual Diseño, y a continuación en el grupo Propiedades, editando el valor en el campo Nombre. Cambiar el nombre de una tabla puede no parecer importante, pero ayuda a hacer fórmulas que resumen los datos de una tabla mucho más fácilmente de entender. Debería tener la costumbre de cambiar el nombre de sus tablas, así podrá reconocer los datos que contiene.

Si por cualquier motivo quiere convertir su tabla en un rango de celdas normal, haga clic en cualquier celda de la tabla y a continuación, en la ficha contextual Herramientas de tabla, y en el grupo Herramientas haga clic en Convertir en rango. Cuando Excel 2007 despliega un cuadro de mensaje preguntando si está seguro de querer convertir la tabla en un rango, haga clic en **Aceptar**.

En este ejercicio, creará una tabla de datos, agregará datos a una tabla, agregará una operación de suma a la tabla Total y cambiará el nombre de la tabla.

UTILICE el libro Tiempos de Clasificación de Conductores de la carpeta de archivos de prácticas para este tema. Este archivo de prácticas está ubicado en la carpeta Capítulo_06 de Office 2007. Paso a paso.

ABRA el libro Tiempos de Clasificación de Conductores.

1. Seleccione la celda B2.

2. En la ficha Inicio, en el grupo Estilos, haga clic en Dar formato de tabla y seleccione un estilo de tabla. Aparece el cuadro de diálogo Dar formato de tabla (véase la figura 6.18).

Figura 6.18. Cuadro de diálogo Dar formato de tabla.

3. Compruebe que aparece el rango {=$B$2:$D$14} en el campo ¿Dónde están los datos de la tabla? y que la casilla de verificación La tabla tiene encabezados está seleccionada, a continuación haga clic en **Aceptar**. Excel 2007 crea una tabla con sus datos y despliega la ficha contextual Diseño.

4. En la celda B18, escriba D116, pulse **Tab**, escriba 100 en la celda C18 y pulse **Intro**. Excel incluye los datos en su tabla.

5. Seleccione una celda en la tabla y sobre la ficha contextual Diseño, en la ficha Opciones de estilo de tabla, seleccione la casilla de verificación Fila Total. Aparece la fila Total en su tabla.

6. Seleccione la celda D19, haga clic en la flecha hacia abajo que aparece en la esquina derecha de la celda y después en Media (véase la figura 6.19).

7. En la ficha contextual Diseño, en el grupo Propiedades, escriba el valor EjemploCalasificacion01 en el campo Nombre y pulse **Intro**. Excel 2007 cambia el nombre de la tabla.

8. En la Barra de herramientas de acceso rápido, haga clic en el botón **Guardar** para guardar su trabajo.

Conductor	Clasificación en Minutos
D101	102
D102	162
D103	165
D104	91
D105	103
D106	127
D107	112
D108	137
D109	102
D110	147
D111	163
D112	109
D113	91
D114	107
D115	93
Total	119,4375

Figura 6.19. Hoja de cálculo con operación de Media.

CIERRE el libro Tiempos de Clasificación de Conductores.

Puntos clave

■ Puede introducir una serie de datos rápidamente introduciendo uno o más valores en las celdas contiguas, seleccionado las celdas y a continuación, arrastrando el asidero. Para cambiar la forma de arrastrar el asidero para extender la serie de datos, mantenga pulsada la tecla **Control**.

■ Arrastrando el asidero se despliega el botón **Opciones de autorelleno**, que le permite copiar los valores de las celdas seleccionadas, extender una serie reconocida o aplicar el formato de las celdas seleccionadas a las celdas nuevas.

■ Excel 2007 le permite introducir datos utilizando la lista desplegable, Autocompletar y **Control-Intro**.

■ Cuando copie (o corte) y pegue celdas, columnas o filas, Excel 2007 despliega la pequeña etiqueta Opciones de pegado.

■ Puede buscar y reemplazar datos en la hoja de cálculo buscando valores específicos o buscando celdas que tienen aplicado un formato concreto.

■ Excel 2007 proporciona varias herramientas de revisión y búsqueda, que le permiten comprobar la ortografía del libro, encontrar palabras alternativas utilizadas en el tesauro y traducir palabras entre idiomas.

■ Las tablas de datos, nuevas en Excel 2007, le permiten organizar y resumir sus datos eficazmente.

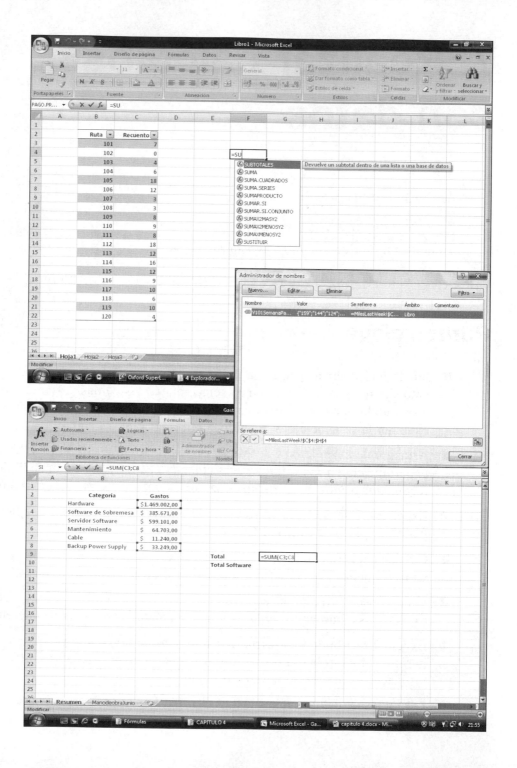

7. Realizar cálculos con datos

En este capítulo aprenderá a:

✓ Poner nombre a los grupos de datos.

✓ Crear formulas para calcular valores.

✓ Resumir datos que cumplen con condiciones específicas.

✓ Buscar y corregir errores en cálculos.

Poner nombre a los grupos de datos

Cuando trabaja con gran cantidad de datos, es útil identificar grupos de celdas que contienen datos relacionados (véase la figura 7.1). En lugar de especificar las celdas individualmente cada vez que quiere utilizar los datos que contienen, puede definir esas celdas como rango (también llamadas rango con nombre).

Para crear un rango con nombre, seleccione las celdas que quiera incluir en el rango, haga clic en la ficha Fórmulas en la interfaz de usuario y a continuación, en el grupo Nombres definidos, haga clic en Asignar nombre a un rango y, seleccione Definir nombre para desplegar el cuadro de diálogo Nombre nuevo. En el cuadro de diálogo Nombre nuevo, escriba un nombre en el campo Nombre, compruebe que las celdas que seleccionó aparecen en el campo Hace referencia a y haga clic en **Aceptar**. También puede agregar un comentario sobre el campo en Comentario y seleccionar si quiere que el nombre esté disponible para las fórmulas de todo el libro o solamente en una hoja de cálculo individual.

Si las celdas que quiere definir como rango con nombre tienen una etiqueta que quiere utilizar como el nombre del rango, puede desplegar la ficha Fórmulas y a continuación, en el grupo Nombres definidos, hacer clic en Crear desde la selección para desplegar el cuadro de diálogo Crear nombres desde la selección. En el cuadro de diálogo Crear nombres desde la selección, seleccione la casilla que representa la ubicación de la etiqueta en relación a las celdas de datos y después haga clic en **Aceptar** (véase la figura 7.2).

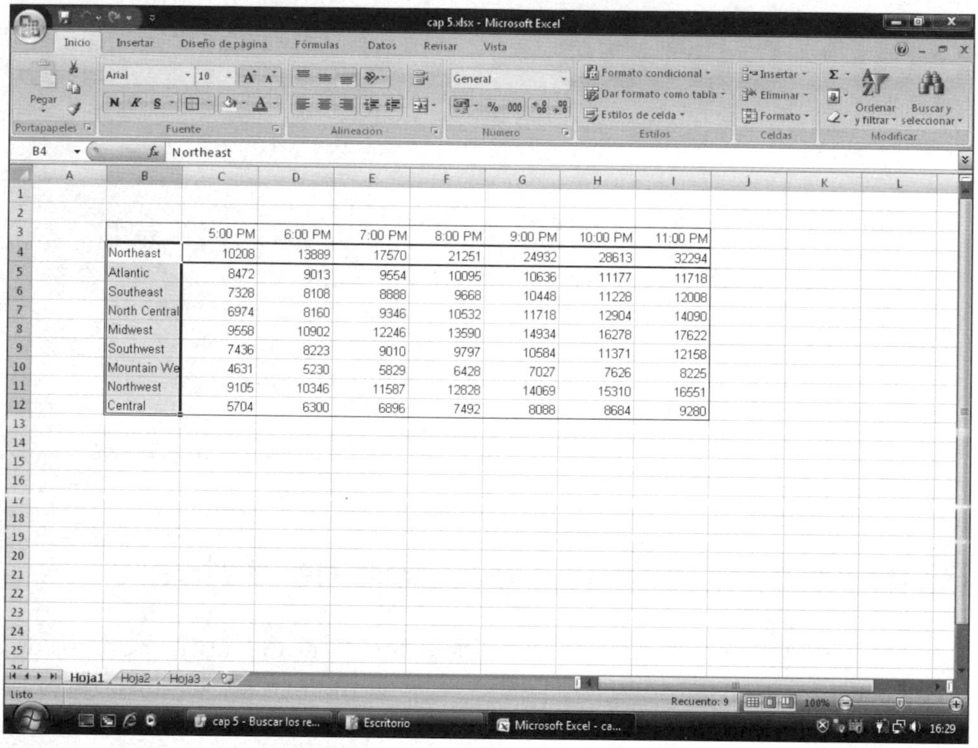

		5:00 PM	6:00 PM	7:00 PM	8:00 PM	9:00 PM	10:00 PM	11:00 PM
4	Northeast	10208	13889	17570	21251	24932	28613	32294
5	Atlantic	8472	9013	9554	10095	10636	11177	11718
6	Southeast	7328	8108	8888	9668	10448	11228	12008
7	North Central	6974	8160	9346	10532	11718	12904	14090
8	Midwest	9558	10902	12246	13590	14934	16278	17622
9	Southwest	7436	8223	9010	9797	10584	11371	12158
10	Mountain We	4631	5230	5829	6428	7027	7626	8225
11	Northwest	9105	10346	11587	12828	14069	15310	16551
12	Central	5704	6300	6896	7492	8088	8684	9280

Figura 7.1. Hoja de cálculo del centro de procesado de Consolidated Messenger.

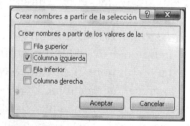

Figura 7.2. Cuadro de diálogo Crear nombres desde la selección.

Una forma definitiva para crear un rango con nombre es seleccionar las celdas que quiere en el rango, hacer clic en el Cuadro de nombres al lado de la barra de fórmula y a continuación, escribir el nombre para el rango. Puede visualizar los rangos disponibles en un libro, haciendo clic en la flecha hacia abajo Cuadro de nombres.

Para manejar los rangos con nombre en un libro, despliegue la etiqueta Fórmulas en Ribbon y a continuación, en el grupo Nombres definidos, haga clic en el Administrador de nombres para desplegar el cuadro de diálogo Administrador de nombres (véase la figura 7.3).

Figura 7.3. Cuadro de diálogo Administrador de nombres.

Cuando hace clic en un rango con nombre, Excel 2007 despliega las celdas que le rodean en el campo Se refiere a. Haciendo clic en el botón **Editar** despliega el cuadro de diálogo Editar nombre, que es una versión del cuadro de diálogo Nombre nuevo, que le permite cambiar la definición de un rango con nombre. También puede deshacerse del nombre haciendo clic en él, en el botón **Eliminar** y después en **Aceptar** en el cuadro de diálogo de confirmación que aparece. En este ejercicio, creará rango con nombre para destacar las referencias de los grupos de celdas.

UTILICE el libro MillasVehículo de la carpeta de archivos de prácticas para este tema. Este archivo de prácticas está ubicado en la carpeta Capítulo_07 de Office 2007. Paso a paso.

ABRA el libro MillasVehículo de la carpeta Capítulo_07 de Office 2007. Paso a paso.

1. Seleccione las celdas C4:G4.

2. En el Cuadro de nombres a la derecha de la barra de fórmulas, escriba V101SemanaPasada y pulse **Intro**. Excel 2007 crea un rango con nombre llamado V101SemanaPasada.

3. En la ficha **Fórmulas** de la interfaz de usuario, en el grupo **Nombres definidos**, haga clic en **Administrador de nombres**. Aparece el cuadro de diálogo **Administrador de nombres** (véase la figura 7.4).

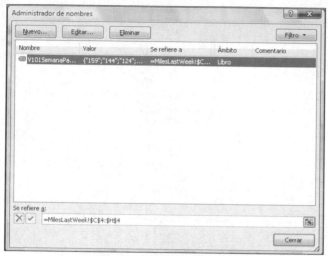

Figura 7.4. Cuadro de diálogo Administrador de nombres.

4. Haga clic en el nombre **V101SemanaPasada**. El rengo de celda al cual se refiere el nombre **V101SemanaPasada** aparece en el campo **Se refiere a**.

5. Edite el rango de celda en el campo **Se refiere a** `{=MillasÚltimaSemana!$C$4:$H$4}`, haga clic en **Aceptar** y a continuación, haga clic en el botón de **verificación** al lado del campo **Se refiere a**.

6. Haga clic en **Cerrar**.

7. Seleccione el rango de celdas C5:H5.

8. En la ficha **Fórmulas**, en el grupo **Definir nombre**, haga clic en **Asignar nombre a un rango** y, seleccione **Definir nombre**. Aparece el cuadro de diálogo **Nombre nuevo**.

9. En el campo **Nombre**, escriba **V102SemanaPasada**.

10. Compruebe que la definición en el campo **Se refiere a** es `{=MillasÚltimaSemana!$C$5:$H$5}`.

11. Haga clic en **Aceptar**. Excel 2007 crea el nombre y cierra el cuadro de diálogo **Nombre nuevo**.

CIERRE el libro `MillasVehículo`.

Crear fórmulas para calcular valores

Para escribir una fórmula de Excel 2007, comience los contenidos de la celda con un signo igual; cuando Excel lo vea, sabrá que la expresión que viene a continuación debería interpretarse como un cálculo, no como un texto. Después del signo igual escriba la fórmula. Por ejemplo, puede buscar la suma de los números en las celdas C2 y C3 utilizando la fórmula {=C2+C3}. Después de introducir una fórmula en una celda, puede revisarla haciendo clic en la celda y editando la fórmula en la barra de fórmula. Por ejemplo, puede cambiar la fórmula anterior a {=C3-C2}, que calcula la diferencia entre los contenidos de las celdas C2 y C3. Escribir las referencias de celdas para 15 a 20 celdas en los cálculos debería ser aburrido, pero Excel 2007 facilita el encargarse de cálculos complejos. Para crear un nuevo cálculo, haga clic en la ficha **Fórmulas** de Ribbon y a continuación, en el grupo **Biblioteca de funciones**, haga clic en **Insertar función**. Aparece el cuadro de diálogo **Insertar función**, con una lista de funciones predefinidas desde la que puede escoger (véase la figura 7.5).

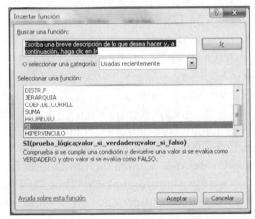

Figura 7.5. Cuadro de texto Insertar función.

Al igual que Autocompletar ofrece rellenar el valor de texto en una celda, cuando Excel 2007 reconoce que el valor que está escribiendo coincide con una entrada anterior, Autocompletar fórmula le ofrece rellenar la función, el rango con nombre o la referencia de tabla mientras crea una fórmula.

Como ejemplo, tenga en cuenta una hoja de cálculo que contiene una tabla con dos columnas llamada **Excepciones**. La primera columna se llama **Ruta** y la segunda **Recuento** (véase la figura 7.6).

Ruta	Recuento
101	7
102	0
103	4
104	6
105	18
106	12
107	3
108	3
109	8
110	9
111	8
112	18
113	12
114	16
115	12
116	9
117	10
118	6
119	10
120	4

Figura 7.6. Tabla con dos columnas.

Puede hacer referencia a una tabla escribiendo el mismo nombre, seguido del nombre de una columna o fila en corchetes. Por ejemplo, la referencia de tabla Excepciones[Recuento] debería referirse a la columna Recuento de la tabla Excepciones. Para crear una fórmula que busque el número total de excepciones utilizando la función SUMA, comience escribiendo {=SU}. Cuando escriba la letra S, Autocompletar fórmula enumera las funciones que comiencen por la letra S, cuando escribe la letra U, Excel 2007 reduce la lista a las funciones que comienzan por las letras SU (véase la figura 7.7).

Para añadir la función SUMA (seguida de un paréntesis abierto) a la fórmula, haga clic en SUMA y después pulse **Tab**. Para empezar a agregar la referencia de tabla en la columna, escriba la letra E. Excel 2007 despliega una lista de funciones, tablas y rangos con nombre disponibles que comienzan por la letra E. Haga clic en Excepciones y pulse **Tab** para agregar la referencia de tabla a la fórmula. Ya que quiere resumir los valores en la columna Recuento de la tabla, escriba [Recuento] para crear la fórmula {=SUMA(Excepciones[Recuento]).

Si quiere incluir una serie de celdas contiguas en una fórmula, pero no tiene definidas las celdas como rango con nombre, puede hacer clic en la primera celda en el rango y arrastrarla a la última celda. Si las celdas no están contiguas, mantenga pulsada la tecla **Control** y haga clic en las celdas que quiere que se incluyan. En ambos casos, cuando suelta el botón del ratón, las referencias de la celda que ha seleccionado aparecen en la fórmula.

Después de crear una fórmula, puede copiarla y pegarla en otra celda. Cuando lo hace, Excel 2007 intenta cambiar la fórmula, así funciona en las celdas nuevas. Por ejemplo, suponga que tiene una hoja de cálculo en la que la celda D8 contiene la fórmula `{=SUMA(C2:C6)`. Haciendo clic en la celda D8, copiando los contenidos de la celda y pegando el resultado en la celda D16 escribe `{=SUMA(C10:C14)` en la celda D16. Excel 2007 ha reinterpretado la fórmula, así encaja con las celdas que la rodean. Excel 2007 sabe que puede reinterpretar las celdas utilizadas en la fórmula porque la fórmula utiliza una referencia relativa, o una referencia que puede cambiar si se copia la fórmula en otra celda. Las referencias relativas escriben sólo la fila y columna de la celda. Si quiere que una referencia de celda permanezca constante cuando la fórmula utilizada se copia a otra celda, puede utilizar una referencia absoluta. Para escribir una referencia de celda como referencia absoluta, escriba $ antes del nombre de la fila y del número de la columna. Si quiere que la fórmula en la celda D16 muestre la suma de los valores en las celdas C10 a C14 sin tener en cuenta la celda en la que está pegada, puede escribir la fórmula como `{SUMA($C$10:$C$14)}` (véase la figura 7.8).

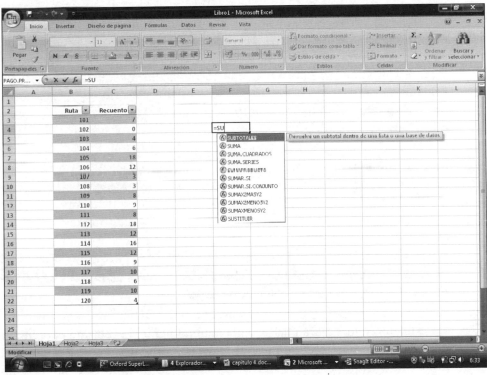

Figura 7.7. Lista a las funciones que comienzan por las letras SU.

Una forma rápida de cambiar una referencia de celda de relativa a absoluta es seleccionar la referencia de celda sobre la barra de fórmulas y después pulsar

F4. Pulsando **F4** crea un círculo de referencia de celda para cuatro tipos posibles de referencias:

- Columnas y filas relativas (por ejemplo, C4).
- Columnas y filas absolutas (por ejemplo, $C$4).
- Columnas relativas y filas absolutas (por ejemplo, C$4).
- Columnas absolutas y filas relativas (por ejemplo, $C4).

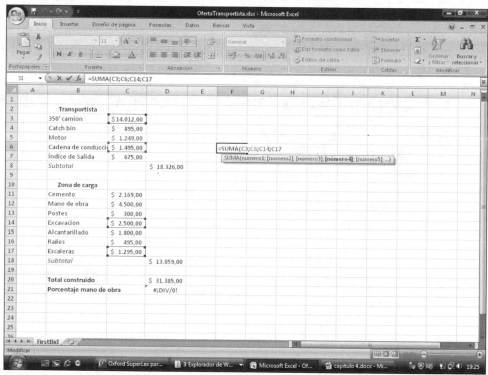

Figura 7.8. Hoja de cálculo con función SUMA.

En este ejercicio, creará una fórmula manualmente, la revisará para incluirla en celdas adicionales, creará una fórmula que contenga una referencia de tabla, creará una fórmula con referencias relativas y cambiará la fórmula para que contenga referencias absolutas.

UTILICE el libro `GastosIT` de la carpeta de archivos de prácticas para este tema. Este archivo de prácticas está ubicado en la carpeta `Capítulo_07` de `Office 2007. Paso a paso.`

ABRA el libro `GastosIT`.

1. Si es necesario, despliegue la hoja de cálculo Resumen. A continuación, en la celda F9, escriba `{=C4}` y pulse **Intro**. Aparece el valor $385671,00 en la celda F9.

2. Seleccione la celda F9 y a continuación, sobre la barra de fórmula, elimine la fórmula actual y escriba `{=SU}`.

3. En la lista Autocompletar fórmula, haga clic en SUMA y después pulse **Tab**. Excel 2007 cambia los contenidos de la barra de fórmula a `{=SUM(`.

4. Seleccione el rango de celda C3:C8, escriba un paréntesis (el carácter)) para que los contenidos de la barra sean `{(=SUMA(C3:C8)}` y después pulse **Intro**. El valor 2.5629.66,00 aparece en la celda F9.

5. En la celda F10, escriba `{(=SUMA(C4:C5)}` y pulse **Intro**.

6. Seleccione la celda F10 y a continuación, sobre la barra de fórmula, seleccione la referencia de celda C4 y pulse **F4**. Excel cambia la referencia de celda a $C$4.

7. Sobre la barra de fórmula, seleccione la referencia de celda C5, pulse **F4** y a continuación **Intro**. Excel cambia la referencia de celda a $C$5.

8. Sobre la barra de fórmula, haga clic en la etiqueta de la hoja ManodeobraJunio. Aparece la hoja de cálculo ManodeobraJunio.

9. En la celda F13, escriba `{=SUMA(R}`. Excel despliega ResumenJunio, el nombre de la tabla en la hoja de cálculo ManodeobraJunio.

10. Pulse **Tab**. Excel 2007 expande la fórmula para leer `{=SUMA(RESUMENJUNIO}`.

11. Escriba [, y a continuación, en la lista Autocompletar fórmula, haga clic en [Gastos mano de obra] y pulse **Tab**. Excel 2007 expande la fórmula para leer `{=SUMA(RESUMENJUNIO[Gastos mano de obra]}` (véase la figura 7.9).

12. Escriba]) para completar la fórmula y a continuación pulse **Intro**. Aparece el valor 637.051.00 en la celda F13.

CIERRE el libro `GastosIT`.

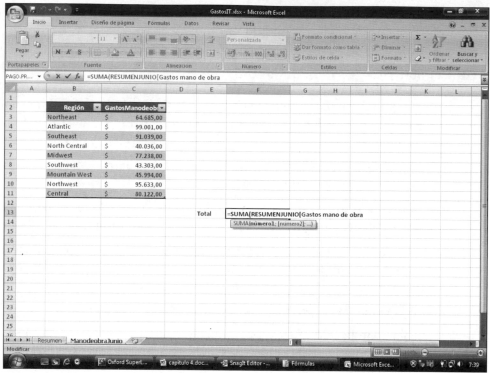

Figura 7.9. Tabla con fórmula SUMA.

Resumir datos que tengan condiciones específicas

Otro uso para las fórmulas es desplegar mensajes cuando se dan determinadas condiciones. Esta clase de fórmula se llama fórmula condicional, y utiliza la función SI. Para crear una fórmula condicional, haga clic en la celda donde pondrá la fórmula y abra el cuadro de diálogo Insertar función. Del cuadro de diálogo seleccione SI de la lista de funciones disponibles y pulse **Aceptar**. Aparece el cuadro de texto Argumentos de función.

Cuando trabaja con la función SI, el cuadro de diálogo Argumentos de función tiene tres cuadros: Prueba_lógica, Valor_si_verdadero, Valor_si_falso. El cuadro Prueba_lógica tiene la condición que quiere marcar. Si la cuenta de gastos de envío de un cliente de este año aparece en la celda G8, la expresión será G8>100.000 (véase la figura 7.10).

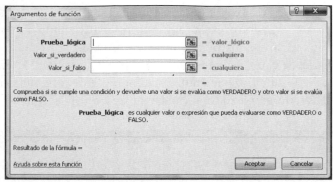

Figura 7.10. Cuadro de texto Argumentos de función.

Para que Excel 2007 imprima un mensaje desde la función SI, encierre el mensaje entre comillas en Valor_si_verdadero o Valor_si_falso. En este caso, debería escribir Exportador de gran volumen, estudiar para una rebaja de tasas en Valor_si_verdadero y No puede considerarse en este momento en Valor_si_falso. Excel 2007 también incluye cinco funciones condicionales nuevas con las que puede resumir sus datos:

- **SI.ERROR:** Despliega un valor si una fórmula da como resultado un error y otra si no.

- **PROMEDIO.SI:** Busca la media de los valores en el rango de celda que coincide con los criterios predeterminados.

- **PROMEDIO.SI.CONJUNTO:** Permite encontrar el valor medio de las celdas en un rango para celdas que tienen múltiples criterios.

- **SUMAR.SI.CONJUNTO:** Busca la suma de los valores en un rango que coincida con los criterios múltiples.

- **CONTAR.SI.CONJUNTO:** Le permite contar el número de celdas en un rango para celdas que tienen múltiples criterios.

La función SI.ERROR le permite desplegar un mensaje de error personal en lugar de basarse en los mensajes de error de Excel 2007 para explicar lo que ha sucedido. Un ejemplo de la fórmula SI.ERROR es si quiere buscar los valores ClienteID de la celda G8 en la tabla Clientes utilizando la función BUSCARV. Una manera de crear esa fórmula es {= SI.ERROR(BUSCARV(G8,Clientes,2, falso),"Cliente no encontrado")}. Si la función encuentra una coincidencia para ClienteID en la celda G8, despliega el nombre del cliente; si no encuentra una coincidencia, despliega el texto Cliente no encontrado.

La función PROMEDIO.SI es una variación de las funciones ya existentes CONTAR.SI y SUMAR.SI. Para crear una fórmula utilizando la función PROMEDIO.SI, defina el rango que tiene que ser examinado, los criterios y, si es necesario, el rango desde el cual se sacan los valores. Como ejemplo, tenga en cuenta la siguiente hoja de cálculo, que enumera el nombre del cliente, estado y la cuenta de gastos de envío mensual total (véase la figura 7.11).

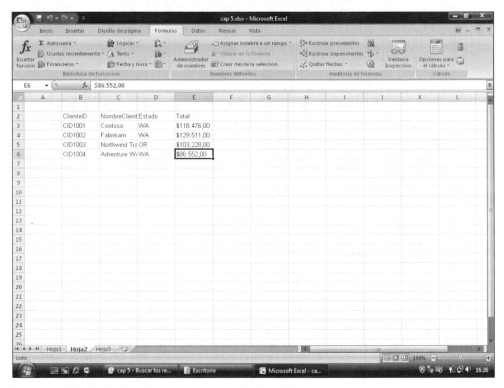

Figura 7.11. Hoja de cálculo con datos de los clientes.

Si quiere encontrar el orden medio de los clientes desde el estado de Washington (abreviado en la hoja de cálculo como WA), puede crear la fórmula {=PROMEDIO.SI(D3:D6,"=WA",E3:E6)}.

Las funciones PROMEDIO.SI.CONJUNTO, SUMAR.SI.CONJUNTO y CONTAR.SI.CONJUNTO expanden las capacidades de las funciones PROMEDIO.SI, SUMAR.SI y CONTAR.SI para permitir los criterios múltiples. Si quiere encontrar la suma de todas las órdenes de al menos 100.000 euros por las empresas en Washington, puede crear la fórmula {=SUMAR.SI.CONJUNTO.SI(E3:E6,D3:D6,"=WA",E3:E6,">=100000")}. Las funciones `PROMEDIO.SI.CONJUNTO`, `SUMAR.SI.CONJUNTO` comienzan con un rango de datos que contiene valores que resume la fórmula, a continuación, enumera los rangos de datos y los criterios que se aplican a ese rango. En términos genéricos, la sintaxis es `{=PROMEDIO.SI.CONJUNTO(rango_ promedio;rango_criterios;criterio;…)`. La parte de sintaxis entre corchetes es opcional, así funciona una fórmula que contiene un solo criterio. La función `CONTAR.SI.CONJUNTO`, que no realiza ningún cálculo, no necesita rango de datos, sólo proporciona los rangos de los criterios y los criterios. Por ejemplo, puede encontrar el número de clientes de Washington a los que se les ha facturado al menos 100.000 euros utilizando la fórmula `{=CONTAR. SI.CONJUNTO(D3:D6,"=WA",E3:E6,">=100000")}`.

En este ejercicio, creará una fórmula condicional que despliegue un mensaje si una condición es verdadera, buscará el promedio de los valores de una hoja de cálculo que tiene un criterio y buscará la suma de los valores de una hoja de cálculo que tiene dos criterios.

UTILICE el libro `CostesPaquetes` de la carpeta de archivos de prácticas para este tema. Este archivo de prácticas está ubicado en la carpeta `Capítulo_07` de `Office 2007. Paso a paso`.

ABRA el libro `CostesPaquetes`.

1. En la celda G3, escriba la fórmula `{=SI(F3>,"Petición descuento","No disponible descuento")}` y pulse la tecla **Intro**. Excel 2007 acepta la fórmula, que despliega **Petición descuento** si el valor en la celda F3 es al menos 35.000 y despliega **No disponible descuento** si no lo es. El valor **Petición descuento** aparece en la celda G3.

2. Haga clic en la celda G3 y arrastre el asidero hacia abajo hasta cubrir la celda G14. Excel 2007 copia la fórmula desde la celda G3 a las celdas G4:G14, ajustando la fórmula para reflejar las direcciones de las celdas. Los resultados de las fórmulas copiadas aparecen en las celdas G4:G14 (véase la figura 7.12).

3. En la celda 13, escriba la fórmula `{=PROMEDIO.SI(C3:C14,= Caja",F3:F14)}` y pulse **Intro**. El valor $46.102,50, que representa el coste medio por categoría de cajas, aparece en la celda 13.

4. En la celda 16, escriba la fórmula `{=SUMAR.SI(F3:F14, C3:C14=Sobre",E3:E14,"=Internacional")}`. El valor $45.753,00, que representa el coste total de todos los sobres utilizados para envíos internacionales, aparece en la celda 16 (véase la figura 7.13).

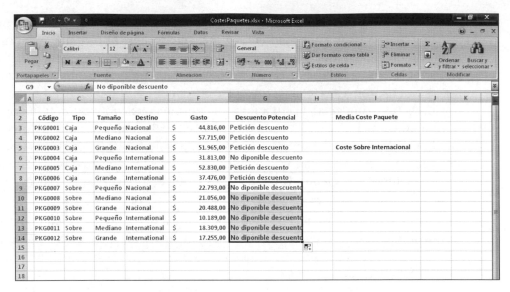

Figura 7.12. Hoja de cálculo con fórmula SI.

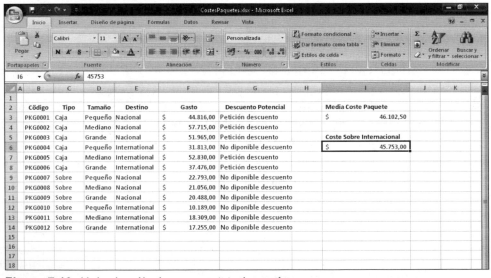

Figura 7.13. Hoja de cálculo con gastos de envío.

CIERRE el libro `CostesPaquetes`.

Buscar y corregir errores en los cálculos

Incluir cálculos en una hoja de cálculo le da respuestas valiosas a preguntas sobre los datos. Sin embargo, como es siempre verdad, es posible que se cuelen errores en las fórmulas. Excel 2007 le facilita el buscar la fuente de errores en sus fórmulas identificando las celdas utilizadas en un cálculo determinado y describir cualquier error que haya sucedido. Nos referimos al proceso de examinar una hoja de cálculo en busca de errores en las fórmulas como auditoría.

Excel 2007 identifica errores de varias maneras. La primera es rellenar la celda generando el error como código de error. En el siguiente gráfico, la celda F13 tiene el código de error #NOMBRE? (véase la figura 7.14).

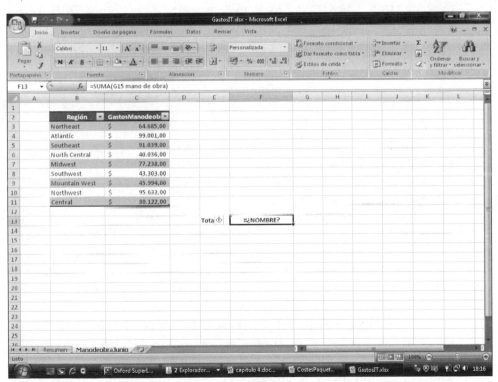

Figura 7.14. Hoja de cálculo con código de error.

Cuando una celda con una fórmulas errónea está en la celda activa, aparece un botón **Error** a su lado. Puede hacer clic en la flecha hacia debajo de ese botón para desplegar un menú con varias opciones que proporcionan información sobre el error y le ofrecen ayuda para arreglarlo. La tabla 7.1 enumera los códigos de error más comunes y lo que significan.

Tabla 7.1. Códigos de error más comunes.

Código de error	Descripción
#####	La columna no es lo suficientemente ancha para desplegar el valor.
#VALOR!	La fórmula tiene mal el tipo de argumento (como texto en el que se necesita el valor VERDADERO o FALSO).
#NOMBRE?	La fórmula contiene texto que Excel 2007 no reconoce (como un rango con nombre desconocido).
#REF!	La fórmula hace referencia a una celda que no existe (puede suceder cuando se eliminan celdas).
#DIV/O!	La fórmula intenta dividir por cero.

También puede auditar su hoja de cálculo identificando las celdas con fórmulas que utilizan el valor de una celda determinada. Por ejemplo, podría utilizar el total de paquetes diarios de una región en una fórmula que calculara la media de paquetes entregados por región en un día determinado. Las celdas que utilizan otro valor de celda en sus cálculos se conocen como dependientes, que significa que dependen del valor en la otra celda para derivar su propio valor. Al igual que con precedentes de rastreo, puede hacer clic en la ficha Fórmulas en la interfaz de usuario y a continuación, en el grupo Auditoría de fórmulas, haga clic en Rastrear dependientes para que Excel 2007 dibuje flechas azules desde la celda activa hasta las que tienen los cálculos basados en ese valor (véase la figura 7.15).

Si las celdas identificadas por las flechas de rastreo no son las celdas correctas, puede ocultar las flechas y corregir la fórmula. Para ocultar las flechas de rastreo de una hoja de cálculo, despliegue la ficha Fórmulas, y a continuación, en el grupo Auditoría de fórmulas, haga clic en Quitar flechas. Si prefiere tener los elementos de error de la fórmula presentados como texto en un cuadro de diálogo, puede utilizar el cuadro de diálogo Comprobación de errores (que puede visualizar desplegando la ficha Fórmulas y a continuación, en el grupo Auditoría de fórmulas, haga clic en el botón **Comprobación de errores**) para ver el error y la fórmula en la celda en la que ocurrió el error. También puede utilizar los controles del cuadro de texto Comprobación de errores para mover la fórmula un paso cada vez, para seleccionar ignorar error o para moverse al error siguiente o al anterior. Si hace clic en el botón **Opciones** del cuadro de diálogo, también puede utilizar los controles en el cuadro de diálogo Opciones de Excel para cambiar cómo Excel determina lo que es un error y lo que no lo es (véase la figura 7.16).

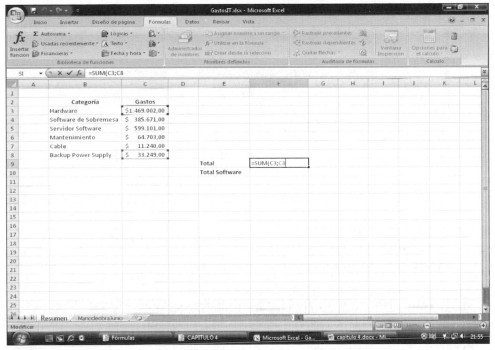

Figura 7.15. Hojas de cálculo con flechas desde la celda activa.

Las veces que sólo quiere visualizar los resultados de cada paso de una fórmula y no necesita el poder total de la herramienta Comprobación de errores, puede utilizar el cuadro de diálogo Evaluar fórmula para moverse por cada uno de los elementos de la fórmula. Para visualizar el cuadro de diálogo Evaluar fórmula, despliegue la ficha Fórmulas y a continuación, en el grupo Auditoría de fórmulas, haga clic en el botón **Evaluar fórmula**. El cuadro de diálogo Evaluar fórmula es mucho más útil para examinar fórmulas que no producen error pero no generan el resultado que espera.

Finalmente, puede controlar el valor en una celda sin tener en cuenta dónde se encuentra en el libro abriendo la Ventana inspección que despliega el valor en la celda.

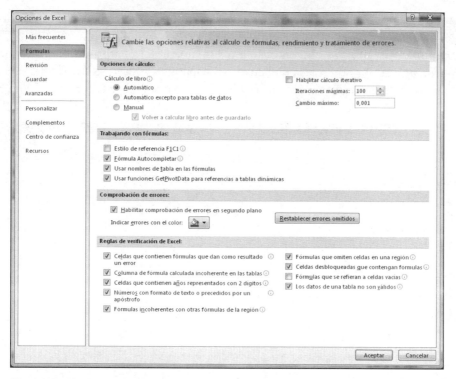

Figura 7.16. Cuadro de diálogo Opciones de Excel.

En este ejercicio, utilizará las habilidades de **Auditoría de fórmulas** en Excel 2007 para identificar y corregir errores en una fórmula.

UTILICE el libro `OfertaTransportista` de la carpeta de archivos de prácticas para este tema. Este archivo de prácticas está ubicado en la carpeta `Capítulo_07` de `Office 2007. Paso a paso`.

ABRA el libro `OfertaTransportista`.

1. Haga clic en la celda D20.

2. En la ficha **Fórmulas**, en el grupo **Auditoría de fórmulas**, haga clic en **Ventana inspección** (véase la figura 7.17).

3. Haga clic en **Agregar inspección** y a continuación, en el cuadro de diálogo **Agregar inspección**, haga clic en **Agregar**.

4. Haga clic en la celda D8. `{=SUMA(C3:C7)}` aparece en la barra de fórmula.

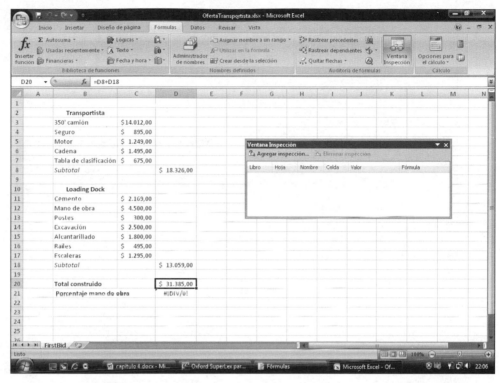

Figura 7.17. Ventana Inspección.

5. En la ficha **Fórmulas,** en el grupo **Auditar fórmulas,** haga clic en **Rastrear Precedentes.** Aparece una flecha azul entre las celdas D8 y el rango de celda C3:C7, que indica que las celdas de ese rango son precedentes del valor de la celda D8 (véase la figura 7.18).

6. En la ficha **Fórmulas,** en el grupo **Auditoría de fórmulas,** haga clic en **Quitar flechas.**

7. Haga clic en la celda A1.

8. En la ficha **Fórmulas,** en el grupo **Auditoría de fórmulas,** haga clic en el botón **Comprobar Error**. Aparece el cuadro de diálogo **Comprobación de errores** (véase la figura 7.19).

9. Haga clic en **Siguiente**. Excel 2007 despliega un cuadro de mensaje indicando que no hay más errores en la hoja de cálculo.

10. Haga clic en **Aceptar**. Desaparecen el cuadro de mensaje y el cuadro de diálogo **Comprobación de errores**.

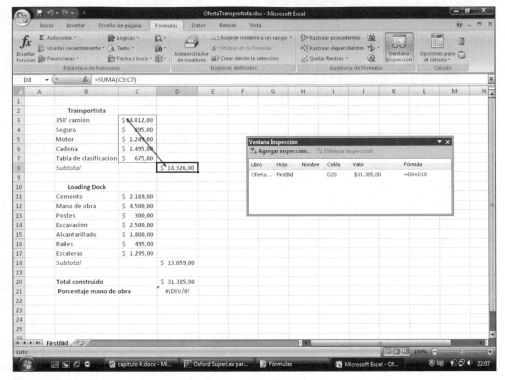

Figura 7.18. Ventana Inspección.

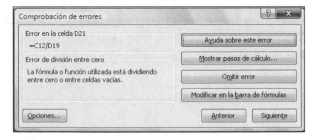

Figura 7.19. Cuadro de diálogo Comprobación de errores.

11. En la ficha Fórmulas, en el grupo Auditoría de fórmulas, haga clic en la flecha hacia abajo del botón **Comprobación de errores**, y a continuación haga clic en Rastrear Error.

Aparecen las flechas azules, señalando hacia la celda D21 desde las celdas C12 a la D19. Estas flechas indican que utilizando esos valores en las celdas indicadas se genera un error en la celda D21.

12. En la ficha Fórmulas, en el grupo Auditoría de fórmulas, haga clic en Quitar flechas.

13. En la barra de fórmula, elimine la fórmula existente, escriba {=C12/D20} y pulse **Intro**. Aparece el valor 14% en la celda D21.

14. Haga clic en la celda D21.

15. En la ficha Fórmulas, en el grupo Auditoría de fórmulas, haga clic en el botón **Evaluar fórmula** (véase la figura 7.20).

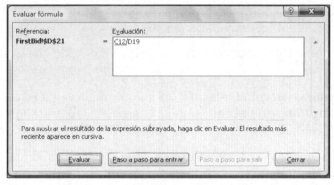

Figura 7.20. Cuadro de diálogo Evaluar fórmula.

16. Haga clic en Evaluar tres veces para pasar los elementos de la fórmula y después haga clic en **Cerrar**.

17. En Ventana inspección, haga clic en la inspección en la lista.

18. Haga clic en Eliminar inspección. Desaparece Eliminar inspección.

19. En la ficha Fórmulas, en el grupo Auditoría de fórmulas, haga clic en Ventana inspección. Desaparece la ventana Ventana inspección.

CIERRE el libro OfertaTransportista.

CIERRE Excel.

Puntos clave

■ Puede agregar un grupo de celdas a una fórmula escribiendo la fórmula y a continuación, en el lugar de la fórmula en el que quiere poner el nombre a las celdas, seleccione las celdas utilizando el ratón.

■ Crear rangos con nombre le permite hacer referencia a bloques enteros de celdas con un sólo término, ahorrándole mucho tiempo y esfuerzo. Puede utilizar una técnica parecida con datos en tabla, haciendo referencia a una tabla entera o a una o más columnas de la tabla.

■ Cuando escribe una fórmula, asegúrese de usar una referencia absoluta (`$A$1`) si quiere que la fórmula permanezca igual cuando se copie de una celda a otra, o utilice una referencia relativa (A1) si quiere que la fórmula cambie para reflejar su nueva posición en la hoja de cálculo.

■ En lugar de escribir una fórmula desde cero, puede utilizar el cuadro de diálogo **Insertar función** para ayudarle en su trabajo.

■ Puede controlar cómo cambia el valor en una celda agregando una **Ventana inspección**.

■ Para ver qué fórmulas hacen referencia a los valores de la celda selecciona- da, utilice **Rastrear dependientes**, si quiere ver qué celdas proporcionan valores para la fórmula en la celda activa, utilice **Rastrear precedentes**.

■ Puede pasar por los cálculos de una fórmula en el cuadro de diálogo **Eva- luar Fórmula** o a través de un procedimiento utilizando la herramienta **Com- probación de errores**.

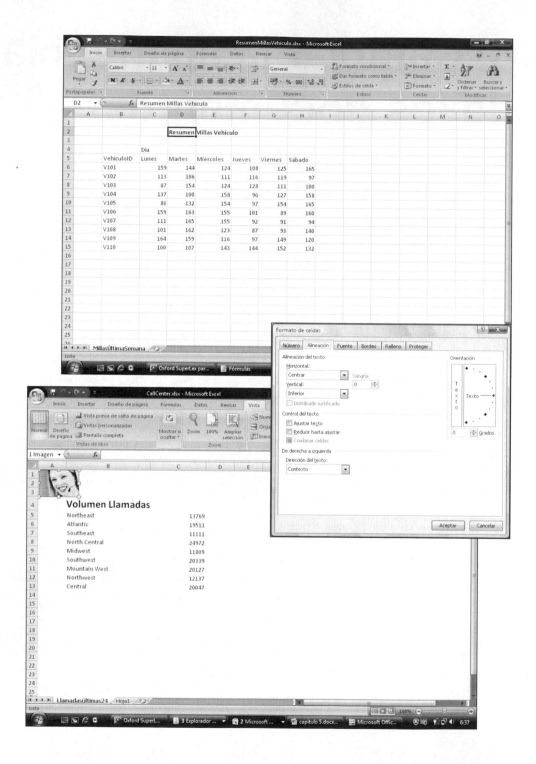

8. Cambiar la apariencia de los documentos

En este capítulo aprenderá a:

✔ Dar formato a una celda.

✔ Delimitar estilos.

✔ Aplicar un tema a un libro.

✔ Hacer que los números sean más fáciles de leer.

✔ Cambiar la apariencia de los datos basados en su valor.

✔ Añadir una imagen a un documento.

Introducir datos en un libro de manera eficiente le ahorra tiempo, pero debe asegurarse de que sus datos sean fáciles de leer. Cambiar la forma en la que aparecen los datos en una hoja de cálculo le ayuda a distinguir los contenidos de una celda de los contenidos de las celdas que la rodean.

Dar formato a las celdas

Las hojas de cálculo de Office Excel 2007, pueden contener y procesar cientos de datos, pero cuando maneja muchas hojas de cálculo puede ser difícil recordar por el título de una hoja de cálculo qué datos están en esa hoja de cálculo. Las etiquetas de datos le dan información sobre los datos de una hoja de cálculo, pero es importante dar formato a las etiquetas porque así destacan visualmente. (véase la figura 8.1).

Los elementos del grupo Fuente en la ficha Inicio le da opciones, como el control del Color de fuente, tienen una flecha hacia abajo en la esquina derecha del control. Haciendo clic en esa flecha despliega una lista de opciones disponibles para ese control, como las fuentes disponibles en su sistema o los colores que puede asignar a una celda (véase la figura 8.2).

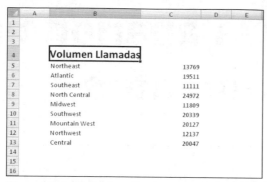

Figura 8.1. Hoja de cálculo con etiqueta destacada.

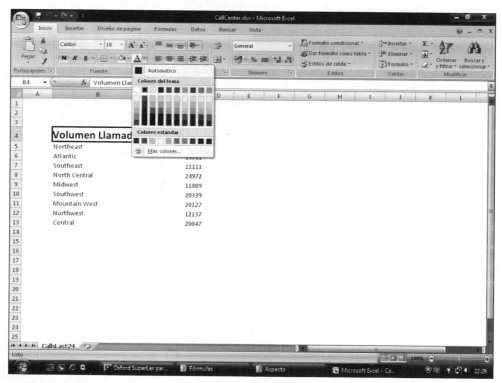

Figura 8.2. Botón Color de fuente.

Para colocar un borde alrededor de una o más celdas, seleccione las celdas y a continuación el tipo de borde que quiere haciendo clic en la flecha hacia abajo del grupo **Fuente** en el control **Bordes**, y seleccione el tipo de borde que quiere aplicar (véase la figura 8.3).

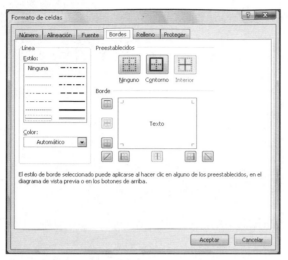

Figura 8.3. Cuadro de diálogo Formato de celdas ficha Bordes.

Si quiere cambiar los atributos de cada celda en una fila o columna, haga clic en el encabezado de la fila o columna a la que quiera dar formato y después seleccione el formato deseado.

En este ejercicio, pondrá énfasis en el título de la hoja de cálculo cambiando el formato de los datos de celda, añadiendo un borde al rango de celdas y a continuación, cambiando el relleno de color del rango de celdas. Después de que se completen estas tareas, cambiará la fuente preestablecida del libro.

UTILICE el libro ResumenMillasVehículo de la carpeta de archivos de prácticas para este tema. Este archivo de prácticas está ubicado en la carpeta Capítulo_08 de Office 2007. Paso a paso.

ASEGÚRESE de abrir Excel 2007 antes de comenzar con estos ejercicios.

ABRA el libro ResumenMillasVehículo.

1. Haga clic en la celda D2.

2. En la ficha Inicio de la interfaz de usuario, en el grupo Fuente, haga clic en el botón **Negrita**. Excel 2007 despliega los contenidos de la celda en negrita.

3. En el grupo Fuente, haga clic en la flecha del control **Tamaño de fuente** y haga clic en 18. Excel 2007 aumenta el tamaño del texto en la celda D2 (véase la figura 8.4).

4. Seleccione las celdas B5 y C4.

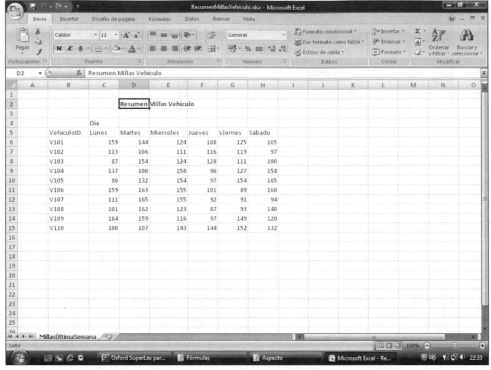

Figura 8.4. Cambios de tamaño y fuente del encabezado.

5. En la ficha Inicio, en el grupo Fuente, haga clic en el botón **Negrita**. Excel 2007 despliega los contenidos de la celda en negrita.

6. Seleccione los rangos de celda B6:B15 y C5:H5.

7. En la ficha Inicio, en el grupo Fuente, haga clic en el botón **Cursiva**. Excel 2007 despliega los contenidos de la celda en cursiva (véase la figura 8.5).

8. Seleccione el rango de celda C6:H15.

9. En la ficha Inicio, en el grupo Fuente, haga clic en la flecha hacia abajo del control **Bordes** y a continuación Bordes externos. Excel 2007 coloca un borde alrededor del extremo exterior de las celdas seleccionadas.

10. Seleccione el rango de celda B4:H15.

11. En la ficha Inicio, en el grupo Fuente, haga clic en la flecha hacia abajo del control **Bordes** y a continuación Borde de cuadro grueso.

12. Seleccione los rangos de celda B4:B15 y C4:H5.

	A	B	C	D	E	F	G	H	I	J
1										
2				Resumen Millas Vehículo						
3										
4			Día							
5		VehículoID	Lunes	Martes	Miércoles	Jueves	Viernes	Sábado		
6		V101	159	144	124	108	125	165		
7		V102	113	106	111	116	119	97		
8		V103	87	154	124	128	111	100		
9		V104	137	100	158	96	127	158		
10		V105	86	132	154	97	154	165		
11		V106	159	163	155	101	89	160		
12		V107	111	165	155	92	91	94		
13		V108	101	162	123	87	93	140		
14		V109	164	159	116	97	149	120		
15		V110	100	107	143	144	152	132		
16										
17										

Figura 8.5. Hoja de cálculo con contenidos en cursiva.

13. En la ficha Inicio, en el grupo **Fuente**, haga clic en la flecha hacia abajo del control **Color de relleno** y a continuación, en la sección Colores estándar de la paleta de color, haga clic en el color amarillo (véase la figura 8.6).

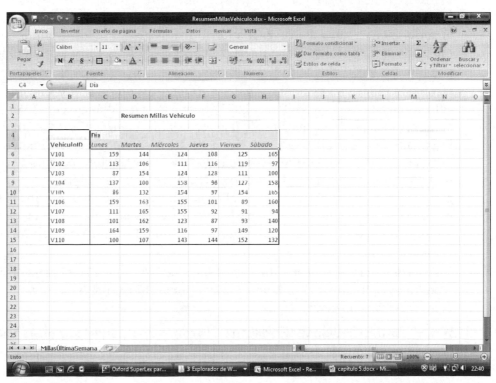

Figura 8.6. Hoja de cálculo con el fondo de las celdas seleccionadas a amarillo.

14. Haga clic en el **Botón de Office** y a continuación en **Opciones de Excel**.

15. Si es necesario, haga clic en **Más frecuentes.**

16. En la sección Al crear nuevos libros, haga clic en el campo Usar esta fuente y a continuación en Verdana.

17. Haga clic en **Cancelar**. Desaparece el cuadro de diálogo Opciones de Excel sin guardar los cambios.

CIERRE el libro ResumenMillasVehículo.

Delimitar estilos

Mientras trabaja con Excel 2007, probablemente desarrollará formatos preferidos para las etiquetas de los datos, títulos y otros elementos de la hoja de cálculo. En lugar de agregar a las características del formato un elemento cada vez en las celdas destino, puede hacer que Excel 2007 guarde el formato y lo recuerde cuando sea necesario. Puede encontrar formatos predefinidos disponibles desplegando la ficha Inicio de la interfaz de usuario y a continuación en el grupo Estilos, haciendo clic en Estilos de celda (véase la figura 8.7).

Haciendo clic en un estilo de la galería Estilos de celda aplica el estilo a las celdas seleccionadas, pero Excel 2007 va un paso más allá que en las versiones anteriores del programa mostrando una previsualización en directo de un formato cuando pone el ratón sobre él. Si no quiere ninguno de los estilos que hay, puede crear su propio estilo desplegando la galería Estilos de celda y, en la parte inferior de la galería, haga clic en Nuevo estilo de celda… para desplegar el cuadro de diálogo Estilo. En el cuadro de diálogo Estilo, escriba el nombre de su nuevo estilo en el campo Nombre del estilo y haga clic en el botón **Aplicar formato…**. Aparece el cuadro de diálogo Formato de celdas (véase la figura 8.8).

En este ejercicio, creará un estilo, aplicará el nuevo estilo a la etiqueta de datos, a continuación, utilizará el botón **Copiar formato** para aplicar el estilo a los contenidos de otra celda.

UTILICE el libro ExcepcionesPorHora de la carpeta de archivos de prácticas para este tema. Este archivo de prácticas está ubicado en la carpeta Capítulo_08 de Office 2007. Paso a paso.

ABRA el libro ExcepcionesPorHora.

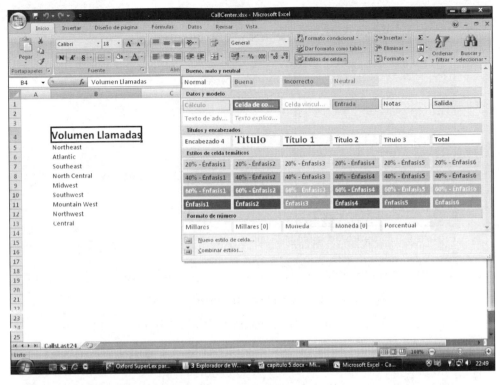

Figura 8.7. Galería Estilos de celda.

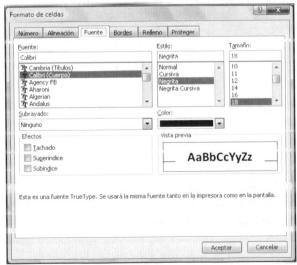

Figura 8.8. Cuadro de diálogo Formato de celdas en la ficha Fuente.

1. En la ficha Inicio, en el grupo Estilos, haga clic en Estilos de celda y a continuación en Nuevo estilo de celda....

Figura 8.9. Cuadro de diálogo Estilo.

2. En el campo Nombre del estilo, escriba Encabezado columna horizontal.

3. Haga clic en el botón **Aplicar formato...**.

4. Haga clic en la ficha Alineación (véase la figura 8.10).

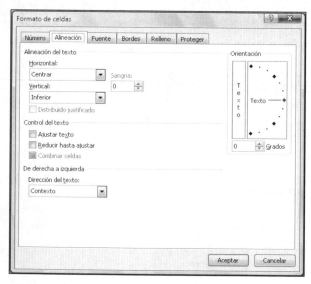

Figura 8.10. Ficha Alineación del cuadro de diálogo Formato de celdas.

5. Haga clic en la flecha del campo Horizontal y después en Centrar. Aparece Centrar en el campo Horizontal.

6. Haga clic en la ficha Fuente. Aparece la ficha Fuente del cuadro de diálogo Formato de celdas.

7. En la lista de estilo Fuente, haga clic en Cursiva. El texto en el panel Vista previa aparece en cursiva (véase la figura 8.11).

Figura 8.11. Ficha Fuente del cuadro de diálogo Formato de celdas.

8. Haga clic en la ficha Número. Aparece la ficha Número del cuadro de diálogo Formato de celdas.

9. En la lista Categoría, haga clic en Hora.

10. En el panel Tipo, haga clic en 1:30 p.m.

11. Haga clic en **Aceptar** para aceptar el formato de hora disponible. El cuadro de diálogo Formato de celdas desaparece, y aparece la definición del nuevo estilo en el cuadro de diálogo Estilo. Haga clic en **Aceptar**.

12. Seleccione las celdas C4:N4.

13. En la ficha Inicio, en el grupo Estilos, haga clic en Estilos de celda (véase la figura 8.12).

14. Haga clic en el estilo Encabezado columna horizontal. Excel 2007 aplica su nuevo estilo a las celdas seleccionadas.

CIERRE el libro ExcepcionesPorHora.

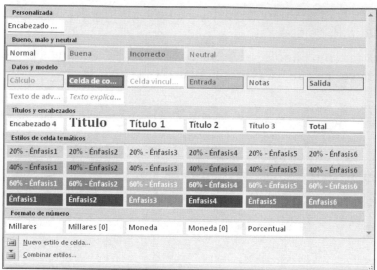

Figura 8.12. Galería Estilos de celda.

Aplicar temas y estilos de tabla al libro

Excel 2007 viene con muchos temas instalados. (Véase la figura 8.13). Para aplicar un tema al libro existente, despliegue la ficha Diseño de página de la interfaz de usuario. Después, en el grupo Temas, haga clic en Temas y a continuación, en el tema que quiera aplicar al libro. Por defecto, Excel 2007 aplica el tema Office al libro.

Los colores del tema aparecen en la parte superior del segmento de la paleta de color, los colores estándar y el enlace Más colores…, que despliega el cuadro de diálogo Colores, aparece en la parte inferior de la paleta. Si cambia el formato de los elementos del libro utilizando colores de los colores del tema de la paleta de color, aplicando un tema diferente cambia esos colores del objeto (véase la figura 8.14).

Al igual que puede delimitar temas y aplicarlos a libros enteros, también puede aplicar y delimitar estilos a tablas. Selecciona un estilo inicial de tabla cuando la crea; para crear un nuevo estilo de tabla, despliegue la ficha Inicio de la interfaz de usuario y a continuación, en el grupo Estilos, haga clic en Dar formato como tabla. En la galería Formato como tabla, haga clic en Nuevo estilo de tabla… para desplegar el cuadro de diálogo Nuevo estilo rápido de tabla (véase la figura 8.15).

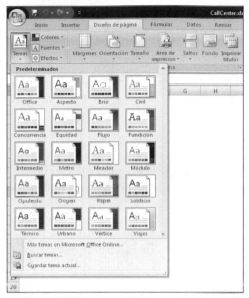

Figura 8.13. Temas de Excel 2007.

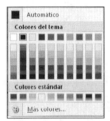

Figura 8.14. Colores del tema.

Figura 8.15. Cuadro de diálogo Nuevo estilo rápido de tabla.

En este ejercicio, creará un nuevo tema, cambiará el tema de un libro, creará un nuevo estilo de tabla y aplicará un nuevo estilo a la tabla.

UTILICE el libro SeguimientoPorHora de la carpeta de archivos de prácticas para este tema. Este archivo de prácticas está ubicado en la carpeta Capítulo_08 de Office 2007. Paso a paso.

ABRA el libro SeguimientoPorHora.

1. Si es necesario, haga clic en cualquier celda de la tabla.

2. En la ficha Inicio de Ribbon, en el grupo Estilos, haga clic en Dar formato como tabla y a continuación, haga clic en el estilo en la esquina superior izquierda de la galería Estilos de tabla.

3. En la ficha Inicio de la interfaz de usuario, en el grupo Estilos, haga clic en Dar formato como tabla y a continuación, haga clic en Nuevo estilo de tabla.

4. En el campo Nombre, escriba Excepción preestablecida.

5. En la lista Elemento de tabla, haga clic en Encabezado de fila.

6. Haga clic en **Formato**.

7. Haga clic en la ficha Relleno (véase la figura 8.16).

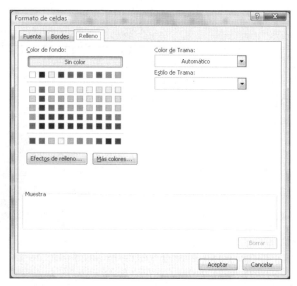

Figura 8.16. Ficha Relleno en cuadro de diálogo Formato celdas.

8. En la primera fila de cuadrados de color, justo debajo del botón **Sin color**, haga clic en el tercer cuadrado por la izquierda.

9. Haga clic en **Aceptar**. Desaparece el cuadro de diálogo Formato de celdas. Cuando reaparece el cuadro de diálogo Nuevo estilo rápido de tabla, aparece en negrita el elemento de tabla Encabezado de fila y, el encabezado de la fila del panel Vista preliminar está sombreado.

10. En la lista Elemento de tabla, haga clic en Segunda franja de filas y después en **Formato**.

11. Haga clic en el botón **Sin color** y de nuevo, en el tercer cuadrado de la izquierda.

12. Haga clic en **Aceptar**. Desaparece el cuadro de diálogo Formato de celda. Cuando reaparece el cuadro de diálogo Nuevo estilo rápido de tabla, aparece en negrita el elemento de tabla Segunda franja de filas, y cada segunda fila está sombreada en el panel Vista preliminar (véase la figura 8.17).

Figura 8.17. Cuadro de texto Nuevo estilo rápido de tabla.

13. Haga clic en **Aceptar**.

14. En la ficha Inicio, en el grupo Estilos, haga clic en Dar formato como tabla. En la galería que aparece, en la sección Personalizada, haga clic en el nuevo formato.

15. En la ficha Diseño de página, en el grupo Temas, haga clic en la flecha hacia abajo del control Fuentes y seleccione Verdana (véase la figura 8.18).

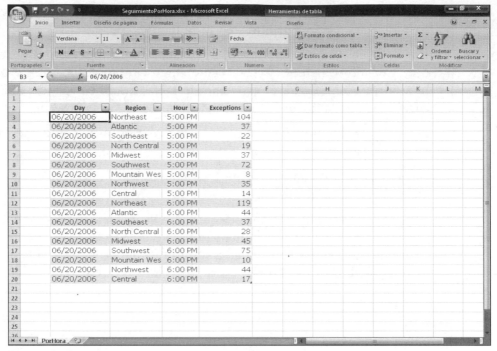

Figura 8.18. Hoja de cálculo con tema Verdana.

16. En el grupo Temas, haga clic en el botón **Temas** y a continuación, haga clic en Guardar tema actual.

17. En el campo Nombre de archivo, escriba Verdana Office y después haga clic en **Guardar** (véase la figura 8.19).

18. En el grupo Temas, haga clic en el botón **Temas** y a continuación, haga clic en Origen.

CIERRE el libro SeguimientoPorHora.

Hacer los números más fáciles de leer

Cambiar el formato de las celdas en su libro puede hacer que sus datos sean más fáciles de leer, distinguiendo las etiquetas de datos de los datos actuales y añadiendo bordes para delimitar las fronteras entre etiquetas y datos más claramente. Naturalmente, usar las opciones de formato para cambiar la fuente y la apariencia de los contenidos de una celda no ayuda con los tipos de datos idiosincrásicos como fechas, números de teléfono o moneda (véase la figura 8.20 y 8.21).

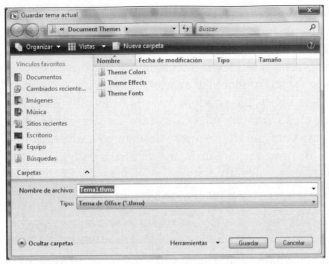

Figura 8.19. Cuadro de diálogo Guardar tema actual.

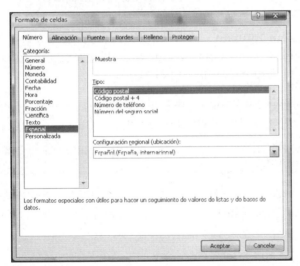

Figura 8.20. Cuadro de diálogo Formato de celdas ficha Número.

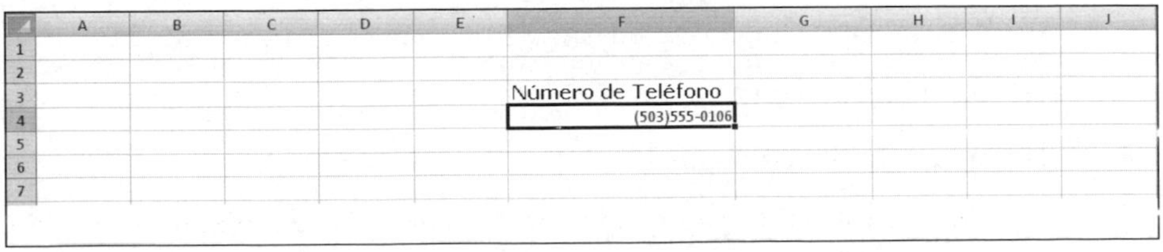

	A	B	C	D	E	F	G	H	I	J
1										
2										
3						Número de Teléfono				
4						(503)555-0106				
5										
6										
7										

Figura 8.21. Hoja de cálculo con formato de número de teléfono.

Al igual que puede dar instrucciones a Excel 2007 para que espere un número de teléfono en una celda, puede hacer que espere una fecha o una unidad monetaria. Puede hacer esos cambios desde el cuadro de diálogo Formato de celda seleccionando la categoría Fecha o Moneda. La categoría Fecha le permite elegir el formato para la fecha (y determinar si la apariencia de la fecha cambia debido a la Configuración local del sistema operativo de su ordenador en la visualización del libro). De un modo similar, seleccionando la categoría Moneda despliega los controles para configurar el número de lugares después del punto de decimales, el símbolo de moneda para utilizar y la forma en la que Excel 2007 debería visualizar los números negativos.

Puede crear un formato numérico personal para agregar una palabra o frase a un número en una celda.

Advertencia: Necesita poner entre comillas cualquier texto, así Excel 2007 reconoce el texto como una serie que se despliega en una celda.

En este ejercicio, asignará un formato de fecha, de número de teléfono y de moneda a un rango de celdas en su hoja de cálculo. Después de asignar los formatos, pruébelos introduciendo datos personalizados.

UTILICE el libro BúsquedaEjecutiva de la carpeta de archivos de prácticas para este tema. Este archivo de prácticas está ubicado en la carpeta Capítulo_08 de Office 2007. Paso a paso.

ABRA el libro BúsquedaEjecutiva.

1. Haga clic en la celda A3.

2. En la ficha Inicio, en el grupo Fuente, haga clic en el alargador del cuadro de diálogo.

3. Si es necesario, haga clic en la ficha Número.

4. En la lista Categoría, haga clic en Fecha.

5. En la lista Tipo, haga clic en 14/03/01 (véase la figura 8.22).

6. Haga clic en Aceptar.

7. Haga clic en la celda G3.

8. En la ficha Inicio, en el grupo Fuente, haga clic en el alargador del cuadro de diálogo. Aparece el cuadro de diálogo Formato de celdas.

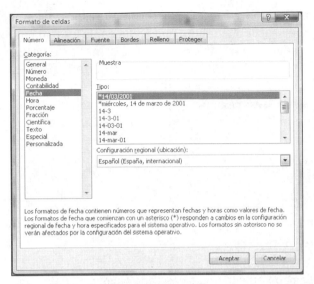

Figura 8.22. Cuadro de diálogo Formato de celdas ficha Número.

9. Si es necesario, haga clic en la ficha Número.

10. En la lista Categoría, haga clic en Especial.

11. En la lista Tipo, haga clic en Número de teléfono y a continuación en **Aceptar**. Los contenidos de la celda cambian a (425) 555-0102, coincidiendo con el formato que eligió con antelación, y desaparece el cuadro de diálogo Formato de celda.

12. Haga clic en la celda H3.

13. En la ficha Inicio, en el grupo Fuente, haga clic en el alargador del cuadro de diálogo.

14. Si es necesario, haga clic en la ficha Número.

15. En la lista Categoría, haga clic en Personalizada. Los contenidos de la lista Tipo se actualizan para reflejar su elección (véase la figura 8.23).

16. En la lista Tipo, haga clic en el elemento #,##0. #,##0 aparece en el cuadro Tipo.

17. En el cuadro Tipo, haga clic a la izquierda del formato y escriba $, a continuación, haga clic a la derecha del formato y escriba antes de las bonificaciones.

18. Haga clic en Aceptar. Desaparece el cuadro de diálogo Formato de celda.

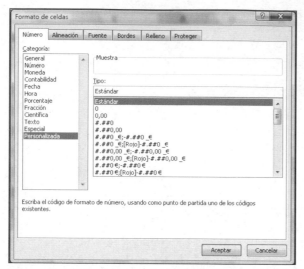

Figura 8.23. Cuadro de diálogo Formato de celdas fícha Número.

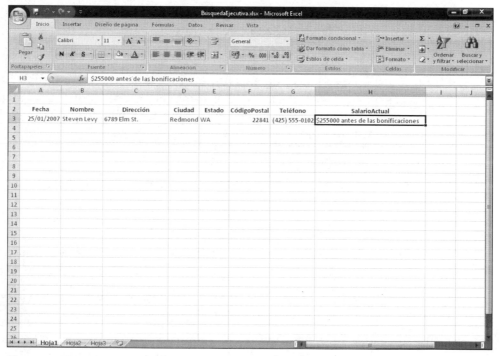

Figura 8.24. Hoja de cálculo con formato de número.

CIERRE el libro BúsquedaEjecutiva.

Cambiar la apariencia de datos basados en su valor

Otra manera de hacer que sus datos sean más fáciles de interpretar es hacer que Excel 2007 cambie la apariencia de sus datos basados en su valor. Estos formatos se llaman formatos condicionales porque los datos deben cumplir con ciertas condiciones para que se aplique un formato.

En las versiones anteriores de Excel, puede tener un máximo de tres formatos condicionales. No hay ese límite en Excel 2007; puede tener tantos formatos condicionales como quiera. La otra limitación importante de formatos condicionales de Excel 2003 y de versiones anteriores era que Excel dejaba de evaluar formatos condicionales tan pronto como descubría uno aplicado a una celda. En otras palabras, no podía tener condiciones múltiples para la misma celda. En Excel 2007, puede controlar si se detiene o si continúa después de descubrir que una condición determinada se aplica a una celda.

Para crear un formato condicional, seleccione las celdas a las que quiere aplicar el formato, despliegue la ficha Inicio de la interfaz de usuario, y a continuación, en el grupo Estilo, haga clic en Formato condicional para desplegar un menú de posibles formatos condicionales.

Cuando selecciona qué clase de condición crear, Excel 2007 despliega un cuadro de diálogo que contiene campos y controles que puede utilizar para delimitar su regla. Para visualizar todas las reglas, vaya a la ficha Inicio, en el grupo Estilos, haga clic en Formato condicional. Del menú que aparece, haga clic en **Administrador de reglas...** para desplegar el Administrador de reglas de formato condicionales (véase la figura 8.25).

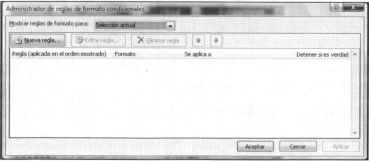

Figura 8.25. Cuadro de diálogo Administrador de reglas de formato condicionales.

El **Administrador de reglas de formato condicionales**, que es nuevo en Excel 2007, le permite controlar los formatos condicionales de la siguiente manera:

- Crea una nueva regla haciendo clic en el botón **Nueva regla...** (véase la figura 8.26).

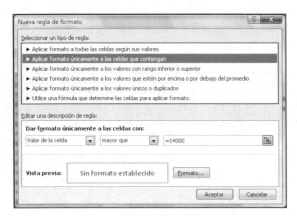

Figura 8.26. Cuadro de diálogo Nueva regla de formato.

- Cambia una regla haciendo clic en la regla y a continuación en el botón **Editar regla...**.

- Elimina una regla haciendo clic en la regla y en el botón **Eliminar regla**.

- Mueve una regla hacia arriba o hacia abajo en su orden haciendo clic en el botón **Subir** o **Bajar**.

- Controla si Excel 2007 continua evaluando formatos condicionales después de encontrar una regla para aplicarla seleccionando o marcando la casilla de verificación **Detener si es verdad**.

- Guarda cualquier regla nueva y cierra el Administrador de reglas de formato condicionales haciendo clic en **Aceptar**.

- Guarda cualquier regla nueva sin cerrar el Administrador de reglas de formato condicionales haciendo clic en **Aplicar**.

- Descarta cualquier cambio que no se ha guardado haciendo clic en **Cerrar**.

Excel 2007 también le permite crear tres tipos nuevos de formatos condicionales, barras de datos, escalas de color y configuraciones de iconos. Las barras de datos resumen la magnitud relativa de valores en un rango de celda extendiendo una banda de color cruzando la celda (véase la figura 8.27).

Capacidad de Distribución	
Northeast	47%
Atlantic	75%
Southeast	39%
North Central	54%
Midwest	40%
Southwest	73%
Mountain West	51%
Northwest	69%
Central	41%

Figura 8.27. Hoja de cálculo con bandas de color en las celdas.

Las escalas de color comparan la magnitud relativa de los valores en un rango de celda aplicando los colores desde una configuración de dos o tres colores a las celdas. La intensidad de un color de celda refleja la tendencia del valor hacia la parte superior o inferior de los valores en el rango (véase la figura 8.28).

Capacidad de Distribución	
Northeast	47%
Atlantic	75%
Southeast	39%
North Central	54%
Midwest	40%
Southwest	73%
Mountain West	51%
Northwest	69%
Central	41%

Figura 8.28. Hoja de cálculo con intensidad de colores en las celdas.

Las configuraciones de iconos son grupos de tres, cuatro o cinco imágenes que Excel 2007 despliega cuando se cumplen ciertas reglas (véase la figura 8.29)

Capacidad de Distribución		
Northeast		47%
Atlantic		75%
Southeast		39%
North Central		54%
Midwest		40%
Southwest		73%
Mountain West		51%
Northwest		69%
Central		41%

Figura 8.29. Hoja de cálculo con iconos.

Cuando hace clic en una escala de color o en la configuración de un icono en el **Administrador de reglas de formato condicionales**, y a continuación hace clic en el botón **Editar regla**, puede controlar cuándo Excel 2007 aplica un color o icono a sus datos.

En este ejercicio, creará una serie de formatos condicionales para cambiar la apariencia de los datos en las celdas de una hoja de cálculo desplegando el volumen de paquetes y los porcentajes de entregas excepcionales de un centro de distribución regional.

UTILICE el libro **Tablero** de la carpeta de archivos de prácticas para este tema. Este archivo de prácticas está ubicado en la carpeta `Capítulo_08` de `Office 2007. Paso a paso`.

ABRA el libro **Tablero**.

1. Seleccione las celdas C4:C12.

2. En la ficha **Inicio**, en el grupo **Estilos**, haga clic en **Formato condicional**. Del menú que aparece, señale **Escalas de color** y a continuación, en la fila superior de la paleta de color que aparece, haga clic en la segunda forma de la izquierda. Excel 2007 da formato al rango seleccionado (véase la figura 8.30).

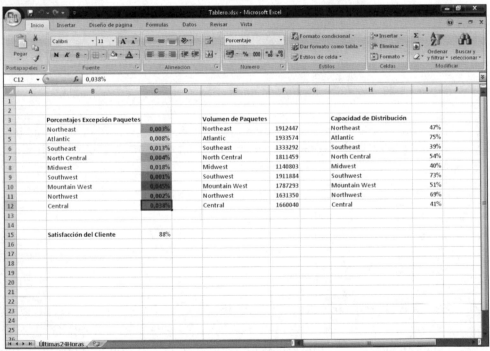

Figura 8.30. Hoja de cálculo formateada con escalas de color.

3. Seleccione las celdas F4:F12.

4. En la ficha Inicio, en el grupo Estilos, haga clic en Formato condicional. Del menú que aparece, señale Barras de datos y a continuación, haga clic en la barra de formato de datos azul claro.

5. Seleccione las celdas I4:I12.

6. En la ficha Inicio, en el grupo Estilos, haga clic en Formato condicional. Del menú que aparece, señale Conjunto de iconos y a continuación, en la columna de la izquierda de la lista de formatos que aparecen, haga clic en los tres semáforos (véase la figura 8.31).

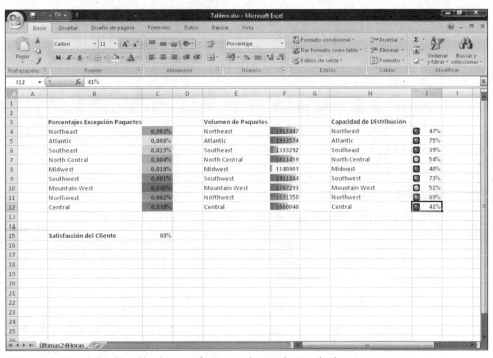

Figura 8.31. Hoja de cálculo con formato de conjunto de iconos.

7. Con el rango I4:I12 aún seleccionado, en la ficha Inicio, en el grupo Estilos, haga clic en Formato condicional y después en Administrar reglas.

8. Haga clic en la regla Conjunto de iconos y después en **Editar regla**... (véase la figura 8.32).

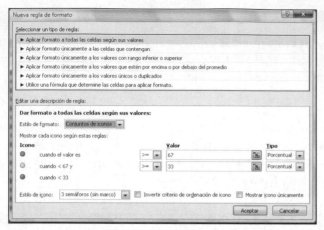

Figura 8.32. Cuadro de diálogo Nueva regla de formato.

9. Seleccione la casilla de verificación Invertir criterio de ordenación de icono.

10. En la fila del icono rojo, haga clic en la flecha desplegable del campo Tipo y haga clic en Porcentual.

11. En el campo Valor del icono rojo, escriba 80.

12. En la fila del icono amarillo, haga clic en la flecha desplegable del campo Tipo y haga clic en Porcentual.

13. En el campo Valor del icono amarillo, escriba 67.

14. Haga clic en **Aceptar** dos veces para salir del cuadro de diálogo Editar regla de formato y del Administrador de reglas de formato condicionales.

15. Haga clic en la celda C15.

16. En la ficha Inicio, en el grupo Estilos, haga clic en Formato condicional. Del menú que aparece, señale Resaltar reglas de celdas y a continuación, en Es menor que....

17. En el campo de la izquierda, escriba 96%.

18. Haga clic en la flecha hacia abajo del campo Con y a continuación haga clic en Texto rojo.

19. Haga clic en **Aceptar** (véase la figura 8.33).

CIERRE el libro Tablero.

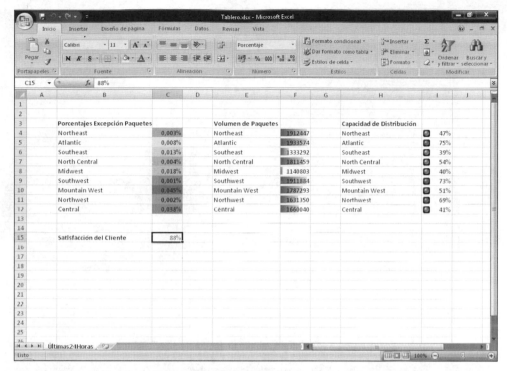

Figura 8.33. Hoja de cálculo con celda en rojo.

Agregar imágenes a un documento

Una forma de agregar una imagen a una hoja de cálculo es desplegar la ficha Insertar de la interfaz de usuario y a continuación en el grupo Ilustraciones, hacer clic en **Imagen**. Haciendo esto, despliega el cuadro de diálogo Insertar imagen, que le permite localizar la imagen que quiera agregar en su disco duro. Cuando inserta una imagen, aparece la ficha contextual Herramientas de imagen con ficha contextual Formato justo debajo de ella. Puede utilizar las herramientas de la ficha contextual Formato para cambiar el contraste, el brillo, etc., de la imagen. Los controles del grupo Estilos de imagen le permiten colocar un borde alrededor de la imagen, cambiar la forma de la imagen o los efectos (como sombreado, reflejo o rotación en tres dimensiones). Otra herramienta, encontrada en los grupos Organizar y Tamaño, le permite rotar, recolocar y cambiar el tamaño de la imagen (véase la figura 8.34).

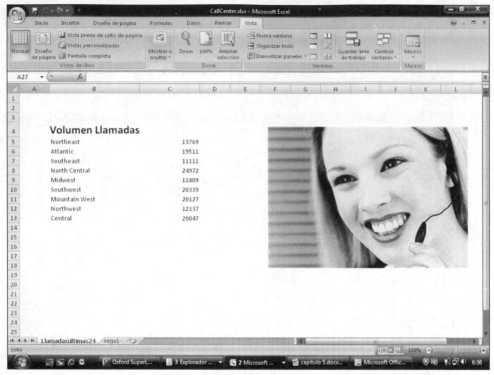

Figura 8.34. Hoja de cálculo con imagen insertada.

En este ejercicio, añadirá una imagen a una hoja de cálculo existente, cambiará la ubicación del gráfico, reducirá el tamaño del gráfico, cambiará el contraste y brillo de la pantalla, rotará y cortará la imagen, la borrará y después establecerá la imagen como fondo repetitivo para la hoja de cálculo.

UTILICE el libro **CallCenter** de la carpeta de archivos de prácticas para este tema. Este archivo de prácticas está ubicado en la carpeta Capítulo_08 de Office 2007. Paso a paso.

ABRA el libro **CallCenter**.

1. En la ficha **Insertar**, haga clic en **Imagen**. Aparece el cuadro de diálogo **Insertar imagen**.

2. Vaya a la carpeta Capítulo_08 de Office 2007. Paso a paso y haga doble clic en callcenter.jpg. Aparece la imagen en la hoja de cálculo.

3. Mueva la imagen a la esquina superior izquierda de la hoja de cálculo, agarre el asidero a la esquina inferior derecha de la imagen y arrástrelo hacia arriba y hacia la izquierda hasta que no tape la etiqueta Volumen llamadas (véase la figura 8.35).

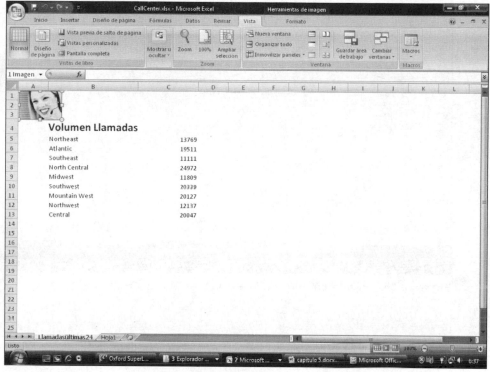

Figura 8.35. Hoja de cálculo con imagen reducida.

4. En la ficha Diseño de página, en el grupo Configurar página, haga clic en Fondo.

5. Vaya a la carpeta `Capítulo_08` de `Office 2007. Paso a paso` y haga doble clic en `acbluprt.jpg`. Excel repite la imagen para formar un dibujo de fondo (véase la figura 8.36).

6. En la ficha Diseño de página, en el grupo Configurar página, haga clic en Eliminar Fondo.

CIERRE el libro CallCenter.

CIERRE Excel.

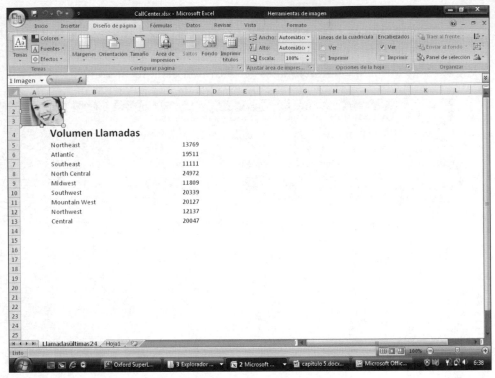

Figura 8.36. Hoja de cálculo con imagen.

Puntos clave

- Si no le gusta la fuente predeterminada en la que Excel 2007 muestra sus datos, puede cambiarla.

- Puede utilizar el formato de celdas, incluyendo bordes, alineación y colores de relleno para poner énfasis en determinadas celdas de sus hojas de cálculo. Este énfasis es particularmente útil para distinguir las etiquetas de columnas o filas de sus datos.

- Excel 2007 viene con varios estilos que le permiten cambiar la apariencia de celdas individuales. También puede crear nuevos estilos para hacer el formato de sus libros más sencillo.

- Si quiere aplicar el formato de una celda a otra, utilice el botón **Copiar formato** para copiar el formato rápidamente.

- Hay bastantes temas de documentos y formatos de tablas integrados que puede aplicar a grupos de celdas. Si ve uno que le gusta, utilícelo y ahorre tiempo formateando.

- Los formatos condicionales le permiten establecer reglas, así Excel 2007 cambia la apariencia de los contenidos de una celda basado en su valor.

- Añadir imágenes puede hacer que sus hojas de cálculo parezcan más atrayentes visualmente y que sus datos sean más fáciles de entender.

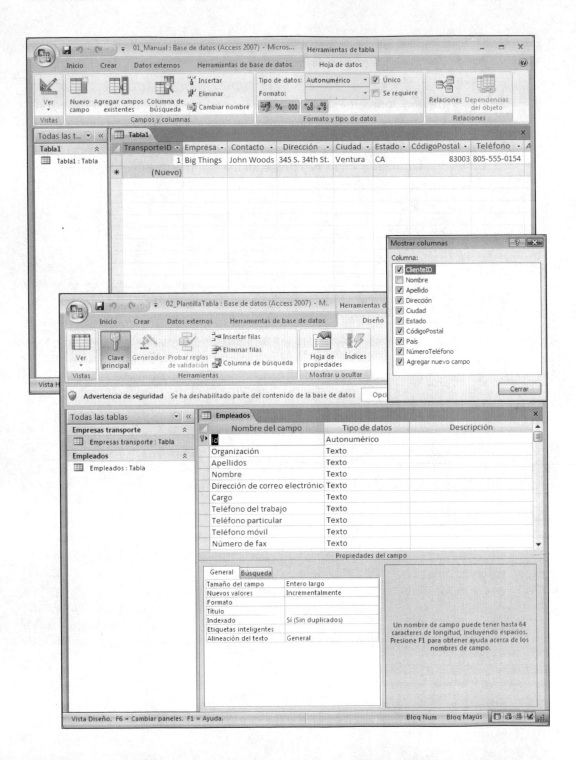

9. Crear una base de datos

En este capítulo aprenderá a:

- ✔ Crear una base de datos a partir de una plantilla.
- ✔ Crear una tabla de forma manual o a partir de una plantilla.
- ✔ Modificar las filas y columnas de una tabla.

Crear la estructura de una base de datos es sencillo. Pero una base de datos vacía no es mucho más útil que un documento o una hoja de cálculo en blanco. Las bases de datos no empiezan a ser verdaderamente útiles hasta que llenamos sus tablas de datos. A medida que le vamos añadiendo consultas, formularios e informes, la base de datos va siendo más fácil de utilizar. Y si la personalizamos con un panel de control o con galerías y grupos personalizados, entrará en el ámbito de las aplicaciones de bases de datos.

Crear una base de datos a partir de una plantilla

Hace algunos años (el pasado remoto en tiempo informático), para crear la estructura de una base de datos teníamos que analizar primero nuestras necesidades y luego elaborar el diseño de la base de datos en papel. Las plantillas han cambiado todo esto. Comprometerse con una estructura determinada de base de datos ya no supone la gran decisión que era antes. Con las plantillas prediseñadas, podemos crear muchas bases de datos en menos tiempo del que llevaba planificar el diseño de una sola sobre papel. Puede que las plantillas de Access no creen exactamente la base de datos que necesitamos, pero con ellas podemos crear algo muy aproximado y luego modificarlo para ajustarlo a nuestras necesidades.

En el ejercicio siguiente abrirá y analizará una aplicación de base de datos basada en la plantilla Contactos. Ésta es una de las plantillas típicas proporcionadas por Microsoft Office Access 2007, que sirve para demostrar la cantidad de cosas que podemos hacer en una base de datos, como añadir botones de comando y macros incrustadas que enlacen con otras aplicaciones de Office o con comandos de Windows.

Dada la complejidad de estas plantillas, es preferible que no las modifique hasta que se sienta cómodo trabajando con tablas y formularios más sencillos en Vista Diseño.

Para realizar este ejercicio no utilizaremos archivos de práctica.

ASEGÚRESE de iniciar Access antes de empezar el ejercicio.

1. En la lista Categorías de plantilla, escoja la opción Plantillas locales.

2. Haga clic en el icono de la plantilla Contactos. Se muestra una descripción de la plantilla en la parte derecha de la ventana de la aplicación, junto con un cuadro de texto en el que podemos asignar un nombre a la base de datos y un icono de carpeta que nos permite especificar la ubicación en que queremos guardarla (véase la figura 9.1).

3. En el cuadro de texto Nombre de archivo, escriba **Plantilla Contactos** y fíjese en la ubicación por defecto.

4. Haga clic en el botón **Crear**. Access muestra brevemente una barra de progreso y abre la nueva base de datos (véase la figura 9.2).

5. Si el Panel de exploración está cerrado, ábralo pulsando la tecla **F11**. Fíjese en que el Panel de exploración muestra dos grupos personalizados, Contactos y Objetos auxiliares.

   Fíjese también en los comandos situados justo encima de los encabezados de las columnas de la tabla. Estos comandos son ejemplos de las macros incrustadas, que convierten a esta base de datos en una aplicación.

6. Introduzca su propia información de contacto en el primer registro de la tabla.

7. Explore la base de datos Plantilla Contactos.

CIERRE la base de datos Plantilla Contactos.

ASEGÚRESE de borrar la base de datos Plantilla Contactos de su ubicación por defecto si no va a volver a utilizarla.

Figura 9.1. Al escoger una plantilla, Access nos muestra información sobre ella.

Crear una tabla de forma manual

En el ejercicio anterior, creamos una base de datos para administrar contactos a partir de una plantilla de Access 2007. La base de datos tenía todas las tablas, formularios, informes y código necesario para importar, almacenar y utilizar información básica sobre personas. Pero supongamos que necesitamos almacenar un tipo diferente de información para cada tipo de contactos.

Podríamos empezar con la plantilla, añadir muchos otros campos a la tabla Contactos y rellenar sólo los que necesitemos para cada tipo de contacto. Pero atiborrar la tabla de información sólo conseguirá complicarla. En este caso, sería mejor crear una base de datos a mano que contenga una tabla por cada tipo de contacto: empleados, clientes y proveedores.

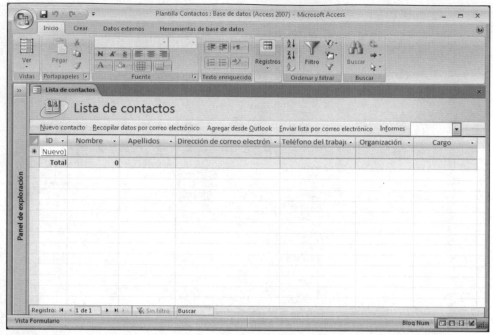

Figura 9.2. Base de datos creada a partir de la plantilla Contactos.

En el siguiente ejercicio, abrirá una base de datos en blanco, creará una tabla, añadirá un registro de forma manual e importará algunos registros más. Para realizar este ejercicio no hacen falta archivos de práctica.

ASEGÚRESE de iniciar Access antes de comenzar el ejercicio.

1. En la página Introducción a Microsoft Office Access, bajo la sección Nueva base de datos en blanco, haga clic en Base de datos en blanco.

2. En el cuadro de texto Nombre de archivo, escriba **01_Manual**, haga clic en el botón **Buscar una ubicación** 🗁 y seleccione la carpeta Office 2007. Paso a paso\Capítulo_02. Haga clic en **Aceptar**.

3. Haga clic en el botón **Crear** para crear la nueva base de datos en blanco en la carpeta especificada. Se abre la base de datos, mostrando una nueva tabla en blanco llamada Tabla1, dentro de un grupo llamado Tabla1, tal y como puede ver en la figura 9.3.

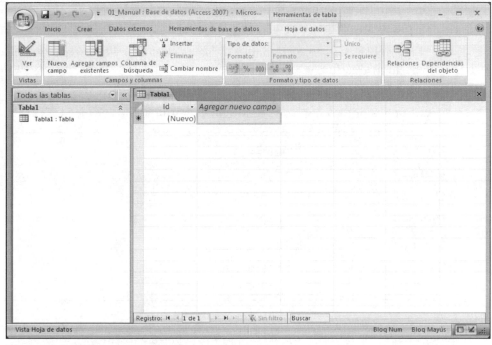

Figura 9.3. Nueva base de datos en blanco.

4. Haga clic en la celda vacía situada bajo la columna Agregar nuevo campo, escriba **Big Things** y pulse la tecla **Tab** para moverse a la celda siguiente. Access asigna automáticamente el valor 1 al campo Id, le asigna el nombre Campo1 a la primera columna y desplaza el encabezado Agregar nuevo campo a la tercera columna. El icono situado en el selector del registro (dos puntos y un lápiz), el recuadro situado justo a la izquierda del registro, indica que el registro aún no ha sido guardado.

5. Escriba esta información en las siguientes seis celdas, pulsando la tecla **Tab** tras cada entrada:

```
John Woods
345 S. 34th St.
Ventura
CA
83003
805-555-0154
```

A medida que el punto de inserción va pasando a la celda siguiente, Access va dando el nombre Campo a la columna, seguido de un número correlativo.

6. Haga doble clic sobre el nombre de la columna Id y escriba **TransporteID** para modificarlo.

7. Repita el paso 6 para el resto de las columnas, modificando el nombre de las columnas por los que se especifican a continuación (véase la figura 9.4):

Campo1	Empresa
Campo2	Contacto
Campo3	Dirección
Campo4	Ciudad
Campo5	Estado
Campo6	CódigoPostal
Campo7	Teléfono

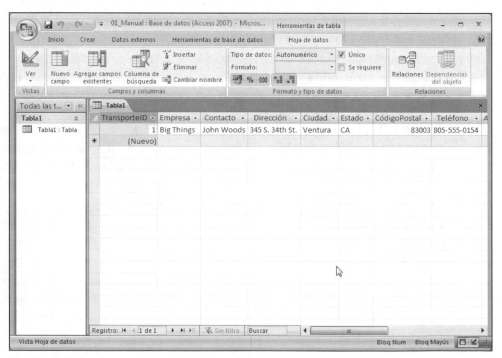

Figura 9.4. La nueva tabla con los nombres de campo modificados.

8. En la Barra de herramientas Vista, en la esquina inferior derecha de la ventana de la aplicación, haga clic en el botón **Vista Diseño** .

   Access nos pide que le demos un nombre a la tabla, ya que tenemos que guardarla antes de poder pasar a la Vista Diseño.

9. En el cuadro de diálogo Guardar como, escriba **Empresas transporte** y haga clic en **Aceptar**.

   En la Vista Diseño (véase la figura 9.5), la parte superior de la ventana contiene un listado de los campos de la tabla.

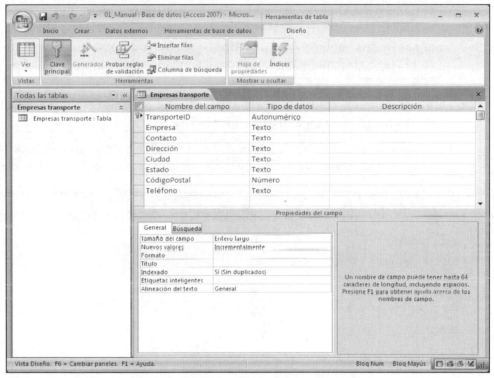

Figura 9.5. Vista Diseño de la tabla Empresas transporte.

La columna Nombre de campo contiene los nombres de los campos que hemos especificado al crear la tabla. La columna Tipo de datos especifica el tipo de datos que puede contener ese campo. La columna Descripción sirve para añadir una descripción del campo.

Fíjese en el icono Clave principal (una llave y una punta de flecha hacia la derecha) situado a la izquierda del campo TransporteID. El valor del cam-

po que contiene la clave principal se utiliza para identificar un registro único, es decir, no podrán existir dos registros con un mismo valor en este
campo. Podemos introducir este valor nosotros mismos, o dejar que Access
haga el trabajo. Cuando en el tipo de datos de un campo escogemos la opción
Autonumérico (como en este caso), Access rellena automáticamente este
campo para cada nuevo registro dándole el número consecutivo siguiente.

Nota: Si no quiere que la tabla contenga una clave principal, seleccione el
campo designado como clave principal en la parte superior de la ventana
y, en la ficha Diseño, haga clic en el botón **Clave principal**. Si quiere
asignarle la clave principal a un campo diferente, seleccione el campo y
haga clic en el botón **Clave principal** de la ficha Diseño, para convertirlo
en la clave principal y mover el icono a dicho campo.

---

10. Haga clic en la celda Tipo de datos del campo CódigoPostal, haga clic en
    la flecha y escoja en la lista la opción Texto.

11. Haga clic en cada uno de los nombres de campo y en el área Propiedades
    del campo, sustituya el Tamaño del campo por los valores siguientes:

Nombre de campo	Tamaño del campo
Empresa	40
Contacto	50
Dirección	50
Ciudad	50
Estado	2
CódigoPostal	10
Teléfono	24

Advertencia: Si modifica alguna propiedad de campo que pueda ocasio-
nar que se pierdan datos (por ejemplo, si disminuye el tamaño del campo),
Access le advertirá de ello cuando vaya a guardar la tabla.

CIERRRE la tabla, guarde los cambios y cierre la base de datos.

Crear una tabla a partir de una plantilla

Aunque crear una tabla de forma manual es relativamente fácil, si alguna de las plantillas disponibles se parece a la tabla que necesitamos crear, podremos ahorrar algo de tiempo y esfuerzo utilizándola.

En este ejercicio utilizará una plantilla de tabla para añadir una tabla de empleados a una base de datos existente.

UTILICE la base de datos `02_PlantillaTabla`. Este archivo de práctica está ubicado en la subcarpeta `Capítulo_09`, dentro de la carpeta `Office 2007`. Paso a paso.

1. En la ficha **Crear**, dentro del grupo **Tablas**, haga clic en el botón **Plantillas de tabla** `Plantillas de tabla ▾` para mostrar un listado de las plantillas disponibles y escoja la opción **Contactos**.

2. En la ficha contextual **Hoja de datos**, dentro del grupo **Vistas**, haga clic en la parte superior del botón **Ver**. Aparece el cuadro de diálogo **Guardar como**, escriba **Empleados** y haga clic en **Aceptar**. Access muestra la nueva tabla en **Vista Diseño** (véase la figura 9.6).

3. Haga clic con el botón derecho sobre cualquier punto de la fila Empresa y escoja la opción **Eliminar filas**.

4. Repita el paso anterior para borrar las filas Dirección de correo electrónico, Teléfono del trabajo, Teléfono móvil, Número de fax, País o región y Página Web.

5. En el campo **Cargo**, seleccione la palabra Cargo y sustitúyala por **Puesto**.

6. Cambie el campo **Id** por **EmpleadoID**.

   Modificar el campo **Id** hace que sea más sencillo identificar los campos Id de las diferentes tablas.

7. Sustituya el nombre Datos adjuntos por **Fotografía**.

Nota: La posibilidad de almacenar y mostrar datos adjuntos en una base de datos es una de las novedades de Access 2007.

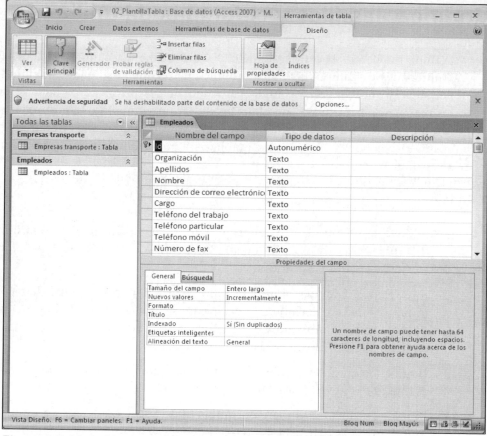

Figura 9.6. Vista Diseño de la nueva tabla importada.

8. Haga clic en la primera celda en blanco de la columna **Nombre de campo** y escriba **FechaNacimiento**. Pulse **Intro**, escoja en **Tipo de campo** la opción **Fecha/Hora** y pulse **Tab** dos veces. La selección se mueve a la primera columna de la fila siguiente.

9. Repita el paso anterior para añadir otro campo llamado **FechaContrato**.

10. En la Barra de herramientas de acceso rápido, haga clic en el botón **Guardar** 🖫.

   El **Panel de exploración** tiene ahora dos tablas, Empresas transporte y Empleados.

CIERRE la base de datos `02_PlantillaTabla`.

Modificar las filas y columnas de una tabla

Cuando retocamos la estructura de una tabla añadiendo campos y modificando propiedades de campo, esto afectará a los datos que se almacenan en la tabla. Pero a veces necesitaremos modificar la tabla en sí misma para poder ver mejor los datos. Si por ejemplo queremos consultar un número de teléfono, pero este campo está separado del campo nombre por varias columnas, tendremos que desplazarnos por la ventana de la tabla para poder obtener la información que necesitamos.

Puede que nos interese reorganizar o esconder algunas columnas para poder ver los campos que nos interesen al tiempo.

Access nos permite modificar las columnas y filas de una tabla sin afectar a los datos subyacentes. Podemos modificar el tamaño de filas y columnas, y también esconder, mover e inmovilizar columnas.

Si lo deseamos, podemos guardar el formato de la tabla, para que tenga el mismo aspecto la próxima vez que la abramos, o bien descartar los cambios sin guardarlos.

En el ejercicio siguiente, abrirá una tabla y modificará sus filas y columnas.

UTILICE la base de datos `03_Manipular`. Este archivo de práctica está ubicado en la subcarpeta `Capítulo_09`, dentro de la carpeta `Office 2007. Paso a paso`.

1. En el **Panel de exploración**, haga doble clic sobre la tabla **Clientes** para abrirla en Vista Hoja de datos.

2. Arrastre la barra vertical situada en el extremo derecho de la columna **Dirección** hacia la izquierda, hasta que el ancho de la columna sea aproximadamente de 1 cm. La columna es ahora demasiado estrecha para mostrar la dirección completa (véase la figura 9.7).

3. Sitúe el puntero del ratón sobre la barra vertical que separa los encabezados de columna **Dirección** y **Ciudad**. Cuando el puntero se convierta en una doble flecha, haga doble clic.

   Access modifica el ancho de la columna situada a la izquierda de la barra vertical para que quepa el contenido de su campo más largo. Esta técnica es especialmente útil cuando no podemos determinar con exactitud la longitud de la entrada más larga de un campo.

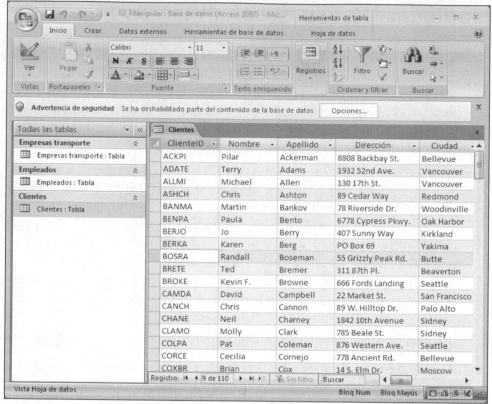

Figura 9.7. Tabla Clientes en Vista Hoja de datos, con la columna Dirección estrechada.

4. En la parte izquierda de la hoja de datos, arrastre hacia abajo la barra horizontal que separa dos registros cualesquiera para aumentar el alto de todas las filas de la tabla, como se muestra en la figura 9.8.

5. En la ficha Inicio, dentro del grupo Registros, haga clic en el botón **Más** Más ▾ y escoja la opción Alto de fila.

6. En el cuadro de diálogo Alto de las filas, marque la casilla de verificación Alto estándar y haga clic en **Aceptar**.

Access modifica el alto de las filas de la tabla para volver a darles la medida por defecto. (Este cuadro de diálogo también nos permite darle a las columnas un alto determinado.)

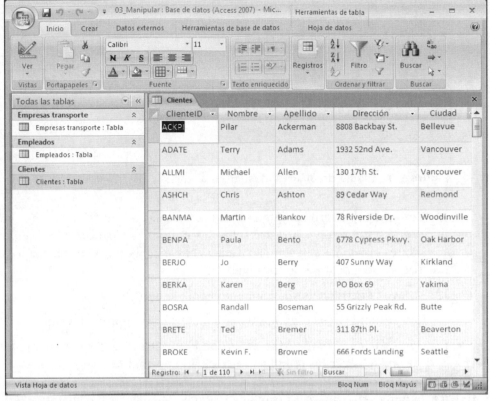

Figura 9.8. Alto de las filas de la tabla modificado.

7. Haga clic en cualquier punto de la columna Nombre. En el grupo Registros, haga clic en el botón **Más** y escoja la opción Ocultar columnas. La columna Nombre desaparece, y las columnas situadas a su derecha se desplazan un puesto hacia la izquierda.

8. Para volver a mostrar el campo oculto, haga clic en el botón **Más** del grupo Registros y escoja la opción Mostrar columnas. Se abre el cuadro de diálogo Mostrar columnas, que se puede ver en la figura 9.9.

9. En el cuadro de diálogo Mostrar columnas, marque la casilla de verificación Nombre y haga clic en **Cerrar**. Access vuelve a mostrar la columna Nombre.

10. Arrastre el extremo derecho de la ventana de la base de datos hacia la izquierda para reducir su tamaño y que no se vean todos los campos de la tabla.

Figura 9.9. Cuadro de diálogo Mostrar columnas.

11. Coloque el puntero del ratón sobre la columna ClienteID, mantenga pulsado el botón del ratón y arrastre sobre las columnas Nombre y Apellido. Con las tres columnas seleccionadas, haga clic en el botón **Más** del grupo Registros y escoja la opción Inmovilizar.

12. Mueva la barra de desplazamiento hacia la derecha.

    Las primeras tres columnas de la tabla están siempre a la vista.

13. Haga clic en el botón **Más** del grupo Registros y escoja la opción Liberar para restablecer las columnas a su estado normal.

CIERRE la tabla sin guardar los cambios y luego cierre la base de datos 03_Manipular. Si no va a continuar trabajando en el siguiente capítulo, salga también de Access.

Puntos clave

■ Access 2007 posee plantillas que nos permiten crear rápida y fácilmente bases de datos y tablas.

■ En la Vista Diseño, podemos modificar cualquier objeto que hayamos creado de forma manual o a través de una plantilla.

■ En vez de almacenar toda la información en una tabla, podemos crear diferentes tablas para cada tipo de información, como por ejemplo información de contacto de clientes, proveedores o empleados, o información para catalogar libros, vídeos o CD.

■ Las propiedades determinan que tipo de datos pueden introducirse en cada campo, y que aspecto tendrán estos datos en pantalla. En la Vista Diseño, podemos modificar algunas propiedades sin afectar a los datos almacenados en la tabla, pero cambiar otras propiedades puede afectar a los datos por tanto debemos obrar con cautela.

■ Podemos ajustar la estructura de una tabla, modificando o escondiendo filas y columnas, sin afectar a los datos almacenados en ella.

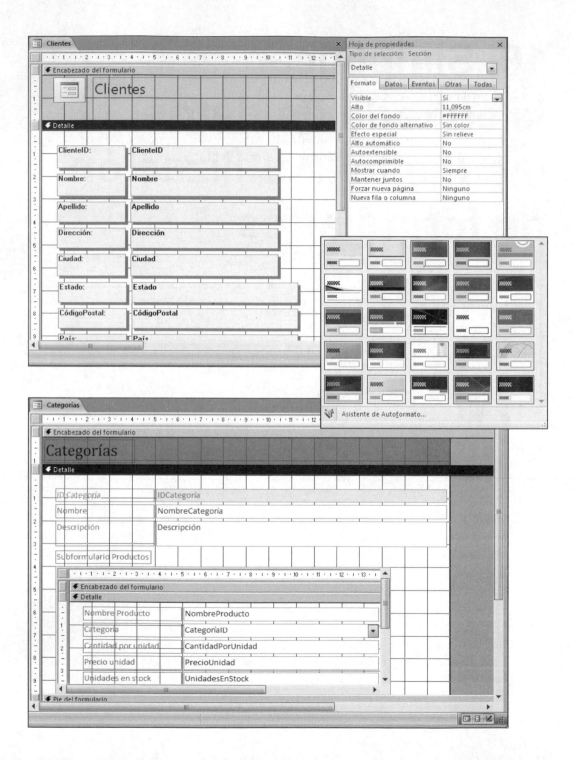

10. Simplificar la entrada de datos mediante la utilización de formularios

---

En este capítulo, aprenderá a:

- ✓ Crear un formulario utilizando la herramienta formulario.
- ✓ Ajustar las propiedades del formulario.
- ✓ Cambiar la disposición de un formulario.
- ✓ Añadir controles a un formulario.
- ✓ Crear un formulario utilizando un Autoformulario.
- ✓ Añadir un subformulario a un formulario.

Una base de datos que contenga los registros diarios de una empresa activa es útil sólo si se mantiene al día y si la información almacenada puede encontrarse rápidamente. Aunque Microsoft Office Access 2007 es bastante fácil de utilizar; introducir, modificar y recuperar información en la Vista Hoja de datos no es una tarea que quiera asignar a alguien que no esté familiarizado con Access. Estas tareas no solo serían aburridas e ineficaces, sino que trabajar en la Vista Hoja de datos deja mucho más margen para errores, especialmente si los detalles de transacciones complejas se han introducido en varias tablas relacionadas. La solución a este problema, junto con el primer paso en la conversión de esta base de datos en una aplicación de base de datos en la que pueda gestionar información eficazmente, es crear y utilizar formularios.

Un formulario es una vista organizada y con formato de algunos o todos los campos de una o más tablas o consultas. Los formularios actúan de forma interactiva con las tablas en una base de datos. Utilizará los controles del formulario para introducir nueva información, para modificar o eliminar información existente o para localizar información. Al igual que con los formularios impresos, los formularios Access pueden incluir etiquetas que comuniquen al usuario qué tipo de información deben introducir, así como los controles de cuadro de texto en los que pueden ver o introducir información. A diferencia de los formularios impresos, los formularios Access también pueden incluir diversos controles como botones de opción y botones de comando, que transforman los formularios Access en algo mucho más parecido a un cuadro de diálogo Microsoft Windows o a una página de un asistente.

Crear un formulario utilizando la herramienta Formulario

La forma más rápida es seleccionar una tabla o una consulta en el panel de exploración y luego hacer clic en el botón **Formulario** en el grupo Formularios de la ficha Crear.

Esto creará un formulario simple utilizando todos los campos en la tabla o en la consulta y lo abrirá en la Vista Diseño.

Si hay otra (y solo una) tabla en la base de datos que dispone de relaciones uno a varios con la tabla en la que se basa su formulario, entonces la herramienta Formulario añadirá una hoja de datos (llamada subformulario) que mostrará todos los registros en la tabla relacionada que pertenezcan al registro actual del formulario principal.

En este ejercicio, utilizará la herramienta Formulario para crear un formulario basado en una tabla.

UTILICE la base de datos `01_CrearHerramientaFormulario`. Este archivo de práctica se encuentra en la carpeta `Capítulo_10` en `Office 2007. Paso a paso`.

ASEGÚRESE de iniciar Access antes de comenzar este ejercicio.

ABRA la base de datos `01_CrearHerramientaFormulario`.

1. En el **Panel de exploración**, en **Tablas**, haga doble clic en **Clientes** (véase la figura 10.1).

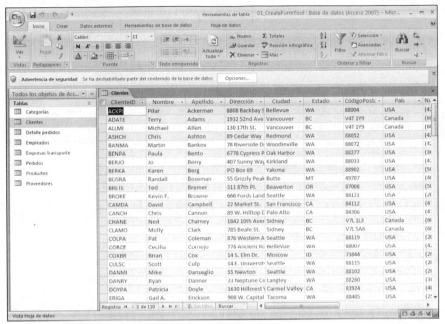

Figura 10.1. Tabla Clientes en Vista Hoja de datos.

2. En la ficha **Crear**, en el grupo **Formularios**, haga clic en el botón **Formulario** Formulario (véase la figura 10.2).

   La herramienta Formulario automáticamente añadirá un título (Clientes) y un lugar para un logo en el encabezado del formulario.

3. Desplácese por algunos de los registros utilizando los controles de exploración al final del formulario.

   Puede comparar la información mostrada en el formulario con la de la vista **Hoja de datos** de la tabla haciendo clic alternativamente en la ficha de la tabla **Clientes** y en la ficha del formulario **Clientes** en la ventana de la base de datos para cambiar fácilmente entre las vistas.

CIERRE el formulario **Clientes** (sin guardar los cambios) y la base de datos `01_CrearHerramientaFormulario`.

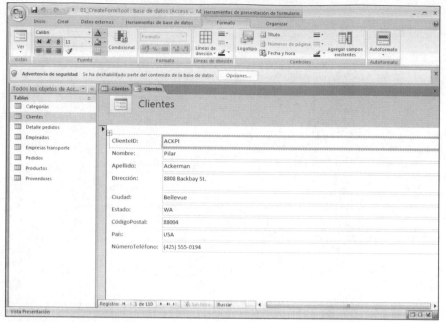

Figura 10.2. Formulario simple creado con la herramienta Formulario.

Relaciones

En Access, una relación es una asociación entre campos comunes en dos tablas. Puede utilizar esta asociación para vincular información en una tabla a información en otra tabla. Por ejemplo, puede establecer una relación basada en el campo CategoríaID entre la tabla Categorías y la tabla Productos. Cada producto se encuentra en una sola categoría, pero cada categoría puede contener varios productos; por ello, este tipo de relación (la más común) se conoce como relación uno a varios.

Relaciones más comunes son las siguientes:

■ Relaciones uno a uno, en la que cada registro en una tabla puede disponer de uno, y sólo uno, registro relacionado en la otra tabla.

Este tipo de relación no se utiliza normalmente porque es fácil listar todos los campos en una tabla. Sin embargo, quizá utilice dos tablas relacionadas en lugar de una para partir una tabla con muchos campos, o para llevar un seguimiento de información que sea aplicable sólo a algunos de los registros de la primera tabla.

- Relaciones varios a varios, que son realmente relaciones de dos a varios unidas por medio de una tercera tabla.

Podrá ver esta relación en una base de datos que contenga tablas de Productos, Pedidos y Detalles de pedidos. La tabla Productos dispone de un registro para cada producto y cada producto dispone de un único ProductoID. La tabla Pedidos dispone de un registro para cada pedido realizado y cada registro en ésta dispone de un único PedidoID. Sin embargo, la tabla Pedidos no especifica qué productos se incluyeron en cada pedido; esa información está en la tabla Detalles de pedidos, que es la tabla en el medio que une las otras dos tablas. Productos y Pedidos tienen ambos una relación uno a varios con Detalles de pedidos. Por ello, Productos y Pedidos tienen relaciones varios a varios una con la otra. Hablando claro, esto significa que cada producto puede aparecer en varios pedidos y que cada pedido puede incluir varios productos.

Si existe una relación uno a varios entre dos tablas de una base de datos, una forma magnífica de mostrarlo es a través del uso de un formulario que contenga un subformulario. El formulario principal o primario muestra un registro del lado "uno" de la relación uno a varios y el subformulario muestra todos los registros pertinentes del lado "varios" de la relación.

Ajustar las propiedades del formulario

Como ocurre con las tablas, puede trabajar con los formularios en varias vistas. Las dos vistas más comunes son la vista Formulario, en la que observa o introduce datos, y la Vista Diseño, en la que añade controles al formulario o cambia las propiedades o el diseño del formulario.

Cuando cree un formulario utilizando la herramienta **Formulario** o el asistente para formularios, cada campo incluido en el formulario estará representado por un control de cuadro de texto y su control de etiqueta asociado. Un formulario como el que ha creado anteriormente en este capítulo está vinculado, o enlazado, a la tabla en la que se basa. Cada cuadro de texto está enlazado con un campo específico de la tabla. La tabla es el origen de registros y el campo es el origen del control. Cada control dispone de un número de propiedades, como fuente, tamaño de fuente, alineamiento, color de relleno y bordes.

En este ejercicio, modificará las propiedades de un formulario.

UTILICE la base de datos `02_AjustarPropiedades`. Este archivo de práctica se encuentra en la carpeta `Capítulo_10` en `Office 2007. Paso a paso`.

ABRA la base de datos `02_AjustarPropiedades`.

1. En el **Panel de exploración**, en **Formularios**, haga clic con el botón derecho del ratón sobre **Clientes** y luego haga clic en la **Vista Diseño** (véase la figura 10.3).

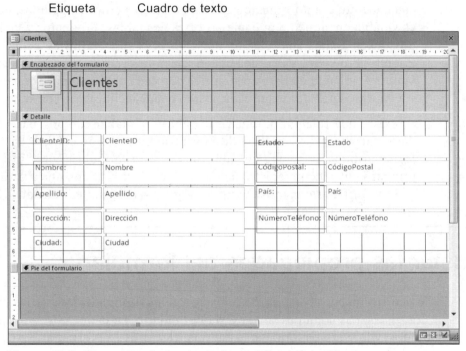

Figura 10.3. Elementos de los controles del formulario Clientes.

El formulario se dispondrá en un diseño apilado que limitará la extensión de los cambios que puede hacer al formulario.

2. Haga clic en el borde superior del encabezado azul **Pie del formulario** y arrastre el Pie del formulario hacia abajo aproximadamente 2 cm para agrandar la cuadrícula de **Detalle**.

3. Haga clic en la sección **Detalle** del formulario por encima de la etiqueta **Estado** y luego arrastre el cursor para dibujar un rectángulo que contenga alguna parte de todos los controles de la parte derecha del formulario para seleccionarlos.

4. Arrastre el grupo de controles seleccionado hacia abajo y hacia la izquierda, colocándolos justo debajo de la etiqueta Ciudad y luego haga clic en cualquier zona en blanco de la cuadrícula para anular la selección.

5. En el formulario Clientes, haga clic en la etiqueta ClienteID (no en su cuadro de texto).

6. En la ficha contextual Diseño, en el grupo Fuente, haga clic en la flecha de Fuente y luego, en la lista, haga clic en MS Sans Serif.

7. Con la etiqueta aún seleccionada, haga clic en la flecha de Tamaño de fuente y luego, en la lista, haga clic en 8. El texto de la etiqueta será ahora un poco más pequeño.

8. Si el panel Hoja de propiedades no está visible, haga clic con el botón derecho del ratón sobre el cuadro de texto ClienteID (no en su etiqueta) y luego haga clic en Propiedades.

   Todas las configuraciones disponibles en el grupo Fuente (además de alguna otra más) también están disponibles en el panel Hoja de propiedades asociado a cada control. En este panel, podrá mostrar las propiedades de cualquier objeto del formulario, incluyendo el propio formulario (véase la figura 10.4).

Figura 10.4. Panel Hoja de propiedades.

Puede mostrar tipos de propiedades relacionados al hacer clic en la ficha correspondiente: Formato, Datos, Eventos u Otras o todas las propiedades haciendo clic en la ficha Todas.

9. En el panel Hoja de propiedades, haga clic en la ficha Formato, desplácese hasta la propiedad Nombre de la fuente y cámbiela a MS Sans Serif. Después, establezca la propiedad Tamaño de la fuente a 8 y la propiedad Espesor de la fuente a Negrita. El texto ClienteID del formulario reflejará sus cambios.

10. Haga clic en la flecha del encabezado del panel Hoja de propiedades y luego, en la lista de propiedades, haga clic en Etiqueta3 para seleccionar la etiqueta a la izquierda del cuadro de texto Nombre.

11. Repita el paso 9 para cambiar la fuente del texto en el cuadro de la etiqueta Nombre.

12. Haga clic en cualquier lugar de la zona Detalle del formulario y luego arrastre diagonalmente para dibujar un rectángulo a través de una parte de todos los controles para seleccionarlos.

Truco: Puede seleccionar todos los controles de un formulario, incluyendo los del encabezado y el pie pulsando **Control-E**.

Aparecerán pequeños indicadores alrededor de los controles seleccionados. En el panel Hoja de propiedades, el Tipo de selección cambiará a Selección múltiple y el cuadro de Objetos estará en blanco. Sólo se mostrarán las configuraciones de formato que sean idénticas para todos los controles seleccionados. Ya que los cambios que realizó en los pasos anteriores no son compartidos por todos los controles seleccionados, las configuraciones de Nombre de la fuente, Tamaño de la fuente y Espesor de la fuente estarán ahora en blanco.

13. Repita el paso 9 para establecer las mismas propiedades de Nombre de la fuente, Tamaño de la fuente y Espesor de la fuente para todos los controles seleccionados.

14. Con todos los controles aún seleccionados, en la ficha Formato del panel Hoja de propiedades, establezca la propiedad Estilo del fondo a Normal. El fondo de las etiquetas ya no será transparente.

15. Haga clic en la propiedad Color del fondo y luego haga clic en el botón de tres puntos que aparece [...].

16. En el creador de colores, haga clic en el cuadro amarillo y luego pulse **Intro**. El fondo de todos los controles cambiará a amarillo y aparecerá el número hexadecimal que representa este sombreado (#FFF200) en el cuadro de propiedades Color del fondo.

17. En el cuadro de propiedad Color de fondo, reemplace #FFF200 con **#FFFFCC**. El color de fondo cambiará a amarillo pálido.

18. Establezca la propiedad Efecto especial a sombreado y la propiedad Color de los bordes a verde.

19. En el formulario, haga clic fuera de los controles seleccionados para anular la selección (véase la figura 10.5).

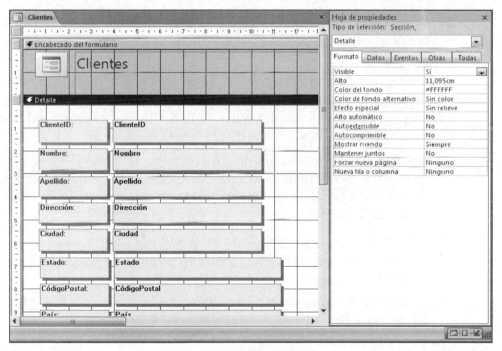

Figura 10.5. Formulario Cliente sin selección alguna.

20. Haga clic en la etiqueta Nombre. En el panel Hoja de propiedades, desplácese hacia arriba hasta la propiedad Título, cámbiela por "Nombre completo" y luego pulse **Intro**.

21. Repita el paso 20 para cambiar "NúmeroTeléfono" por "Teléfono".

22. Arrastre a través de todos los controles del formulario para seleccionarlos. En la ficha Organizar, en el grupo Diseño de controles, haga clic en el botón **Quitar**. Al eliminar el diseño apilado tendrá más opciones a la hora de organizar los controles.

23. Haga clic fuera de los controles seleccionados para anular la selección.

24. Haga clic en la etiqueta a la derecha de Apellido y luego pulse la tecla **Supr**.

25. Seleccione todas las etiquetas, pero no sus correspondientes cuadros de texto, manteniendo pulsada la tecla **Mayús** a la vez que hace clic en cada una o arrastrando a través de las etiquetas únicamente. Después, en el panel Hoja de propiedades, establezca la propiedad Alineación del texto a Derecha. Ahora cambie el tamaño de los últimos cuatro cuadros de etiqueta para que coincida con los primeros y alinee sus cuadros de texto asociados.

26. Seleccione la últimas cuatro etiquetas, pero no sus cuadros de texto, y cambie su propiedad Ancho a 2,2 cm.

27. Seleccione todas las etiquetas de nuevo. En la ficha contextual Organizar, en el grupo Tamaño, haga clic en el botón **Ajustar tamaño al contenido** para cambiar el tamaño de las etiquetas para que se ajusten a su contenido y luego haga clic en cualquier parte del formulario (pero fuera de los controles) para anular la selección (véase la figura 10.6).

28. Seleccione todos los cuadros de texto (pero no sus correspondientes etiquetas) y, en el panel Hoja de propiedades, cambie la configuración Izquierda a 4,2 cm para alinear los cuadros de texto e insertar un espacio entre éstos y las etiquetas.

29. Cambie la propiedad Espesor de la fuente a Normal y luego haga clic en cualquier parte del formulario, pero fuera de los controles, para anular la selección.

30. En la barra de herramientas de acceso rápido, haga clic en el botón **Guardar** para guardar el diseño del formulario Clientes.

CIERRE la base de datos `02_AjustarPropiedades`.

Truco: A menos que cierre el panel Hoja de propiedades, permanecerá abierto hasta que cierre todos los formularios abiertos.

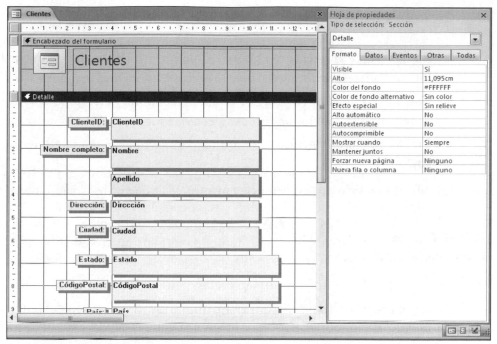

Figura 10.6. Etiquetas ajustadas al contenido.

Cambiar la disposición de un formulario

Tanto los formularios generados automáticamente como los creados por un asistente son funcionales, no tienen el objetivo de impresionar. Sin embargo, es bastante fácil personalizar el diseño para cumplir con sus necesidades y preferencias. Puede añadir y eliminar etiquetas, mover tanto controles de etiquetas como de texto por el formulario, añadir logos y otros gráficos y también mejorar el diseño del formulario para hacerlo atractivo y fácil de utilizar.

Mientras trabaja en el diseño de un formulario, deberá prestar atención a la forma del cursor, que cambiará para indicar la manera en que puede cambiar el elemento seleccionado. Ya que un cuadro de texto y su etiqueta normalmente actúan como una unidad, tendrá que observar la forma del cursor antes de realizar algún cambio. La forma del cursor indica la acción que puede llevar a cabo:

 ■ **Flecha de cuatro puntas:** Arrastre para mover ambos controles juntos, o de forma independiente si el cursor se encuentra sobre un cuadrado grande en la esquina superior izquierda del control.

■ **Dedo que apunta:** Arrastre para mover sólo el control.

■ **Flecha vertical:** Arrastre el borde superior o inferior para cambiar la altura.

■ **Flecha horizontal:** Arrastre el borde derecho o izquierda para cambiar el ancho.

■ **Flecha diagonal:** Arrastre la esquina para cambiar tanto la altura como el ancho.

En este ejercicio, reorganizará los controles de etiqueta y de cuadro de texto de un formulario.

UTILICE la base de datos 03_AjustarDiseño. Este archivo de práctica se encuentra en la carpeta Capítulo_10 en Office 2007. Paso a paso.

ABRA la base de datos 03_AjustarDiseño.

1. En el **Panel de exploración**, en **Formularios**, haga clic con el botón derecho del ratón sobre **Clientes** y luego haga clic en **Vista Diseño**.

   El formulario se dividirá en tres partes: **Encabezado del formulario, Detalle** y **Pie del formulario** (véase la figura 10.7). Ahora sólo nos interesa la parte **Detalle**.

2. Sitúe el cursor sobre el borde derecho de la cuadrícula **Detalle** y, cuando el cursor cambie a una flecha de dos puntas, arrastre el borde del fondo a la izquierda hasta que pueda ver veinte secciones de cuadrícula completas.

3. Haga clic en el cuadro de texto **Apellido** y luego desplace lentamente el cursor a lo largo de su borde, de un indicador a otro, observando cómo cambia de forma el cursor. Si una etiqueta o un cuadro de texto puede moverse de forma independiente, entonces tendrá un cuadro más grande en su esquina superior izquierda (véase la figura 10.8).

4. Mueva el cursor sobre el cuadro de texto **Apellido** y, cuando el cursor cambie a una flecha de cuatro puntas, arrástrelo hacia arriba y hacia la derecha del cuadro de texto **Nombre**.

5. Cambie el tamaño de cada control y luego organícelos en grupos lógicos en el formulario (véase la figura 10.9).

Encabezado del formulario   Sección Detalle

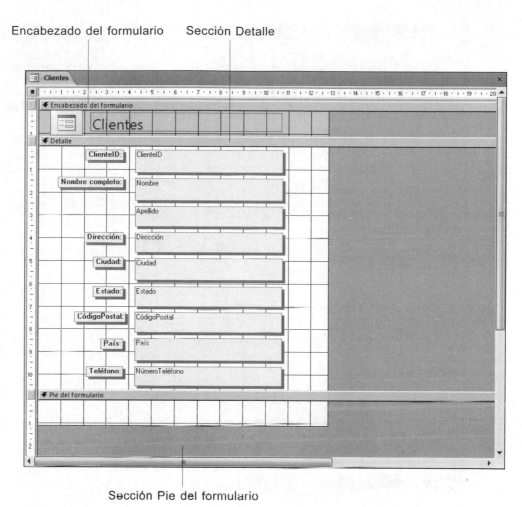

Sección Pie del formulario

Figura 10.7. Partes de un formulario.

Selector de elementos

Figura 10.8. Cuadro grande en la parte superior izquierda de una etiqueta o cuadro de texto. (Selector de elementos).

6. En la ficha contextual **Organizar**, en el grupo **Autoformato**, haga clic en el botón **Autoformato**. La galería de Autoformato se abrirá (véase la figura 10.10).

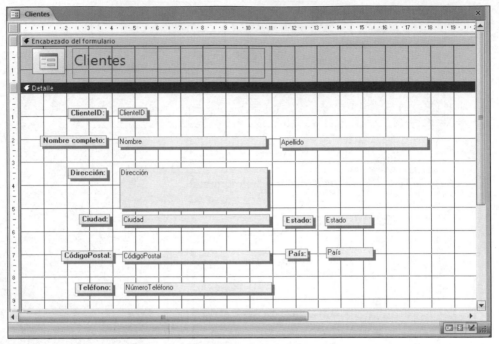

Figura 10.9. Organización lógica de los controles.

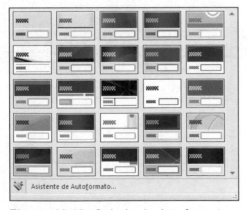

Figura 10.10. Galería de Autoformato.

7.   Al final de la galería de Autoformato, haga clic en Asistente de Autoformato. El cuadro de diálogo Autoformato se abrirá (véase la figura 10.11).

8.   En el cuadro de diálogo Autoformato, haga clic en el botón **Personalizar**. El cuadro de diálogo Personalizar Autoformato se abrirá (véase la figura 10.12).

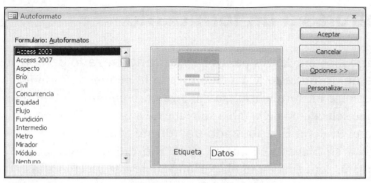

Figura 10.11. Cuadro de diálogo Autoformato.

Figura 10.12. Cuadro de diálogo Personalizar Autoformato.

9. En el cuadro de diálogo Personalizar Autoformato, seleccione la opción Crear un nuevo Autoformato basado en el Formulario 'Clientes' y luego haga clic en **Aceptar**. El cuadro de diálogo Nuevo nombre de estilo se abrirá (véase la figura 10.13).

Figura 10.13. Cuadro de diálogo Nuevo nombre de estilo.

10. En el cuadro Nombre de estilo, escriba **Clientes** y luego haga clic en **Aceptar**. En el cuadro de diálogo Autoformato, aparecerá el nuevo estilo en la lista Formulario: Autoformatos.

11. En el cuadro de diálogo Autoformato, haga clic en **Aceptar**.

CIERRE el formulario Clientes, guardando los cambios, y cierre 03_AjustarDiseño.

Añadir controles a un formulario

Cada formulario dispone de tres partes básicas: Encabezado del formulario, Detalle y Pie del formulario. Cuando utilice la herramienta Formulario o un asistente para crear un formulario, se añadirá un conjunto de controles para cada campo que seleccionó de la tabla subyacente a la parte Detalle y un lugar para el logo o el título al Encabezado del formulario. La parte Pie del formulario quedará en blanco. Ya que la parte Pie del formulario está vacía, Access la ocultará, pero puede cambiar el tamaño de esta sección arrastrando su selector. Aunque los controles de etiquetas y de cuadros de texto quizá sean los controles comúnmente más conocidos de los formularios, también puede mejorar sus formularios con muchos otros tipos de controles. Por ejemplo, puede añadir botones de grupos de opciones, de casillas de verificación y de cuadros de lista para hacer que los usuarios puedan realizar elecciones en lugar de hacer que escriban las entradas en cuadros de texto. Los controles que puede añadir a un formulario se encuentran en la ficha Diseño, en el grupo Controles.

En este ejercicio, reemplazará el logo y el título insertados automáticamente en un formulario por la herramienta Formulario. También reemplazará un control de cuadro de texto en la parte Detalle por un cuadro combinado y eliminará la barra de selectores de registro de la ventana del programa.

UTILICE la base de datos `04_AñadirControles` y el gráfico `04_Logo FormularioClientes`. Estos archivos de práctica se encuentran en la carpeta `Capítulo_10` en `Office 2007. Paso a paso`.

ABRA la base de datos `04_AñadirControles`. Luego, abra el formulario Clientes en la Vista Diseño.

1. En el formulario Clientes, sitúe el cursor sobre la línea horizontal entre el selector de la sección Encabezado del formulario y el selector de la sección Detalle y, cuando el cursor cambie a una flecha de dos puntas, arrastre el selector de la sección Detalle hacia abajo un poco más de 2,5 cm.

2. Seleccione el logo y el título en el Encabezado del formulario y luego pulse **Supr**.

3. En la ficha contextual Diseño, en el grupo Controles, haga clic en el botón **Imagen** 🖼 y luego, a la izquierda de la sección Encabezado del formulario, arrastre diagonalmente para dibujar un rectángulo de aproximadamente 2,5 cm de alto y 4 cm de ancho.

Truco: Access 2007 dispone de un nuevo control "Logotipo" que hará que introduzca un nombre de gráfico y luego introduce el gráfico automáticamente en el encabezado del formulario.

4. En el cuadro de diálogo **Insertar imagen**, navegue hasta la carpeta `Office 2007`. `Paso a paso>Capítulo10` y luego haga doble clic en el gráfico `04_LogoFormularioClientes`.

Truco: Utilice las reglas en la parte superior y a la izquierda del formulario como guías (véase la figura 10.14).

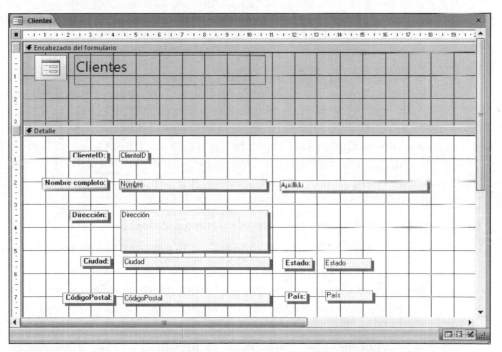

Figura 10.14. Muestra de las reglas de la parte superior y la parte izquierda del formulario.

Nota: Si el archivo de práctica no está visible, cambie la configuración de Tipo de archivo a Archivos gráficos.

El logo aparecerá dentro del control de imagen como se muestra en la figura 10.15).

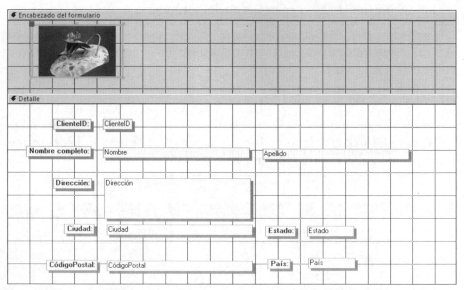

Figura 10.15. Introducción del logo en el control de imagen.

5. En el grupo Controles, haga clic en el botón **Etiqueta** _Aa_ y luego arrastre diagonalmente para dibujar otro rectángulo en la sección del encabezado. Access insertará un control de etiqueta que contendrá el punto de inserción y que estará preparado para que le dé un título.

6. En el control de etiqueta activo, escriba **Clientes**. Luego pulse **Intro**.

7. Si el panel Hoja de propiedades no sigue abierto, pulse **F4** para abrirlo.

Truco: Puede mostrar o no el panel Hoja de propiedades pulsando la tecla **F4**.

---

8. Cambie la propiedad Tamaño de la fuente a 18 y la propiedad Alineación del texto a Centro. A continuación, cierre el panel Hoja de propiedades.

9. En la ficha Organizar, en el grupo Tamaño, haga clic en el botón Ajustar tamaño al contenido ⊞ .

10. Ajuste el tamaño y la posición de los controles de imagen y de etiqueta de forma que estén uno al lado del otro (véase la figura 10.16).

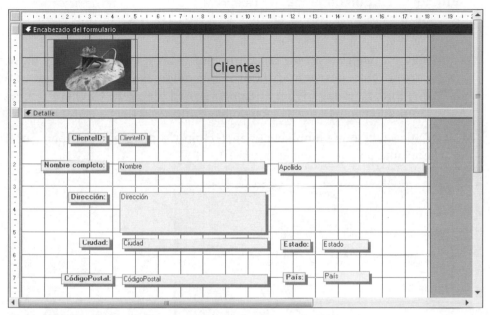

Figura 10.16. Ajuste de los controles de imagen y de etiqueta.

11. En la ficha Diseño, en el grupo Controles, observe el botón **Utilizar Asistentes para controles** . Si el botón está activo, (en naranja) haga clic sobre él para desactivarlo.

Al desactivar la característica Asistentes para controles, podrá añadir un control con todas las configuraciones por defecto, sin tener que pasar por todas las páginas del asistente.

12. En el grupo Controles, haga clic en el botón **Cuadro combinado** . Después, arrastre diagonalmente para dibujar un rectángulo justo debajo del cuadro de texto País. Cuando suelte el botón del ratón, Access mostrará un control de cuadro combinado, que no estará enlazado (no estará adjunto a un campo de la tabla Clientes).

13. Haga clic en el cuadro de texto País. En el grupo Fuente, haga clic en el botón **Copiar formato** y luego haga clic en el control de cuadro combi-nado.

14. Si el panel Hoja de propiedades no está abierto, haga clic con el botón derecho del ratón sobre el cuadro combinado y luego haga clic en Propiedades.

15. En el panel Hoja de propiedades, en la ficha Datos, haga clic en la flecha de Origen del control y luego, en la lista haga clic en País.

16. En el Origen de la fila, escriba

```
SELECT DISTINCT Clientes.País FROM Clientes;
```

Hay un punto (y no un espacio) entre Clientes y País; y un punto y coma al final del texto. Esta línea de código es una consulta que extrae un ejemplo de cada país en el campo País de la tabla Clientes y muestra el resultado como una lista cuando haga clic en la flecha de País.

Quizá tenga que ampliar el panel Hoja de propiedades para mostrar la consulta entera (véase la figura 10.17).

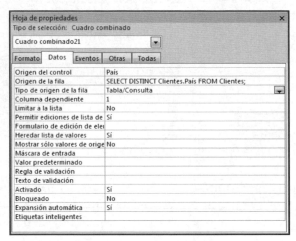

Figura 5.17. Panel Hoja de propiedades ampliado.

17. Establezca el Tipo de origen de la fila a Tabla/Consulta.

18. Haga clic en la etiqueta del cuadro combinado. (Si no puede ver la etiqueta del cuadro combinado, mueva el panel Hoja de propiedades.

19. En el panel Hoja de propiedades, en la ficha Formato, cambie el Título a "País". Después, cierre el panel Hoja de propiedades.

Truco: Cuando un formulario está en Vista Formulario o Vista Diseño, puede cambiar a la Vista Formulario haciendo clic en el botón **Ver** (véase la figura 10.18).

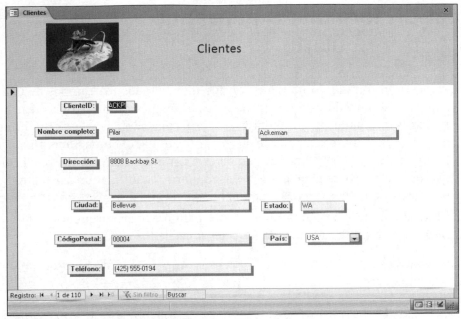

Figura 10.18. Vista Formulario del formulario.

20. Borre el cuadro de texto **País** original y su etiqueta y luego mueva el nuevo cuadro combinado y la etiqueta a su sitio, cambiándoles el tamaño si es necesario.

21. En la ficha **Inicio**, en el grupo **Vistas**, haga clic en el botón **Ver** para ver su formulario en la **Vista Formulario**.

22. Desplácese por unos cuantos registros y luego haga clic en la flecha del cuadro combinado para mostrar la lista de países.

23. No necesitará el selector de registros para este ejercicio (la barra gris en el borde izquierdo del formulario), así que vuelva a la **Vista Diseño** y muestre el panel **Hoja de propiedades** haciendo clic en el selector **Formulario** (el cuadro en la unión de las reglas horizontal y vertical) y pulsando la tecla **F4** (si la hoja no se muestra todavía). Luego, en la ficha **Formato**, cambie **Selectores de registro** a **No** y **Barras de desplazamiento** a **Ninguna**. Después, pulse **F4** para cerrar el panel **Hoja de propiedades**.

24. Guarde el nuevo diseño del formulario y luego cambie a la **Vista Formulario** para ver el resultado.

CIERRE la base de datos 04_AñadirControles.

Crear un formulario utilizando un Autoformulario

Aunque un formulario no tiene por qué incluir todos los campos de una tabla subyacente, cuando está destinada a ser el método principal de crear nuevos registros, normalmente los incluye. La forma más rápida de crear un formulario que incluya todos los campos de una tabla es utilizar el botón **Formulario**, como llevó a cabo en el primer ejercicio de este capítulo. Otra forma, que brinda un mayor control sobre la creación del formulario, es utilizar un asistente. En ambos casos podrá personalizar fácilmente los formularios creados.

En este ejercicio, utilizará un asistente para crear un formulario que muestre información sobre cada una de las categorías de los productos.

UTILICE la base de datos `06_CrearAsistente`. Este archivo de práctica se encuentra en la carpeta `Capítulo_10` en `Office 2007. Paso a paso`.

ABRA la base de datos `06_CrearAsistente`. Luego, abra la tabla **Categorías** en la **Vista Hoja de datos**.

1. En la ficha **Crear**, en el grupo **Formularios**, haga clic en el botón **Más formularios** y luego, en la lista, haga clic en **Asistente para formularios**. El **Asistente para formularios** se iniciará (véase la figura 10.19).

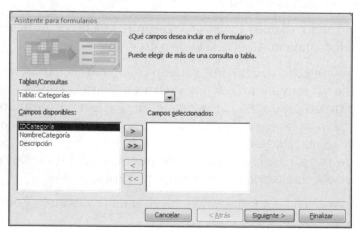

Figura 10.19. Cuadro de diálogo Asistente para formularios.

2. Con la tabla Categorías seleccionada en la lista Tablas/Consultas, haga clic en el botón **Mover todo** ⟦ >> ⟧ para poder mover todos los campos de la tabla a la lista Campos seleccionados y, a continuación, haga clic en **Siguiente**. En la segunda página del asistente, seleccione la distribución de los campos en el nuevo formulario. Cuando seleccione una opción en la parte derecha del panel, el área de vista previa de la parte izquierda mostrará cómo se distribuirá el formulario con la opción seleccionada.

3. Con la opción En columnas seleccionada, haga clic en **Siguiente**. En la tercera página del asistente, puede seleccionar una opción de estilo para ver cómo se aplicará el estilo al formulario.

4. En la lista de estilos, haga clic en Oficina y luego haga clic en **Siguiente**. Ya que este formulario se basa en la tabla Categorías, Access le recomendará "Categorías" como título del formulario.

5. Con la opción Abrir el formulario para ver o introducir información seleccionada, haga clic en **Finalizar**. El nuevo formulario Categorías se abrirá, mostrando el primer registro de categoría en la tabla Categorías (véase la figura 10.20).

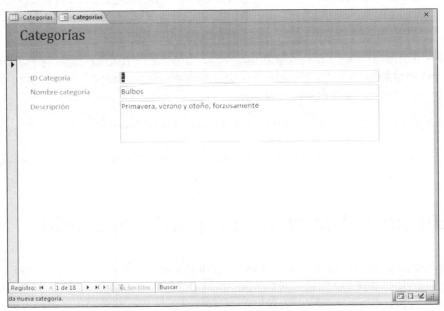

Figura 10.20. Formulario Categorías mostrando el primer registro.

6. Desplácese por algunos de los registros utilizando los controles de exploración al final del formulario.

7. Cambie a la Vista Diseño para poder hacer unos cuantos cambios más.

8. Borre la palabra "Categoría" de la etiqueta Nombre Categoría.

9. No querrá que los usuarios conozcan el campo CategoríaID, ya que ese valor no se debe cambiar nunca. Haga clic en el cuadro de texto CategoríaID y, si el panel Hoja de propiedades del control no está abierto, pulse F4 para mostrarlo.

10. En el panel Hoja de propiedades, en la ficha Datos, cambie Activado a No. Luego pulse F4 para cerrar el panel Hoja de propiedades. Al desactivar el cuadro de texto CategoríaID, éste y el texto de la etiqueta cambiarán a gris.

11. Cambie a la Vista Formulario y luego desplácese por unas cuantas categorías. Intente modificar las entradas del campo CategoríaID para confirmar que no puede.

12. No necesita barras de desplazamiento o un selector de registros en este formulario, así que vuelva a la Vista Diseño y luego muestre el panel Hoja de propiedades del formulario haciendo clic en el selector del formulario (el cuadro en la esquina superior izquierda) y pulsando F4.

13. En el panel Hoja de propiedades, en la ficha Formato, cambie Barras de desplazamiento a Ninguna y Selectores de registro a No. Luego cierre el panel Hoja de propiedades.

14. Cambie a la Vista Formulario para ver el resultado de sus cambios.

CIERRE el formulario Categorías, guardando sus cambios, y luego cierre la base de datos 06_CrearAsistente.

Añadir un subformulario a un formulario

Un formulario puede mostrar información (campos) de una o más tablas o consultas. Si quiere mostrar campos de varias tablas o consultas en un formulario, tendrá que dar alguna pista sobre las relaciones que deben existir entre esos objetos. En este ejercicio, añadirá un subformulario a un formulario existente.

UTILICE la base de datos 07_AñadirSubformulario. Este archivo de práctica se encuentra en la carpeta Capítulo_10 en Office 2007. Paso a paso.

ABRA la base de datos 07_AñadirSubformulario. Luego, abra el formulario Categorías en la Vista Diseño.

1. Arrastre el selector de la sección Pie del formulario hacia abajo aproximadamente 3 cm para obtener algo de espacio para trabajar en la sección Detalle del formulario. Debería tener aproximadamente 8 cm de altura.

2. En la ficha Diseño, en el grupo Controles, asegúrese de que el botón **Utilizar Asistentes para controles** está activo (en naranja).

3. En el grupo Controles, haga clic en el botón **Subformulario/Subinforme** y luego arrastre diagonalmente el cursor para dibujar un rectángulo en la parte inferior de la sección Detalle. Un objeto blanco aparecerá en el formulario y se iniciará el Asistente para subformularios (véase la figura 10.21).

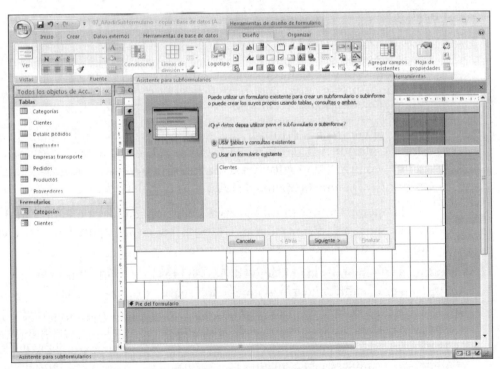

Figura 10.21. Inicio del Asistente para subformularios.

4. Con la opción Usar tablas y consultas existentes seleccionada, haga clic en **Siguiente**.

5. En la lista Tablas/Consultas, haga clic en Tabla: Productos (véase la figura 10.22).

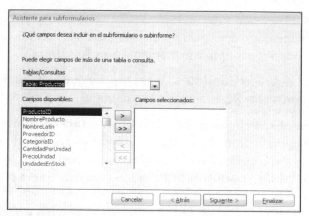

Figura 10.22. Selección de la tabla para el subformulario.

6. En la lista Campos disponibles, haga doble clic en los campos NombreProducto, CategoríaID, CantidadPorUnidad, PrecioUnidad y UnidadesEnStock para añadirlas a la lista Campos seleccionados. Luego haga clic en **Siguiente**.

Ya que el campo CategoríaID del subformulario está relacionado con el campo CategoríaID del formulario principal, el asistente seleccionará la opción Mostrar Productos para cada registro de Categorías usando CategoríaID como la opción de Elegir de una lista (véase la figura 10.23).

7. Con la opción Definir la mía propia seleccionada, haga clic en **Finalizar**. Access mostrará el formulario Categorías en la Vista Diseño con un subformulario Productos en su interior.

8. Ajuste el tamaño y la ubicación de los objetos de su formulario como quiera para ver el subformulario al completo (véase la figura 10.24).

9. Observe la distribución del subformulario en la Vista Diseño y luego, en la barra de herramientas Ver accesos directos en la esquina inferior derecha de la ventana de programa Access, haga clic en el botón **Vista Formulario** 🔳 para cambiar la vista. El formato del subformulario habrá cambiado completamente (véase la figura 10.25).

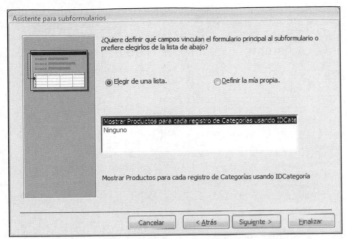

Figura 10.23. Selección de la opción Mostrar Productos para cada registro de Categorías usando CategoríaID en Elegir de una lista.

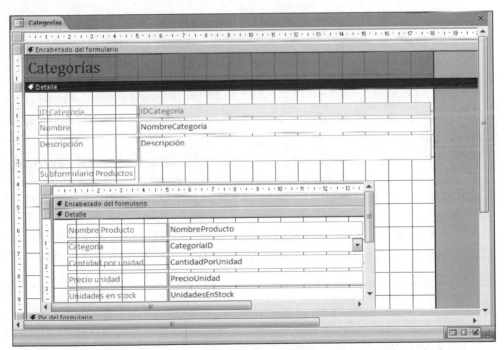

Figura 10.24. Ajuste del tamaño y la ubicación de los objetos del formulario.

En la Vista Diseño, parecía un simple formulario, pero en la Vista Formulario, parece una hoja de datos.

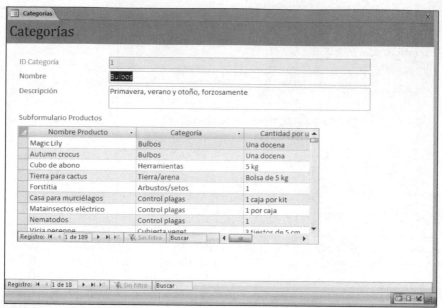

Figura 10.25. Vista Formulario del formulario y el subformulario.

10. Cambie de nuevo a la Vista Diseño, realice cualquier cambio de tamaño necesario y luego abra el panel Hoja de propiedades si no está abierto.

11. Haga doble clic en el selector de Formulario de la esquina superior izquierda del subformulario.

El primer clic seleccionará el control del subformulario Productos, mientras que el segundo seleccionará el formulario. Un pequeño cuadro negro aparecerá en el interior del selector (véase la figura 10.26).

Truco: Puede ajustar de forma rápida el ancho de las columnas para que se ajusten a los datos haciendo doble clic en la flecha doble de los encabezados de las columnas.

---

12. En el panel Hoja de propiedades, en la ficha Formato, cambie las propiedades Selectores de registro y Botones de desplazamiento a No.

Mientras está en esta ficha, observe que la propiedad Vista predeterminada está en Hoja de datos.

Quizá quiera cambiar esta propiedad y probar las otras opciones después de finalizar este ejercicio.

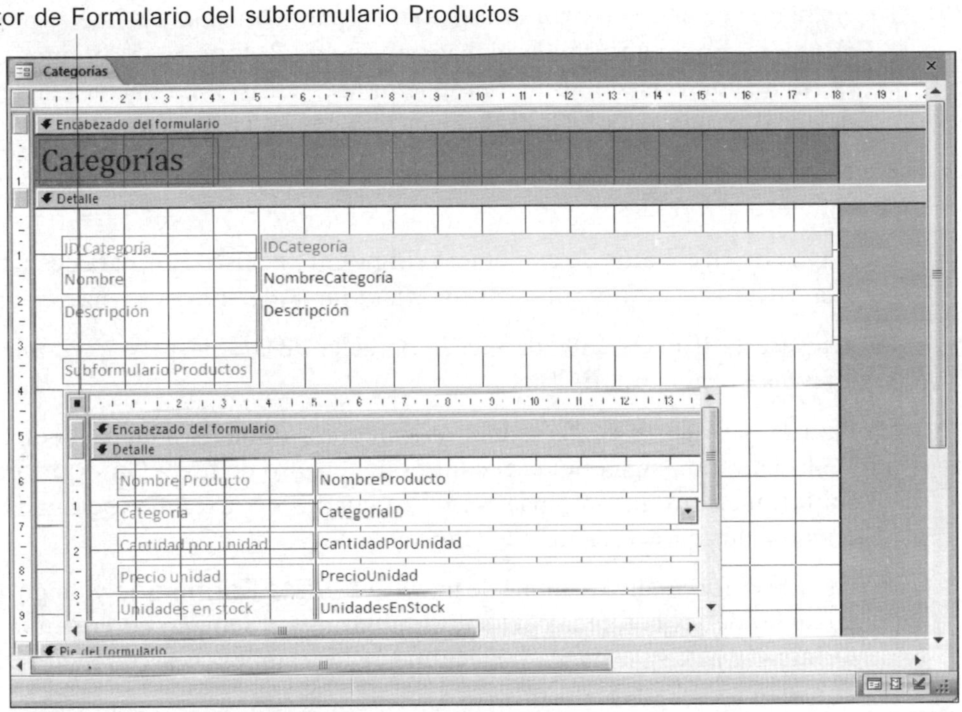

Selector de Formulario del subformulario Productos

Figura 10.26. Selección del subformulario que se indica por la aparición de un cuadro negro en el selector de Formulario.

13. Cierre el panel **Hoja de propiedades**, cambie a la **Vista Formulario** y luego ajuste el ancho de las columnas arrastrando el divisor de columnas hasta que pueda ver todos los campos (véase la figura 10.27).

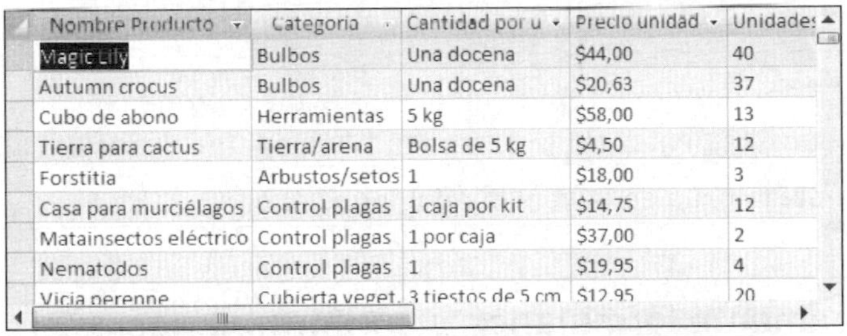

Figura 10.27. Ajuste de las columnas del subformulario.

14. Desplácese por varias categorías utilizando los botones de exploración. Ya que cada categoría aparece al comienzo del formulario, los productos de esa categoría se enumeran en la hoja de datos del subformulario.

15. Haga clic en el botón **Primer registro** |◄ para volver a la primera categoría (Bulbos). En el subformulario, haga clic sobre Bulbos en la columna Categoría a la derecha del primer producto (Magic Lily). La flecha a la derecha del cuadro indica que se trata de un cuadro combi-nado.

16. Haga clic en la flecha para mostrar la lista de categorías y luego cambie a categoría a Cactus.

17. Haga clic en el botón de exploración **Siguiente registro** ▸ para desplazarse a la categoría Cactus. Magic Lily estará incluida ahora en esta categoría.

18. Muestre la lista de categorías a la derecha de Magic Lily y cámbiela de nuevo a la categoría Bulbos.

19. Para evitar que la gente cambie la categoría de un producto, vuelva a la Vista Diseño, haga clic en el control del cuadro de texto CategoríaID del subformulario y luego pulse **Supr**. El cuadro de texto CategoríaID y su etiqueta no aparecerán más en el formulario.

20. Guarde el formulario, cambie de nuevo a la Vista Formulario y luego ajuste el ancho de las columnas del subformulario y el tamaño de la ventana del formulario hasta que pueda ver claramente los campos (véase la figura 10.28).

CIERRE la base de datos `07_AñadirSubformulario`.

Nombre Producto	Cantidad por unidad	Precio unidad	Unidades en
Magic Lily	Una docena	$44,00	40
Autumn crocus	Una docena	$20,63	37
Anemone	Una docena	$30,80	26
Lily-of-the-Field	Una docena	$41,80	34
Siberian Iris	6 per pkg.	$14,25	30
Daffodil	6 per pkg.	$14,25	24
Peony	6 per pkg.	$21,95	20
Lilies	6 per pkg.	$11,55	18
Begonias	6 per pkg.	$20,85	12
Bulb planter	1 ea.	$7,65	6
*		$0,00	0

Figura 10.28. Ajuste del tamaño de la ventana del formulario.

Crear simultáneamente formularios y subformularios

Si sabe que va a crear un formulario al que añadirá un subformulario, puede crear el formulario y su subformulario utilizando el Asistente para formularios.

Para ello, haga lo siguiente:

1. En la ficha Crear, en el grupo Formularios, haga clic en el botón **Más formularios** y luego, en la lista, haga clic en Asistente para formularios.

2. En el Asistente para formularios, en la lista Tablas/Consultas, haga clic en la tabla en la que se basará el formulario. Luego, haga clic en el botón **Mover todo** para incluir todos los campos de la tabla en el nuevo formulario.

3. En la lista Tablas/Consultas, haga clic en la tabla en la que se basará el subformulario (véase la figura 10.29).

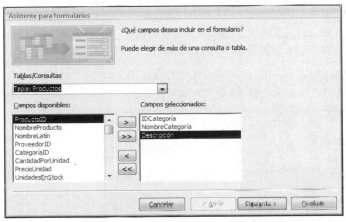

Figura 10.29. Selección de la tabla del subformulario.

4. En la lista Campos disponibles, haga doble clic en los campos que quiera incluir en el subformulario para moverlos a la lista Campos seleccionados y luego haga clic en **Siguiente**.

5. Con su tabla principal y la opción Formulario con subformularios seleccionada, haga clic en **Siguiente** (véase la figura 10.30).

6. Con la opción Hoja de datos seleccionada, haga clic en **Siguiente** (véase la figura 10.31).

7. En la última página del asistente, seleccione un estilo y luego haga clic en **Finalizar**. El asistente creará y abrirá el formulario y el subformulario.

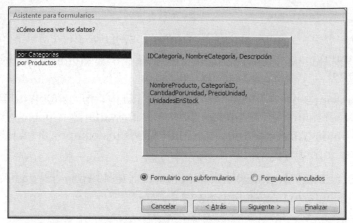

Figura 10.30. Siguiente paso en la creación de un formulario con un subformulario.

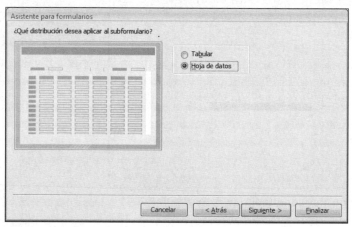

Figura 10.31. Paso final en la creación.

Puede modificar el formulario creado por el Asistente para formularios para que se ajuste a sus necesidades.

Si sólo existe una relación uno a varios entre las tablas que quiere incluir en el formulario, y esa relación se ha definido en la ventana Relaciones, la forma más rápida de crear el formulario y su subformulario es utilizando la herramienta Formulario. Simplemente seleccione la tabla principal y luego, en la ficha Crear, en el grupo Formularios, haga clic en **Formulario**. La herramienta Formulario creará y mostrará un formulario y un subformulario; cada uno con todos los campos de su tabla de origen.

Puntos clave

- Un formulario es una vista organizada y con formato de algunos o todos los campos de una o más tablas o consultas. Los formularios actúan de forma interactiva con las tablas en una base de datos. Utilizará los controles del formulario para introducir nueva información, para modificar o eliminar información existente o para localizar información.

- La forma más rápida de crear un formulario que contenga todos los campos de una tabla es utilizar la herramienta Formulario. Puede personalizar fácilmente el formulario posteriormente en la Vista Diseño.

- Cuando sepa sobre qué tabla basar su formulario y tenga una idea de para qué se utilizará el formulario, puede utilizar el Asistente para formularios para crear rápidamente un formulario. Puede hacer modificaciones al formulario en la Vista Diseño.

- Las dos vistas más comunes para trabajar con formularios son la vista Formulario, en la que observa o introduce datos, y la Vista Diseño, en la que añade controles, y cambia las propiedades del formulario y el diseño del formulario.

- Cada cuadro de texto en un formulario está enlazado con un campo específico de la tabla subyacente. La tabla es el origen de registros y el campo es el origen del control. Cada control tiene un número de propiedades como estilo de fuente, tamaño de fuente y color de fuente que puede cambiar para mejorar la apariencia de un formulario.

- En la Vista Diseño, puede cambiar el tamaño de las tres secciones básicas de un formulario: Encabezado del formulario, Detalle y Pie del formulario. Puede personalizar cualquier sección del diseño de su formulario añadiendo y eliminando controles, moviendo etiquetas y controles de texto y añadiendo logos y otros gráficos. Los controles más conocidos están disponibles en el grupo Controles, en la ficha Diseño.

- Los objetos en su formulario pueden reconocer y responder a eventos, que básicamente son acciones. Pero sin una macro o un procedimiento VBA adjunto al objeto, un evento no realizará ninguna acción. Al conocer como manejar eventos, podrá incrementar en gran parte la eficacia de los objetos como los formularios.

- Si quiere mostrar campos de varias tablas o consultas en un formulario, tendrá que dar alguna pista sobre las relaciones que deben existir entre esos objetos. En Access, una relación es una asociación entre campos comunes en dos tablas; y podrá relacionar la información de una tabla con la información de otra tabla. Hay tres tipos de relación que reconoce Access: uno a uno, uno a varios y varios a varios.

■ Después de definir una relación entre tablas, podrá añadir subformularios a sus formularios. Por ejemplo, para cada categoría mostrada en su formulario principal, podría disponer de un subformulario que muestre todos los productos de esa categoría.

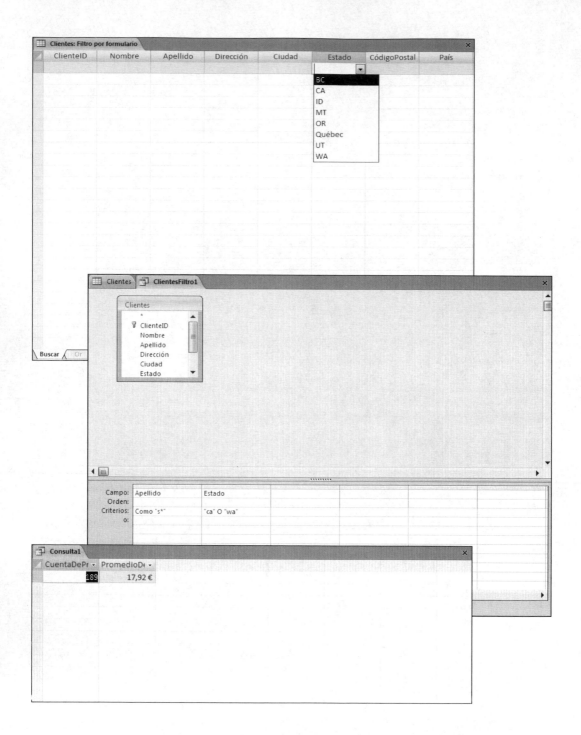

11. Localizar información específica

En este capítulo, aprenderá a:

✓ Ordenar y filtrar información de una tabla.

✓ Filtrar información utilizando un formulario.

✓ Localizar información que coincida con diversos criterios.

✓ Crear una consulta en la vista Diseño.

✓ Crear una consulta utilizando un asistente.

✓ Realizar operaciones utilizando una consulta.

Una base de datos es un almacén de información. Puede contener sólo unos cuantos registros o miles de registros, almacenados en una tabla o varias. No importa qué cantidad de información contenga una base de datos; sólo será útil si puede localizar la información que necesita cuando la necesita. En una base de datos pequeña, puede encontrar información simplemente desplazándose por una tabla hasta que encuentre lo que busca. Sin embargo, cuando la base de datos vaya creciendo en tamaño y complejidad, la localización y el análisis de información será más difícil.

Ordenar información de una tabla

Puede ordenar la información almacenada en una tabla basándose en los valores de uno o más campos, tanto en orden ascendente como descendente. Por ejemplo, podría ordenar la información de los clientes alfabéticamente por apellido y luego por nombre. Esto resultaría en el orden que encontramos en las agendas telefónicas. En este ejercicio, ordenará registros primero por un campo y luego por diversos campos.

UTILICE la base de datos `01_OrdenarTabla`. Este archivo de práctica se encuentra en la carpeta `Capítulo_11` en `Office 2007. Paso a paso`.

ABRA la base de datos `01_OrdenarTabla`.

1. En el **Panel de exploración**, en **Tablas**, haga doble clic en **Clientes**. La tabla **Clientes** se abrirá en la **Vista Hoja de datos** (véase la figura 11.1).

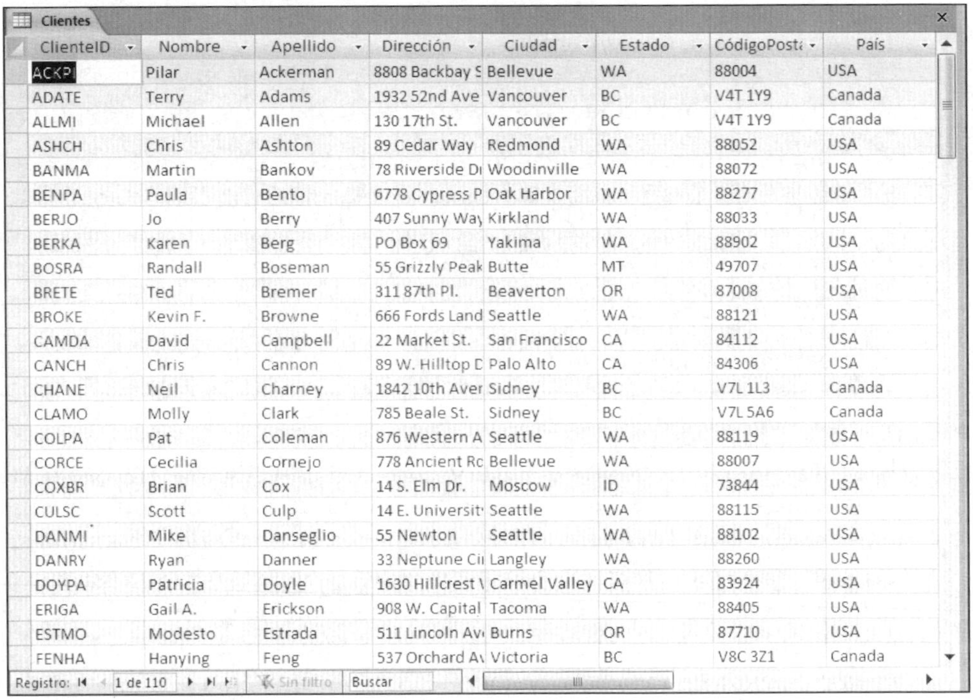

ClienteID	Nombre	Apellido	Dirección	Ciudad	Estado	CódigoPost;	País
ACKP	Pilar	Ackerman	8808 Backbay S	Bellevue	WA	88004	USA
ADATE	Terry	Adams	1932 52nd Ave	Vancouver	BC	V4T 1Y9	Canada
ALLMI	Michael	Allen	130 17th St.	Vancouver	BC	V4T 1Y9	Canada
ASHCH	Chris	Ashton	89 Cedar Way	Redmond	WA	88052	USA
BANMA	Martin	Bankov	78 Riverside Di	Woodinville	WA	88072	USA
BENPA	Paula	Bento	6778 Cypress P	Oak Harbor	WA	88277	USA
BERJO	Jo	Berry	407 Sunny Way	Kirkland	WA	88033	USA
BERKA	Karen	Berg	PO Box 69	Yakima	WA	88902	USA
BOSRA	Randall	Boseman	55 Grizzly Peak	Butte	MT	49707	USA
BRETE	Ted	Bremer	311 87th Pl.	Beaverton	OR	87008	USA
BROKE	Kevin F.	Browne	666 Fords Land	Seattle	WA	88121	USA
CAMDA	David	Campbell	22 Market St.	San Francisco	CA	84112	USA
CANCH	Chris	Cannon	89 W. Hilltop D	Palo Alto	CA	84306	USA
CHANE	Neil	Charney	1842 10th Aver	Sidney	BC	V7L 1L3	Canada
CLAMO	Molly	Clark	785 Beale St.	Sidney	BC	V7L 5A6	Canada
COLPA	Pat	Coleman	876 Western A	Seattle	WA	88119	USA
CORCE	Cecilia	Cornejo	778 Ancient Rc	Bellevue	WA	88007	USA
COXBR	Brian	Cox	14 S. Elm Dr.	Moscow	ID	73844	USA
CULSC	Scott	Culp	14 E. Universit	Seattle	WA	88115	USA
DANMI	Mike	Danseglio	55 Newton	Seattle	WA	88102	USA
DANRY	Ryan	Danner	33 Neptune Ci	Langley	WA	88260	USA
DOYPA	Patricia	Doyle	1630 Hillcrest \	Carmel Valley	CA	83924	USA
ERIGA	Gail A.	Erickson	908 W. Capital	Tacoma	WA	88405	USA
ESTMO	Modesto	Estrada	511 Lincoln Av	Burns	OR	87710	USA
FENHA	Hanying	Feng	537 Orchard A	Victoria	BC	V8C 3Z1	Canada

Registro: 1 de 110 | Sin filtro | Buscar

Figura 11.1. Vista Hoja de datos de la tabla Clientes.

2. Haga clic en la flecha de la derecha del encabezado de columna **Estado** y luego haga clic en **Ordenar de A a Z**. Access reorganizará los registros en orden alfabético por estado y mostrará una pequeña flecha vertical hacia arriba a la derecha del encabezado de columna para indicar la ordenación.

3. Para invertir el orden utilizando otro método, en la ficha **Inicio**, en el grupo **Ordenar y filtrar**, haga clic en el botón **Descendente** . El orden se invertirá. Los registros para los clientes que viven en Washington (WA) se encontrarán ahora al comienzo de su lista. En ambas ordenaciones, el estado se ordenó alfabéticamente, pero el campo **Ciudad** siguió estando en orden aleatorio.

Supongamos que quiere ver los registros organizados por ciudad dentro de cada estado.

Puede realizar esta tarea ordenando la columna Ciudad y luego la columna Estado, o moviendo la columna Estado a la izquierda de la columna Ciudad, seleccionando ambas y luego ordenándolas en conjunto.

4. Para ordenar las ciudades en orden ascendente dentro de los estados, primero haga clic en la flecha de ordenación de Ciudad y luego haga clic en Ordenar de A a Z.

5. Para finalizar el proceso, haga clic con el botón derecho del ratón en cualquier lugar de la columna Estado y luego haga clic en Ordenar de A a Z.

6. Para ordenar ambas columnas al mismo tiempo en orden descendente, desplace el campo Estado a la izquierda del campo Ciudad haciendo clic en su encabezado para seleccionar la columna y luego arrastrando la columna hacia la izquierda hasta que aparezca una línea oscura entre Dirección y Ciudad. Deje de pulsar el botón del ratón para completar el desplazamiento.

7. Con la columna Estado seleccionada, mantenga pulsada la tecla **Mayús** y haga clic en el encabezado Ciudad para que tanto la columna Estado como la columna Ciudad se seleccionen.

8. En el grupo Ordenar y filtrar, haga clic en el botón **Descendente** para organizar los registros con los estados en orden descendente y los nombres de las ciudades también en orden descendente dentro de cada estado.

9. Experimente varias formas de organizar los registros para mostrar diferentes resultados.

CIERRE la tabla Clientes sin guardar los cambios y luego cierre la base de datos `01_OrdenarTabla`.

Cómo ordena Access

El concepto de ordenación parece un poco intuitivo, pero a veces el enfoque de su equipo a tal concepto no es tan intuitivo. Ordenar números es un buen ejemplo. En Access, los números pueden considerarse como texto o como números. A causa de los espacios, guiones y signos de puntuación normalmente utilizados en las direcciones de calles, en los códigos postales y en los números de teléfono, los números de estos campos normalmente se consideran texto y la ordenación sigue la lógica aplicada al ordenar texto. Por otra parte, los números de un campo de precio o de cantidad normalmente se consideran números.

Cuando Access ordena texto, primero ordena por el primer carácter del campo seleccionado de cada registro, luego por el siguiente carácter, después el siguiente y así sucesivamente hasta que los ordene todos. Cuando Access ordena números, trata el contenido de cada campo como un único valor y ordena los registros basándose en ese valor. Esta táctica puede resultar en ordenes aparentemente extraños.

Filtrar información de una tabla

Al ordenar la información de una tabla, ésta se organiza de forma lógica, pero aún tendrá que ocuparse de la tabla completa. Para localizar sólo los registros que contengan (o que no contengan) cierta información, el filtrado es más eficaz que la ordenación. En este ejercicio, filtrará registros por un único criterio y luego por varios criterios.

UTILICE la base de datos `02_FiltrarTabla`. Este archivo de práctica se encuentra en la carpeta `Capítulo_11` en `Office 2007. Paso a paso`.

ABRA la base de datos `02_FiltrarTabla` y luego abra la tabla **Clientes** en la **Vista Hoja de datos**.

1. En el campo **Ciudad**, haga clic en cualquier ejemplo de **Vancouver**.

2. En la ficha **Inicio**, en el grupo **Ordenar y filtrar**, haga clic en el botón **Selección** y luego, en la lista, haga clic en **Igual a "Vancouver"**. La cantidad de clientes mostrada en la tabla (y en la barra de estado al final de la tabla) cambiará de 110 a 6, ya que sólo 6 de los clientes viven en Vancouver. Access mostrará un pequeño icono de filtro a la derecha del encabezado de columna **Ciudad** para indicar que la tabla está filtrada por ese campo. El botón **Alternar filtro** del grupo **Ordenar y filtrar** y el estado del filtro en la barra de estado cambiarán a **Filtrado** (véase la figura 11.2).

3. En el grupo **Ordenar y filtrar**, haga clic en el botón **Alternar filtro** . Access eliminará el filtro y mostrará todos los registros. Si hace clic en el botón **Alternar filtro** otra vez, se volverá a aplicar el último filtro utilizado. Supongamos que quiere una lista de todos los clientes con códigos postales que comiencen por 880.

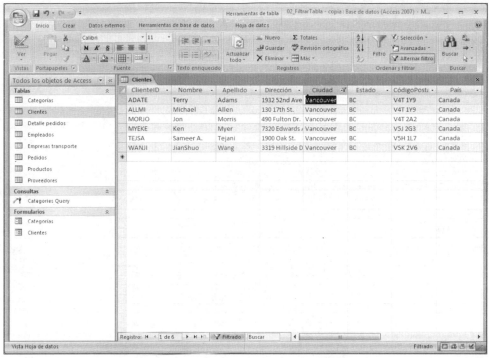

Figura 11.2. Cambio de la barra de estado al utilizar un filtro.

4. Haga clic en la flecha del encabezado de columna CódigoPostal, sitúe el cursor sobre Filtros de texto y luego haga clic en Empieza por. El cuadro de diálogo Filtro personalizado se abrirá (véase la figura 11.3).

Figura 11.3. Cuadro de diálogo Filtro personalizado.

5. En el cuadro CódigoPostal empieza por, escriba **880** y luego haga clic en **Aceptar**. La tabla filtrada incluirá 30 registros cuyo código postal comience por 880 (véase la figura 11.4).

6. En el grupo Ordenar y filtrar, haga clic en el botón **Alternar filtro** para eliminar el filtro y mostrar todos los registros.

    Supongamos que quiere mostrar sólo aquellos clientes que viven fuera de los Estados Unidos.

Figura 11.4. Tabla con filtro personalizado aplicado

7. En la columna **País**, haga clic con el botón derecho del ratón en cualquier ejemplo de **USA** y luego haga clic en **No es igual a "USA"**. Access mostrará todos los clientes de países diferentes a los Estados Unidos (en este caso, sólo Canadá).

8. Quite el filtro, guarde y cierre la tabla **Clientes** y luego abra la tabla **Pedidos** en la **Vista Hoja de datos**.

9. En el campo **EmpleadoID**, haga clic con el botón derecho del ratón sobre **Emanuel, Michael** y luego haga clic en **Igual a "Emanuel, Michael"**.

10. En el campo **FechaPedido**, haga clic con el botón derecho del ratón sobre **01/02/2007**. A continuación, haga clic en **En o después de 01/02/2007**.

CIERRE la tabla **Pedidos** sin guardar los cambios y luego cierre la base de datos `01_FiltrarTabla`.

Comodines

Si quiere localizar registros que contengan cierta información pero no está seguro de todos los caracteres, o quiere realizar una búsqueda que le reporte diversas variaciones de un grupo base de caracteres, puede incluir caracteres comodín en su criterio de búsqueda. Los comodines más comunes son los siguientes:

- El * (asterisco) representa cualquier cantidad de caracteres. Por ejemplo, "Apellido = Me*" reportará entradas que incluirían "Menéndez" y "Mendoza".

- El ? (signo de interrogación de cierre) representa cualquier carácter alfabético simple. Por ejemplo, "Nombre = er??" reportará entradas que incluirían "Eric" y "Erma".

- El # (signo de número) representa cualquier carácter numérico simple. Por ejemplo, "ID = 1##" reportará cualquier ID del 100 al 199.

Cuando busque información en un campo de texto, también puede utilizar el filtro de texto **Contiene** para localizar registros que contengan palabras o cadenas de caracteres.

Expresiones

En el idioma Access, las expresiones son sinónimo de fórmulas. Una expresión es una combinación de operadores, constantes, funciones y propiedades de controles que se evalúan en un único valor. Access crea fórmulas utilizando el formato a=b+c, donde "a" es el resultado y "=b+c" la expresión. Puede utilizar una expresión para asignar propiedades a tablas o formularios, para determinar valores en campos o informes, como parte de las consultas, y en muchos otros lugares.

Las expresiones que utilice en Access combinan diversos criterios para definir un grupo de condiciones que debe cumplir un registro para ser incluido en el resultado de un filtro o una consulta. Los diversos criterios se combinan utilizando operadores lógicos, operadores de comparación y operadores aritméticos. Diferentes tipos de expresiones utilizan diferentes operadores.

Los operadores lógicos más comunes son los siguientes:

- Y: Este operador selecciona los registros que cumplen con todos los criterios especificados.

- O: Este operador selecciona los registros que cumplen al menos con uno de los criterios.

- No: Este operador selecciona los registros que no coinciden con los criterios.

Los operadores de comparación más comunes incluyen los siguientes:

- < (menos que)

- < (más que)

- = (igual a)

Puede combinar estos operadores básicos para formar los siguientes:

- <= (menos que o igual a)

- <= (más que o igual a)

- <> (no es igual a)

El operador Como a veces se encuentra agrupado con los operadores de comparación y se utiliza para probar si un texto coincide o no con un patrón.

Los operadores aritméticos se utilizan con los números. Los más comunes son los siguientes:

- + (sumar)

- - (restar)

- * (multiplicar)

- / (dividir)

El operador relacionado & (la forma en texto de +) se utiliza para concatenar (o juntar) dos cadenas de texto.

Filtrar información utilizando un formulario

El comando Filtro por formulario, disponible en la lista de opciones de filtrado Avanzadas, proporciona una manera fácil y rápida de filtrar una tabla basándose en la información de diversos campos. Cuando utilice este comando en una tabla, Access mostrará una ficha Buscar que contendrá un filtro por formulario que parecerá una hoja de datos en blanco (véase la figura 11.5). Sin embargo, cada una de las celdas en blanco es de hecho un cuadro combinado que contiene una lista de todas las entradas de ese campo. Puede seleccionar un criterio de filtrado de la lista o introducir uno nuevo. Después, haga clic en el botón **Alternar filtro** para mostrar sólo los registros que contienen su criterio seleccionado.

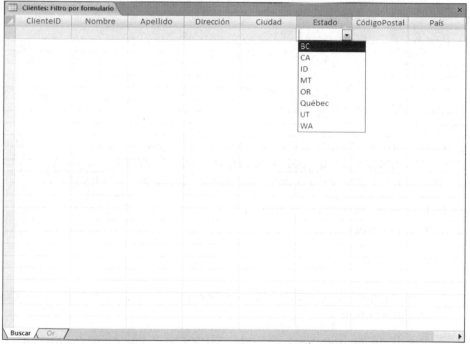

Figura 11.5. Aparición de la ficha Buscar tras aplicar el comando Filtro por formulario.

Cuando utilice este comando en un formulario, Access filtrará el formulario de la misma forma en la que filtraría una tabla (véase la figura 11.6).

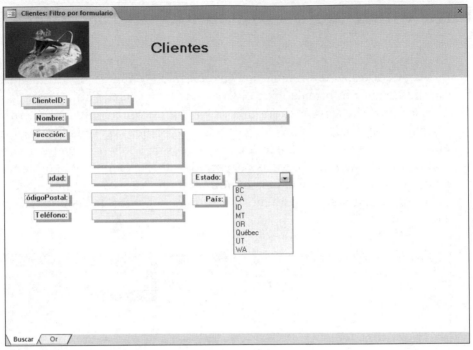

Figura 11.6. Filtro de un formulario.

En un formulario filtrado, se moverá por los registros haciendo clic en los botones de exploración al final de la ventana del formulario. En este ejercicio, localizará un registro utilizando el comando **Filtro por formulario**.

UTILICE la base de datos `03_FiltroFormulario`. Este archivo de práctica se encuentra en la carpeta `Capítulo_11` en `Office 2007. Paso a paso`.

ABRA la base de datos `03_FiltroFormulario`.

1. En el **Panel de exploración**, en **Formularios**, haga doble clic en **Clientes** (véase la figura 11.7).

2. En la ficha **Inicio**, en el grupo **Ordenar y filtrar**, haga clic en el botón **Avanzadas** [🔽 Avanzadas ▾] y luego, en la lista, haga clic en **Filtro por formulario**. El formulario **Clientes**, que muestra información de un registro, se reemplazará por su versión **Filtro por formulario**, que tiene un cuadro en blanco para cada campo y las fichas **Buscar** y **Or** al final.

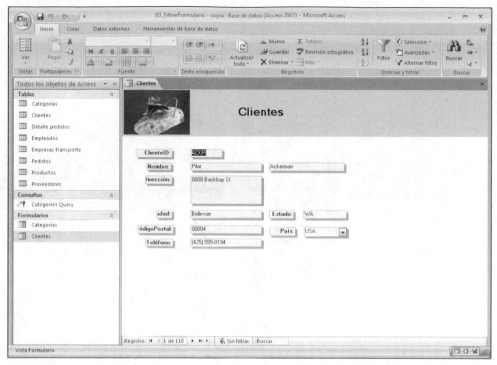

Figura 11.7. Formulario Clientes en la Vista Formulario.

3. Haga clic en el segundo cuadro de texto a la derecha de la etiqueta **Nombre** (el cuadro que se supone que contiene el apellido), escriba **s*** y luego pulse **Intro**. Access convertirá su entrada al formato adecuado, o sintaxis, para este tipo de expresión: Como "s*".

4. En el grupo **Ordenar y filtrar**, haga clic en el botón **Alternar filtro** ▼ Alternar filtro. Access mostrará todos los registros, incluyendo los apellidos que comiencen por "S".

5. Haga clic en el botón **Filtro por formulario** otra vez para cambiar de nuevo al formulario filtrado. Su criterio de filtrado aún se mostrará. Cuando introduzca criterios de filtrado utilizando cualquier método, se guardarán como una propiedad de formulario y estarán disponibles hasta que sean reemplazados por otros criterios.

6. Haga clic en el cuadro a la derecha de **Estado**, haga clic en la flecha que aparece y luego, en la lista, haga clic en **CA**.

7. Haga clic en el botón **Alternar filtro** para ver sólo los clientes que viven en California cuyos nombres comienzan por "S". Access reemplazará la ventana de filtro por el formulario normal Clientes y la barra de estado al final del formulario indicará que están disponibles tres registros filtrados (véase la figura 11.8).

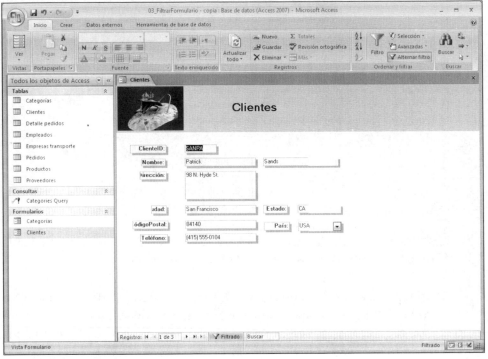

Figura 11.8. Resultado del filtro.

8. Haga clic en el botón **Filtro por formulario** otra vez para cambiar de nuevo al formulario filtrado.

9. Al final de la ventana del formulario, haga clic en la ficha Or. Esta ficha tiene las mismas celdas en blanco que la ficha Buscar.

10. Escriba **s*** en el cuadro Apellido, escriba o haga clic en WA en el cuadro Estado y luego haga clic en el botón **Alternar filtro**. También puede desplazarse por el formulario filtrado Clientes para ver los seis registros que contienen WA del campo Estado.

CIERRE el formulario Clientes y la base de datos 03_FiltroFormulario.

Localizar información que coincida con diversos criterios

Los métodos de filtrado tratados anteriormente en este capítulo son formas rápidas y fáciles de reducir la cantidad de información mostrada, siempre que sus criterios de filtrado sean bastante simples. Pero supongamos que necesita localizar algo más complejo, como todos los pedidos enviados a los estados centrales de USA entre fechas específicas por cualquiera de los dos proveedores. Cuando necesite buscar en una tabla sencilla registros que cumplan con diversos criterios o que requieran expresiones complejas como criteros, puede utilizar el comando **Filtro avanzado/Ordenar**, disponible en la lista de opciones de filtro **Avanzadas**. Trabajará con el comando **Filtro avanzado/Ordenar** en la cuadrícula de diseño. Puede utilizar esta cuadrícula de diseño para trabajar sólo en una tabla. En este ejercicio, filtrará una tabla para mostrar los clientes localizados en dos estados.

Después, experimentará con la cuadrícula de diseño para entender mejor sus posibilidades de filtrado.

UTILICE la base de datos `04_DiversosCriterios`. Este archivo de práctica se encuentra en la carpeta `Capítulo_11` en `Office 2007`. Paso a paso.

ABRA la base de datos `04_DiversosCriterios`. Luego, abra la tabla **Clientes** en la **Vista Hoja de datos**.

1. En la ficha **Inicio**, en el grupo **Ordenar y filtrar**, haga clic en el botón **Avanzadas** `▼ Avanzadas ▾` y luego, en la lista, haga clic en **Filtro avanzado/ Ordenar**. La ventana de la consulta **ClientesFiltro1** se abrirá, mostrando la lista de campos de **Clientes** en una ventana en la parte superior, y la cuadrícula de diseño en la parte inferior (véase la figura 11.9).

2. En la lista de campos de **Clientes**, haga doble clic en **Apellido** para copiarlo en la celda **Campo** de la primera columna de la cuadrícula de diseño.

3. En la celda **Criterios** debajo de Apellido, escriba **s*** y luego pulse **Intro**.

4. En la lista de campos de **Clientes**, haga doble clic en **Estado** para copiarlo en la siguiente columna disponible de la cuadrícula de diseño.

5. En la celda **Criterios** debajo de Estado, escriba **"ca" o "wa"** y luego pulse **Intro** (véase la figura 11.10).

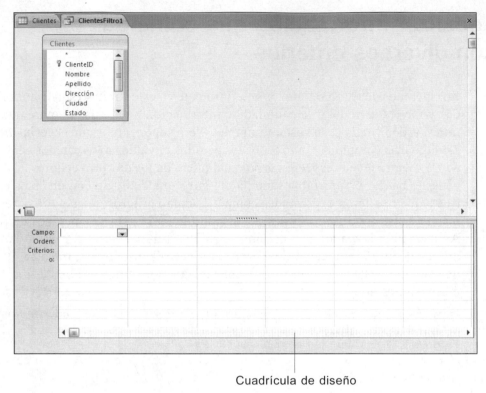

Cuadrícula de diseño

Figura 11.9. Cuadrícula de diseño.

6. En el grupo Ordenar y filtrar, haga clic en el botón **Alternar filtro** Alternar filtro para mostrar sólo los registros que coincidan con los criterios (figura 11.11).

7. Haga clic en la ficha ClientesFiltro1 para cambiar a la ventana del filtro. En la celda o debajo de Apellido, escriba **b*** y luego pulse **Intro** (figura 11.12).

8. En el grupo Ordenar y filtrar, haga clic en el botón **Alternar filtro**. El resultado incluirá los registros para todos aquellos clientes cuyos apellidos comiencen por S o por B, pero algunos de los nombres con la B viven en Montana y Oregon. Si observa de nuevo la cuadrícula de diseño, podrá ver que el filtro está formado por la combinación de los campos de la fila Criterios y el operador And, combinando los campos de la fila o y el operador And y luego utilizando el operador o para combinar las dos filas. Así, el filtro busca clientes cuyos apellidos comiencen por S y que vivan en California o Washington, o clientes cuyos apellidos comiencen por B, sin tener en cuenta dónde vivan.

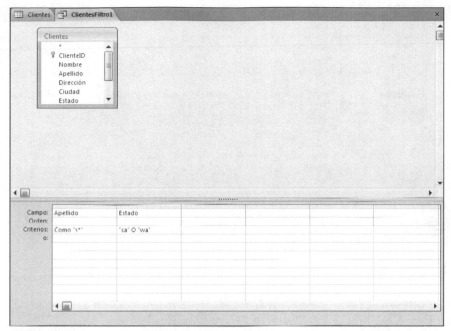

Figura 11.10. Introducción de criterios.

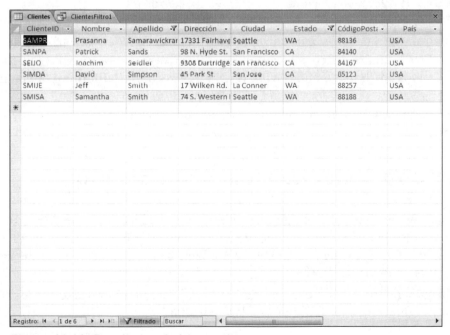

Figura 11.11. Resultados de la consulta.

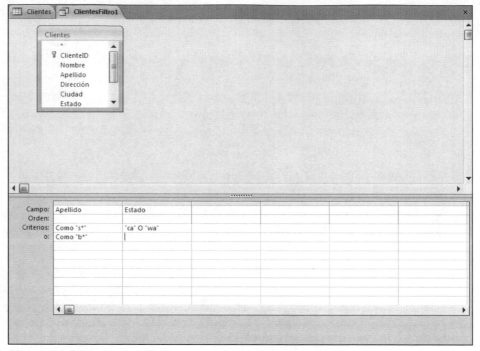

Figura 11.12. Introducción de más criterios de consulta.

9. Cambie a la ventana de filtro, escriba **"ca" o "wa"** en la celda o debajo de Estado, pulse **Intro** y luego aplique el filtro para mostrar sólo los clientes cuyos apellidos comiencen por B o S y que vivan en California y Washington.

CIERRE la tabla Clientes sin guardar los cambios y luego cierre la base de datos 04_DiversosCriterios.

Crear una consulta en la vista Diseño

Una consulta puede hacer más que simplemente reportar una lista de registros de una tabla. Puede utilizar funciones en una consulta para realizar operaciones con la información de una tabla para producir una suma, una media, una cuenta y otros valores matemáticos.

Cuando quiera trabajar con más de una tabla, necesitará moverse por los filtros y en el interior de los dominios de las consultas.

El tipo más común de consulta selecciona registros que cumplen unas condiciones específicas, pero hay otros muchos tipos, como los siguientes:

■ Una consulta de selección extrae datos de una o más tablas y muestra los resultados en una hoja de datos. También puede seleccionar una consulta para agrupar registros y calcular sumas, cuentas, medias y otros tipos de totales. Puede trabajar con los resultados de una consulta de selección en la Vista Hoja de datos para actualizar los registros de una o más tablas relacionadas al mismo tiempo.

■ Una consulta para búsqueda de duplicados es un formulario de una consulta de selección que localiza registros que tengan la misma información en uno o más campos que especifique. El Asistente para búsqueda de duplicados le guiará a través del proceso de especificación de la tabla y los campos que utilizará en la consulta.

■ Una consulta de búsqueda de no coincidentes es un formulario de una consulta de selección que localiza registros en una tabla que no tenga registros relacionados en otr tabla. Por ejemplo, podría utilizar esta consulta para localizar personas en la tabla de clientes que no tengan un pedido en la tabla pedidos. El Asistente búsqueda de no coincidentes le guiará a través del proceso de especificación de las tablas y los campos que utilizará en la consulta.

■ Una consulta de parámetros le solicita la información que se utilizará en la consulta, como, por ejemplo, una línea de datos. Este tipo de consulta es particularmente útil cuando se utiliza como base para un informe que se elabora periódicamente.

■ Una consulta de tabla de referencias cruzadas calcula y reestructura datos para un análisis más simple. Puede utilizar una consulta de tabla de referencias cruzadas para calcular una suma, media, cuenta u otro tipo de total para datos que estén agrupados por dos tipos de información (uno en la parte inferior izquierda de la hoja de datos y otro en la parte superior). La celda en la unión de cada fila y columna mostrará los resultados de la operación de la consulta.

■ Una consulta de acción actualiza diversos registros en una operación. Básicamente es una consulta de selección que realiza una acción sobre los resultados de un proceso de selección. Hay disponibles cuatro tipos de acciones:

• Consulta de eliminación, que elimina registros de una o más tablas.

• Consulta de actualización, que realiza cambios a los registros de una o más tablas.

- Consulta de datos anexados, que añade registros de una o más tablas al final de una o más tablas.

- Consulta de creación de tabla, que crea una nueva tabla a partir de todos los datos o una parte de éstos de una o más tablas.

Access incluye asistentes que le guiarán a través de la creación de las consultas comunes, pero creará consultas menos comunes a mano, en la Vista Diseño, utilizando la cuadrícula de diseño (véase la figura 11.13).

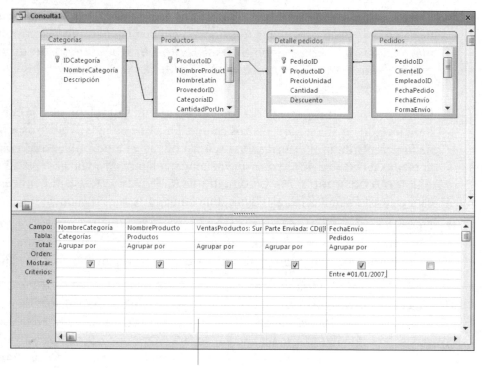

Una consulta compleja mostrada
en la Vista Diseño

Figura 11.13. Ejemplo de consulta en Vista Diseño.

Las listas de campos (en las ventanas pequeñas en la parte superior de la ventana de consulta) enumeran los campos de las cuatro tablas que pueden incluirse en esta consulta. Las líneas que conectan las tablas indican que están relacionadas en virtud de campos comunes. La primera fila de la cuadrícula contiene los nombres de los campos incluidos en la consulta y la segunda fila muestra a qué tabla pertenece cada campo. La tercera fila (llamada Total) realiza operaciones con los valores del campo y la cuarta fila indica si el resultado de la consulta se ordenará por este campo. Una casilla de verificación activada en la quinta fila (llamada Mostrar) significará que el campo se mostrará en la hoja de datos de resultados. (Si la casilla de verificación no está activada, el campo podrá utilizarse para determinar los resultados de la consulta pero no se mostrará.) La sexta fila (llamada Criterios) contiene los criterios que determinan qué registros se mostrarán y la séptima fila (llamada o) establece criterios alternativos.

En este ejercicio, creará un formulario basándose en una consulta de selección que combina información de dos tablas en una hoja de datos y calcula el precio extendido de un elemento basado en el precio unitario, la cantidad pedida y el descuento.

UTILICE la base de datos `05_DiseñoConsulta`. Este archivo de práctica se encuentra en la carpeta `Capítulo_11` en `Office 2007`. `Paso a paso`.

ABRA la base de datos `05_DiseñoConsulta`.

1. En la ficha Crear, en el grupo Otros, haga clic en el botón **Diseño de consulta**. Una ventana de consulta se abrirá en Vista Diseño, además del cuadro de diálogo Mostrar tabla. En este cuadro de diálogo, podrá especificar qué tablas y consultas guardadas incluir en la consulta actual (figura 11.14).

Figura 11.14. Cuadro de diálogo Mostrar Tabla.

2. En el cuadro de diálogo Mostrar tabla, en la ficha Tablas, haga doble clic en Detalles pedidos y luego en Productos para añadir cada tabla a la ventana de la consulta. Después, cierre el cuadro de diálogo.

Cada una de las tablas seleccionadas está representada en la parte superior de la ventana por una pequeña ventana con una lista de campos, junto con el nombre de la tabla (en este caso, Detalle pedidos y Productos) en su barra de título (véase la figura 11.15).

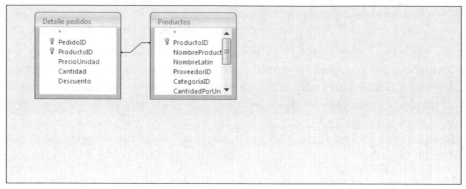

Figura 11.15. Parte superior de la ventana de la consulta.

Un asterisco en la parte superior de cada lista representa todos los campos de la lista. El campo clave principal de cada lista se indica con un icono de una llave. La línea proveniente de ProductoID de la tabla Detalle pedidos que conecta con ProductoID de la tabla Productos indica que estos dos campos están relacionados.

3. Arrastre los siguientes campos de la lista de campos a columnas consecutivas en la cuadrícula de diseño:

De esta tabla	Arrastre este campo
Detalle pedidos	PedidoID
Productos	Nombre Producto
Detalle pedidos	PrecioUnidad
Detalle pedidos	Cantidad
Detalle pedidos	Descuento

Access incluirá sólo estos campos en la consulta (véase la figura 11.16).

Ejecutar

4. En la ficha contextual Diseño, en el grupo Resultados, haga clic en el botón **Ejecutar**. Access ejecutará la consulta y mostrará los resultados en la Vista Hoja de datos (véase la figura 11.17).

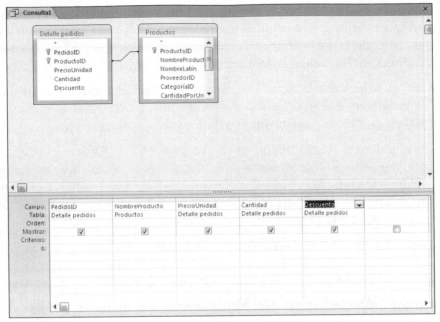

Figura 11.16. Inclusión de campos en una consulta.

Consulta1

PedidoID	Nombre Producto	PrecioUnida	Cantidad	Descuento
11091	Autumn crocus	18,75 €	4	0
11079	Cubo de abono	58,00 €	1	0
11083	Cubo de abono	58,00 €	1	0
11138	Cubo de abono	58,00 €	1	0
11152	Cubo de abono	58,00 €	1	0
11085	Tierra para cactus	4,50 €	2	0
11093	Tierra para cactus	4,50 €	2	0
11121	Tierra para cactus	4,50 €	1	0
11132	Tierra para cactus	4,50 €	1	0
11148	Tierra para cactus	4,50 €	1	0
11114	Forstitia	18,00 €	3	0
11147	Forstitia	18,00 €	1	0
11082	Casa para murciélagos	14,75 €	3	0
11086	Casa para murciélagos	14,75 €	2	0
11159	Casa para murciélagos	14,75 €	3	0,1
11152	Nematodos	19,95 €	1	0
11089	Vicia perenne	12,95 €	1	0
11110	Vicia perenne	12,95 €	1	0
11089	Hiedra	5,95 €	1	0
11110	Hiedra	5,95 €	1	0
11137	Rosa foetida persiana	12,95 €	6	0,1
11161	Rosa foetida persiana	12,95 €	6	0,1
11083	Sustrato CreceBien	6,35 €	1	0
11089	Sustrato CreceBien	6,35 €	1	0
11104	Sustrato CreceBien	6,35 €	3	0

Registro: 1 de 213 Sin filtro Buscar

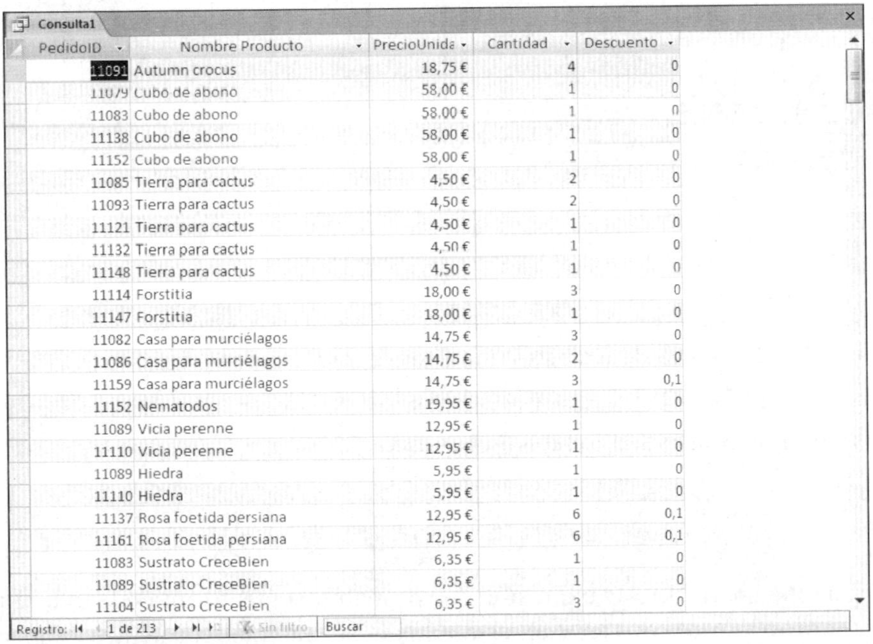

Figura 11.17. Vista Hoja de datos de la consulta.

El resultado muestra que la consulta por ahora funciona. Hay dos cosas más por hacer: ordenar los resultados del campo PedidoID y añadir un campo para calcular el precio extendido, que es el precio por unidad por la cantidad vendida, menos cualquier descuento.

5. Cambie a la Vista Diseño. La tercera fila de la cuadrícula de diseño se llama Orden. Puede seleccionar Acendente, Descendente o (sin ordenar) en esta celda para cualquiera de los campos de la consulta.

6. En la columna PedidoID, haga clic en la flecha de Orden y luego, en la lista, haga clic en Ascendente. Ninguna de las tablas incluye un campo de precio extendido. Más que crear el campo en una tabla, utilizará el Generador de expresiones para insertar una expresión en la cuadrícula de diseño que calculará este precio a partir de la información existente.

7. Haga clic con el botón derecho del ratón sobre la celda Campo en la primera columna en blanco de la cuadrícula de diseño (la sexta columna) y luego haga clic en Generar. El cuadro de diálogo Generador de expresiones se abrirá (véase la figura 11.18).

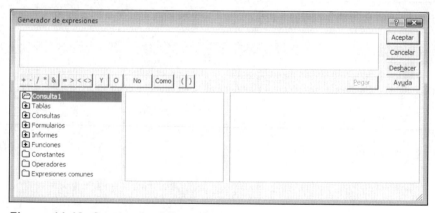

Figura 11.18. Cuadro de diálogo Generador de expresiones.

La siguiente es la expresión que generará:

```
CMoneda([Detalle pedidos]![PrecioUnidad]*[Detalle pedidos]![Cantidad]*(1-
[Detalle pedidos]![Descuento]))
```

La única parte de esta expresión que probablemente no entiende es la función Cmoneda, que convierte el resultado de las matemáticas dentro del paréntesis a formato moneda.

8. En la primera columna de la zona de elementos, haga doble clic en la carpeta Funciones para mostrar su contenido y luego haga clic en Funciones incorporadas.

    Las categorías de las funciones incorporadas aparecerán en la segunda columna y las funciones actuales dentro de cada categoría aparecerán en la tercera columna.

9. En la segunda columna, haga clic en Conversión para limitar las funciones en la tercera columna a aquellas pertenecientes a esta categoría. Después, en la tercera columna, haga doble clic en Cmoneda (véase la figura 11.19).

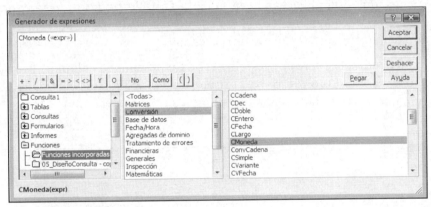

Figura 11.19. Generación de una expresión.

Habrá insertado la función conversión a moneda en el cuadro de expresión. La secuencia "expr" de dentro del paréntesis representa las otras expresiones que finalmente resultarán en el número que Access convertirá a formato moneda.

10. En el cuadro de expresión, haga clic en "expr" para seleccionarlo de forma que la próxima cosa que introduzca lo reemplace. El siguiente elemento de la expresión es el campo PrecioUnidad de la tabla Detalle pedidos.

11. En la primera columna, haga doble clic en la carpeta Tablas y haga clic en Detalle pedidos. Después, en la segunda columna, haga doble clic en PrecioUnidad.

    El punto de inserción se situará después de PrecioUnidad, que es exactamente donde quiere que esté. Ahora querrá multiplicar la cantidad del campo PrecioUnidad por la cantidad del campo Cantidad.

12. En la fila de los botones de operadores, debajo del cuadro de expresión, haga clic en el botón **Multiplicar** *.

Access insertará el signo de multiplicación y otra secuencia "Expr".

13. En el cuadro de expresión, haga clic en "Expr" para seleccionarlo y luego, en la segunda columna, haga doble clic en Cantidad.

Lo que ha introducido hasta ahora multiplicará el precio de cada elemento por la cantidad pedida, que tendrá como resultado el coste total de este elemento. Sin embargo, supongamos que el precio de venta es rebajado debido a la cantidad, a la temporada o a algún otro factor. La cantidad de descuento, que está almacenada en la tabla Detalle pedidos, está expresada como el porcentaje a deducir. Pero es más fácil calcular el porcentaje que el cliente pagará, que el cálculo del descuento y luego restarlo del coste total.

14. En el cuadro de expresión, escriba *(1-. En la segunda columna, haga doble clic en Descuento y escriba). Si no se ve la expresión al completo en la ventana, agrande la ventana arrastrando su borde derecho (véase la figura 11.20).

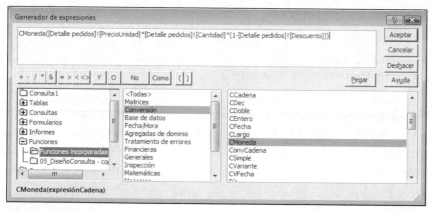

Figura 11.20. Agrandamiento de la ventana del Generador de expresión.

Aunque el descuento tiene formato de porcentaje en la hoja de datos, se almacena en la base de datos como un número decimal entre 0 y 1 (por ejemplo, un descuento que se muestra como un 10%, se almacena como 0,1). Así, si el descuento es del 10%, el resultado de *(1-Descuento) será *,9.

En otras palabras, la fórmula multiplicará el precio unitario por la cantidad y luego multiplicará ese resultado por 0,9.

15. En el cuadro de diálogo **Generador de expresiones**, haga clic en **Aceptar**.

    Access introducirá la expresión en la cuadrícula de diseño.

16. Pulse **Intro** para mover el punto de inserción fuera del campo y completar la entrada de la expresión.

    Access nombrará a la expresión "Expr1", que no tiene ningún significado en concreto.

17. En la cuadrícula de diseño, haga doble clic en Expr1 y luego escriba Precio Extendido para renombrar la expresión.

18. Cambie a la Vista Hoja de datos (véase la figura 11.21).

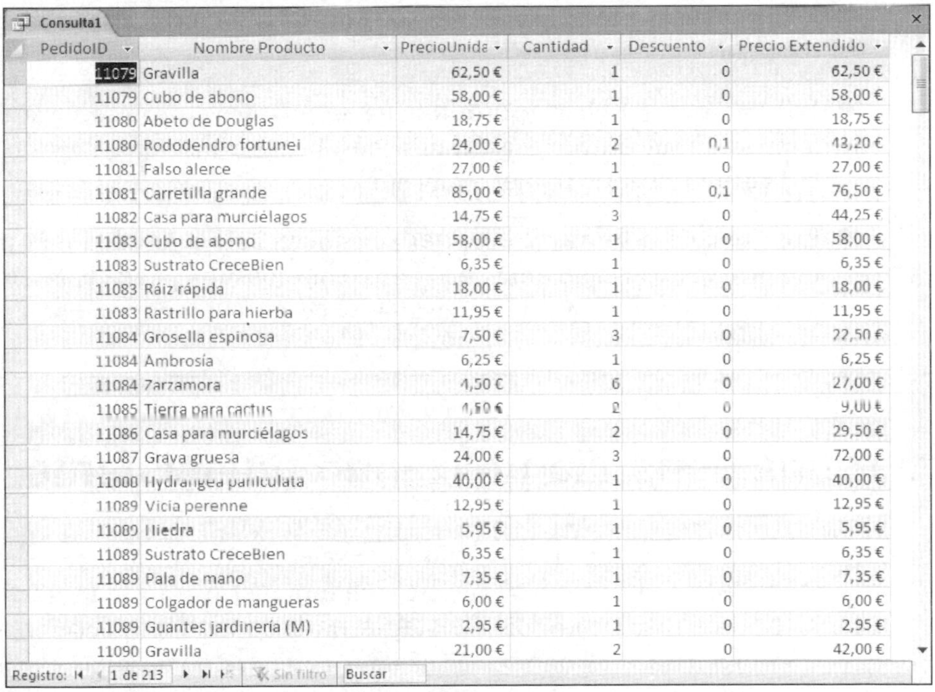

PedidoID	Nombre Producto	PrecioUnida	Cantidad	Descuento	Precio Extendido
11079	Gravilla	62,50 €	1	0	62,50 €
11079	Cubo de abono	58,00 €	1	0	58,00 €
11080	Abeto de Douglas	18,75 €	1	0	18,75 €
11080	Rododendro fortunei	24,00 €	2	0,1	43,20 €
11081	Falso alerce	27,00 €	1	0	27,00 €
11081	Carretilla grande	85,00 €	1	0,1	76,50 €
11082	Casa para murciélagos	14,75 €	3	0	44,25 €
11083	Cubo de abono	58,00 €	1	0	58,00 €
11083	Sustrato CreceBien	6,35 €	1	0	6,35 €
11083	Ráiz rápida	18,00 €	1	0	18,00 €
11083	Rastrillo para hierba	11,95 €	1	0	11,95 €
11084	Grosella espinosa	7,50 €	3	0	22,50 €
11084	Ambrosía	6,25 €	1	0	6,25 €
11084	Zarzamora	4,50 €	6	0	27,00 €
11085	Tierra para cactus	4,50 €	2	0	9,00 €
11086	Casa para murciélagos	14,75 €	2	0	29,50 €
11087	Grava gruesa	24,00 €	3	0	72,00 €
11088	Hydrangea paniculata	40,00 €	1	0	40,00 €
11089	Vicia perenne	12,95 €	1	0	12,95 €
11089	Hiedra	5,95 €	1	0	5,95 €
11089	Sustrato CreceBien	6,35 €	1	0	6,35 €
11089	Pala de mano	7,35 €	1	0	7,35 €
11089	Colgador de mangueras	6,00 €	1	0	6,00 €
11089	Guantes jardinería (M)	2,95 €	1	0	2,95 €
11090	Gravilla	21,00 €	2	0	42,00 €

Registro: 1 de 213 · Sin filtro · Buscar

Figura 11.21. Vista Hoja de datos de la consulta.

Los pedidos estarán ahora ordenados por el campo PedidoID y el precio extendido aparecerá calculado en el último campo.

19. Desplácese hacia abajo para ver unos cuantos registros con descuento. Si comprueba las operaciones, verá que la consulta calcula el precio extendido correctamente.

20. Cierre la ventana de la consulta. En el cuadro de mensaje de Microsoft Office Access preguntándole si quiere guardar la consulta, haga clic en **Sí**.

En el cuadro de diálogo Guardar como, escriba **Otros detalles ampliados** y luego haga clic en **Aceptar**.

CIERRE la base de datos 05_DiseñoConsulta.

Filtros y ordenaciones frente a consultas

Las diferencias más significativa entre filtrar una tabla, ordenarla y utilizar una consulta son las siguientes:

■ Los comandos Filtrar y ordenar son normalmente más rápidos de utilizar que las consultas.

■ Los comandos Filtrar y ordenar no se guardan, o sólo se guardan temporalmente. Puede guardar una consulta permanentemente y ejecutarla de nuevo en cualquier momento.

■ Los comandos Filtrar y ordenar se aplican sólo a la tabla o al formulario que está actualmente abierto. Una consulta puede basarse en diversas tablas y en otras consultas, que no tendrán por qué estar abiertas.

Crear una consulta utilizando un asistente

El proceso de crear una consulta sencilla de selección utilizando el Asistente para consultas es casi idéntico al de crear un formulario utilizando el Asistente para formularios. Dentro del Asistente para consultas, puede crear una nueva consulta basada en uno o más campos de tablas o consultas existentes. También puede crear consultas de tablas de referencias cruzadas, consultas de buscar duplicados y consultas de buscar no coincidentes con el asistente.

Para que Access trabaje de forma eficaz con diversas tablas, debe entender las relaciones entre los campos en esas tablas. Si estas relaciones aún no existen, tendrá que crearlas antes de utilizar el Asistente para consultas.

En este ejercicio, utilizará el Asistente para consultas para crear una consulta que combine información de dos tablas relacionadas por medio de campos comunes.

UTILICE la base de datos `06_AsistenteConsultas`. Este archivo de práctica se encuentra en la carpeta `Capítulo_11` en `Office 2007`. `Paso a paso`.

ABRA la base de datos `06_AsistenteConsultas`.

1. En la ficha **Crear**, en el grupo **Otros**, haga clic en el botón **Asistente para consultas**. El cuadro de diálogo **Nueva consulta** se abrirá (véase la figura 11.22).

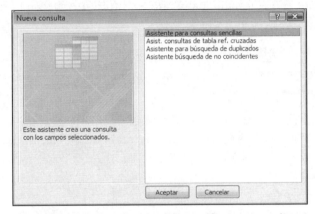

Figura 11.22. Cuadro de diálogo Nueva consulta.

2. Con **Asistente para consultas sencillas** seleccionado en la lista, haga clic en **Aceptar**. El **Asistente para consultas sencillas** se iniciará (véase la figura 11.23).

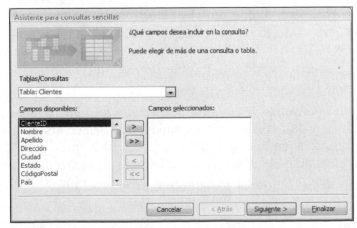

Figura 11.23. Asistente para consultas sencillas.

3. En la lista Tablas/Consultas, haga clic en Tabla: Pedidos. Después, haga clic en el botón **Mover todo** `>>` para mover todos los campos de la lista Campos disponibles a la lista Campos seleccionados.

4. En la lista Tablas/Consultas, haga clic en Tabla: Clientes.

5. En la lista Campos disponibles, haga doble clic en los campos Dirección, Ciudad, CódigoPostal y País para moverlos a la lista Campos seleccionados y luego haga clic en **Siguiente**.

6. Con la opción Detalle seleccionada, haga clic en **Siguiente** (véase la figura 11.24).

Figura 11.24. Selección de la opción Detalle en el Asistente para consultas sencillas.

7. Con la opción Abrir la consulta para ver información seleccionada, haga clic en **Finalizar** (véase la figura 11.25). Access ejecutará la consulta y mostrará los resultados en la Vista Hoja de datos. Puede desplazarse a través de los resultados y ver qué información se muestra para todos los pedidos (véase la figura 11.26).

8. Cambie a la Vista Diseño (véase la figura 11.27). Observe que las casillas de verificación de Mostrar están seleccionadas por defecto para cada uno de los campos utilizados en la consulta. Si quiere utilizar un campo en una consulta (por ejemplo, para ordenar, para establecer criterios o en una operación) pero no quiere ver el campo en la hoja de datos del resultado, puede desactivar su casilla de verificación Mostrar.

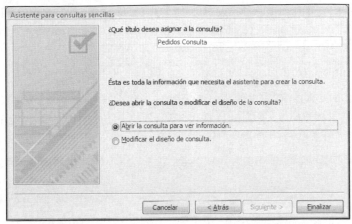

Figura 11.25. Final del proceso creado por el Asistente para consultas sencillas.

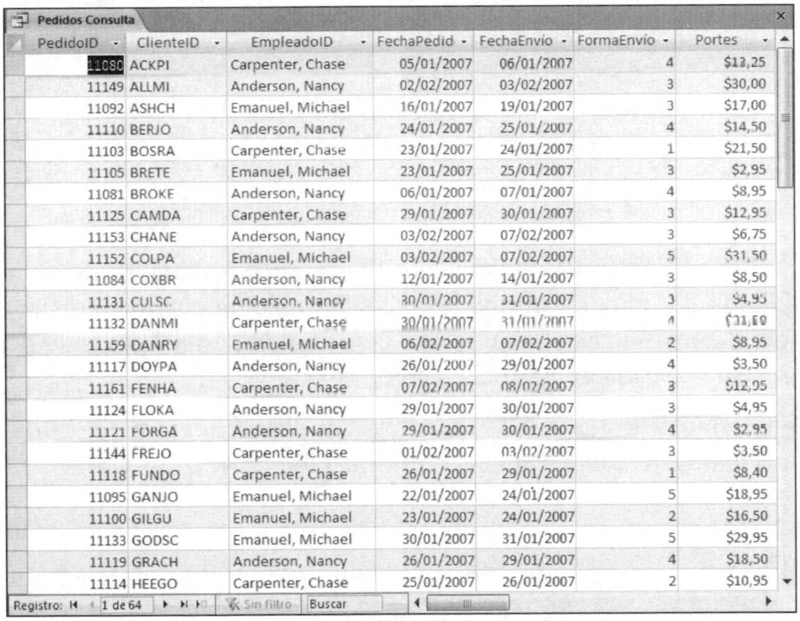

PedidoID	ClienteID	EmpleadoID	FechaPedid	FechaEnvio	FormaEnvío	Portes
11080	ACKPI	Carpenter, Chase	05/01/2007	06/01/2007	4	$13,25
11149	ALLMI	Anderson, Nancy	02/02/2007	03/02/2007	3	$30,00
11092	ASHCH	Emanuel, Michael	16/01/2007	19/01/2007	3	$17,00
11110	BERJO	Anderson, Nancy	24/01/2007	25/01/2007	4	$14,50
11103	BOSRA	Carpenter, Chase	23/01/2007	24/01/2007	1	$21,50
11105	BRETE	Emanuel, Michael	23/01/2007	25/01/2007	3	$2,95
11081	BROKE	Anderson, Nancy	06/01/2007	07/01/2007	4	$8,95
11125	CAMDA	Carpenter, Chase	29/01/2007	30/01/2007	3	$12,95
11153	CHANE	Anderson, Nancy	03/02/2007	07/02/2007	3	$6,75
11152	COLPA	Emanuel, Michael	03/02/2007	07/02/2007	5	$31,50
11084	COXBR	Anderson, Nancy	12/01/2007	14/01/2007	3	$8,50
11131	CULSC	Anderson, Nancy	30/01/2007	31/01/2007	3	$4,95
11132	DANMI	Carpenter, Chase	30/01/2007	31/01/2007	4	$21,60
11159	DANRY	Emanuel, Michael	06/02/2007	07/02/2007	2	$8,95
11117	DOYPA	Anderson, Nancy	26/01/2007	29/01/2007	4	$3,50
11161	FENHA	Carpenter, Chase	07/02/2007	08/02/2007	3	$12,95
11124	FLOKA	Anderson, Nancy	29/01/2007	30/01/2007	3	$4,95
11121	FORGA	Anderson, Nancy	29/01/2007	30/01/2007	4	$2,95
11144	FREJO	Carpenter, Chase	01/02/2007	03/02/2007	3	$3,50
11118	FUNDO	Carpenter, Chase	26/01/2007	29/01/2007	1	$8,40
11095	GANJO	Emanuel, Michael	22/01/2007	24/01/2007	5	$18,95
11100	GILGU	Emanuel, Michael	23/01/2007	24/01/2007	2	$16,50
11133	GODSC	Emanuel, Michael	30/01/2007	31/01/2007	5	$29,95
11119	GRACH	Anderson, Nancy	26/01/2007	29/01/2007	4	$18,50
11114	HEEGO	Carpenter, Chase	25/01/2007	26/01/2007	2	$10,95

Registro: 1 de 64   Sin filtro   Buscar

Figura 11.26. Vista Hoja de datos de la consulta.

9. Desactive la casilla de verificación Mostrar para PedidoID, ClienteID y EmpleadoID y luego vuelva a cambiar a la Vista Hoja de datos. Los tres campos se han eliminado de la hoja de datos del resultado.

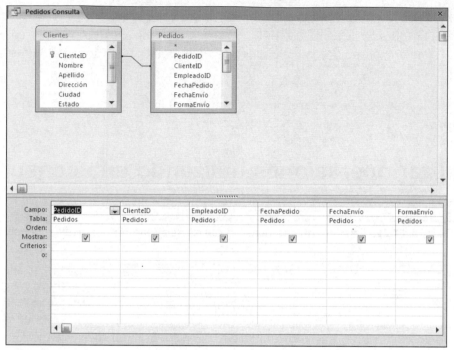

Figura 11.27. Vista Diseño de la consulta.

10. Cambie a la **Vista Diseño**. Esta consulta reportará todos los registros de la tabla **Pedidos**. Para hacer que la consulta coincida con los registros de un grupo de datos, la convertirá en una consulta de parámetros, que pedirá el grupo de datos cada vez que la ejecute.

11. En la columna **FechaPedido**, escriba el siguiente texto en la celda **Criterios** exactamente como aparece a continuación:

```
Entre [Escriba aquí la fecha de comienzo:] Y [Escriba aquí la fecha de fin:]
```

Ejecutar

12. En la ficha contextual **Diseño**, en el grupo **Resultados**, haga clic en el botón **Ejecutar** para ejecutar la consulta.

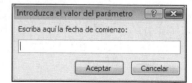

Figura 6.28. Cuadro de diálogo Introducir valor del parámetro.

13. Introduzca la fecha de comienzo **1/1/2007** y luego pulse **Intro**.

14. Introduzca la fecha de fin **31/1/07** y luego pulse **Intro**. Access volverá a mostrar la hoja de datos; esta vez enumerando sólo los pedidos entre las fechas especificadas.

CIERRE la hoja de datos, guardando los cambios en la consulta y luego cierre la base de datos `06_AsistenteConsultas`.

Realizar operaciones utilizando una consulta

Normalmente utiliza una consulta para localizar todos los registros que cumplen con ciertos criterios. Sin embargo, a veces no estará interesado en los detalles de todos los registros, de forma que los resumirá de alguna forma. Por ejemplo, quizá quiera saber cuántos pedidos se han realizado este año o el valor total en euros de todos los pedidos realizados. La forma más fácil de obtener esta información es crear una consulta que agrupe los campos necesarios y que realice las operaciones por usted. Para llevar a cabo esta tarea, utilice funciones de agregado en la consulta. Las consultas de Access son compatibles con las siguientes funciones de agregado:

Función	Operación
Suma	Calcula el total de los valores de un campo.
Promedio	Calcula el promedio de los valores de un campo.
Cuenta	Número de valores en un campo sin contar los valores nulos (en blanco).
Mín	El valor mínimo de un campo.
Máx	El valor máximo de un campo.
DesvEst	Desviación típica de los valores de un campo.
Var	Varianza de los valores de un campo.

En este ejercicio, creará una consulta que calculará la cantidad total de productos de un inventario, el precio medio de todos los productos y el valor total del inventario.

UTILICE la base de datos `07_Calcular`. Este archivo de práctica se encuentra en la carpeta `Capítulo_11` en `Office 2007. Paso a paso`.

ABRA la base de datos `07_Calcular`.

1. En la ficha Crear, en el grupo Otros, haga clic en el botón **Diseño de consulta**. Access abrirá la ventana de la consulta y el cuadro de diálogo Mostrar tabla.

2. En el cuadro de diálogo Mostrar tabla, haga doble clic en Productos y luego haga clic en **Cerrar**. Access añadirá la tabla Productos a la ventana de la consulta y cerrará el cuadro de diálogo Mostrar tabla.

3. En la lista de campos de elementos de Productos, haga doble clic en ProductoID y luego en PrecioUnidad. Access copiará ambos campos en la cuadrícula de diseño.

4. En la ficha contextual Diseño, en el grupo Mostrar u ocultar, haga clic en el botón **Totales**. Access añadirá una fila llamada Total a la cuadrícula de diseño.

5. En la columna ProductoID, haga clic en la flecha de Total y luego, en la lista, haga clic en Cuenta. Access introducirá la palabra Cuenta en la celda Total. Cuando ejecute la consulta, esta función le reportará un recuento del número de registros que contiene un valor en el campo ProductoID.

6. En la columna PrecioUnidad, haga clic en la flecha de Total y luego, en la lista, haga clic en Promedio (véase la figura 11.29).

   Cuando ejecute la consulta, esta función le reportará el promedio de todos los valores de PrecioUnidad.

7. En el grupo Resultados, haga clic en el botón **Ejecutar**.

   La consulta reportará un registro sencillo que contendrá el recuento y el precio medio (véase la figura 11.30).

8. Vuelva a cambiar a la Vista Diseño.

9. En la tercera columna, en la celda Campo, escriba **PrecioUnidad* UnidadesEnStock** y pulse **Intro**. Access cambiará la expresión que escribió por

```
Expr1: [PrecioUnidad]*[UnidadesEnStock]
```

   Esta expresión multiplicará el precio de cada producto por la cantidad de unidades en stock.

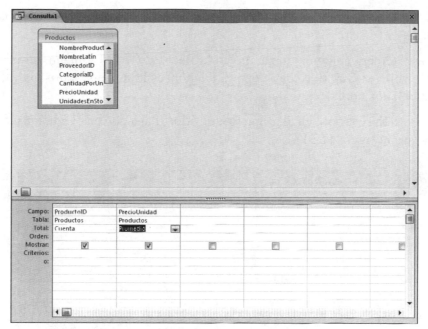

Figura 11.29. Operaciones dentro de una consulta.

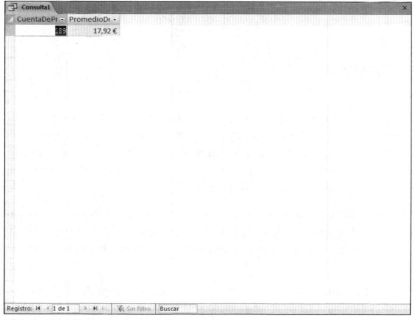

Figura 11.30. Registro sencillo con el recuento y el precio medio.

10. Seleccione Expr1 y escriba **Valor del inventario** para poder renombrar la expresión.

11. En la tercera columna, haga clic en la flecha de Total y luego, en la lista, haga clic en Suma. Access reportará entonces la suma de todos los valores calculados por la expresión.

12. En la ficha Diseño, en el grupo Resultados, haga clic en el botón **Ejecutar** (véase la figura 11.31).

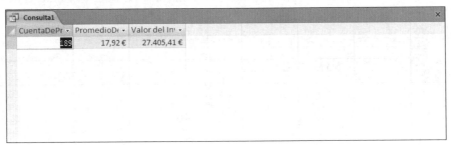

Figura 11.31. Ejecución de la consulta; resultado final.

CIERRE la ventana de la consulta sin guardar los cambios y luego cierre la base de datos 07_Calcular. Si no va a seguir con el siguiente capítulo, cierre Access.

Puntos clave

- Microsoft Office Access 2007 proporciona una variedad de herramientas que puede utilizar para organizar la visualización de información de una base de datos y para localizar elementos específicos de información. Estas herramientas facilitan la búsqueda de información en su base de datos, incluso si ésta crece en tamaño y complejidad.

- Puede ordenar una tabla tanto en orden ascendente como descendente, basándose en los valores de cualquier campo (o en una combinación de campos). En Access, los números pueden considerarse como texto o como números.

- Puede filtrar una tabla de forma que se muestre aquella información que contenga alguna combinación de caracteres (o puede excluirla de la visualización). Puede aplicar filtros simples mientras ve información en una tabla o en un formulario. Estos filtros se aplican al contenido de un campo seleccionado, pero puede aplicar otro filtro al resultado del primer campo para luego ajustar su búsqueda.

- El comando Filtro por formulario filtra una tabla o un formulario basándose en la información de diversos campos.

- El comando Filtro avanzado/Ordenar busca registros que cumplan con diversos criterios o que requieran expresiones complejas como criterio en una tabla sencilla.

- Puede crear consultas para mostrar campos específicos de registros concretos pertenecientes a una o más tablas, incluso diseñando la consulta para realizar operaciones por usted. Luego puede guardar sus consultas para utilizarlas posteriormente.

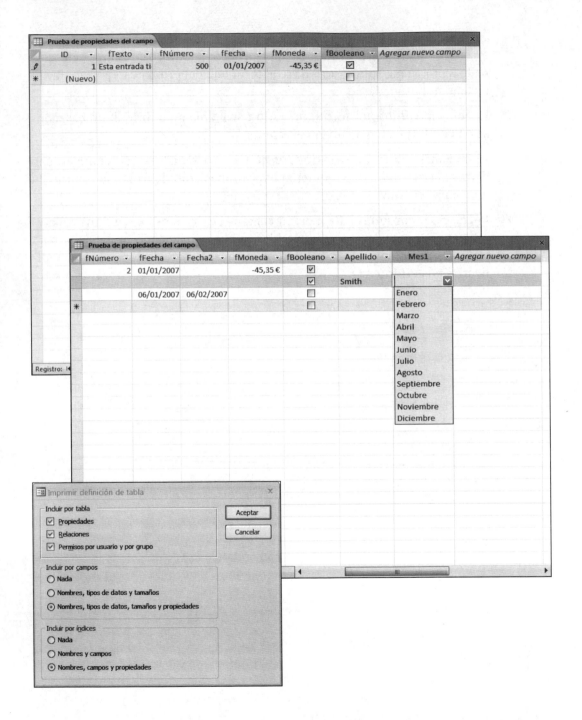

12. Hacer que su información siga siendo precisa

En este capítulo, aprenderá a:

✓ Restringir el tipo y la cantidad de datos de un campo.

✓ Especificar el formato de datos de un campo.

✓ Restringir datos utilizando reglas de validación.

✓ Crear una lista de búsqueda sencilla o de varias columnas.

✓ Actualizar información de una tabla.

✓ Eliminar información de una tabla.

✓ Impedir problemas en la base de datos.

Cuando cree una base de datos utilizando Microsoft Office Access 2007, puede establecer propiedades que limiten lo que puede introducirse e impongan un orden al contenido de la base de datos, ayudándole así a hacer que la base de datos continúe estando organizada y siga siendo útil. No querrá, por ejemplo, que los empleados introduzcan texto en un campo de precios, o que introduzcan una descripción de texto extensa en un campo en el que una simple respuesta de "Sí" o "No" estaría mejor.

Para asegurar la precisión continua de una base de datos, puede crear y ejecutar consultas de acción que actualicen información rápidamente o que eliminen registros seleccionados de una tabla. Podría, por ejemplo, incrementar el precio de todos los productos de una categoría un cierto porcentaje, o eliminar todos los elementos de una línea de producto específica. Este tipo de actualización es fácil de hacer con una consulta de acción. Utilizar una consulta no sólo ahorra tiempo, sino que ayuda a evitar los errores.

En este capítulo, restringirá el tipo, la cantidad y el formato de datos permitido en un campo y creará una lista en la que el usuario de la base de datos podrá elegir una opción concreta. Después, creará y ejecutará una consulta de actualización y eliminará la consulta.

Restringir el tipo de datos de un campo

La configuración Tipo de datos restringe las entradas de un campo a un tipo de datos concreto, como texto, números o datos. Si, por ejemplo, el tipo de datos se establece a Número e intenta introducir texto, Access rechazará la entrada y mostrará una advertencia.

Las propiedades de campo que puede establecer para controlar la entrada de datos son las siguientes:

- Requerido.
- Permitir longitud cero.
- Tamaño del campo.
- Máscara de entrada.
- Regla de validación.

Las propiedades Requerido y Permitir lingitud cero son bastante obvias. Si la propiedad Requerido se establece en Sí, el campo no podrá dejarse en blanco. Sin embargo, Access diferencia entre un campo en blanco (que se refiere a un campo Nulo) y un campo que parece estar en blanco, pero que contiene una cadena vacía.

Si Permitir longitud cero se establece en Sí, podrá introducir una cadena vacía (dos signos de comillas con nada en su interior), que parecerá un campo en blanco, pero se considerará como vacío en lugar de nulo.

Esta diferenciación podría sonar absurda, pero si utiliza código de programación para trabajar con bases de datos Access, verá que algunos comandos producen diferentes resultados para los campos Nulos de los que producen para los campos vacíos.

Las propiedades Tamaño del campo, Máscara de entrada y Regla de validación son más complejas, así que nos centraremos en ellas en los ejercicios de este capítulo.

En este ejercicio, añadirá campos de los tipos de datos más comunes a una tabla y luego utilizará la configuración Tipo de datos y la propiedad Tamaño del campo para restringir los datos que pueden introducirse en la tabla.

UTILICE la base de datos 01_ProbarCampo. Este archivo de práctica se encuentra en la carpeta Capítulo_12 en Office 2007. Paso a paso.

ABRA la base de datos 01_ProbarCampo. Luego muestre la tabla Prueba de propiedades del campo en la Vista Diseño.

1. Haga clic en la primera celda disponible de Nombre del campo (debajo del campo ID generado automáticamente), escriba **fTexto** y luego pulse la tecla **Tab** para desplazarse a la celda Tipo de datos.

2. En la segunda celda de Nombre del campo, escriba **fNúmero** y luego pulse **Tab**.

3. Haga clic en la flecha del cuadro correspondiente de Tipo de datos y, en la lista, haga clic en Número.

4. Repita los pasos 2 y 3 para añadir los siguientes campos:

Campo	Tipo de datos
fFecha	Fecha/Hora
fMoneda	Moneda
fBooleano	Sí/No

Truco: El tipo de datos referido como Sí/No en Access es denominado normalmente Booleano (en honor a George Boole, matemático y filósofo lógico). Este tipo de datos puede albergar dos valores mutuamente exclusivos normalmente expresados como sí/no, 1/0, activado/desactivado o verdadero/falso.

5. Haga clic en el nombre del campo fTexto para seleccionarlo. Access mostrará las propiedades del campo seleccionado en la parte inferior del cuadro de diálogo (véase la figura 12.1).

6. Repita el paso 5 para revisar las propiedades de cada campo y luego, en la barra de herramientas de acceso rápido, haga clic en el botón **Guardar** 🖫.

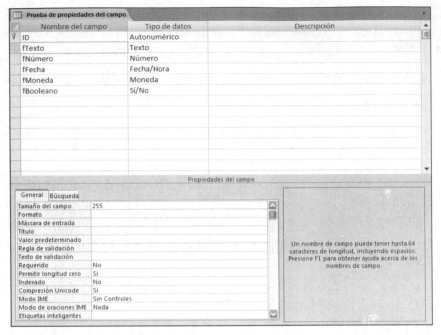

Figura 12.1. Propiedades del campo.

7. En la barra de herramientas Vista, haga clic en el botón **Vista Hoja de datos** (véase la figura 12.2).

8. En la celda fTexto, escriba **Esta entrada tiene 32 caracteres de extensión**.

9. En la celda fNúmero, escriba **Quinientos**. El tipo de datos para este campo es Número. Access no aceptará su entrada de texto y mostrará una advertencia ofreciéndole varias opciones (véase la figura 12.3).

10. En el cuadro de mensaje de Microsoft Office Access, haga clic en Especifique un valor nuevo. Después, reemplace "Quinientos" por **500**.

11. En la celda fFecha, escriba **fecha** y luego pulse **Tab**.

12. En el cuadro de mensaje de Microsoft Office Access que aparece, haga clic en Especifique un valor nuevo., escriba **Ene 1** y luego pulse **Tab**.

El campo fFecha aceptará casi cualquier entrada que pueda reconocerse como una fecha y la mostrará en el formato de datos por defecto. Dependiendo del formato por defecto de su ordenador, "Ene 1" podría mostrarse como 1/1/2007, 1/1/07 o en algún otro formato.

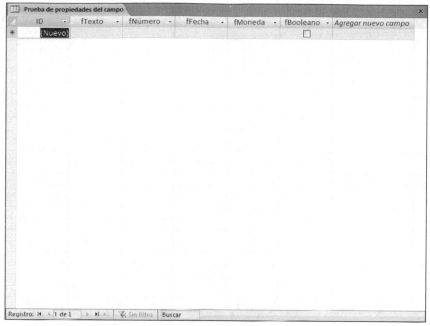

Figura 12.2. Vista Hoja de datos de la base de datos.

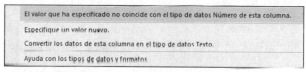

Figura 12.3. Mensaje de advertencia.

13. En el campo **fMoneda**, escriba la palabra moneda y luego pulse **Tab**.

14. En el cuadro de mensaje de Microsoft Office Access que aparece, haga cic en **Especifique un valor nuevo.**, escriba **-45,3456** y luego pulse **Tab**. Access almacenará el número que ha introducido pero le mostrará "-45,35 €".

15. En el campo **fBooleano**, introduzca **123**. Luego, haga clic en cualquier parte del campo para alternar la casilla de verificación entre **No** (no activada) y **Sí** (activada), acabando con el campo en el estado activado.

Este campo no aceptará cualquier cosa que escriba en él; sólo podrá alternar entre dos valores predefinidos (véase la figura 12.4).

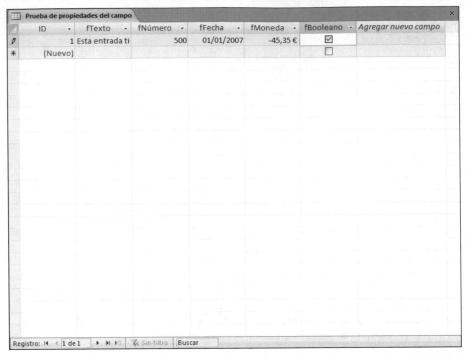

Figura 12.4. El campo Booleano no acepta cualquier valor que quiera introducir.

CIERRE la tabla sin guardar los cambios y luego cierre la base de datos `01_ProbarCampo`.

Restringir la cantidad de datos de un campo

La propiedad Tamaño del campo, que es válida para los tipos de datos Texto, Número y Autonumérico, restringe el número de caracteres que pueden introducirse en un campo de texto (de 0 a 255) y la cantidad de dígitos que pueden introducirse en un campo de número o Autonumérico. Puede establecer campos numéricos a cualquiera de los siguientes valores:

Configuración	Descripción
Byte	Almacena números enteros de 0 a 255.
Entero	Almacena números enteros de -32.767 a 32.767.

Configuración	Descripción
Entero largo	(Por defecto). Almacena números enteros de -2.147.483.647 a 2.147.483.647.
Simple	Almacena números negativos de -3.402823E38 a -1.401298E-45 y números positivos de 1.401298E-45 a 3.402823E38.
Doble	Almacena números negativos de -1.79769313486231 E308 a -4.94065645841247E-324 y números positivos de 1.79769313486231E308 a 4.94065645841247E-324.
Decimal	Almacena números de -10^28 -1 hasta 10^28 -1.

Los campos autonuméricos se establecen automáticamente a Entero largo.

Al configurar la propiedad Tamaño del campo a un valor que permita la entrada válida más larga, impedirá que el usuario introduzca ciertos tipos de información no válida. Si intenta escribir más caracteres en un campo de texto de la cantidad permitida por la configuración Tamaño del campo, sonará una advertencia de audio y Access rechazará la entrada. De igual forma, Access rechazará cualquier valor que esté por debajo o por encima de los límites de un campo numérico cuando intente desplazarse a otro campo.

En este ejercicio, cambiará la propiedad Tamaño del campo de varios campos para ver el resultado que tiene en los datos que ya están en la tabla y en los datos nuevos que introduzca.

UTILICE la base de datos 02_Tamaño. Este archivo de práctica se encuentra en la carpeta Capítulo_12 en Office 2007. Paso a paso.

ABRA la base de datos 02_Tamaño. Luego abra la tabla Prueba de propiedades del campo en la Vista Hoja de datos.

1. Revise el contenido del primer registro (véase la figura 12.5).

2. En la barra de herramientas Vista, haga clic en el botón **Vista Diseño** 📐.

3. Haga clic en cualquier celda de la fila fTexto y luego, en la zona de Propiedades del campo, cambie la propiedad Tamaño del campo de 255 a 12.

4. Haga clic en cualquier celda de la fila fNúmero, haga clic en la flecha de Tamaño del campo y luego, en la lista, haga clic en Byte.

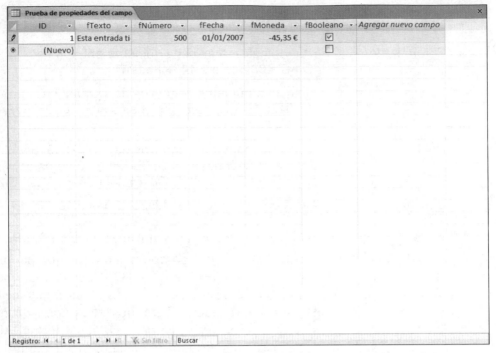

Figura 12.5. Contenido del primer registro de la tabla.

Access restringirá la cantidad de caracteres que puede introducirse en el campo de texto a 12, y los valores que pueden introducirse an el campo de número de 0 a 255.

5. Cambie a la **Vista Hoja de datos**, haciendo clic en **Sí** cuando se le pregunte si quiere guardar la tabla.

La tabla contendrá datos que no se ajustarán a esta nueva configuración de propiedades, así que Access mostrará una advertencia de que se podrían perder algunos datos (véase la figura 12.6).

Figura 12.6. Mensaje de advertencia de Access.

6. Haga clic en **Sí** para asumir el riesgo y haga clic en **Sí** de nuevo para aceptar la eliminación del contenido de un campo (véase la figura 12.7).

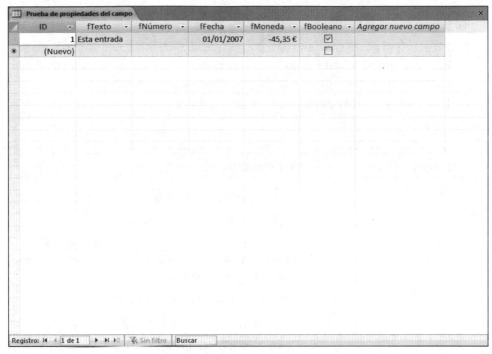

Figura 12.7. Eliminación del contenido de un campo como resultado del cambio de la propiedad Tamaño del campo.

7. En el campo fNúmero, escriba **2,5** y luego pulse la tecla **Intro**. Access redondeará el valor introducido al número entero más cercano.

CIERRE la tabla Prueba de propiedades del campo y la base de datos 02_Tamaño.

Especificar el formato de datos de un campo

Cuando utilice máscaras en tablas o formularios, la gente que introduzca información podrá ver a primera vista el formato en el que debería escribir las entradas y la longitud que deberían tener. Puede utilizar la propiedad Máscara de entrada para controlar la forma en la que se introducen los datos en los campos de texto, numéricos, de fecha/hora y de moneda. Esta propiedad tiene tres partes, separadas por puntos y comas, como la máscara de un número de teléfono, mostrada a continuación:

```
!\(009") "900\ 00\ 00;0;#
```

La primera parte contiene caracteres que se utilizan como lugares para la información que se escribirá, así como caracteres como los paréntesis. Todos estos caracteres en conjunto controlan la apariencia de la entrada.

La siguiente tabla explica el fin de los caracteres de máscara de entrada más comunes:

·Carácter	Descripción
0	Dígito obligado (del 0 al 9).
9	Dígito opcional o espacio.
#	Dígito opcional o espacio; las posiciones en blanco se convertirán en espacios; los signos de más y menos están permitidos.
L	Letra obligada (de la A a la Z).
?	Letra opcional (de la A a la Z).
A	Letra o dígito obligado.
a	Letra o dígito opcional.
&	Carácter o espacio obligado (cualquier tipo).
C	Carácter o espacio opcional (cualquier tipo).
<	Todos los caracteres siguientes se convertirán a minúsculas.
>	Todos los caracteres siguientes se convertirán a mayúsculas.
!	Los caracteres escritos en la máscara se rellenarán de izquierda a derecha. Puede incluir el signo de exclamación en cualquier parte de la máscara de entrada.
\	El carácter siguiente se muestra inmediatamente detrás.

Carácter	Descripción
"cualquier texto"	Access trata la cadena situada entre comillas como texto literal.
Contraseña	Crea un cuadro de entrada de contraseña. Cualquier carácter que se escriba en este cuadro se almacenará como un carácter pero se mostrará como un asterisco (*).

Cualquier carácter que no se incluya en esta lista se mostrará literalmente. Si quiere utilizar uno de los caracteres especiales en esta lista como un carácter literal, precédalo con el carácter "\" (barra invertida).

La segunda y tercera parte de la máscara de entrada son opcionales. Incluir un 1 en la segunda parte o dejarlo en blanco le indicará a Access que almacene sólo los caracteres introducidos; incluir un 0 le indicará que almacene tanto los caracteres introducidos como los caracteres de la máscara. Introducir un carácter en la tercera parte ocasionará que Access muestre ese carácter como un lugar dispuesto para cada uno de los caracteres que se escriban; dejarlo en blanco mostrará un guión bajo como lugar para escribir.

La máscara de entrada `"\(009")"900\00\00;0;#"` creará la siguiente visualización en un campo tanto en una tabla como en un formulario:

```
(###) ### ## ##
```

En este ejemplo, restringe la entrada a 19 dígitos, ni más ni menos. El usuario de la base de datos no introducirá el paréntesis, el espacio o la barra; ni Access almacenará esos caracteres (aunque podría mostrarlos en la tabla, el formulario o el informe si establece la propiedad de formato adecuada). Access almacena sólo los 10 dígitos.

En este ejercicio, utilizará el **Asistente para máscaras de entrada** para aplicar una máscara de entrada predefinida de número de teléfono en un campo de texto, obligando a introducir números en el formato (XXX) XXX XX XX. Después, creará una máscara personalizada para obligar a que la primera letra introducida en otro campo de texto sea en mayúsculas.

UTILICE la base de datos `03_Preciso`. Este archivo de práctica se encuentra en la carpeta `Capítulo_12` en `Office 2007`. Paso a paso.

ABRA la base de datos `03_Preciso`. Luego muestre la tabla **Prueba de propiedades del campo** en la **Vista Diseño**.

1. En la primera celda Nombre del campo en blanco, escriba **fTeléfono** y establezca el Tipo de datos en Texto.

2. Haga clic en el selector de fila para seleccionar la fila y luego arrastre el campo seleccionado hacia arriba justo debajo del campo ID.

3. Guarde el diseño de la tabla y, con fTeléfono aún seleccionado, haga clic en Máscara de entrada en la zona de Propiedades del campo.

4. Haga clic en el botón **Tres puntos** ![...] a la derecha de la celda para iniciar el Asistente para máscaras de entrada y mostrar la primera página del asistente. (Si se le pide que instale esta característica, haga clic en **Sí** (véase la figura 12.8).

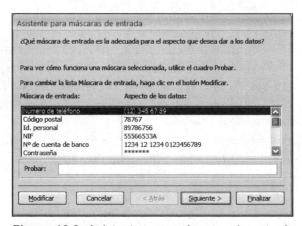

Figura 12.8. Asistente para máscaras de entrada.

5. Con Número de teléfono seleccionado en la lista Máscara de entrada, haga clic en **Siguiente**. La segunda página del asistente mostrará la máscara de entrada y le dará la posibilidad de cambiar el carácter marcador que indicará qué escribir. El signo de exclamación hará que Access rellene la máscara de izquierda a derecha con lo que se escriba. El paréntesis y el guión son caracteres que Access insertará en los lugares indicados. Los nueves representan dígitos opcionales y los ceros representan representan dígitos obligados, así que puede introducir un número de teléfono con o sin código de área.

6. Cambie 009 por 000 para pedir obligatoriamente un código de área y luego cambie el Carácter marcador a # (véase la figura 12.9).

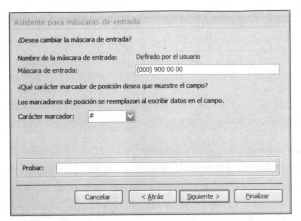

Figura 12.9. Cambio del Carácter marcador.

7. Haga clic en **Siguiente**. En la tercera página del asistente, especifique si quiere guardar los símbolos con los datos (véase la figura 12.10). Si guarda los símbolos, los datos siempre se mostrarán en tablas, formularios e informes en este formato. Sin embargo, los símbolos ocupan espacio, lo que significa que su base de datos será más grande.

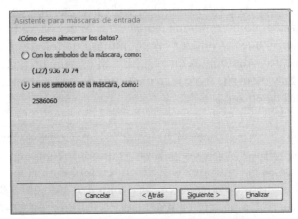

Figura 12.10. Más opciones del Asistente para máscaras de entrada.

8. Acepte la selección por defecto (almacenar los datos sin los símbolos) haciendo clic en **Finalizar**.

Access cerrará el asistente y mostrará la máscara modificada como propiedad Máscara de entrada (véase la figura 12.11).

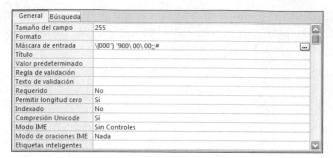

Figura 12.11. Máscara de entrada recientemente modificada.

9. Pulse **Intro** para aceptar la máscara. Access cambiará el formato de la máscara a \(000") "900\ 00\ 00;;#. Observe los dos puntos y coma que separan la máscara en sus tres partes. Ya que le indicó a Access que almacenara los datos sin los símbolos, no se mostrará nada en la segunda parte de la máscara. Observe también que Access ha añadido dobles comillas para asegurarse de que el paréntesis final y el siguiente espacio se tratan literalmente.

10. Guarde los cambios y luego cambie a la Vista Hoja de datos.

11. Pulse la tecla **Flecha abajo** para desplazarse al siguiente registro, luego pulse la tecla **Tab** para desplazarse al campo fTeléfono. Escriba una serie de números y letras para ver cómo funciona la máscara. Access dará formato a los primeros 10 números que introduzca como número de teléfono, ignorando las letras o los dígitos adicionales que escriba. Si escribe menos de 10 dígitos y luego pulsa **Tab** o **Intro**, Access le advertirá de que la entrada no coincide con la máscara de entrada.

Truco: Una máscara de entrada puede contener más que sólo marcadores de posición para los datos que se introduzcan. Si, por ejemplo, escribe "El número es" delante del número de teléfono en la propiedad Máscara de entrada, la entrada por defecto para el campo será El número es (###) ### ## ##. Después, si coloca el punto de inserción al comienzo del campo, los números que escriba reemplazarán los marcadores de posición y no el texto. La configuración Tamaño del texto no se aplicará a los caracteres de la máscara, así que, si está establecido en 15, la entrada no se verá truncada incluso si la cantidad de caracteres mostrados (incluyendo espacios) es de 28.

---

12. Cambie a la Vista Diseño y añada un nuevo campo debajo de fBooleano. Llámelo Apellido. Deje la configuración Tipo de datos como la de por defecto; Texto.

13. Seleccione el nuevo campo, haga clic en Máscara de entrada, escriba **>L<??????????????????** (18 signos de interrogación) y pulse **Intro**. El símbolo "mayor que" (>) hace que el texto que le sigue sea en mayúsculas. La "L" es una letra obligatoriamente. El símbolo "menor que" (>) hace que el texto que le sigue sea en minúsculas. Cada signo de interrogación permite que se introduzca cualquier letra o no se introduzca ninguna, además de que hay un signo de interrogación menos que el máximo de número de letras que quiere permitir en el campo (19, incluyendo la mayúscula inicial). La configuración Tamaño del campo debe ser mayor que este máximo.

14. Guarde los cambios, vuelva a la Vista Hoja de datos, escriba **smith** en el campo Apellido de uno de los registros y pulse **Tab**. Intente introducir "SMITH" y luego "McDonald". Sin importar cómo introduzca el nombre, sólo aparecerá la primera letra del registro en mayúsculas. Este tipo de máscara tiene sus limitaciones, pero puede ser útil en muchas situaciones.

CIERRE los archivos Prueba de propiedades del campo y 03_Preciso.

Restringir datos utilizando reglas de validación

Una regla de validación es una expresión que puede definir de forma precisa la información que se aceptará en uno o varios campos de un registro. Puede utilizar una regla de validación en un campo que contenga la fecha en la que un empleado fue contratado para impedir que se introduzca una fecha en el futuro. O si realiza entregas sólo a ciertas áreas locales, puede utilizar una regla de validación en el campo del teléfono o en el del código postal para rechazar las entradas de otras áreas. En este ejercicio, creará y probará varias reglas de validación para campos y una regla de validación para la tabla.

UTILICE la base de datos 04_Validar. Este archivo de práctica se encuentra en la carpeta Capítulo_12 en Office 2007. Paso a paso.

ABRA la base de datos 04_Validar. Luego muestre la tabla Prueba de propiedades del campo en la Vista Diseño.

1. Seleccione fTeléfono y luego haga clic en el cuadro Regla de validación. Aparecerá un botón de tres puntos al final del cuadro Regla de validación. Puede hacer clic en este botón para utilizar el Generador de expresiones para crear una expresión, o puede escribir una expresión en el cuadro.

2. Escriba **Como "206*" O Como "425*"** en el cuadro Regla de validación y pulse **Intro**.

3. En el cuadro Regla de validación, escriba **El código de área debe ser 206 ó 425**. Una regla se establecerá para los tres primeros dígitos introducidos en el campo fTeléfono, incluyendo el texto que Access debería mostrar si alguien intenta introducir un número de teléfono no válido.

4. En el cuadro Título, escriba **Número de teléfono** (véase la figura 12.12.).

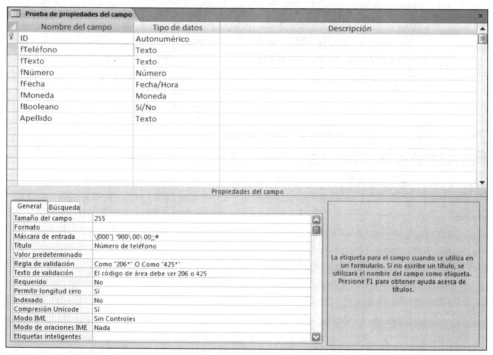

Figura 12.12. Cambio del nombre del campo fTeléfono.

5. Guarde la tabla. Access le advertirá de que las reglas de integridad de datos han cambiado. La tabla no cumple con la nueva regla porque contiene campos de número de teléfono en blanco.

6. Haga clic en **No** para cerrar el cuadro de mensaje sin probar los datos.

7. Vuelva a la Vista Hoja de datos, en la que el título para el primer campo será ahora Número de teléfono.

8. Sitúe el punto de inserción a la izquierda del primer # de cualquier campo Número de teléfono, escriba **3605550109** y luego pulse **Intro**. La configuración Regla de validación hará que Access muestre un cuadro de alerta, advirtiéndole de que el código de área debe ser 206 ó 425.

9. Haga clic en **Aceptar** para cerrarlo, escriba un nuevo número de teléfono con uno de los códigos de área permitidos y pulse **Intro**.

10. Vuelva a la Vista Diseño y añada otro campo de datos. Escriba **Fecha2** como Nombre del campo, establezca el Tipo de datos a Fecha/Hora y arrastre el nuevo campo justo debajo de fFecha.

11. Haga clic con el botón derecho del ratón sobre la ventana de la tabla y luego haga clic en Propiedades (véase la figura 12.13).

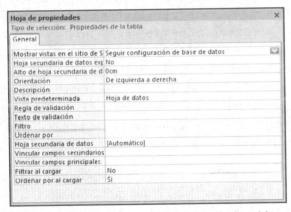

Figura 12.13. Hoja de propiedades de la tabla.

12. Haga clic en el cuadro Regla de validación, escriba **[Fecha2]>[fFecha]** y pulse **Intro**.

13. En el cuadro Texto de validación, escriba **Fecha2 debe ser posterior a fFecha** y cierre la hoja. Una regla de validación de una tabla se añadirá de forma que asegurará que la segunda fecha siempre será posterior a la primera.

14. Guarde la tabla (haga clic en **No** para cerrar el cuadro de alerta de integridad de datos) y vuelva a la Vista Hoja de datos.

15. En cualquier registro, escriba **6/1/07** en fFecha y **5/1/07** en Fecha2 y luego haga clic en otro registro. Access mostrará la configuración Texto de validación del cuadro de diálogo Propiedades de la tabla, recordándole que Fecha2 debe ser posterior a fFecha.

16. Haga clic en **Aceptar**, cambie Fecha2 a 6/2/2007 y haga clic en otro registro.

CIERRE la tabla Prueba de propiedades del campo y la base de datos `04_Validar`.

Crear una lista de búsqueda sencilla

Es interesante las diversas formas en las que la gente puede plantearse introducir los mismos elementos de información en una base de datos. Al preguntar el nombre de su estado, por ejemplo, los residentes del estado de Washington escribirán Washington, Wash o WA, además de varios erratas y fallos de ortografía. Si le pide a una docena de empleados que introduzca el nombre de un producto, cliente y empresa de envíos específicos en una factura, la probabilidad de que todos escriban la misma cosa no es muy alta. En casos como éstos, en los que la cantidad de elecciones correctas es limitada (al nombre actual del producto, el cliente actual y la empresa actual de envíos), proporcionar la opción para elegir la respuesta correcta de una lista mejorará la consistencia de su base de datos.

Puede limitar las opciones de introducción de información en una base de datos de varias formas:

- Para sólo dos opciones, puede utilizar un campo Booleano representado por una casilla de verificación. La casilla activada indicará una elección y la casilla desactivada indicará la otra.

- Para varias opciones mutuamente exclusivas en un formulario, puede utilizar los botones de opción para reunir la información pedida.

- Para más de unas cuantas opciones, un cuadro combinado es una buena forma de empezar. Cuando haga clic en la flecha hacia abajo al final de un cuadro combinado, se mostrará una lista de elecciones. Dependiendo de las propiedades asociadas al cuadro combinado, si no ve la opción que quiere, podría escribir algo más, añadiendo la entrada a la lista de opciones posibles mostradas en el futuro.

■ Para una lista pequeña de elecciones que no cambian a menudo, puede hacer que el cuadro combinado busque las opciones en una lista que proporcione usted. Aunque puede crear una lista de búsqueda a mano, es mucho más fácil utilizar el Asistente para búsquedas.

En este ejercicio, utilizará el Asistente para búsquedas para crear una lista de meses de los que el usuario pueda elegir.

UTILICE la base de datos 05_BúsquedaSencilla. Este archivo de práctica se encuentra en la carpeta Capítulo_12 en Office 2007. Paso a paso.

ABRA la base de datos 05_BúsquedaSencilla. Luego muestre la tabla Prueba de propiedades del campo en la Vista Diseño.

1. Añada un nuevo campo debajo de Apellido. Llámelo Mes1 y establezca el Tipo de datos a Asistente para búsquedas (véase la figura 12.14).

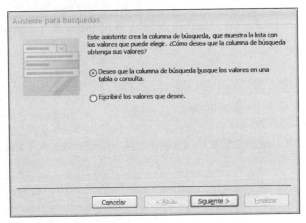

Figura 12.14. Asistente para búsquedas.

2. Seleccione la opción Escribiré los valores que desee. y luego haga clic en **Siguiente**.

3. Deje el Número de columnas establecido en 1 y haga clic en el cuadro Col1.

4. Introduzca los 12 meses del año (Enero, Febrero, etc.), pulsando **Tab** después de cada uno para desplazarse a una nueva fila.

5. Haga clic en **Siguiente** y luego haga clic en **Finalizar**.

6. En la zona **Propiedades del campo**, haga clic en la ficha **Búsqueda** para ver la información de búsqueda para el campo **Mes1** (véase la figura 12.15).

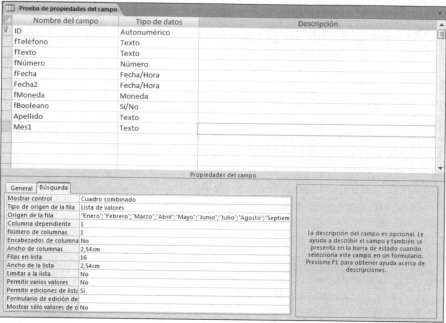

Figura 12.15. Elementos de la ficha Búsqueda.

7. Cambie a la Vista Hoja de datos, haciendo clic en **Sí** para guardar los cambios.

8. Haga doble clic en las barras verticales entre los encabezados de columna para ajustar los anchos de columna de forma que pueda ver todos los campos.

9. Haga clic en el campo **Mes1** de un registro y luego haga clic en la flecha que aparece para mostrar la lista de opciones (véase la figura 12.16).

Observe el botón debajo de la lista de opciones de **Mes1**. Al hacer clic en este botón se abrirá el cuadro de diálogo **Editar elementos de lista**. Esta característica es nueva de Access 2007. El usuario de la base de datos puede abrir el editor haciendo clic en el botón o introduciendo texto que no esté en la lista y respondiendo **Sí** cuando se le pregunte si quiere modificar la lista. Si no quiere que los usuarios puedan modificar la lista, puede desactivar esta propiedad, como haremos a continuación en este ejercicio.

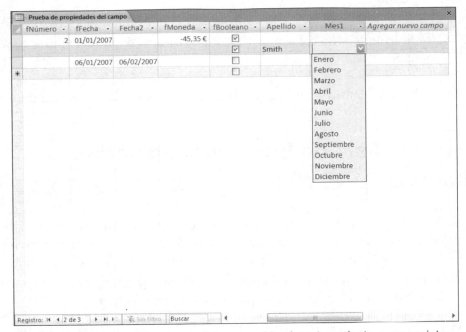

Figura 12.16. Lista de opciones del campo Mes1 perteneciente a un registro.

10. Si lo abrió, cierre el cuadro de diálogo Editar elementos de lista y luego haga clic en Febrero para introducirlo en el campo.

11. Haga clic en el siguiente campo Mes1, escriba **Jun** y pulse **Intro**.

12. En el siguiente campo Mes1, escriba **jno** y pulse **Intro**. Incluso si la entrada no está en la lista, se aceptará exactamente como la escribió. Aunque pueda haber veces en las que quiera permitir entrada de información diferente a la de los elementos de la lista, ésta es una de esas veces que necesita cambiar las propiedades del campo para limitar lo que puede introducirse.

13. Vuelva a cambiar a la Vista Diseño. La propiedad Limitar a la lista de la ficha Búsqueda para Mes1 está establecida actualmente en No, lo que permitirá a los usuarios introducir información que no esté en la lista.

14. Cambie Limitar a la lista a Sí.

15. Cambie Permitir ediciones de lista de valores a No.

16. Guarde la tabla, vuelva a la Vista Hoja de datos, escriba **jno** en un nuevo campo Mes1 y luego pulse **Intro**. Access le informará de que el texto que ha introducido no está en la lista y rechazará la entrada.

17. En el cuadro de mensaje de Microsoft Office Access, haga clic en Aceptar.

18. En la lista de Mes1, haga clic en Julio. El mes de julio se mostrará en el campo.

CIERRE la base de datos 05_BúsquedaSencilla, guardando los cambios.

Crear una lista de búsqueda de varias columnas

Seleccionar un mes de una lista de nombres es cómodo para los usuarios, pero si su ordenador tiene que abordar esta información de alguna forma matemática, sería más fácil para su uso una lista de los números asociados a cada mes.

En este ejercicio, utilizará el Asistente para búsquedas para crear una lista de meses de dos columnas de los que el usuario pueda elegir.

UTILICE la base de datos 06_BúsquedaVariasColumnas. Este archivo de práctica se encuentra en la carpeta Capítulo_12 en Office 2007. Paso a paso.

ABRA la base de datos 06_BúsquedaVariasColumnas. Luego muestre la tabla Prueba de propiedades del campo en la Vista Diseño.

1. Añada un nuevo campo debajo de Mes1. Llámelo Mes2 y establezca el Tipo de datos a Asistente para búsquedas.

2. Seleccione la opción Escribiré los valores que desee. y luego haga clic en **Siguiente**.

3. Escriba **2** para añadir una segunda columna y luego haga clic en la celda Col1. Access añadirá una segunda columna, llamada Col2.

4. Introduzca los siguientes números y meses en las dos columnas:

Número	Mes
1	Enero
2	Febrero
3	Marzo

Número	Mes
4	Abril
5	Mayo
6	Junio
7	Julio
8	Agosto
9	Septiembre
10	Octubre
11	Noviembre
12	Diciembre

No es necesario ajustar el ancho de las columnas en el Asistente para búsquedas a menos que sea para poder verlas en el propio asistente (véase la figura 12.17).

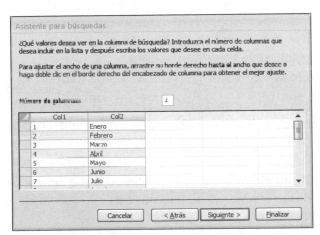

Figura 12.17. El ajuste de columnas en el Asistente para búsquedas no es necesario.

5. Haga clic en **Siguiente** y luego haga clic en **Finalizar**.

6. En la zona Propiedades del campo, haga clic en la ficha Búsqueda para poder ver la información de búsqueda para el campo Mes2 (véase la figura 12.18).

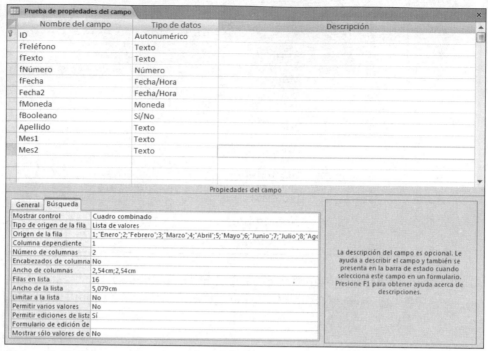

Figura 7.18. Información de la ficha Búsqueda del campo Mes2.

7. Cambie Limitar a la lista a Sí y Permitir ediciones de lista de valores a No.

8. Guarde los cambios, cambie a la Vista Hoja de datos y luego haga clic en la flecha de un campo Mes2 para mostrar la lista de opciones.

9. En la lista de Mes2, haga clic en Enero. Access mostrará el número 1 en el campo, que será útil para el ordenador. Sin embargo, los usuarios podrían confundirse con las dos columnas y ver algo diferente a lo que hayan escrito o en lo que hayan hecho clic.

10. Cambie de nuevo a la Vista Diseño y, en el cuadro Ancho de columnas, que aparece como 2,54cm;2,54cm, cambie el ancho de la primera columna a 0 (no tendrá que escribir "cm") para impedir que se muestre.

11. Guarde los cambios, vuelva a la Vista Hoja de datos y, como prueba, en los demás registros establezca Mes2 a Febrero en dos registros y a Marzo en el otro.

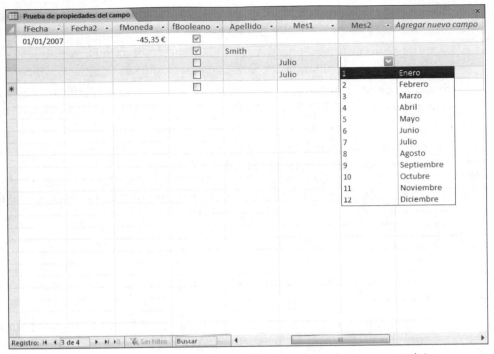

Figura 7.19. Lista de opciones del campo Mes2 perteneciente a un registro.

12. Haga clic con el botón derecho del ratón sobre cualquier celda de la columna Mes2, sitúe el cursor sobre Filtros de texto y luego haga clic en Es igual a.

13. En el cuadro Filtro personalizado, escriba **2** y luego pulse **Intro**.

   Access ahora mostrará sólo los dos registros con Febrero en el campo Mes2.

14. Haga clic en el botón **Alternar filtro** ⫫ Alternar filtro y luego repita los pasos 12 y 13, esta vez escribiendo **3** en el cuadro para mostrar el único registro con Marzo en el campo Mes2.

CIERRE la base de datos 06_BúsquedaVariasColumnas, guardando los cambios.

Actualizar información de una tabla

Conforme utilice una base de datos y ésta vaya creciendo, podrá descubrir que los errores van apareciendo o que alguna información se convierte en obsoleta. Puede desplazarse de forma monótona a través de los registros buscando aquellos que necesite cambiar, pero es más eficaz utilizar algunas de las herramientas y técnicas proporcionadas por Acess para este fin.

Si quiere buscar o reemplazar varias ocurrencias de la misma palabra o frase, puede utilizar los comandos de Buscar y reemplazar del menú Edición.

Si quiere cambiar información almacenada en la base de datos sólo en ciertas circunstancias, necesita el poder de una consulta de actualización, que es una consulta de selección que realiza una acción sobre los resultados de la consulta.

En este ejercicio, creará una consulta de actualización para incrementar el precio de elementos seleccionados un 10 %.

UTILICE la base de datos `07_Actualizar`. Este archivo de práctica se encuentra en la carpeta `Capítulo_12` en `Office 2007. Paso a paso`.

ABRA la base de datos `07_Actualizar`.

1. En la ficha Crear, en el grupo Otros, haga clic en el botón **Asistente para consultas**.

2. En el cuadro de diálogo Nueva consulta, con Asistente para consultas sencillas seleccionado, haga clic en **Aceptar**.

3. En la lista Tablas/Consultas, haga clic en Tabla: Categorías.

4. En la lista Campos disponibles haga doble clic en NombreCategoría para moverlo a la lista Campos seleccionados.

5. En la lista Tablas/Consultas, haga clic en Tabla: Productos.

6. En la lista Campos disponibles haga doble clic en NombreProducto y PrecioUnidad para moverlos a la lista Campos seleccionados.

7. En el cuadro de diálogo Asistente para consultas sencillas, haga clic en **Finalizar** para crear la consulta utilizando las configuraciones de detalle y el título por defecto. Access mostrará los resultados de la consulta en una hoja de datos. Sólo se mostrarán los campos Nombre categoría, Nombre Producto y Precio unidad (véase la figura 12.20).

8. Muestre la consulta en la Vista Diseño (véase la figura 12.21).

   Los resultados de la consulta actual incluirán los productos de todas las categorías. Usted quiere aumentar los precios de solo los productos de las categorías bulbos y cactus, así que su siguiente tarea será cambiar la consulta para seleccionar sólo esas categorías.

Categorías Consulta			×
Nombre categoría	Nombre Producto	Precio unidad	
Bulbos	Magic Lily	$44,00	
Bulbos	Autumn crocus	$20,63	
Bulbos	Anemone	$30,80	
Bulbos	Lily-of-the-Field	$41,80	
Bulbos	Siberian Iris	$14,25	
Bulbos	Daffodil	$14,25	
Bulbos	Peony	$21,95	
Bulbos	Lilies	$11,55	
Bulbos	Begonias	$20,85	
Bulbos	Bulb planter	$7,65	
Cactus	Opuntia humifusa	$3,30	
Cubierta veget.	Vicia perenne	$12,95	
Cubierta veget.	Hiedra	$5,95	
Cubierta veget.	Gengibre europeo	$6,25	
Cubierta veget.	Hiperico rastrero	$9,75	
Cubierta veget.	Leptinella squalida	$9,95	
Césped	Pasto azul	$17,95	
Césped	Agrostis tenuis	$15,50	
Césped	Agrostis palustris	$12,05	
Césped	Festuca roja	$20,00	
Césped	Césped inglés	$19,95	
Césped	Agrostis alba	$21,50	
Césped	Musgo decorativo	$15,45	
Flores	Lirio de los valles	$33,00	
Flores	Hydrangea paniculata	$40,00	

Registro: 1 de 189   Sin filtro   Buscar

Figura 12.20. Hoja de datos con los campos Nombre categoría, Nombre Producto y Precio unidad.

9. En la fila Criterios, en NombreCategoría, escriba **bulbos**. Luego, en la fila o, escriba **cactus**.

10. Haga clic en el botón **Ejecutar** para ejecutar la consulta y confirmar que sólo se enumeran los bulbos y los cactus y luego vuelva a la Vista Diseño.

    La consulta ahora seleccionará sólo los registros que quiere cambiar. Pero, para realizar un cambio a los registros, tendrá que utilizar una consulta de actualización.

Ejecutar

11. Muestre la consulta en la Vista Diseño. En la ficha contextual Diseño, en el grupo Tipo de consulta, haga clic en el botón **Actualizar**.

    Access convertirá la consulta de selección a una consulta de actualización. En la cuadrícula de diseño, las filas Orden y Mostrar desaparecerán y aparecerá una fila Actualizar a.

Actualizar

12. En la fila Actualizar a, en PrecioUnidad, escriba **[PrecioUnidad]*1,1**.

13. Muestre la consulta en la Vista Hoja de datos.

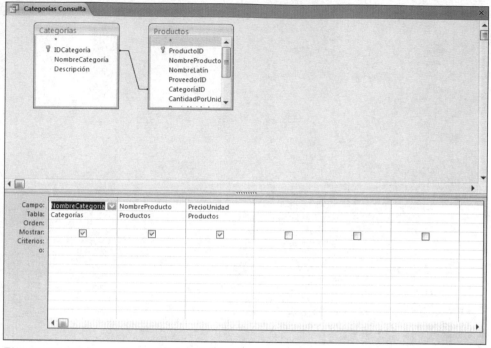

Figura 12.21. Consulta en Vista Diseño.

14. Cambie a la Vista Diseño. Luego, en la ficha contextual Diseño, en el grupo Resultados, haga clic en el botón **Ejecutar**. Access mostrará una advertencia indicándole que no porá deshacer los cambios que va a realizar y le pedirá confirmación de que quiere actualizar los registros (véase la figura 12.22).

Figura 12.22. Mensaje de advertencia de Access.

15. En el cuadro de mensaje de Microsoft Office Access, haga clic en **Sí**. Luego, haga clic en el botón **Ver** hoja de datos para mostrar el campo PrecioUnidad, donde todos los precios se habrán incrementado un 10 %.

16. Guarde y cierre la consulta.

CIERRE la base de datos 07_Actualizar.

Eliminar información de una tabla

Con el tiempo, parte de la información almacenada en una base de datos podría volverse obsoleta. La tabla Productos de nuestra base de datos de muestra, por ejemplo, enumera todos los productos que la empresa ofrece actualmente para la venta o que ha vendido en el pasado.

Para mantener una base de datos eficaz, es una buena idea limpiar la casa y descartar los registros obsoletos de cuando en cuando. Puede realizar esta tarea desplazándose a través de las tablas y eliminando registros a mano, pero si todos los registros que quiere eliminar coinciden con algún patrón, puede utilizar una consulta de eliminación para deshacerse rápidamente de todos ellos.

En este ejercicio, creará una consulta de eliminación para eliminar todos los productos descatalogados de una tabla de una base de datos.

UTILICE la base de datos `08_Eliminar`. Este archivo de práctica se encuentra en la carpeta `Capítulo_12` en `Office 2007. Paso a paso`.

ABRA la base de datos `08_Eliminar`.

1. En la ficha Crear, en el grupo Otros, haga clic en el botón **Diseño de consulta**. Access abrirá un nuevo objeto de consulta y el cuadro de diálogo Mostrar tabla.

2. En el cuadro de diálogo Mostrar tabla, haga doble clic en Productos para añadir esa tabla a la zona de la lista de ventanas de la consulta y luego haga clic en **Cerrar**.

3. En la lista de campos de Productos, haga doble clic en el asterisco para copiar todos los campos de la tabla en la consulta. Productos.* aparecerá en la fila Campo de la primera columna de la cuadrícula de diseño y Productos aparecerá en la fila Tabla (véase la figura 12.23).

4. En la lista de campos de Productos, haga doble clic en Descatalogado para copiarlo en la siguiente columna disponible de la cuadrícula de diseño.

5. En el grupo Tipo de consulta, haga clic en el botón **Eliminar** para convertir esta consulta de selección en una consulta de eliminación.

Aparecerá una fila Eliminar en la cuadrícula de diseño y desaparecerán las filas Orden y Mostrar (véase la figura 12.24). En la primera columna, que contiene la referencia a todos los campos de la tabla Productos, la fila

Eliminar contendrá la palabra Desde, que indica que ésta es la tabla de donde se eliminarán los registros. Cuando añada campos individuales a las demás columnas, como ha hecho con el campo Descatalogado, la fila Eliminar mostrará Dónde, que indica que ese campo puede incluirse en los criterios de eliminación.

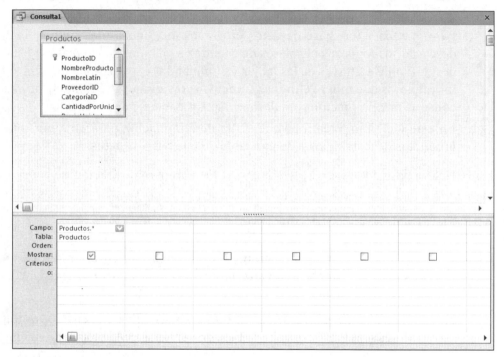

Figura 12.23. Adición de todos los elementos de la tabla Productos a la consulta.

6. En la fila **Criterios**, en **Descatalogado**, escriba **Sí**. El campo **Descatalogado** se establecerá al tipo de datos **Booleano**, que se representa en la hoja de datos como una casilla de verificación activada para indicar **Sí** y desactivada para indicar **No**. Para localizar todos los productos descatalogados, necesitará identificar los registros con el campo **Descatalogado** establecidos en **Sí**.

7. Para comprobar la precisión de la consulta, cambie a la **Vista Hoja de datos**. Al probar los resultados, verá un listado de 18 productos descatalogados que podrían eliminarse si ejecuta la consulta. Desplácese a la derecha para verificar que todos los registros muestran una casilla de verificación en el campo **Productos.Descatalogado**.

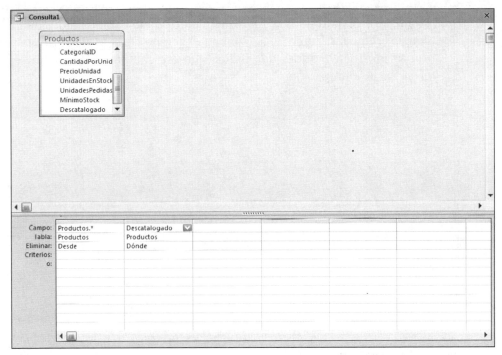

Figura 12.24. Aparición de la fila Eliminar en la cuadrícula de diseño.

Ejecutar

8. Cambie a la Vista Diseño. Luego, en la ficha contextual Diseño, en el grupo Resultados, haga clic en el botón **Ejecutar** para ejecutar la consulta de eliminación.

   Access mostrará una advertencia para recordarle que esta acción es permanente.

9. En el cuadro de mensaje de Microsoft Office Access, haga clic en **Sí** para eliminar los registros.

10. Cambie a la Vista Hoja de datos y verifique que se eliminaron todos los registros (véase la figura 12.25).

11. Si piensa que puede que ejecute la misma consulta en el futuro, guarde y nombre la consulta.

CIERRE la consulta y la base de datos 08_Eliminar.

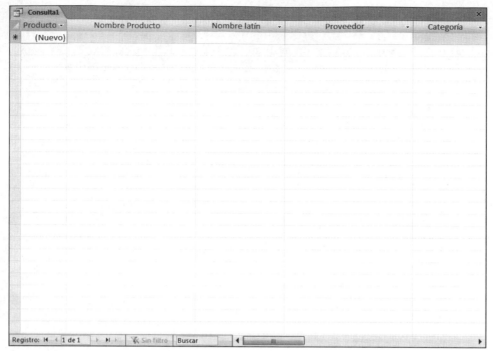

Figura 12.25. Cambio a la Vista Hoja de datos.

Impedir problemas en la base de datos

En el uso diario de una base de datos Access (añadir y eliminar registros, modificar formularios e informes, etc.) pueden desarrollarse diversos problemas. Esto es especialmente cierto si la base de datos se almacena en un recurso compartido, en lugar de en una unidad local, y si varios usuarios acceden a ella. Access controla el estado de los archivos de la base de datos cuando los abre y trabaja con ellos.

Si ocurre algún problema, Access intenta arreglarlo. Si Access no puede arreglar el problema, normalmente proporciona información adicional que podría ayudarle a encontrar una solución. Sin embargo, Access no siempre reconoce un problema antes de que afecte a la base de datos; si esto ocurre, observará que el rendimiento de la base de datos parece ralentizarse o comienza a generar errores. Incluso si no ocurren errores, el uso normal de las bases de datos causa que la estructura interna de una base de datos se fragmente, lo que resulta en un archivo hinchado y un uso no eficaz de espacio en disco.

No tiene que esperar a que Access reconozca un problema. Hay varias cosas que puede hacer para ayudar a mantener su base de datos sana y ejecutándose sin problemas. Su primera línea de defensa contra el daño o la corrupción de cualquier tipo de archivo es el mantenimiento de copias de seguridad.

Puede utilizar las siguientes utilidades Access para hacer que su base de datos siga ejecutándose como la seda:

- **Compactar y reparar base de datos.** Esta utilidad optimiza en primer lugar el rendimiento reorganizando la forma en la que se almacena el archivo en su disco duro y luego intenta reparar la corrupción en tablas, formularios, informes y módulos.

- **Analizador de rendimiento.** Esta utilidad analiza los objetos de su base de datos y ofrece tres tipos de comentarios: ideas, sugerencias y recomendaciones. Puede instruir a Access para optimizar el archivo siguiendo cualquiera de las sugerencias o recomendaciones.

- **Documentador de la base de datos.** Esta herramienta produce un informe detallado que contiene suficiente información como para volver a crear la estructura de la base de datos si fuera necesario.

- **Analizar tabla.** Este asistente prueba tablas de la base de datos conforme a unos principios de diseño estándar de la base de datos, recomienda soluciones a los problemas y pone en práctica esas soluciones a su solicitud.

- **Diagnósticos de Microsoft Office.** Este comando intenta diagnosticar y reparar problemas con sus programas Microsoft Office.

En este ejercicio, realizará una copia de seguridad de una base de datos y luego ejecutará las utilidades Compactar y reparar base de datos, Analizador de rendimiento y Documentador de base de datos.

UTILICE la base de datos 09_Impedir. Este archivo de práctica se encuentra en la carpeta Capítulo_12 en Office 2007. Paso a paso.

ABRA la base de datos 09_Impedir. No muestre ninguna de las tablas de la base de datos.

1. Haga clic en el **botón de Office**, sitúe el cursor sobre Administrar y luego haga clic en Realizar copia de seguridad de la base de datos.

2. En el cuadro de diálogo Guardar como, navegue hasta la carpeta Documentos>Office 2007. Paso a paso>Capítulo_12 y luego haga

clic en **Guardar**. Access creará una copia compactada de la base de datos en la carpeta especificada.

3. Haga clic en el **botón de Office**, sitúe el cursor sobre Administrar y luego haga clic en Propiedades de la base de datos.

Figura 12.26. Cuadro de diálogo Propiedades de la base de datos.

El cuadro de diálogo Propiedades de la base de datos se abrirá, mostrando la información sobre su base de datos en cinco fichas.

4. En la ficha General, observe el tamaño de la base de datos. Luego haga clic en **Aceptar** para cerrar el cuadro de diálogo.

5. Haga clic en el **botón de Office**, sitúe el cursor sobre Administrar y luego haga clic en Compactar y reparar base de datos. Admita la advertencia de seguridad si se le solicita.

6. Repita los pasos 3 y 4 para mostrar el tamaño de la base de datos y compárelo al tamaño original de la base de datos. Puede esperar una reducción del 10 al 25 % del tamaño de la base de datos si la ha estado utilizando durante un tiempo.

7. En la ficha Herramientas de base de datos, en el grupo Analizar, haga clic en el botón **Analizar rendimiento**. El cuadro de diálogo Analizador de rendimiento se abrirá (véase la figura 12.27).

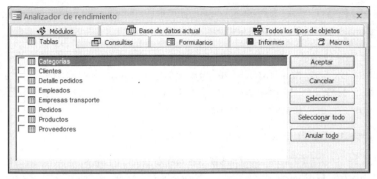

Figura 12.27. Cuadro de diálogo Analizador de rendimiento.

Este cuadro de diálogo contiene una ficha para cada tipo de objeto que puede analizar la utilidad y una ficha que muestra todos los objetos existentes en la base de datos.

8. En la ficha Todos los tipos de objetos, haga clic en **Seleccionar todo** y luego haga clic en **Aceptar** para iniciar el analizador. Cuando acabe, el Analizador de rendimiento mostrará sus resultados (véase la figura 12.28). (Los resultados que vea pueden diferir de los mostrados en la figura.)

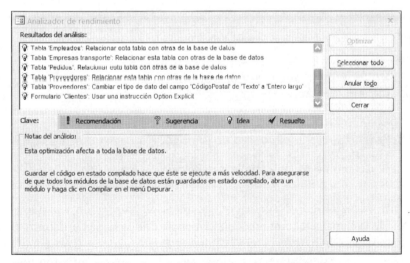

Figura 12.28. Resultados del Analizador de rendimiento.

Los iconos de la columna izquierda de la lista Resultados del análisis indican la categoría de cada entrada: Recomendación, Sugerencia e Idea. (Después de realizar cualquiera de las optimizaciones, Resuelto también aparecerá en la lista.) Al hacer clic en una entrada se mostrará información sobre ella en la sección Notas del análisis.

9. Desplácese por la lista, haciendo clic en cada entrada, y lea todas las notas del análisis. La mayoría de las sugerencias son válidas, aunque algunas, como la de cambiar el tipo de datos del campo CódigoPostal a Entero largo no son adecuadas para esta base de datos.

10. Cierre el cuadro de diálogo Analizador de rendimiento.

11. En la ficha Herramientas de base de datos, en el grupo Analizar, haga clic en el botón **Documentador de base de datos**. El cuadro de diálogo Documentador se abrirá. Este cuadro de diálogo contiene una ficha para cada tipo de objeto que puede documentar la utilidad y una ficha que muestra todos los objetos existentes en la base de datos.

12. En la ficha Tablas, haga clic en el botón **Opciones**. El cuadro de diálogo Imprimir definición de tabla se abrirá (véase la figura 12.29).

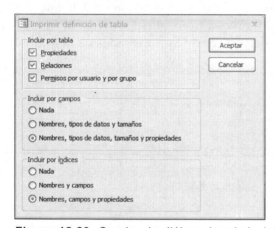

Figura 12.29. Cuadro de diálogo Imprimir definición de tabla.

El cuadro de diálogo ofrecerá las opciones de impresión asociadas a los objetos de la ficha seleccionada del cuadro de diálogo. Las opciones difieren para cada ficha, pero todas son similares a ésta; puede utilizar las opciones para especificar la documentación que va a incluir para cada tipo de objeto.

13. En el cuadro de diálogo Imprimir definición de tabla, haga clic en **Cancelar**.

14. En la ficha Todo tipo de objetos, haga clic en **Seleccionar todo** y luego haga clic en **Aceptar** para iniciar el proceso de documentación.

Cuando el proceso finalice, Access mostrará un informe en la Vista preliminar (véase la figura 12.30).

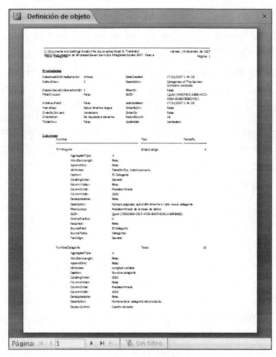

Figura 12.30. Vista preliminar del informe.

CIERRE el informe Definición de objeto y la base de datos `09_Impedir`. Si no va a seguir con el siguiente capítulo, cierre Access.

Puntos clave

- Puede establecer propiedades que impidan la escritura de datos y la cantidad de datos que puede introducirse en una base de datos Access.

- Puede reemplazar palabras específicas o frases utilizando el comando Reemplazar o representar rápidamente cambios condicionales ejecutando una consulta de acción.

- La configuración Tipo de datos restringe las entradas a un tipo de datos específico: texto, números, fechas, etc. La propiedad Tamaño del campo para los tipos de dato Texto, Número y Autonumérico restringe la cantidad de caracteres permitidos en un campo de texto o la cantidad de dígitos permitidos en un campo numérico o autonumérico. La propiedad **Máscara de entrada** controla el formato en la que se pueden introducir los datos.

- Puede utilizar una regla de validación para definir con precisión la información que se aceptará en uno o varios campos de un registro. En cuanto a los campos, Access prueba cada entrada conforme a la regla cuando intenta abandonar un campo. En cuanto a los campos, Access prueba el contenido de varios campos conforme a la regla cuando intenta abandonar un registro. En ambos casos, Access rechazará cualquier entrada que no cumpla con la regla.

- Para los campos con un conjunto fijo de entradas potenciales, puede utilizar un campo de búsqueda para asegurarse de que los usuarios introduzcan la información adecuada. Esto ayuda a impedir inconsistencias, además de facilitar la ordenación y la búsqueda de datos.

- Puede utilizar una consulta de actualización para realizar rápidamente una acción, como reemplazar el contenido de un campo basándose en los resultados de una consulta.

- Puede utilizar una consulta de eliminación para eliminar rápidamente registros que cumplan unos criterios específicos. Siempre deberá realizar una copia de seguridad de su base de datos antes de ejecutar una consulta de eliminación y deberá tener cuidado cuando elimine registros de este manera. Los efectos de una consulta de eliminación pueden ir más allá y no recuperará los registros eliminados.

- Hay diversas utilidades que puede utilizar para hacer que su base de datos vaya como la seda: Compactar y reparar la base de datos, Analizador de rendimiento, Documentador de base de datos y Diagnósticos de Microsoft Office. Puede hacer que su aplicación esté sana aprovechando estas utilidades antes de que Access indique que hay problemas con su base de datos.

13. Iniciar una presentación nueva

En este capítulo aprenderá a:

- ✓ Crear una presentación de forma rápida.
- ✓ Crear una presentación basada en un diseño ya preparado.
- ✓ Convertir un esquema en presentación.
- ✓ Reutilizar diapositivas existentes.

Crear una presentación de forma rápida

Cuando se inicia por primera vez PowerPoint, aparece una presentación en blanco en la ventana de la presentación, preparada para que introduzca el texto y los elementos de diseño. Si desea crear una presentación desde el principio, este es el punto de partida. Sin embargo, la creación de una presentación desde el principio requiere tiempo y una pizca de habilidad y conocimiento de PowerPoint. Incluso aquellos usuarios con un nivel avanzado o intermedio pueden ahorrar tiempo rentabilizando el trabajo que alguien más ha hecho ya. En la ventana **Nueva presentación**, puede previsualizar y descargar presentaciones que están disponibles en Office Online y a después personalizar estas plantillas para que se ajusten a sus necesidades. También puede utilizar cualquier presentación que ya haya elaborado y guardado en su disco duro como la base para la presentación nueva. En este ejercicio, creará dos presentaciones nuevas: una basada en un ejemplo de Office Online, y la otra basada en un archivo de prácticas almacenado en su disco duro.

UTILICE la presentación `01_Crear`. Este archivo de prácticas está en la subcarpeta `Capítulo_13` de la carpeta `Office 2007. Paso a paso`.

ASEGÚRESE de iniciar PowerPoint antes de comenzar el ejercicio.

1. Haga clic en el **Botón de Office** y a continuación seleccione Nuevo.

   Se abre la ventana Nueva presentación.

2. En el panel izquierdo, debajo de Microsoft Office Online, haga clic en Presentaciones. El panel central ahora enumera las categorías de presentaciones que están disponibles en Office Online.

3. En el panel central, haga clic en Empresa (véase la figura 13.1).

Figura 13.1. Plantillas de Microsoft Office Online.

4. Recorra el panel central, y fíjese en la gran variedad de presentaciones disponibles.

5. Aproximadamente a mitad del panel, haga clic en la imagen Presentación de plan empresarial, y después en la esquina inferior derecha de la ventana, haga clic en **Descargar**.

6. Haga clic en **Continuar**.

   Después de validar su versión de PowerPoint, se abre una presentación basada en la plantilla seleccionada en su pantalla en una vista **Normal**. La ficha Diapositivas muestra las miniaturas de las diapositivas y el título de la diapositiva aparece en el panel Diapositiva (véase la figura 13.2).

Figura 13.2. Presentación basada en la plantilla descargada.

7. Por debajo de la barra de desplazamiento del lado derecho de la pantalla, haga clic en el botón **Diapositiva siguiente** ⬇ varias veces para mostrar cada vez cada una de las diapositivas de la presentación.

8. En la **Barra de herramientas de accesos rápidos**, haga clic en el botón **Guardar** 🔲.

9. Sitúese en la carpeta `Office 2007. Paso a paso\Capítulo_13` y guarde la presentación con el nombre `Plan de mi empresa`.

   La barra de título ahora muestra `Plan de mi empresa` como el nombre de la presentación abierta.

10. Muestre de nuevo la ventana Nueva presentación, y a continuación en el panel izquierdo, por debajo de Plantillas, haga clic sobre Nuevo a partir de existente.

    Se abre el cuadro de diálogo Nuevo a partir de una presentación existente (véase la figura 13.3).

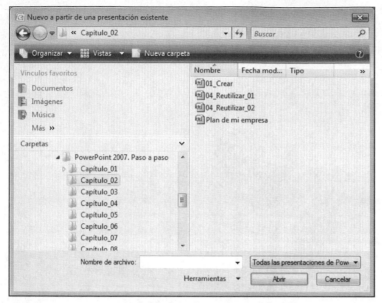

Figura 13.3. Cuadro de diálogo Nuevo a partir de una presentación existente.

11. Mostrando los contenidos de la subcarpeta `Capítulo_02`, haga doble clic en el archivo `01_Crear`.

Un mensaje rápido en la barra de título le informa que en lugar de estar abriendo la presentación `01_Crear`, PowerPoint ha abierto una presentación nueva basada en `01_Crear`.

12. En la **Barra de herramientas de accesos rápidos**, haga clic en el botón **Guardar**.

Puesto que esta presentación es un archivo nuevo, PowerPoint muestra el cuadro de diálogo Guardar como para que pueda asignar un nombre a la presentación.

13. Guarde el archivo en la carpeta `Capítulo_02` con el nombre `Mi congreso de ventas`.

La barra de título muestra ahora `Mi congreso de ventas` como el nombre de la presentación activa.

CIERRE las presentaciones `Plan de mi empresa` y `Mi congreso de ventas`.

Crear una presentación basada en un diseño ya preparado

En este ejercicio, comenzará una presentación nueva basada en una plantilla de diseño, agregará una diapositiva con el diseño por defecto, añadirá diapositivas con otros diseños, y después borrará una diapositiva. No hay ejercicios prácticos para este ejercicio.

ASEGÚRESE de iniciar PowerPoint y cerrar cualquier presentación antes de comenzar el ejercicio.

1. Haga clic en el **Botón de Office** y a continuación seleccione Nuevo.

2. En el panel izquierdo de la ventana Nueva presentación, debajo de Microsoft Office Online, haga clic en Diapositivas de diseño.

3. En el panel central, haga clic en cada categoría, recorra las miniaturas de las colecciones de los distintos diseños, y haga clic en el botón **Atrás** situado en la parte superior del panel central para volver a la lista de categorías.

4. En el panel central, haga clic en la categoría Empresa (figura 13.4).

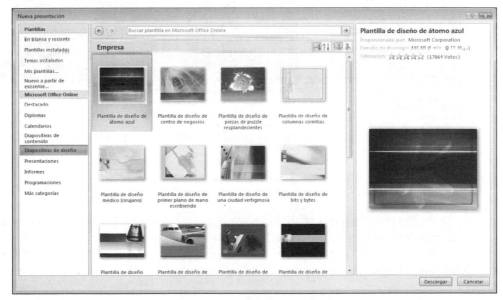

Figura 13.4. Plantillas de diseño de la categoría Empresa.

5. Haga clic en `Plantilla de diseño de una ciudad vertigino-sa`, a continuación en el botón **Descargar** ubicado en la esquina inferior derecha de la ventana, y si aparece el cuadro de mensaje Ventajas de Microsoft Office original, haga clic en el botón **Continuar**. Aparece en pantalla una presentación nueva con una sólo diapositiva de título en vista **Normal**. La ficha Diapositivas muestra una miniatura de la diapositiva, y la diapositiva en sí aparece en el panel Diapositiva (véase la figura 13.5).

Figura 13.5. Plantilla de diseño de Office Online abierta en PowerPoint.

6. En la ficha Inicio, en el grupo Diapositivas, haga clic en el botón **Nueva diapositiva** (no en su flecha).

PowerPoint agrega la diapositiva 2 con el diseño predeterminado Título y contenido (véase la figura 13.6). Este diseño está hecho para acomodar un título y texto o gráfico, entre los que se incluyen una tabla, gráfico, diagrama, imagen, imagen prediseñada o película.

Figura 13.6. Diapositiva insertada según el diseño predeterminado.

7. En el grupo Diapositivas, haga clic en la flecha **Nueva diapositiva**, y a conti-
    nuación en la lista, haga clic en el diseño Dos objetos (véase la figura 13.7).

Figura 13.7. Diapositiva añadida con diseño Dos objetos.

8. En el grupo Diapositivas, haga clic en el botón **Nueva diapositiva**. PowerPoint
    inserta otra diapositiva con el diseño Dos contenidos. Para todas a excepción
    de la diapositiva de título, simplemente al hacer clic en el botón **Nueva diapo-
    sitiva** se inserta una diapositiva con el diseño de la diapositiva activa.

9. Continúe insertando diapositivas, seleccionando cada vez diferentes diseños para que pueda ver la apariencia de cada uno de ellos.

10. En la zona superior del Panel de vistas, en la ficha **Diapositivas**, haga clic en la diapositiva 2. A continuación en el grupo **Diapositivas**, haga clic en el botón **Eliminar** ⬚ Eliminar. PowerPoint elimina la diapositiva de la presentación y renumera todas las diapositivas siguientes.

CIERRE la presentación sin guardar los cambios.

Convertir un esquema en una presentación

Puede insertar un esquema creado en otro programa en una presentación de PowerPoint. El texto puede ser un documento de Word (`.doc` o `.docx`) o un archivo enriquecido de texto (*Rich Text Format* – RTF) (`.rtf`).

PowerPoint utiliza los estilos de encabezado del documento insertados para crear los títulos de la diapositiva y las viñetas.

En este ejercicio, convertirá un esquema Word en una presentación.

UTILICE el documento `03_Convertir`. Este archivo está ubicado en la subcarpeta `Capítulo_13` de la carpeta `Office 2007. Paso a paso`.

ABRA una presentación en blanco nueva.

1. En la ficha Inicio, en el grupo **Diapositivas**, haga clic en la flecha **Nueva diapositiva**, y a continuación por debajo de las miniaturas de diapositiva, haga clic en **Diapositivas del esquema**.

2. Sitúese en la carpeta `Office 2007. Paso a paso\Capítulo_13`, y haga doble clic en el archivo `03_Convertir`.

3. Después de convertir el esquema, en el Panel de vistas, haga clic en la ficha **Esquema** para hacerse una idea del contenido de la presentación.

    PowerPoint ha convertido cada nivel Encabezado 1 en un título de diapositiva, cada nivel Encabezado 2 en una viñeta y cada nivel Encabezado 3 en una viñeta dependiente de la anterior (véase la 13.8).

4. En la ficha **Esquema**, haga clic con el botón derecho del ratón sobre el título vacío de la diapositiva 1, que está vacío y a continuación haga clic en **Eliminar**.

Figura 13.8. Conversión realizada por PowerPoint.

CIERRE la presentación sin guardar los cambios.

Exportar una presentación como esquema

Cuando desea utilizar el texto de una presentación en otro programa, puede guardar el esquema de la presentación como un archivo RTF. Muchos programas, incluyendo versiones de Word para Microsoft Windows y Macintosh y versiones antiguas de PowerPoint, pueden importar esquemas guardados como RTF manteniendo intacto su formato. Para guardar una presentación como un archivo RTF, proceda de la siguiente forma:

1. Haga clic en el **Botón de Office** y seleccione Guardar como. El cuadro de diálogo Guardar como aparece.

2. En el cuadro Nombre de archivo, especifique el nombre del archivo.

3. Haga clic sobre la flecha Tipo, y a continuación en la lista, seleccione Esquema/RTF.

4. Sitúese sobre la carpeta donde desee guardar el esquema y haga clic en **Guardar**.

PowerPoint guarda el esquema de la presentación en formato RTF con el nombre indicado en la carpeta indicada.

Reutilizar diapositivas existentes

Si sus presentaciones incluyen a menudo una o más diapositivas que ofrecen la misma información básica, no necesita volver a crearlas para cada presentación.

En este ejercicio, insertará diapositivas desde una presentación almacenada en su disco duro en la presentación activa.

UTILICE las presentaciones 04_Reutilizar_01 y 04_Reutilizar_02. Estos archivos de prácticas se encuentran en la subcarpeta Capítulo_13 de la carpeta Office 2007. Paso a paso.

ABRA la presentación 04_Reutilizar_01.

1. En la ficha Diapositivas del Panel de vistas, haga clic en la diapositiva 3.

2. En la ficha Inicio, en el grupo Diapositivas, haga clic en el botón **Nueva diapositiva**, y a continuación en la lista, Volver a utilizar diapositivas.

3. En el panel de tareas Volver a utilizar diapositivas, haga clic en el vínculo Abrir un archivo de PowerPoint.

4. Sitúese sobre la carpeta Office 2007. Paso a paso y a continuación haga doble clic en la presentación 04_Reutilizar_ 02.pptx.

   Las miniaturas de todas las diapositivas de la presentación aparecen en el panel de tareas Volver a utilizar diapositivas (véase la figura 13.9).

5. Recorra el panel de tareas y haga clic en la séptima miniatura titulada Línea de producto de bambú.

   PowerPoint inserta la diapositiva seleccionada desde la presentación 04_ Reutilizar_02 como diapositiva 4 en la presentación 04_ Reutilizar_01. La diapositiva mantiene el diseño de la presentación en la que es insertada (véase la figura 13.10).
6. Haga clic en el botón **Cerrar** ⊠ del panel de tareas.

CIERRE la presentación 04_Reutilizar_01 sin guardar sus cambios y si no va a continuar con el siguiente capítulo, cierre PowerPoint.

Figura 13.9. Panel de tareas Volver a utilizar diapositivas con las miniaturas de las diapositivas de la presentación.

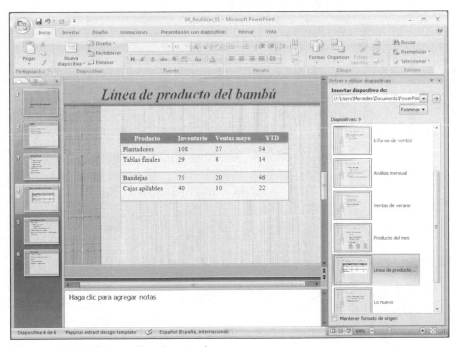

Figura 13.10. Diapositiva insertada.

Puntos clave

- La forma de crear una presentación nueva depende de si necesita ayuda para desarrollar el contenido o el diseño.

- Office Online ofrece muchas plantillas de presentaciones que puede personalizar para que se adapte a sus necesidades.

- Si le exigen que utilice un determinado diseño para una presentación, como una con los colores y logos corporativos, es a menudo más sencillo comenzar desde ese diseño y a continuación incluir su propio contenido.

- Si desea ahorrar tiempo en el desarrollo de una presentación suele resultar muy útil modificar la finalidad de una presentación existente para que se ajuste a las necesidades de un auditorio distinto.

- Uno de los valores de la compatibilidad del sistema Office 2007 es la poder reutilizar materiales desarrollados en otros programas como Word.

- Reutilizar diapositivas existentes es otra forma de ahorrar tiempo y garantizar la uniformidad.

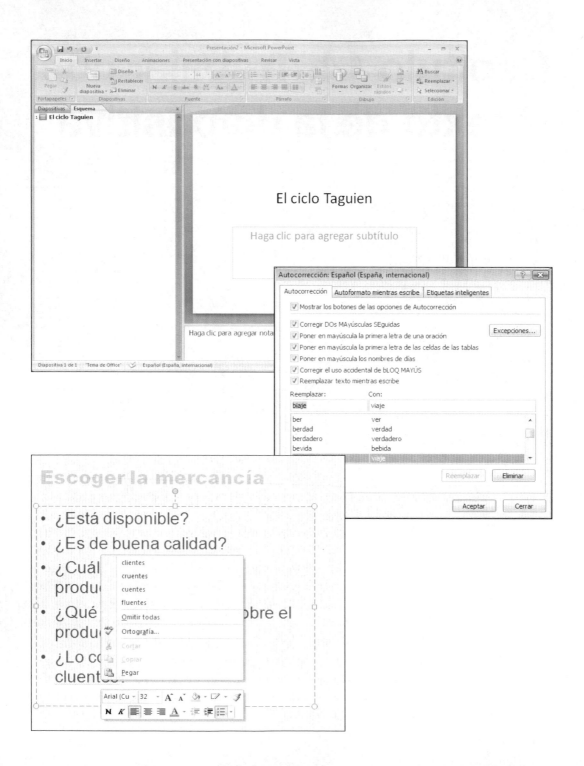

Capítulo 14. Trabajar con el texto de la diapositiva

En este capítulo, aprenderá a:

- ✓ Introducir texto.
- ✓ Editar texto.
- ✓ Agregar y manipular cuadros de texto.
- ✓ Corregir y dar tamaño al texto mientras escribe.
- ✓ Comprobar ortográficamente y escoger las mejores palabras.
- ✓ Encontrar y reemplazar texto y fuentes.
- ✓ Modificar el tamaño, la alineación, el interlineado y aspecto del texto.

Introducir texto

Cuando agrega una diapositiva nueva a una presentación, el diseño que selecciona indica el tipo y posición de los objetos en la diapositiva con marcadores de posición. Por ejemplo una diapositiva Título y objetos tiene marcadores de posición para un título y bien, una lista con viñetas con uno o más niveles de puntos de viñetas (y niveles subordinados denominado subpuntos) o bien, una ilustración tal como una tabla, gráfico, dibujo o película (véase la figura 14.1). Puede introducir el texto directamente en un marcador de posición de una diapositiva en el panel Diapositiva, o puede introducir el texto en la ficha Esquema del Panel de vistas, donde se muestra toda la presentación en formato de esquema.

Al situar el puntero del ratón sobre un marcador de posición en una diapositiva o en el texto de la ficha Esquema, el puntero cambia por un cursor. Al hacer clic en el marcador de posición o texto, aparece un punto de inserción parpadeante donde hizo clic indicando dónde aparecerán los caracteres cuando escriba. Al escribir, los caracteres aparecen tanto en la diapositiva como en la ficha Esquema.

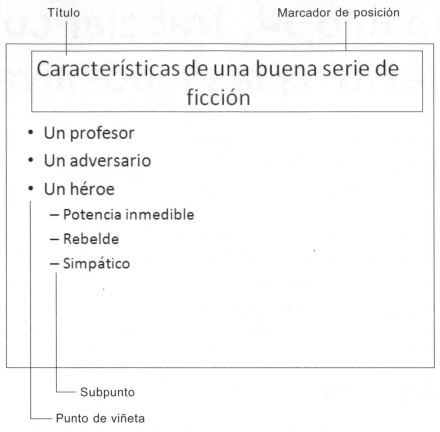

Figura 14.1. Ejemplo de diapositiva con sus marcadores de posición.

En este ejercicio, introducirá títulos de diapositiva, puntos de viñeta y subpuntos, ambos directamente en las diapositivas y en la ficha Esquema. No hay ejercicios de prácticas para este ejercicio.

ASEGÚRESE de iniciar PowerPoint antes de comenzar este ejercicio.

ABRA una presentación nueva en blanco.

1. En el panel Diapositiva, haga clic directamente en el marcador de posición Haga clic para agregar título.

2. Escriba **El ciclo Taguien**.

3. En el Panel de vistas, haga clic en la ficha Esquema, y observe que el texto que escribió también aparece allí (véase la figura 14.2).

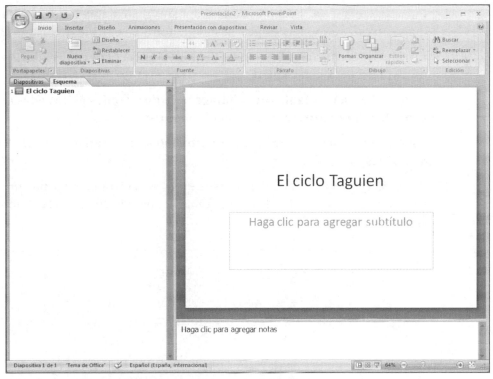

Figura 14.2. El texto aparece también en la ficha Esquema.

4. En el panel Diapositiva, haga clic en el marcador de posición Haga clic para agregar subtítulo.

5. Escriba **Series nuevas para adultos jóvenes** y pulse **Intro** para desplazar el punto de inserción a una línea nueva dentro del mismo marcador de posición.

6. Escriba **Judy Lew. Editora del proyecto**.

7. En la **Barra de herramientas de accesos rápidos**, haga clic en el botón **Guardar** , y guarde la presentación en·la subcarpeta Capítulo_14 con el nombre Mi propuesta.

8. Agregue una diapositiva nueva con el diseño Título y objetos.

9. Sin hacer clic en ningún sitio, escriba **Razonamiento**.

10. En la ficha Esquema, haga clic a la derecha de Razonamiento y pulse **Intro**.

11. Pulse la tecla **Tab**. El icono de la diapositiva 3 cambia a una viñeta de la diapositiva 2. La viñeta es gris hasta que introduzca el texto para ella.

12. Escriba **Lucerna actualmente no dispone de oferta para los adultos jóvenes**, y a después pulse **Intro**.

13. Escriba **Las series fantásticas han gozado de grandes éxitos en este mercado difícil de satisfacer**, y después pulse **Intro**.

14. Escriba **Los clientes miran otras editoriales para satisfacer sus demandas**, y después pulse **Intro**.

15. Pulse **Mayús-Tab**. En la ficha Esquema, la viñeta cambia por un icono para la diapositiva 3. La diapositiva nueva aparece en el panel Diapositiva (véase la figura 14.3).

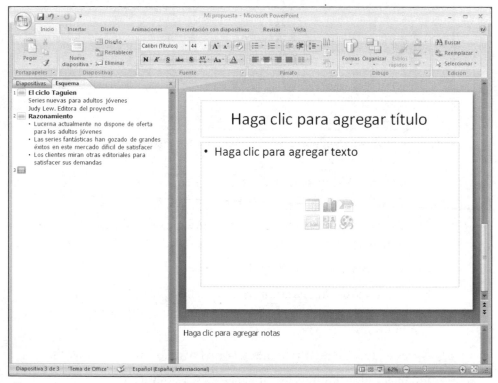

Figura 14.3. Se inserta una diapositiva nueva que aparece en el panel Diapositiva.

16. Escriba **Características de una buena serie de ficción**, pulse **Intro** y a continuación pulse **Tab**.

El título de la diapositiva es demasiado largo para que se ajuste al marcador de posición con su tamaño de fuente predeterminado, por lo que PowerPoint reduce el tamaño para que las dos líneas quepan en el marcador de posición.

17. Escriba **Un profesor**, pulse **Intro**, escriba **Un adversario**, pulse **Intro**, escriba **Un héroe**, y pulse después **Intro**.

18. En la ficha Inicio, en el grupo Párrafo, haga clic en el botón **Aumentar nivel de lista** . PowerPoint crea un subpunto.

19. Escriba **Potencia inmedible**, pulse **Intro**, escriba **Rebelde**, pulse **Intro** y a después escriba **Simpático**.

20. Pulse **Control-Intro**. En lugar de crear otra viñeta, PowerPoint crea una nueva diapositiva (véase la figura 14.4).

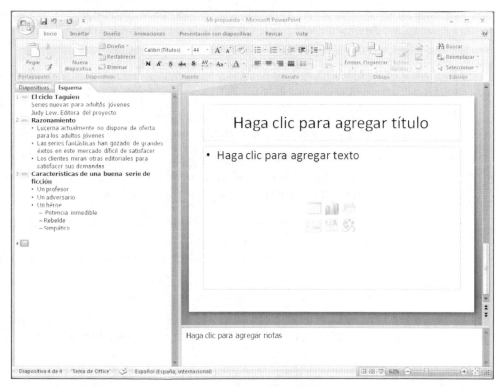

Figura 14.4. Diapositiva creada al pulsar Control-Intro.

CIERRE la presentación Mi propuesta.

Editar el texto

Después de introducir el texto, puede modificarlo en cualquier momento. Puede insertar texto nuevo haciendo clic donde desee hacer la inserción o simplemente escribiéndolo. Antes de poder modificar el texto existente, tiene que seleccionarlo utilizando una de las técnicas siguientes:

- Seleccione una única palabra haciendo doble clic sobre ella. La palabra y espacio que le sigue quedan seleccionados. El signo de puntuación que sigue a una palabra no se selecciona.

- Seleccione palabras adyacentes, líneas o párrafos arrastrando sobre ellas.

- Como alternativa, sitúe el punto de inserción al comienzo del texto que desee seleccionar, mantenga pulsada la tecla **Mayús**, y, o bien utilice las teclas de desplazamiento para seleccionar cada vez un carácter, o bien haga clic en el final del texto que desee seleccionar.

- Seleccione el título completo de una diapositiva haciendo clic en el icono de su diapositiva en la ficha Esquema.

- Seleccione un punto o subpunto de viñeta completo haciendo clic en su viñeta, bien en la ficha Esquema, o bien sobre la diapositiva.

- Seleccione todo el texto del marcador de posición haciendo clic dentro del marcador de posición y haciendo clic en **Seleccionar** y a continuación Seleccionar todo en el grupo Edición de la ficha Inicio.

El texto seleccionado aparece resaltado en el lugar donde realizó la selección, es decir, o en la diapositiva, o en la ficha Esquema. Para sustituir la selección, escriba el texto nuevo. Para borrar la selección, pulse bien la tecla **Supr**, bien la tecla **Retroceso**.

Para desplazar la selección a otra posición, simplemente arrástrela.

En este ejercicio, eliminará y sustituirá palabras, así como moverá puntos y subpuntos de viñeta en las diapositivas y en la ficha Esquema.

UTILICE la presentación `02_Edición`. Este archivo de prácticas está en la subcarpeta `Capítulo_14` de la carpeta `Office 2007. Paso a paso`.

ABRA la presentación `02_Edición`.

1. En la ficha Esquema, en el subtítulo de la diapositiva 1, haga doble clic en la palabra nuevas.

2. Pulse la tecla **Supr**.

3. En el título de la diapositiva 3, haga doble clic en buena y a continuación escriba la palabra exitosa seguida por un espacio.

4. Pulse **Fin**, y a continuación pulse **Retroceso** nueve veces para eliminar las palabras serie de.

5. En la diapositiva, haga clic en la viñeta de la izquierda de Potencia inmedible.

6. En la ficha Inicio, en el grupo Portapapeles, haga clic en el botón **Cortar** .

   El subpunto se traslada al Portapapeles.

7. Haga clic a la izquierda de la palabra Simpático, y a continuación haga clic en el botón **Pegar**. Se ha intercambiado eficazmente el orden de los dos primeros puntos.

8. En la ficha Esquema, haga clic en el punto de viñeta de la izquierda de Un héroe para seleccionar el punto de viñeta y sus subpuntos.

9. Arrastre la selección hacia arriba a la izquierda de Un profesor (véase la figura 14.5).

10. En la **Barra de herramientas de accesos rápidos**, haga clic en el botón **Deshacer** para deshacer la última acción de edición.

11. En la **Barra de herramientas de accesos rápidos**, haga clic en el botón **Rehacer** para restaurar la acción de edición.

CIERRE la presentación 02_Edición sin guardar los cambios.

Agregar y manipular cuadros de texto

El diseño de una diapositiva determina el tamaño y posición de los marcadores de posición en ella. Cada diapositiva creada con un diseño determinado tiene los mismos marcadores de posición situados en el mismo lugar y el texto que escribe en ellos tiene el mismo formato. Si desea que aparezca texto adicional en una diapositiva, tal como anotaciones o puntos más pequeños que no dependen de una lista con viñetas, puede crearlo en un cuadro de texto utilizando el botón **Cuadro de texto** del grupo Texto en la ficha Insertar.

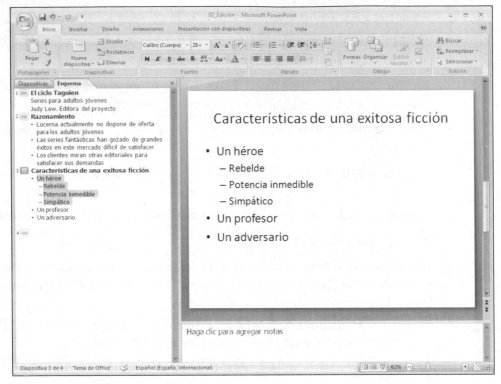

Figura 14.5. La viñeta desplazada.

Al hacer clic en un cuadro de texto, aparece un punto de inserción y el cuadro queda rodeado por una línea discontinua. En este momento, puede editar el texto, por ejemplo, agregar, borrar o corregir palabras o signos de puntuación. Si hace clic sobre el borde discontinuo, éste cambia por un borde sólido. Ahora puede manipular el cuadro de texto como una unidad, por ejemplo, puede modificar su tamaño, moverlo o copiarlo como un conjunto (véase la figura 14.6).

Algunas veces querrá que el texto de un cuadro de texto se oriente de forma diferente que el resto del texto de la diapositiva. Cuando se selecciona un cuadro de texto, aparece un manejador de giro verde unido a su manejador superior central. Puede arrastrar de este manejador para modificar el ángulo del texto.

Cuando un cuadro de texto está rodeado por un borde sólido, puede moverlo o copiar el cuadro de texto en cualquier parte de la diapositiva. Arrastrar su borde es la forma más eficaz de desplazar un cuadro de texto en una diapositiva, y puede copiarlo simplemente si mantiene pulsada la tecla **Control** mientras lo arrastra.

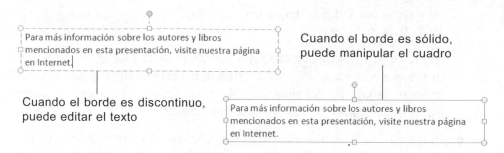

Figura 14.6. Edición de los cuadros de texto.

Para deseleccionar el cuadro de texto, haga clic en un área en blanco de la diapositiva. Entonces desaparece el borde. Si quiere que un cuadro de texto tenga un marco cuando no está seleccionado, puede mostrar el cuadro de diálogo **Formato de forma**, y en la página **Color de línea**, escoger entre **Línea sólida** o **Línea degradada**, y después refinar el color del marco o degradado para conseguir el efecto deseado.

En este ejercicio, seleccionará y deseleccionará un marcador de posición para ver el efecto en su borde. Creará un cuadro de texto cuya altura permanezca constante mientras que su anchura se incrementa y otro cuya anchura permanezca constante mientras su altura se incrementa. Manipulará estos cuadros de texto girando y moviendo uno de ellos y modificando el tamaño de otro. También creará un marco para el cuadro de texto con una línea sólida que sea visible cuando el cuadro de texto no esté seleccionado.

UTILICE la presentación 03_Cuadrostexto. Este archivo de prácticas está en la subcarpeta Capítulo_14 de la carpeta Office 2007. Paso a paso.

ABRA la presentación 03_Cuadrostexto.

1. Sitúese sobre la diapositiva 2, y ya en la diapositiva, haga clic en el título.

2. Sitúe el puntero del ratón sobre el borde del marcador de posición, y cuando el puntero cambie de forma por una flecha con cuatro puntas, haga clic con el ratón una vez.

3. Para deseleccionar el marcador de posición, haga clic fuera en un área en blanco de la diapositiva.

4. Sitúese ahora sobre la diapositiva 6, y haga clic en el marcador de posición de la lista de viñetas.

5. En la ficha Insertar, en el grupo Texto, haga clic en el botón **Cuadro de texto**, y a continuación sitúe el ratón inmediatamente debajo del manejador inferior izquierdo del marcador de posición para la lista con viñetas. El puntero cambia de forma por una T invertida.

6. Haga clic en la diapositiva para crear el cuadro de texto. Aparece un cuadro de texto vacío, pequeño con un punto de inserción parpadeante dentro de él (véase la figura 14.7).

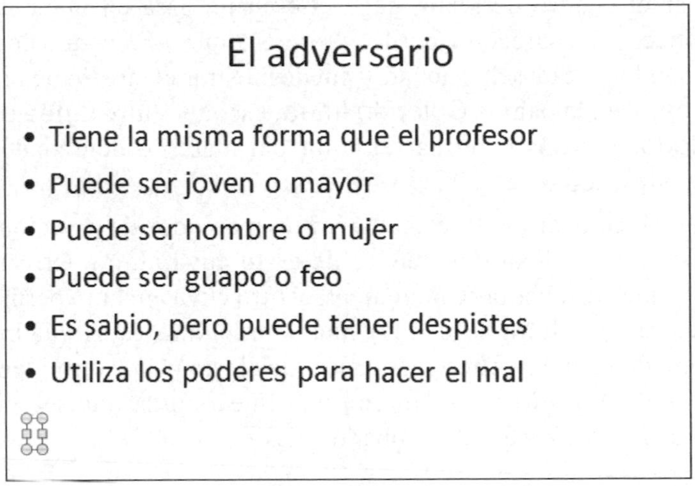

El adversario

- Tiene la misma forma que el profesor
- Puede ser joven o mayor
- Puede ser hombre o mujer
- Puede ser guapo o feo
- Es sabio, pero puede tener despistes
- Utiliza los poderes para hacer el mal

Figura 14.7. Cuadro de texto insertado.

7. Escriba **Comparar con el profesor en la diapositiva 5** (véase la figura 14.8).

La anchura del cuadro de texto aumenta para acomodarse al texto que escribe.

8. Para girar el texto de modo que se lea verticalmente en lugar de horizontalmente, arrastre el manejador verde de giro que está unido al manejador superior central 90 grados en el sentido de las agujas del reloj.

9. Sitúe el puntero del ratón sobre el borde del cuadro (no sobre un manejador) y a continuación arrastre el cuadro hasta el margen derecho de la diapositiva.

10. Haga clic con el botón derecho del ratón sobre el borde del cuadro, y a continuación escoja Formato de forma.

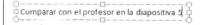

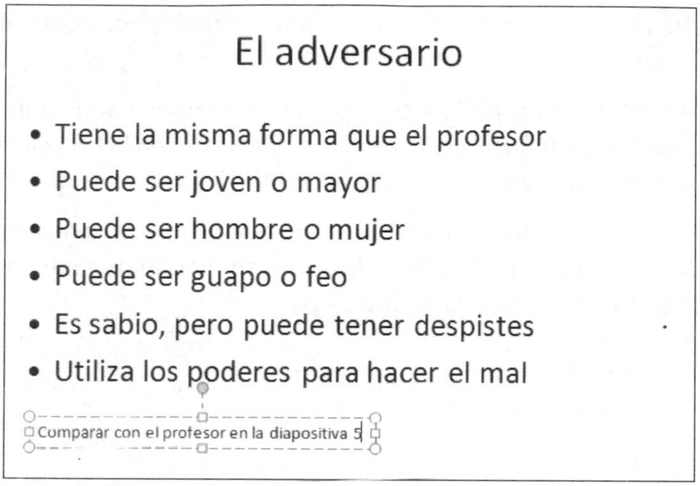

El adversario
• Tiene la misma forma que el profesor
• Puede ser joven o mayor
• Puede ser hombre o mujer
• Puede ser guapo o feo
• Es sabio, pero puede tener despistes
• Utiliza los poderes para hacer el mal
Comparar con el profesor en la diapositiva 5

Figura 14.8. Texto a escribir en el cuadro de texto.

11. En el cuadro de diálogo Formato de forma, haga clic en Color de línea (véase la figura 14.9).

Formato de forma
Relleno
Color de línea
Estilo de línea
Sombra
Formato 3D
Giro 3D
Imagen
Cuadro de texto
Color de línea
Sin línea
Línea sólida
Línea degradado
Cerrar

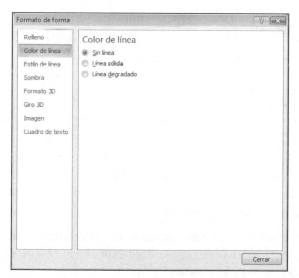

Figura 14.9. Cuadro de diálogo Formato de forma.

12. Haga clic en la opción Línea sólida, haga clic en la flecha Color, y en la fila superior de la paleta Colores del tema, haga clic en el cuadro naranja (Anaranjado, Énfasis 6). A continuación, haga clic en **Cerrar**.

13. Haga clic en un área vacía de la diapositiva para deseleccionar el cuadro de texto, y a continuación sitúese sobre la diapositiva 2.

14. En la ficha Insertar, en el grupo Texto, haga clic en el botón **Cuadro de texto**, sitúe el puntero del ratón sobre el centro del área por debajo de la lista de viñetas, y arrastre aproximadamente 5 cm hacia la derecha y 1,5 cm hacia abajo.

15. Escriba **Es necesario decidir si ofrece la serie a un autor o a varios autores**. La anchura del cuadro no cambia, pero la altura se incrementa para acomodar la entrada completa (véase la figura 14.10).

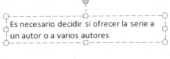

Figura 14.10. La anchura del cuadro permanece invariable; sólo cambia su altura.

16. Haga clic sobre el borde del cuadro de texto para seleccionarlo como una unidad, sitúe el puntero del ratón sobre el borde sólido, y arrastre el cuadro a la esquina inferior izquierda de la diapositiva, para que su borde izquierdo se alinee con el texto de los puntos de viñetas.

17. Sitúe el puntero de ratón sobre el manejador de la esquina inferior derecha del cuadro, y arrastre hacia arriba hasta que deje espacio para una línea y tenga la misma anchura que los puntos de viñeta.

18. Haga clic en un área en blanco de la diapositiva para deseleccionar el cuadro de texto (véase la figura 14.11).

CIERRE la presentación 03_Cuadrostexto sin guardar los cambios.

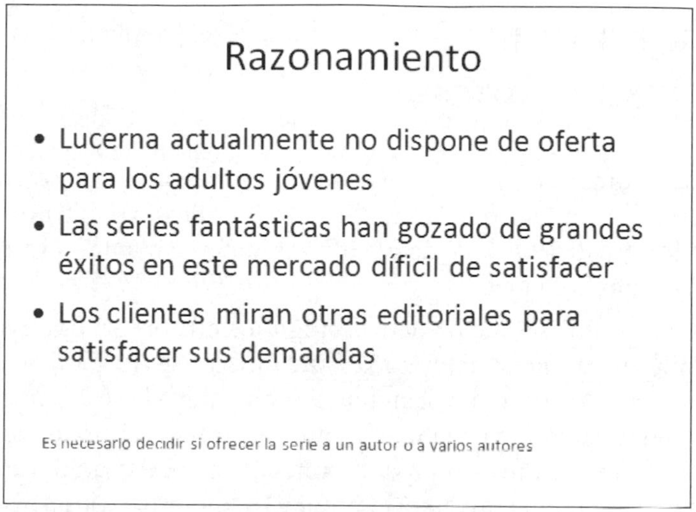

Razonamiento

- Lucerna actualmente no dispone de oferta para los adultos jóvenes
- Las series fantásticas han gozado de grandes éxitos en este mercado difícil de satisfacer
- Los clientes miran otras editoriales para satisfacer sus demandas

Es necesario decidir si ofrecer la serie a un autor o a varios autores

Figura 14.11. El cuadro de texto modificado.

Modificar la fuente predeterminada para los cuadros de texto

Cuando crea un cuadro de texto, PowerPoint aplica la configuración predeterminada como fuente, tamaño, y estilo (regular, negrita y cursiva) así como otros efectos (subrayado, versales, relieve, etc.). Para guardar por sí mismo algunos pasos de formato, puede cambiar los parámetros predeterminados para la presentación en la está trabajando. Aquí tiene cómo hacerlo:

1. En una presentación nueva en blanco, cree un cuadro de texto e introduzca algún texto en ella.

2. Seleccione el texto, y a continuación en la ficha Inicio, haga clic en el lanzador del cuadro de diálogo **Fuente**.

3. Seleccione la fuente, estilo de fuente, color, estilo de subrayado y efectos que desea aplicar a todos los cuadros de texto que cree desde ahora en esta presentación y haga clic en **Aceptar**. Puede también agregar otros efectos, como color de relleno, formato de esquema o efecto especial.

4. Seleccione el cuadro de texto en sí, haga clic con el botón derecho del ratón sobre su borde, y a continuación haga clic en Establecer como cuadro de texto predeterminado.

5. Cree otro cuadro de texto en la misma diapositiva, y después introduzca texto en él. El texto aparece con la nueva configuración predeterminada.

Corregir y dar tamaño
al texto mientras escribe

Todos cometemos errores al escribir texto en una presentación. Para ayudarle a garantizar que esos errores no quedarán sin corregir, PowerPoint utilizar la característica Autocorrección para detectar y automáticamente corregir los errores ortográficos más comunes.

Además de utilizar la AutoCorrección para corregir los errores ortográficos que cometa, PowerPoint utiliza la característica AutoAjustar texto para ajustar el tamaño del texto a sus marcadores de posición. Por ejemplo, si escribe más texto del que cabrá en un marcador de posición de título, Autoajustar texto reduce el tamaño de la fuente para que quepa todo. La primera vez que Autoajustar texto modifica el tamaño de la fuente, muestra el botón **Opciones de Autoajuste** a la izquierda del marcador de posición. Al hacer clic en este botón se muestra un menú que le ofrece control sobre el ajuste automático. Por ejemplo, puede impedir que el texto cambie de tamaño para el marcador de posición actual mientras mantenga sus parámetros globales de AutoAjuste. También puede mostrar el cuadro de diálogo AutoCorrección, donde puede modificar los parámetros de Autoajuste.

En este ejercicio, agregará una entrada en AutoCorrección y utilizará la AutoCorrección para corregir una palabra mal escrita. A continuación utilizará Autoajustar texto para modificar el tamaño del texto de forma que se adapte a su marcador de posición y creará una larga lista de viñetas en una diapositiva convirtiendo su marcador de posición en un diseño de dos columnas.

UTILICE la presentación 04_Corregir. Este archivo de prácticas se encuentra en la subcarpeta Capítulo_14 de la carpeta Office 2007. Paso a paso.

ABRA la presentación 04_Corregir.

1. Haga clic en el **Botón de Office**, haga clic en Opciones de PowerPoint, y a continuación en el panel izquierdo de la ventana Opciones de PowerPoint, seleccione Revisión.

2. Debajo de Opciones de Autocorrección, haga clic en **Opciones de Autocorrección** (véase la figura 14.12).

3. En la zona inferior del cuadro de diálogo, recorra la enorme tabla de errores ortográficos.

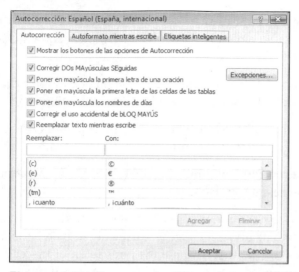

Figura 14.12. El cuadro de diálogo Autocorrección.

4.   En el cuadro de encima de la tabla Reemplazar, escriba **biaje**, y a continuación pulse **Intro**.

5.   En el cuadro Con, escriba **viaje** y a continuación haga clic en **Agregar** (véase la figura 14.13).

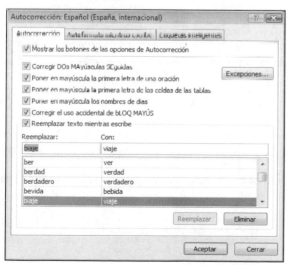

Figura 14.13. Agregar una palabra a la lista de Autocorrección.

6. Haga clic en **Aceptar** para cerrar el cuadro de diálogo Autocorrección, y a continuación haga clic de nuevo en **Aceptar** para cerrar la ventana Opciones de PowerPoint.

7. Sitúese sobre la diapositiva 4, haga clic a la derecha de la palabra `consejos`, escriba **de biaje** y a continuación pulse la **Barra espaciadora**.

8. Sitúese sobre la diapositiva 3, haga clic a la derecha de la palabra `necesites` en el último punto de viñeta, y a continuación pulse **Intro**.

9. Pulse la tecla **Tab** para convertir el punto de viñeta nuevo en un subpunto, escriba **Portátil/PDA** y después pulse **Intro**.

10. Añada `Contratos` y `Manual` como dos subpuntos adicionales, pulsando **Intro** después de cada uno de ellos. PowerPoint hace el texto de la lista más pequeño para que todos los puntos y subpuntos quepan en el marcador de posición. El botón **Opciones de autoajuste** aparece en la esquina inferior izquierda de la diapositiva.

11. Haga clic en el botón **Opciones de autoajuste** para mostrar una lista de opciones (véase la figura 14.14).

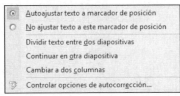

Figura 14.14. Lista de opciones del botón Opciones de autoajuste.

12. Haga clic en Cambiar a dos columnas. El marcador de posición cambia inmediatamente de formato para acomodar la lista con viñetas en dos columnas el último punto y subpuntos en la segunda columna. Todos los puntos de viñeta de ambas columnas cambian de tamaño (véase la figura 14.15).

13. Haga clic en un área en blanco de la diapositiva para deseleccionar el marcador de posición.

CIERRE la presentación `04_Corregir` sin guardar los cambios.

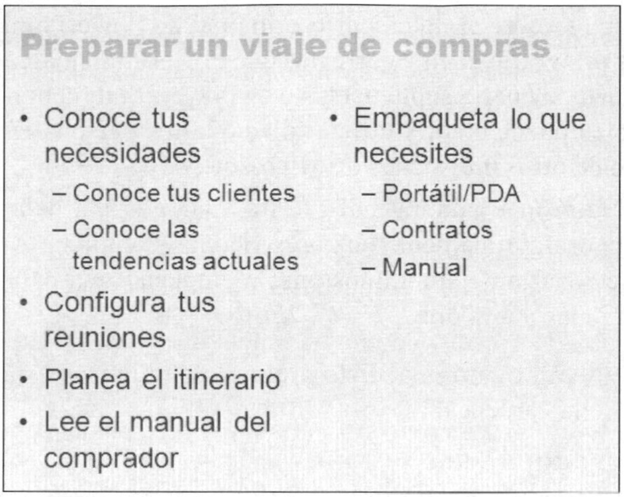

Preparar un viaje de compras

- Conoce tus necesidades
  - Conoce tus clientes
  - Conoce las tendencias actuales
- Configura tus reuniones
- Planea el itinerario
- Lee el manual del comprador

- Empaqueta lo que necesites
  - Portátil/PDA
  - Contratos
  - Manual

Figura 14.15. Marcador de posición en dos columnas.

Comprobar ortográficamente y escoger las mejores palabras

La característica Autocorrección es muy útil si comete frecuentemente los mismos errores ortográficos. Sin embargo, la mayoría de errores ortográficos son el resultado de una posición errónea de los dedos sobre el teclado o de lapsus de memoria. Puede utilizar dos métodos diferentes para garantizar que las palabras de su presentación están escritas correctamente a pesar de esos devenires:

- Por defecto, el corrector ortográfico de PowerPoint comprueba la ortografía de toda la presentación, todas las diapositivas, esquemas, páginas de notas, y páginas de documento, con su diccionario incorporado. Para llamar la atención sobre aquellas palabras que no están en su diccionario y que podrían ser incorrectas, PowerPoint las subraya con una línea ondulada roja.

- En lugar de trabajar con posibles errores ortográficos mientras está creando una presentación, puede comprobar la presentación entera en una única sesión haciendo clic en el botón **Ortografía** del grupo Revisión de la ficha Revisar. Entonces PowerPoint hace su trabajo a lo largo de toda la presentación, y si encuentra una palabra que no está en el diccionario, muestra el cuadro de diálogo Ortografía. Después de indicar cómo PowerPoint debería tratar la palabra, continúa y muestra la siguiente palabra que no está en el diccionario y así sucesivamente.

No puede realizar cambios sobre el diccionario principal de PowerPoint, pero puede agregar palabras ortográficamente correctas que PowerPoint marca como errores ortográficos a un diccionario suplementario de PowerPoint (denominado CUSTOM.DIC). También puede crear y utilizar diccionarios personalizados y diccionarios de usuario de otros programas de Microsoft.

En este ejercicio, corregirá una palabra mal escrita, marcará una palabra no española, y comprobará ortográficamente una presentación completa. A continuación utilizará el diccionario de sinónimos para reemplazar una palabra de una diapositiva por otra más apropiada.

UTILICE la presentación 05_Ortografía. Este archivo de prácticas está en la subcarpeta Capítulo_14 de la carpeta Office 2007. Paso a paso.

ABRA la presentación 05_Ortografía.

1. Sitúese en la diapositiva 6, añada un quinto punto de viñeta, y escriba **¿Lo comprarán nuestros cluentes?**

   PowerPoint marca la palabra cluentes como un posible error con una subrayado ondulado rojo.

2. Haga clic con el botón derecho del ratón sobre cluentes (figura 14.16).

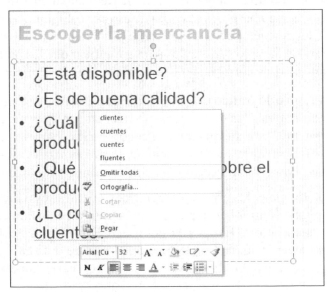

Figura 14.16. Al pulsar el botón derecho del ratón sobre la palabra incorrecta, aparece una barra de herramientas y un menú.

3. En el menú, haga clic en clientes para sustituir la palabra mal escrita.

4. Sitúese sobre la diapositiva 5.

5. Haga clic con el botón derecho del ratón sobre la palabra Kumusta.

6. Pulse **Esc** para cerrar el menú sin realizar ninguna selección.

7. Con el punto de inserción todavía en la palabra Kumusta, en la ficha Revisar, en el grupo Revisión, haga clic en el botón **Idioma** (véase la figura 14.17).

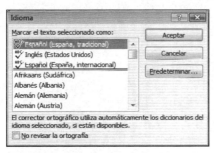

Figura 14.17. El cuadro de diálogo Idioma.

8. Recorra la lista de idiomas y haga clic en Filipino (Filipinas) y a continuación haga clic en **Aceptar**. PowerPoint marcará Kumusta como una palabra filipina, y ya no la señalará más con un subrayado ondulado rojo.

9. Sitúese sobre la diapositiva 1, y a continuación en la ficha Revisar, en el grupo Revisión, haga clic en el botón **Ortografía** (véase la figura 14.18).

Figura 14.18. El cuadro de diálogo Ortografía.

10. En el cuadro de diálogo Ortografía, haga clic en **Cambiar**.

11. Haga clic en **Cambiar**. A continuación el corrector ortográfico se detiene en Dyck. Este término no aparece en el diccionario pero sabe que es un nombre propio que está correctamente escrito.

12. Haga clic en **Agregar**. El término `Dyck` se añade al diccionario `CUSTOM.DIC`. Un cuadro de mensaje le dice que PowerPoint ha finalizado la revisión ortográfica.

13. Haga clic en **Aceptar**.

14. En diapositiva 5, seleccione la palabra `adecuadas` (teniendo cuidado de no seleccionar el espacio de detrás).

15. En la ficha Revisar, en el grupo Revisión, haga clic en el botón **Sinónimos** (véase la figura 14.19).

Figura 14.19. El panel de tareas Referencia.

16. En el panel de tareas Referencia, haga clic en el signo menos de la izquierda de `acomodadas` para dejar a la vista más de la lista de sinónimos en el panel.

17. Debajo de `acomodadas`, decida la palabra por la que desea sustituir la selección, sitúe el puntero del ratón sobre la palabra hasta que aparezca una flecha, haga clic en la flecha, y después clic en Insertar.

Si no encuentra una palabra adecuada para la sustitución de la palabra seleccionada, puede hacer clic sobre una palabra que esté cerca en la lista Sinónimos y se mostrarán sinónimos para esa palabra.

CIERRE la presentación 05_Ortografía sin guardar los cambios.

Buscar y reemplazar texto y fuentes

Puede buscar y cambiar texto de una presentación utilizando los botones del grupo Edición de la ficha Inicio para hacer lo siguiente:

- Hacer clic en **Buscar** para localizar cada aparición de una palabra, parte de una palabra o frase. En el cuadro de diálogo Buscar, introduzca el texto, y a continuación haga clic en **Buscar siguiente**. Puede especificar si PowerPoint debería localizar coincidencias exactas en mayúsculas y minúsculas, es decir, si indica la palabra persona, PowerPoint no encontrará Persona, o si debería localizar sólo palabras completas, es decir, si indica persona, PowerPoint no encontrará personal.

- Hacer clic en **Reemplazar** para localizar cada aparición de una palabra, parte de una palabra o frase y reemplazarla por algo más. En el cuadro de diálogo Reemplazar, introduzca el texto que desea encontrar y por lo que quiere sustituirlo, haga clic en **Buscar siguiente** y después haga clic en **Reemplazar** para sustituir el texto encontrado o **Reemplazar todas** para sustituir todas las coincidencias. De nuevo puede especificar si deben coincidir en mayúsculas y minúsculas o palabras completas.

  En la lista Reemplazar, seleccione Reemplazar fuente para buscar y reemplazar una fuente de una presentación. En el cuadro de diálogo Reemplazar fuente, especifique la fuente que desea cambiar y la fuente por la que desea PowerPoint la sustituya.

- Hacer clic en un marcador de posición de una diapositiva, hacer clic en **Seleccionar** del grupo Edición, y después hacer clic en Seleccionar todo para seleccionar todo el texto de ese marcador de posición. Si selecciona el marcador de posición en sí, al hacer clic en **Seleccionar** y escoger Seleccionar todo agrega todos los otros objetos de esa diapositiva a la selección. Después puede trabajar con todos los objetos como una unidad. Al hacer clic en **Seleccionar** y escoger después Panel de selección se muestra el panel de tareas Selección y visibilidad, donde puede especificar sí determinados objetos deberían mostrarse u ocultarse.

En este ejercicio, utilizará la característica **Reemplazar** para buscar y sustituir una palabra, y después utilizará Reemplazar fuente para encontrar y sustituir una fuente. También mostrará el panel de tareas Selección y visibilidad y ocultará un objeto de una diapositiva.

UTILICE la presentación 06_Buscar. Este archivo de prácticas está almacenado en la subcarpeta Capítulo_14 de la carpeta Office 2007. Paso a paso.

ABRA el archivo 06_Buscar.

1. En la ficha Inicio, en el grupo Edición, haga clic en el botón **Reemplazar** ac Reemplazar ▾ .

   El cuadro de diálogo Reemplazar se abre (véase la figura 14.20).

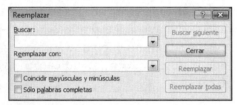

Figura 14.20. El cuadro de diálogo Reemplazar.

2. En el cuadro Buscar, escriba **verdigris** y pulse **Intro**.

3. En el cuadro Reemplazar por, escriba **Verdigris**.

4. Marque el cuadro de diálogo Coincidir mayúsculas y minúsculas para encontrar el texto que exactamente coincida en mayúsculas y minúsculas y lo sustituya por la forma que ha especificado.

5. Haga clic en **Buscar siguiente**.

6. Haga clic en **Reemplazar**. PowerPoint sustituye verdigris por Verdigris y después encuentra la siguiente coincidencia.

7. Haga clic en **Reemplazar todos**. Un cuadro de aviso le informa que PowerPoint ha finalizado la búsqueda en la presentación y que la operación Reemplazar todos ha modificado dos coincidencias del texto.

8. Haga clic en **Aceptar**, y después en el cuadro de diálogo Reemplazar, haga clic en **Cerrar**.

9. Haga clic en una zona en blanco de la diapositiva actual para quitar la selección.

10. En el grupo Edición, haga clic en la flecha **Reemplazar** , y después en la lista, escoja Reemplazar fuente (véase la figura 14.21).

Figura 14.21. El cuadro de diálogo Reemplazar fuente.

11. Con la fuente Arial seleccionada en la lista Reemplazar, haga clic en la flecha Con, y después en la lista, haga clic en Calibri.

12. Haga clic en **Reemplazar** para sustituir todo el texto en Arial de la presentación por Calibri.

13. Haga clic en **Cerrar** para cerrar el cuadro de diálogo Reemplazar fuente.

14. Sitúese sobre la diapositiva 6, en el grupo Edición, haga clic en el botón **Seleccionar** y después escoja Panel de selección. El panel de tareas Selección y visibilidad se abre, indicando que hay cuatro objetos en esta diapositiva, pero un conteo rápido revela que sólo tres de ellos están visibles.

15. Por debajo de Formas de esta diapositiva en el panel de tareas, haga clic en el cuadro de la derecha del Rectángulo 4. Aparece un ojo en el cuadro de la derecha de Rectángulo 4, y ese objeto, un cuadro de texto, aparece ahora en la zona inferior de la diapositiva (véase la figura 14.22).

16. En el panel de tareas, haga clic en el cuadro de la derecha de Rectángulo 4 de nuevo.

17. Cierre el panel de tareas Selección y visibilidad.

CIERRE la presentación 06_Buscar sin guardar sus cambios.

Modificar el tamaño, alineación, interlineado y apariencia del texto

Anteriormente en este capítulo, estudió la característica Autoajuste, que reduce el tamaño del texto que desborda a un marcador de posición para que quepa dentro del espacio dispuesto para él. Si desea mantener el tamaño del texto de una presentación uniforme, puede desactivar esta reducción automática del texto. Después tiene dos métodos para ajustar el tamaño de los marcadores de posición para que se adapten a sus textos:

■ Manualmente, arrastrando de los manejadores ubicados alrededor de un marcador de posición seleccionado.

■ Utilizando la opción Ajustar tamaño de la forma al texto de la página Cuadro de texto del cuadro de diálogo Formato de forma.

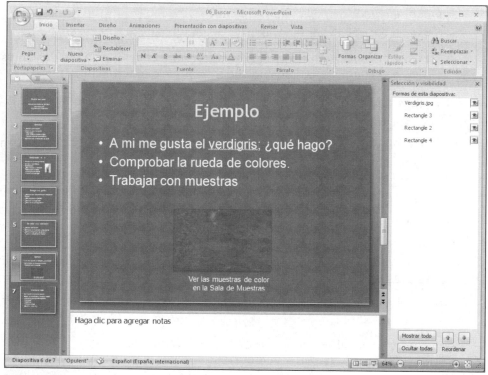

Figura 14.22. Cuadro de texto mostrado desde el panel de tareas Selección y visibilidad.

Por supuesto, también puede controlar manualmente el tamaño del texto utilizando las opciones del grupo Fuente de la ficha Inicio. Puede bien hacer clic sobre el botón **Agrandar fuente** o **Encoger fuente** o bien, especificar un tamaño concreto en el cuadro de diálogo Fuente.

Para controlar la forma en que el texto se alinea dentro de un marcador de posición, puede hacer clic en el texto y a continuación hacer clic en uno de los botones siguientes de alineación del grupo Párrafo de la ficha Inicio:

- El botón **Alinear texto a la izquierda** aliena el texto en el margen izquierdo del marcador de posición. Esta es la opción usual para párrafos.

- El botón **Centrar** alinea el texto en la mitad del marcador de posición. Se utiliza a menudo para los títulos y encabezados.

- El botón **Alinear texto a la derecha** alinea el texto contra el margen derecho del marcador de posición. No se utiliza mucho para títulos y párrafos, pero es posible que desee utilizarlo en los cuadros de texto.

- El botón **Justificar** alinea el texto respetando los dos márgenes izquierdo y derecho e incluyendo espacio entre palabras que rellenar la línea.

Puede ajustar el espaciado vertical entre líneas del texto en el marcador de posición haciendo clic en el botón **Interlineado** del grupo Párrafo y hacer una selección. Si desea ajustar el espacio antes o después de un párrafo, necesita mostrar el cuadro de diálogo Párrafo, bien haciendo clic en el botón **Interlineado** o bien seleccionando Opciones de interlineado en la zona inferior del menú o bien haciendo clic en el **Lanzador del cuadro de diálogo Párrafo**. A continuación puede ajustar los parámetros Antes y Después para el párrafo como una unidad.

Además de cambiar la apariencia de los párrafos, puede también manipular la apariencia de una determinada palabra. Después de seleccionar los caracteres a los que desee dar formato, puede hacer cambios utilizando los botones del grupo Fuente de la ficha Inicio, tal como se indica a continuación:

- Puede modificar la fuente.

- Puede aplicar atributos, incluyendo negrita, cursiva, subrayado, y sombra así como efectos de tachado.

- Puede aumentar o disminuir el espacio entre las letras de una selección.

- Puede cambiar entre mayúsculas y minúsculas, por ejemplo puede pasar de minúsculas a mayúsculas.

- Puede cambiar el color de los caracteres.

En este ejercicio, modificará el tamaño del texto de un marcador de posición y luego ajustará el tamaño del marcador de posición tanto automáticamente como manualmente. Probará con la alineación del texto, reducirá el interlineado e aumentará el espaciado del párrafo. A continuación, utilizará los botones del grupo Fuente para dar formato a las palabras para que resalten y su apariencia sea más atractiva.

UTILICE la presentación `07_Cambiar`. Este archivo de prácticas está en la subcarpeta `Capítulo_14` de la carpeta `Office 2007. Paso a paso`.

ABRA la presentación `07_Cambiar`.

1. Sitúese en la diapositiva 2, y en el panel Diapositiva haga clic en cualquier parte de la lista de viñetas.

2. En la ficha Inicio, en el grupo Edición, haga clic en el botón **Seleccionar** y después escoja Seleccionar todo. La nota de la zona inferior de la diapositiva no está seleccionada porque se introdujo en un cuadro de texto independiente, y no en el marcador de posición.

3. En la ficha Inicio, en el grupo Fuente, haga clic en el botón **Disminuir tamaño de fuente** dos veces (véase la figura 14.23).

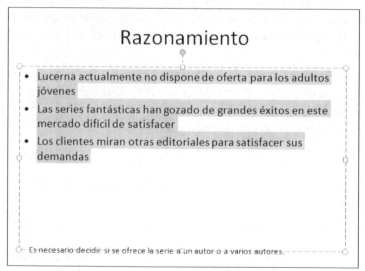

Figura 14.23. La fuente de la lista de viñetas reducida.

4. Pruebe con el tamaño de fuente haciendo clic en la flecha **Tamaño de fuente**, y después situando el puntero del ratón sobre los distintos tamaños de la lista para poder ver previamente el efecto.

5. Finalice haciendo clic en 24 de la lista. Ahora suponga que desea dejar espacio para un gráfico a la derecha de la lista de viñetas.

6. Sitúe el puntero del ratón sobre el manejador central derecho del marcador de posición, y cuando el puntero cambie por una flecha con dos puntas, arrastre hacia la izquierda hasta que el borde derecho del marcador de posición se alinee con el extremo derecho del título de la diapositiva (véase la figura 14.24).

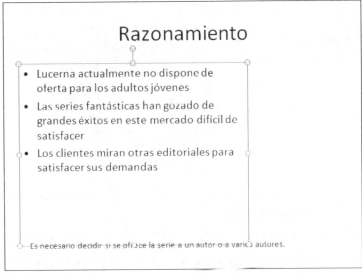

Figura 14.24. Arrastre del manejador central derecho para reducir el marcador posición.

7. Haga clic con el botón derecho del ratón sobre el borde del marcador de posición y después escoja Formato de forma.

8. Haga clic en Cuadro de texto, seleccione la opción Ajustar tamaño de la forma a texto, y después haga clic en **Cerrar**. El marcador de posición se reduce dejando tan sólo el espacio suficiente para albergar el texto (véase la figura 14.25).

9. Sitúese sobre la diapositiva 7, y después haga clic en el cuadro de texto que contiene las direcciones Web.

Si el cuadro de texto contuviera un solo párrafo, simplemente podría hacer clic en el cuadro de texto y después hacer clic en un botón del grupo Párrafo para aplicar el formato de párrafo que desee. Sin embargo, el cuadro de texto contiene varios párrafos, por lo que necesita seleccionarlos primero.

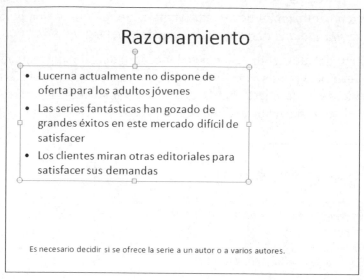

Figura 14.25. El marcador de posición reducido después de ajustar tamaño de la forma a texto.

10. En la ficha Inicio, en el grupo Edición, haga clic en el botón **Seleccionar** y después escoja Seleccionar todo.

11. En el grupo Párrafo, haga clic en el botón **Alinear texto a la izquierda** 🔳.

12. Seleccione las siete líneas de direcciones Web (no el primer párrafo).

13. En el grupo Párrafo, haga clic en el botón **Interlineado** 🔳, y después haga clic en 1,5.

14. Haga clic en el primer párrafo, y después haga clic en el **Lanzador del cuadro de diálogo Párrafo** (véase la figura 14.26).

15. Bajo Espaciado, modifique el parámetro Después de por 12 y haga clic en **Aceptar** (véase la figura 14.27).

16. Sitúese sobre la diapositiva 5 y después seleccione todo el texto del cuadro de texto del lado derecho de la diapositiva.

17. En el grupo Fuente, haga clic en el flecha **Cambiar mayúsculas y minúsculas** 🔳, y después en la lista, seleccione MAYÚSCULAS.

18. Con el texto todavía seleccionado, en el grupo Fuente, haga clic en el botón **Cursiva** 🔳.

El texto del cuadro de texto está ahora en mayúsculas y cursiva.

Figura 14.26. El cuadro de diálogo Párrafo.

Figura 14.27. Interlineado y espaciado de párrafo aumentados.

19. Haga clic en la flecha **Color de fuente** 🄰▾, y a continuación en la paleta, sitúe el puntero del ratón cada vez sobre cada uno de los colores de la fila Colores del tema.

    Según se sitúa, el texto seleccionado cambia de color para mostrarle una vista previa del efecto.

20. En el extremo de la fila Colores del tema, haga clic en el cuadro **Naranja** (Anaranjado, énfasis 6).

21. Haga clic en un área en blanco de la diapositiva para ver el efecto de sus cambios.

CIERRE la presentación `07_Cambiar` sin guardar los cambios, y si no va a continuar con el capítulo siguiente, cierre PowerPoint.

Puntos clave

- Puede introducir y editar el texto tanto en la ficha **Esquema** como directamente en una diapositiva, dependiendo de lo que sea más eficaz en un momento determinado.

- El texto de los marcadores de posición ofrecen coherencia para toda la presentación. Pero no está limitado a su uso, puede incluir texto si lo desea en una diapositiva utilizando los cuadros de texto.

- PowerPoint le ofrece ayuda para corregir los errores ortográficos frecuentes y ajustar el tamaño del texto para que quede adaptado de forma óptima en una diapositiva.

- Puede sacar partido de las características Buscar y reemplazar para garantizar la coherencia en el uso de términos y fuentes en toda la presentación.

- Aunque PowerPoint ofrece la estructura para una presentación para que se centre en su mensaje, puede modificar manualmente el formato, ubicación y tamaño del texto en cualquier momento.

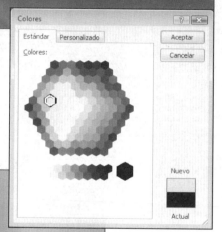

15. Ajustar el diseño, orden y apariencia de las diapositivas

En este capítulo aprenderá a:

✓ Modificar el diseño de una diapositiva.

✓ Reorganizar las diapositivas de una presentación.

✓ Aplicar un tema.

✓ Cambiar por un esquema de color diferente.

✓ Utilizar colores que no forman parte del esquema.

✓ Agregar colorido o textura al fondo de una diapositiva.

Para que cada diapositiva cumpla su objetivo, necesita presentar su contenido de la forma más eficaz. El diseño de diapositivas independientes y el orden de las diapositivas de la presentación contribuyen significativamente a desarrollo lógico de su mensaje. Y una apariencia general unificada, con variaciones que incidan sobre lo que sea necesario, puede mejorar el agrado con el que la audiencia a la que va dirigido, reciba y asimile su mensaje.

Modificar el diseño de una diapositiva

Cuando agrega una diapositiva nueva a una presentación, puede especificar cuál de los variados diseños predefinidos desea utilizar, o puede añadir un diapositiva en blanco y crear un diseño personalizado. Si decide después de crear una diapositiva, que desea que tenga un diseño predefinido distinto, puede cambiar el diseño mostrando la diapositiva, haciendo clic en el botón **Diseño** del grupo Diapositivas de la ficha Inicio, y a continuación haciendo su selección.

Si la diapositiva ya dispone de contenido, puede agregar los elementos para un diseño diferente sobre el diseño existente sin afectar al contenido existente. Por ejemplo, si decide incluir un gráfico en una diapositiva que ya contiene un título y una lista de viñetas, haciendo clic en el botón **Diseño** y después haciendo clic en el diseño Dos objetos, agrega un marcador de posición de contenido a la derecha del marcador de posición de la lista de viñetas.

En este ejercicio, cambiará el diseño de una diapositiva, modificará el tamaño de los marcadores de posición del diseño y a continuación restaurará el diseño.

UTILICE la presentación 01_Diseño. Este archivo de prácticas se encuentra en la subcarpeta Capítulo_15 de la carpeta Office 2007. Paso a paso.

ASEGÚRESE de iniciar PowerPoint antes de comenzar el ejercicio.

ABRA la presentación 01_Diseño y muestre la ficha Esquema.

1. Muestre la diapositiva 3 y a continuación en la ficha Inicio, en el grupo **Diapositivas**, haga clic en el botón **Diseño** ⊞ Diseño ▾ .

2. Haga clic en el diseño Título and dos objetos.

    PowerPoint añade un marcador de posición a la derecha de la lista de viñetas (véase la figura 15.1).

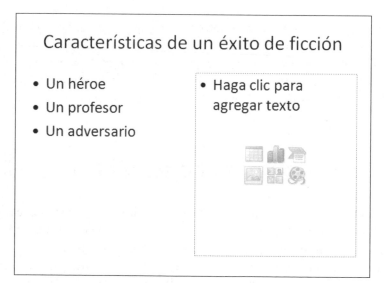

Figura 15.1. La diapositiva después de escoger el diseño Título y dos objetos.

3. Haga clic en la viñeta del marcador de posición del lado derecho de la diapositiva, y después escriba los siguientes puntos de viñeta, pulsando **Intro** después de cada uno excepto del último:

Un problema

Un viaje

Una habilidad de poder

Una batalla

En la ficha Esquema, los puntos de viñeta se agrupan para indicar que aparecen en marcadores de posición distintos.

4. Arrastre el manejador central inferior del marcador de posición de la derecha hacia arriba hasta que el marcador de posición se ajuste al tamaño de sus puntos de viñeta.

5. Repita el paso 4 para el marcador de posición de la izquierda (véase la figura 15.2).

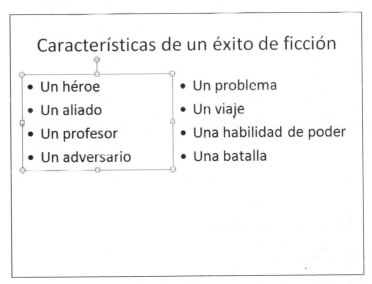

Figura 15.2. Ajuste del tamaño del marcador de posición de la izquierda.

Ahora suponga que desea agregar más puntos de viñeta en cada marcador de posición. Podría agrandar manualmente los marcadores de posición, pero existe un método más rápido.

6. En la ficha Inicio, en el grupo Diapositivas, haga clic en el botón **Restablecer** ![Restablecer]. Los marcadores de posición aumentan a su tamaño original.

7. Haga clic a la derecha de `adversario` en el marcador de posición de la izquierda, pulse **Intro**, y a continuación escriba **Un inocente**.

8. Haga clic a la derecha de `batalla` en el marcador de posición de la derecha, pulse **Intro** y escriba **Un tornado** (véase la figura 15.3.).

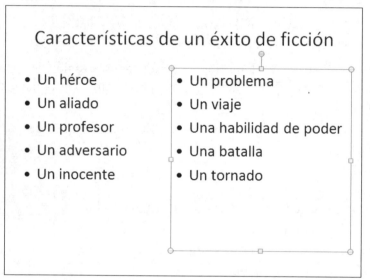

Figura 15.3. Restablecido el tamaño de los marcadores de posición, incluimos dos nuevas viñetas.

CIERRE la presentación `01_Diseño` sin guardar los cambios.

Reorganizar las diapositivas de una presentación

Después de haber creado varias diapositivas, bien añadiéndolas e introduciendo el texto o bien importándolas de otra presentación, es posible que desee reorganizar el orden de las diapositivas para que comuniquen eficazmente su mensaje.

Puede reorganizar una presentación de dos formas:

■ En la ficha Diapositivas, puede arrastrar las diapositivas hacia arriba o hacia abajo para cambiar su orden.

■ Para ver más de la presentación al mismo tiempo, puede cambiar a la vista **Clasificador de diapositivas** y ahí arrastrar las miniaturas de diapositivas hasta su posición correcta.

En este ejercicio, utilizará la ficha Diapositivas y la vista **Clasificador de diapositivas** para organizar lógicamente las diapositivas de una presentación, y agregar una diapositiva a una presentación.

UTILICE la presentación 02_Reorganizar. Este archivo de prácticas está en la subcarpeta Capítulo_15 de Office 2007. Paso a paso.

ABRA la presentación 02_Reorganizar.

1. En la ficha Esquema, sitúese sobre la diapositiva 3 y observe el orden de los puntos de viñeta.

2. En la ficha Esquema del Panel de vistas, recorra la presentación fijándose en que el orden de las diapositivas es diferente del orden de los puntos de viñetas de la diapositiva 3.

3. En el Panel de vistas, haga clic en la ficha Diapositivas, y a continuación recórrala para que pueda ver la diapositiva 5 y 8.

4. Arrastre la miniatura de la diapositiva 8 (El profesor) hacia arriba al espacio por encima de la miniatura de la diapositiva 6 (El problema), pero no suelte el botón del ratón todavía.

5. Suelte el botón del ratón.

6. En el extremo derecho de la barra de estado, en la barra de herramientas **Vista**, haga clic en el botón **Clasificador de diapositivas** ⊞. PowerPoint muestra la presentación como un conjunto de miniaturas. Al tener sólo 13 diapositivas en esta presentación, hay espacio suficiente para hacer las miniaturas más grandes de modo que sean más fáciles de leer.

7. En el regulador del extremo derecho de la barra de estado, haga clic en el botón **Acercar** ⊕ dos veces para cambiar el porcentaje de zoom al 80% (véase la figura 15.4).

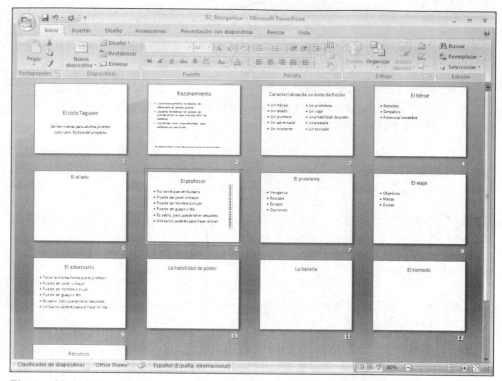

Figura 15.4. El clasificador de diapositivas con un porcentaje de visualización del 80%.

8. Arrastre la diapositiva 9 (`El adversario`) a la izquierda de la diapositiva 7 (`El problema`). La diapositiva 9 se traslada a su nueva posición, y de nuevo PowerPoint vuelve a posicionar y renumerar las diapositivas siguientes de la presentación.

    Si comprueba el resultado con respecto a la diapositiva 3, verá que la diapositiva `El inocente` no está. Puede añadir una diapositiva en la vista **Clasificador de diapositivas**, pero no puede introducir o editar texto desde esta vista.

9. Con la diapositiva 7 (`El adversario`) todavía seleccionada, añada una diapositiva `Título y objetos` a la presentación. PowerPoint inserta la diapositiva nueva después de la diapositiva seleccionada.

10. Haga doble clic en la diapositiva 8. PowerPoint vuelve a la vista anterior, en este caso, la vista **Normal**, con la diapositiva 8 activa.

11. En la diapositiva, haga clic en el marcador de posición del título, y a continuación escriba `El inocente`.

CIERRE la presentación `02_Reorganizar` sin guardar los cambios.

Aplicar un tema

Cuando crea una presentación basada en una plantilla o en un diseño ya preparado, la presentación incluye un tema, es decir una combinación de colores, fuentes, formato, gráficos y otros elementos que le dan a la presentación una apariencia homogénea. Incluso una presentación desarrollada desde el principio tiene un tema, aunque sólo esté compuesto por un fondo blanco y un conjunto de estilos y tamaños de fuente muy básicos.

UTILICE las presentaciones `03_Tema_01` y `03_Tema_02`. Estos archivos de prácticas están en la subcarpeta `Capítulo_15` de la carpeta `Office 2007. Paso a paso`.

ABRA las presentaciones `03_Tema_01` y `03_Tema_02`.

1. Con la presentación `03_Tema_01` activa, en la ficha **Diseño**, en el grupo **Temas**, haga clic en el botón **Más** a la derecha de las diapositivas (véase la figura 15.5).

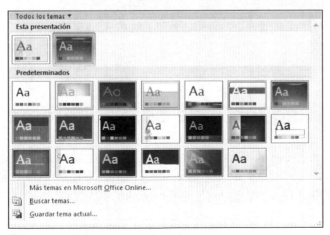

Figura 15.5. La galería de temas.

2. Sitúe el puntero del ratón sobre cada miniatura de tema para ver la vista previa en vivo de cómo quedaría la presentación con ese tema aplicado.

3. Haga clic en la miniatura Técnico para aplicar el tema a la presentación completa.

4. Cambie a la presentación 03_Tema_02, muestre la galería Temas, y después haga clic en la miniatura Vértice. En lugar de un fondo blanco con texto con fuente Palatino Linotype, la presentación tiene ahora un fondo grisáceo acuoso con texto en las fuentes Lucida y Book Antiqua (figura 15.6).

Figura 15.6. La presentación después de haber aplicado el tema Vértice.

CIERRE las presentaciones 03_Tema_01 y 03_Tema_02 sin guardar los cambios.

Cambiar por un esquema de color diferente

Cada presentación que crea con PowerPoint 2007, incluso una en blanco, tiene un conjunto de colores asociado a ella. Este esquema se compone de 12 colores complementarios diseñados para utilizarse en los elementos siguientes de la diapositiva:

■ Utilice los cuatro colores Texto/Fondo para texto oscuro y claro sobre un fondo oscuro o claro.

- Utilice Énfasis 1 hasta Énfasis 6 para los colores de otros objetos distintos del texto.

- Utilice Hipervínculo para llamar la atención sobre los hipervínculos.

- Utilice Hipervínculo visitado para indicar hipervínculos visitados.

En la paleta mostrada en la galerías de color como la galería **Color de fuente** del grupo **Fuente** de la ficha **Inicio**, 10 de los 12 colores aparecen con degradados de claro a oscuro. (Los dos colores de fondo no están representados en esas paletas.)

Comprender los esquemas de color le ayudará a crear presentaciones con aspecto profesional que gozan de un equilibrio adecuado de color. No está limitado a utilizar en una presentación los colores del esquema de color de la presentación, pero al haber sido seleccionados por diseñadores profesionales basándose en los fundamentos de un buen diseño, utilizándolos se asegura que sus diapositivas serán agradables a los ojos.

Para ver los esquemas de color que puede aplicar en una presentación, haga clic en el botón **Colores** en el grupo **Temas** de la ficha **Diseño** para mostrar la galería **Colores** con las posibilidades de la vista previa en vivo. Cuando encuentre el esquema de color que desee, haga clic en él para cambiar el esquema de color de la presentación.

Si ninguno de los esquemas de color es exactamente lo que está buscando, puede crear el suyo propio haciendo clic en **Crear nuevos colores de tema** en la zona inferior de la galería **Colores** y componer los colores en el cuadro de diálogo **Crear nuevos colores de tema**. Después de guardar el esquema, puede aplicarlo a una o a todas las diapositivas de una presentación.

En este ejercicio, examinará el esquema de color de una presentación, aplicará un esquema de color distinto a una presentación completa, creará su propio esquema de color y modificará el esquema de color de sólo una diapositiva.

UTILICE la presentación 04_Esquemacolor. Este archivo de prácticas está en la subcarpeta Capítulo_15 de la carpeta Office 2007. Paso a paso.

ABRA la presentación 04_Esquemacolor.

1. En la ficha **Diseño**, en el grupo **Temas**, haga clic en el botón **Colores** ▪ Colores ▾ (véase la figura 15.7).

2. En la galería, sitúe el puntero del ratón sobre unos pocos esquemas de color y vea el efecto de la vista previa en vivo sobre la diapositiva activa.

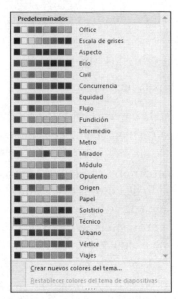

Figura 15.7. La galería de colores.

3. Haga clic en Brío para cambiar el esquema de color del tema aplicado a la presentación.

4. En el grupo Temas, de la ficha Diseño, haga clic en el botón **Colores**.

5. En la zona inferior de la galería Colores, haga clic en Crear nuevos colores de tema (véase la figura 15.8).

6. En el área Colores de tema, haga clic en el botón **Texto/Fondo – Oscuro 2**.

7. En la paleta Colores del tema, haga clic en el cuadro de la tercera fila del rango por debajo del cuadro azul oscuro.

8. En la zona inferior del cuadro de diálogo, haga clic en **Guardar**.

9. Muestre la diapositiva 2, y en el grupo Temas, haga clic en el botón **Colores**.

10. Haga clic con el botón derecho del ratón sobre el esquema de color Opulento, y a continuación seleccione Aplicar a las diapositivas seleccionadas.

    PowerPoint aplica el esquema de color Opulento sólo a la diapositiva seleccionada, modificando su color de fondo por púrpura.

CIERRE la presentación 04_Esquemacolor sin guardar los cambios.

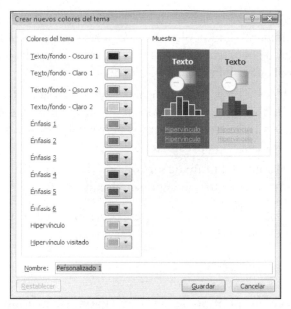

Figura 15.8. El cuadro de diálogo Crear nuevos colores de tema.

Modificar las fuentes y efectos de un tema

Además de modificar un esquema de color de un tema, también puede cambiar sus fuentes y efectos siguiendo estos pasos:

1. En la ficha Diseño, en el grupo Temas, haga clic en el botón **Fuentes**.

2. Haga clic en la combinación de fuente que desee utilizar para la presentación actual.

3. En la ficha Diseño, en el grupo Temas, haga clic en el botón **Efectos**.

4. Haga clic en la combinación de efecto que desee utilizar para la presentación actual.

Utilizar colores que no forman parte del esquema

Aunque trabajar con los 12 colores de un armonioso esquema de color le permiten crear presentaciones con un diseño agradable, es posible que desee utilizar una paleta más amplia. Puede agregar colores que no forman parte del esquema de color seleccionando el elemento cuyo color desee cambiar y a continuación escogiendo un color estándar de la paleta Colores o a de casi un espectro infinito de colores disponible en el cuadro de diálogo Colores.

Después de agregar un color, está disponible en todas las paletas que aparecen cuando hace clic en un botón que aplica color; por ejemplo, el botón **Color de fuente** del grupo Fuente de la ficha Inicio. El color permanece en las paletas incluso si modifica el tema aplicado a la presentación.

En este ejercicio, cambiará el color del título de una diapositiva y a continuación aplicará el mismo color a otros elementos de la presentación.

UTILICE la presentación 05_Otroscolores. Este archivo de prácticas está en la subcarpeta Capítulo_15 de la carpeta Office 2007. Paso a paso.

ABRA la presentación 05_Otroscolores.

1. En la diapositiva 1, seleccione el título de la presentación, y a continuación en la ficha Inicio, en el grupo Fuente, haga clic en la flecha **Color de fuente** A· (véase la figura 15.9).

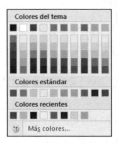

Figura 15.9. Paleta de colores.

2. En la zona inferior de la paleta de colores, haga clic en Más colores.

3. En el espectro Colores, haga clic en la tonalidad de verde más brillante (véase la figura 15.10).

4. Haga clic en **Aceptar**. El título cambia por el tono de verde seleccionado, contorneado en azul.

5. Muestre la diapositiva 5, seleccione el texto siguiente al tercer punto de viñeta, y haga clic en la flecha **Color de fuente**.

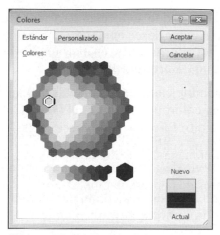

Figura 15.10. En el cuadro de diálogo Colores, escoja el verde más brillante.

6. Debajo de Colores recientes, haga clic en el cuadro **Verde**.

7. En la ficha Diseño, en el grupo Temas, haga clic en el botón **Más** ⏷ para mostrar la galería Temas, y a continuación haga clic en Intermedio.

CIERRE la presentación 05_Otroscolores sin guardar los cambios.

Agregar colorido o textura al fondo de una diapositiva

En PowerPoint puede personalizar el fondo de una diapositiva agregándole un color sólido, un color degradado, una textura o incluso una imagen.

Un tono degradado es un efecto visual en el que el color sólido gradualmente pasa de claro a oscuro o de oscuro a claro. PowerPoint ofrece varios patrones de degradado, cada uno de ellos con diversas variaciones. También puede escoger una disposición preestablecida de colores a partir de fondos diseñados profesionalmente en los que diferentes colores se mezclan progresivamente.

Agregar una imagen al fondo de una diapositiva

Puede agregar una imagen al fondo de una diapositiva, bien como un simple objeto o como una imagen en mosaico que rellene la diapositiva completa.

Aquí se expone cómo:

1. En la ficha Diseño, en el grupo Fondo, haga clic en el botón **Estilos de fondo** y a continuación seleccione Formato del fondo.

2. En el cuadro de diálogo Formato del fondo, haga clic en la opción Relleno con imagen o textura.

3. Haga clic en Archivo, sitúese sobre la carpeta que contiene la imagen que desea utilizar, y a continuación haga doble clic en el nombre del archivo.

4. Para hacer que la imagen rellene la diapositiva completa, marque el cuadro de verificación Mosaico de imagen como textura.

5. Para utilizar la imagen en el fondo de la diapositiva actual, haga clic en **Cerrar**, o para usarla como fondo de todas las diapositivas, haga clic en **Aplicar a todo**.

En este ejercicio, usará como fondo de una diapositiva una tonalidad, y después los cambiará por una textura.

UTILICE la presentación 06_Fondo. Este archivo de prácticas está en la subcarpeta Capítulo_15 de la carpeta Office 2007. Paso a paso.

ABRA la presentación 06_Fondo.

1. En la ficha Diseño, en el grupo Fondo, haga clic en el botón **Estilos de fondo**.

2. En la galería Fondo, sitúe el puntero del ratón en cada estilo para ver una vista previa en vivo de sus efectos.

3. Haga clic en la última miniatura de la segunda fila (Estilo 8).

4. Haga clic en el botón **Estilos de fondo** de nuevo, y a continuación seleccione Formato del fondo en la zona inferior de la galería. El cuadro de diálogo Dar formato a fondo (véase la figura 15.11).

5. Haga clic en la flecha **Tipo**, y a continuación en la lista, seleccione Rectangular.

6. Haga clic en el botón **Dirección**, y haga clic en el efecto **Desde la esquina** en el extremo derecho de la galería.

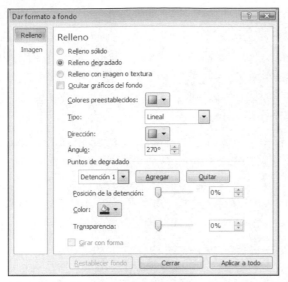

Figura 15.11. El cuadro de diálogo Dar formato a fondo.

7. Por debajo de Puntos de detención, arrastre el deslizador **Posición de la detención** hasta la posición 80%.

8. Haga clic en el botón **Color**, y a continuación en la paleta Colores del tema, haga clic en el color verde de la fila superior.

9. Haga clic en **Cerrar**. PowerPoint aplica el fondo sombreado sólo a la diapositiva activa (véase la figura 15.12).

10. Haga clic en el botón **Estilos de fondo** de nuevo y a continuación seleccione Formato del fondo.

11. En el cuadro de diálogo Dar formato a fondo, seleccione la opción Relleno con imagen o textura.

12. Haga clic en el botón **Textura**, y a continuación en la galería, haga clic en Vaquero.

13. Haga clic en el botón **Aplicar a todo**, y a continuación haga clic en **Cerrar**.

    PowerPoint aplica la textura de fondo a la diapositiva actual y a todas las emás diapositivas de la presentación (véase la figura 15.13).**Figura 15.12.** Diapositiva activa con un fondo sombreado.

Figura 15.12. Diapositiva activa con un fondo sombreado.

Figura 15.13. Diapositiva con una textura de fondo.

CIERRE la presentación 06_Fondo sin guardar los cambios, y si no va a continuar con el capítulo siguiente, cierre PowerPoint.

Puntos clave

- Después de crear una diapositiva, puede modificar fácilmente su diseño.

- Si cambia manualmente el diseño de una diapositiva, puede restablecer el diseño predeterminado.

- Puede modificar el orden de las diapositivas reorganizándolas desde la ficha Diapositivas o en la vista **Clasificador de diapositivas**.

- Puede modificar fácilmente la apariencia y sensación de una presentación cambiando de un tema predefinido a otro. Si le gustan todos los elementos del tema excepto sus colores, puede aplicar un esquema de color diferente.

- Puede aplicar un esquema de color a una o todas las diapositivas de una presentación.

- Puede crear sus propios esquemas de color y puede agregar colores que no forman parte del esquema actúala a partes seleccionadas de una diapositiva.

- Para rellenar el fondo de una diapositiva o de todas las diapositivas de una presentación, puede aplicar un color sólido, un degradado, una textura o usar una imagen.

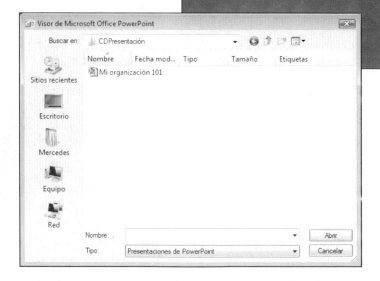

16. Mostrar electrónicamente una presentación

En este capítulo aprenderá a:

- ✓ Adaptar una presentación a diferentes audiencias.
- ✓ Ensayar una presentación.
- ✓ Preparar las notas del orador y documentos.
- ✓ Preparar una presentación para viajar.
- ✓ Mostrar una presentación.

El objetivo de todo el esfuerzo empleado en la creación de una presentación es poder exponerla ante un público determinado. Con Microsoft Office PowerPoint 2007, puede fácilmente exponer una presentación desde un ordenador como una presentación con diapositivas electrónica. En la vista **Presentación con diapositivas**, en lugar de aparecer la diapositiva en una ventana dentro de la ventana del programa PowerPoint, la diapositiva ocupa toda la pantalla.

Adaptar una presentación a diferentes audiencias

Si tiene pensado mostrar variaciones de la misma presentación para distintos públicos, debería preparar una única presentación que contenga todas las diapositivas que probablemente necesita para todos ellos. A continuación puede seleccionar las diapositivas de la presentación que son adecuadas para un auditorio en particular y agruparlas como una presentación con diapositivas personalizada. Cuando necesite mostrar la presentación para ese auditorio, abra la presentación principal y muestre el subconjunto de diapositivas seleccionando la presentación con diapositivas personalizada de una lista.

En este ejercicio, seleccionará diapositivas de una presentación existente para crear una presentación con diapositivas personalizada para un auditorio distinto. También ocultará una diapositiva y después verá cómo mostrarlas cuando sea necesario.

UTILICE la presentación `01_Adaptar`. Este archivo de práctica está almacenado en la subcarpeta `Capítulo_16` de `Office 2007. Paso a paso`.

ASEGÚRESE de iniciar PowerPoint antes de comenzar este ejercicio.

ABRA la presentación `01_Adaptar`.

1. En la ficha Presentación con diapositivas, en el grupo Iniciar presentación con diapositivas, haga clic en el botón **Presentación personalizada**, y a continuación seleccione Presentaciones personalizadas.

2. Haga clic en **Nueva**. El cuadro de diálogo Definir presentación personalizada se abre. El nombre de la presentación personalizada predeterminado está seleccionado en el cuadro Nombre de la presentación con diapositivas (véase la figura 16.1).

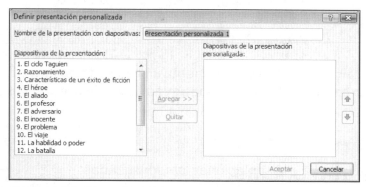

Figura 16.1. El cuadro Definir presentación personalizada con el nombre de la presentación seleccionado.

3. En el cuadro Nombre de la presentación con diapositivas, escriba **Editores de proyectos**.

4. En la lista Diapositivas de la presentación, haga clic en 1. El ciclo Taguien, y a continuación haga clic en **Agregar**.

5. En la lista Diapositivas de la presentación, haga clic en 3. Características de un éxito de ficción, recorra la lista, mantenga pulsada la tecla **Mayús**, y haga clic en 15. Proceso de aprobación. A continuación haga clic en **Agregar** (véase la figura 16.2).

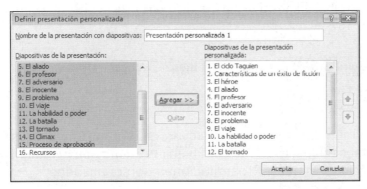

Figura 16.2. Diapositivas incluidas en la presentación personalizada.

6. Haga clic en **Aceptar**.

7. En el cuadro de diálogo Presentaciones personalizadas, haga clic en **Mostrar** para iniciar la presentación con diapositivas.

8. Haga clic con el botón del ratón para recorrer todas las diapositivas, incluye la diapositiva en blanco del final de la presentación.

9. En la vista **Normal**, en la ficha Presentación con diapositivas, en el grupo Iniciar presentación con diapositivas, haga clic en el botón **Presentación personalizada**. Se ha añadido a la lista Editores de proyectos. Haciendo clic en esta opción ejecutará la presentación con diapositivas personalizada.

10. En la lista, seleccione Presentaciones personalizadas.

11. En el cuadro de diálogo Presentaciones personalizadas, verifique que Editores de proyectos está seleccionada, y haga clic en **Modificar**. El cuadro de diálogo Definir presentación personalizada se abre.

12. En la zona inferior del cuadro Diapositivas de la presentación personalizada, haga clic en 14. Proceso de aprobación y a continuación haga clic en **Eliminar**.

13. Haga clic en **Aceptar** para cerrar el cuadro de diálogo Definir presentación personalizada, y a continuación haga clic en **Cerrar** para cerrar el cuadro de diálogo Presentaciones personalizadas.

14. En el Panel de vistas, recorra hasta la parte inferior de la ficha Diapositivas, haga clic con el botón derecho del ratón en la diapositiva 12 y a continuación seleccione Ocultar diapositiva. En la ficha Diapositivas, PowerPoint pone un cuadro con una línea diagonal alrededor del número 12, y debilita el tono del contenido de la diapositiva para indicar que está oculta, tal como muestra la figura 16.3.

Figura 16.3. El contenido de la diapositiva 12 aparece claro y una diagonal cruza su número de diapositiva.

15. Muestre la diapositiva 11, y en la barra de herramientas **Vista**, haga clic en el botón **Presentación con diapositivas** . A continuación pulse la **Barra espaciadora** para pasar a la diapositiva siguiente.

16. Pulse la tecla **Retroceso** para retroceder a la diapositiva 11.

17. Haga clic con el botón derecho del ratón en cualquier parte de la pantalla, sitúe el puntero del ratón en Ir a la diapositiva, y a continuación haga clic en (12) La batalla.

18. Pulse **Esc** para finalizar la presentación con diapositivas.

CIERRE la presentación `01_Adaptar` sin guardar sus cambios.

Ensayar una presentación

Cuando se muestra una presentación con diapositivas, puede pasar de una diapositiva a otra de las siguientes formas:

■ Manualmente: Controla cuando pasar haciendo clic en el botón del ratón, pulsando alguna tecla o haciendo clic en algún comando.

■ Automáticamente: PowerPoint muestra cada diapositiva durante un periodo de tiempo predefinido y a continuación pasa a visualizar la diapositiva siguiente.

El intervalo de tiempo que una diapositiva permanece en pantalla lo controla su cronómetro de diapositiva. Por defecto los intervalos de diapositiva se distribuyen igualitariamente entre las animaciones de cada diapositiva. Por tanto, si una diapositiva tiene un título y cuatro puntos de viñeta que están todos animados y le asigna a la diapositiva una duración de un minuto, los cinco elementos aparecerán sucesivamente cada intervalo de 12 segundos.

Para aplicar una duración a una única diapositiva, a un grupo de diapositivas, o una presentación completa, primero seleccione las diapositivas, y a continuación bajo Avanzar a la diapositiva del grupo Transición a esta diapositiva en la ficha Animaciones, marque el cuadro de verificación Automáticamente después de e introduzca el número de minutos y/o segundos que desea que cada diapositiva permanezca en pantalla.

Si no sabe cuánto tiempo dedicar a las diapositivas de la presentación, puede ensayar la presentación con diapositivas mientras PowerPoint automáticamente traza y configura los intervalos por usted, reflejando la cantidad de tiempo que dedicó en cada diapositiva durante el ensayo. Durante la presentación con diapositivas, PowerPoint muestra cada diapositiva durante el espacio de tiempo que indicó durante el ensayo. De esta forma, puede sincronizar un presentación con diapositivas automática junto con una narración o demostración en directo.

En este ejercicio, configurará el tiempo para una diapositiva y a continuación lo aplicará a una presentación completa. A continuación ensayará la presentación y hará que PowerPoint establezca los intervalos de acuerdo con el tiempo dedicado a mostrar cada una de las diapositivas durante el ensayo.

UTILICE la presentación `02_Ensayar`. Este archivo de práctica está en la subcarpeta `Capítulo_16` de `Office 2007. Paso a paso`.

ABRA la presentación `02_Ensayar`.

1. En la ficha Animaciones, en el grupo Transición a esta diapositiva, bajo Avanzar a la diapositiva, marque el cuadro de verificación Automáticamente después de, y a continuación escriba **00:03**.

2. En la barra de herramientas **Vista**, haga clic en el botón **Presentación con diapositivas** 🖵.

3. Pulse **Esc** para finalizar la presentación, o a continuación en la barra de herramientas **Vista**, haga clic en el botón **Clasificador de diapositivas** 🔡. Por debajo de la esquina inferior izquierda de la diapositiva 1 está el duración del tiempo para la diapositiva que acaba de aplicar (véase la figura 16.4).

4. Haga clic en la diapositiva 1, y a continuación en la ficha Animaciones, en el grupo Transición a esta diapositiva, haga clic en el botón **Aplicar a todo** 📋 Aplicar a todo .

   El periodo de tiempo que aplicó a la diapositiva 1 ahora se establece para todas las diapositivas.

5. Cambie a la vista **Presentación con diapositivas**, observe cómo avanzan las diapositivas, y a continuación haga clic en el botón del ratón cuando muestre la pantalla en negro.

6. Bajo Avanzar a la diapositiva del grupo Transición a esta diapositiva, desmarque el cuadro de verificación Automáticamente después de, y a continuación haga clic en **Aplicar a todo**. Los intervalos de tiempo desaparecen de debajo de las diapositivas.

7. Con la diapositiva 1 seleccionada, en la ficha Presentación con diapositivas, en el grupo Configurar, haga clic en el botón **Ensayar intervalos** 🕙 Ensayar intervalos . La pantalla cambia a la vista **Presentación con diapositivas**, comienza la presentación, y muestra la barra de herramientas Ensayo (véase la figura 16.5) en la esquina superior izquierda de la pantalla. Un contador de tiempo de diapositiva está contabilizando el intervalo de tiempo que la diapositiva 1 permanece en pantalla.

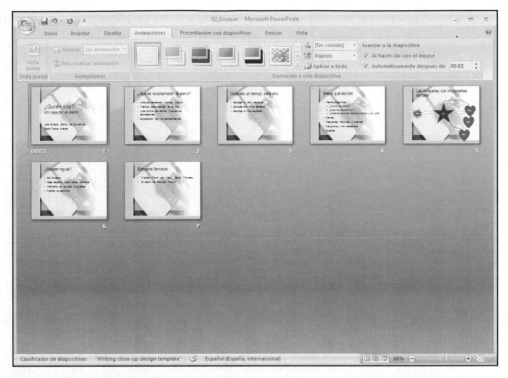

Figura 16.4. Debajo de la diapositiva 1 aparece el tiempo establecido para ella.

Figura 16.5. La barra de herramientas Ensayo.

8. Espere aproximadamente 10 segundos y a continuación en la barra de herramientas Ensayo, haga clic en el botón **Siguiente** .

9. Recorra lentamente la presentación con diapositivas, haciendo clic en **Siguiente** para pasar a la diapositiva siguiente.

10. Si desea repetir el ensayo para una diapositiva determinada, en la barra de herramientas Ensayo, haga clic en el botón **Repetir** para reinicializar el intervalo de la diapositiva para esa diapositiva a 0:00:00.

Cuando llegue al final de la presentación con diapositivas, un cuadro de mensaje muestra el tiempo utilizado para la presentación y le pide si desea aplicar los intervalos de diapositiva guardados.

11. Haga clic en **Sí**. La pantalla vuelve a la vista **Clasificador de diapositivas**, donde se han agregado los tiempos guardados por debajo de cada diapositiva (véase la figura 16.6).

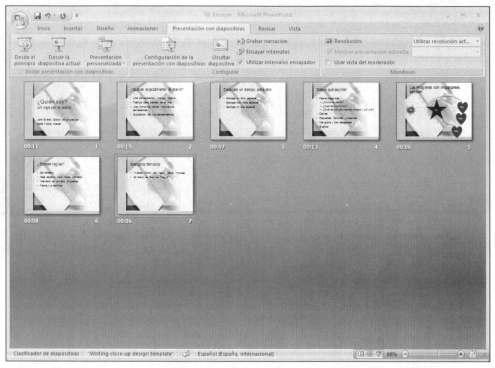

Figura 16.6. El Clasificador de diapositivas muestra los intervalos de cada diapositiva.

12. Haga clic en la ficha **Animaciones**. El intervalo para la diapositiva activa, Diapositiva 1, aparece en el cuadro de verificación **Automáticamente después de** debajo de **Avanzar a la diapositiva** del grupo **Transición en esta diapositiva**.

13. Si el valor de **Automáticamente después de** no es un segundo completo, haga clic en la flecha **Arriba** para ajustar el tiempo hasta el siguiente segundo completo.

14. En la barra de herramientas **Vista**, haga clic en el botón **Presentación con diapositivas**.

CIERRE la presentación 02_Ensayar sin guardar los cambios.

Preparar las notas del orador y los documentos

Si va a exponer en vivo su presentación frente de un auditorio, es probable que necesite algunas notas del orador para guiarse. Cada diapositiva de una presentación de PowerPoint tiene su correspondiente página de notas. Al crear cada diapositiva, puede introducir notas que hagan referencia al contenido de la diapositiva simplemente haciendo clic en el Panel de notas y escribiendo. Si desea incluir algo distinto de texto en sus notas del orador, debe cambiar a la vista **Página de notas** haciendo clic en el botón **Página de notas** del grupo Vistas de presentación de la ficha Vista. Cuando haya terminado sus notas, puede imprimirlas para disponer de ellas para guiarle con la presentación fácilmente.

En este ejercicio, introducirá las notas del orador para un par de diapositivas en el panel **Notas**. A continuación cambiará a la vista **Página de notas**, insertará un gráfico en una nota y una tabla en otra, personalizará el patrón **Notas** y a continuación imprimirá las notas del orador y los documentos.

UTILICE la presentación 03_NotasDocumentos y el gráfico 03_YinYang. Estos archivos de práctica están almacenados en la subcarpeta Capítulo_16 de Office 2007. Paso a paso.

ABRA la presentación 03_NotasDocumentos.

1. Con la diapositiva 1 seleccionada, en el panel **Notas**, haga clic en el marcador de posición Haga clic para agregar texto, escriba **Bienvenida e introducción**, y pulse **Intro**.

2. Escriba **Logística**, pulse **Intro** y escriba **Establecer nivel de conocimiento**.

3. Muestre la diapositiva 2, y en el panel **Notas**, escriba **Comentar los conceptos principales**.

4. Muestre la diapositiva 3, en el panel **Notas**, escriba **Energías complementarias** y a continuación pulse **Intro** dos veces.

5. En la ficha Vista, en el grupo Vistas de presentación, haga clic en el botón **Página de notas** [Página de notas].

   La diapositiva 3 se muestra en la vista **Página de notas**, con el porcentaje de la vista configurado para que la página completa quepa en la ventana (véase la figura 16.7).

Figura 16.7. La vista Página de notas muestra la página completa de la diapositiva.

6. En la ficha Insertar, en el grupo Ilustraciones, haga clic en el botón **Imagen**.

7. En el cuadro de diálogo Insertar imagen, sitúese en la carpeta `Documentos\PowerPoint 2007. Paso a paso\Capítulo_10`, y haga clic en la imagen `03_YinYang`.

8. Arrastre la imagen por debajo de la nota que en el paso 4.

9. En la zona inferior de la barra de desplazamiento, haga clic en el botón **Diapositiva siguiente** para moverse a la diapositiva 4.

10. En la ficha Insertar, en el grupo Tablas, haga clic en el botón **Tabla** y a continuación arrastre para crear una tabla que tenga dos columnas por ocho filas.

11. Arrastre la tabla por su borde hacia abajo hasta el marcador de posición de notas, y a continuación en el menú contextual Diseño del grupo Opciones de estilo de tabla, desmarque los cuadros de verificación Fila de encabezado y Filas con bandas.

12. Introduzca la información siguiente, pulsando **Tab** para saltar de una celda a otra y de una fila a otra:

Carrera	23
Fama	30
Relaciones	41
Creatividad	45
Suerte	60
Salud	72
Conocimiento	81
Personas útiles	85

Las notas del orador ahora incluyen los números de página de un trabajo de referencia donde puede encontrar información adicional por si la necesita durante la presentación (véase la figura 16.8).

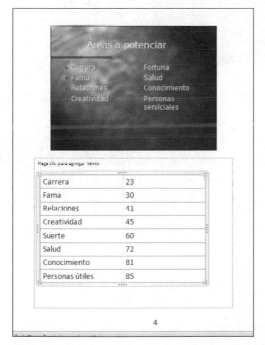

Figura 16.8. La tabla aporta información adicional a la presentación.

13. En la ficha Vista, en el grupo Vistas de presentación, haga clic en el botón **Normal**, y a continuación arrastre la barra de división situada por

encima del panel **Notas** hacia arriba para ampliarla. La tabla no se ve en la vista **Normal**.

14. Arrastre la barra de división hacia debajo de nuevo. A continuación en la ficha Vista, en el grupo Vistas de presentación, haga clic en el botón **Patrón de notas** [⊞ Patrón de notas]. El **Patrón de notas** aparece y la ficha Patrón de notas se añade a la **Cinta de opciones** (véase la figura 16.9).

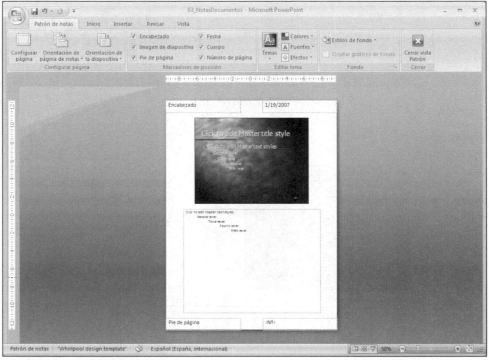

Figura 16.9. Vista Patrón de notas junto con la ficha contextual Patrón de notas.

15. En la esquina superior izquierda de la página, haga clic en el marcador de posición Encabezado, y a continuación escriba **Feng Shui**.

16. En la esquina inferior izquierda de la página, haga clic en el marcador de posición Pie de página, y seguidamente escriba **Clases para principiantes**.

17. En la barra de herramientas **Vista**, haga clic en el botón **Normal** [▣] para volver a la vista **Normal**.

18. Haga clic en el **Botón de Office** ⊕, y a continuación haga clic en Imprimir. El cuadro de diálogo Imprimir se abre.

19. Haga clic en la flecha **Imprimir**, seleccione Página de notas y haga clic en **Aceptar**.

20. Muestre el cuadro de diálogo Imprimir de nuevo, y a continuación cambie el parámetro de la flecha **Imprimir** por Documentos.

21. Bajo Documentos, haga clic en la flecha **Diapositivas por página**, y en la lista, seleccione 3.

22. En la esquina inferior izquierda del cuadro de diálogo haga clic en **Vista previa**. (véase la figura 16.10).

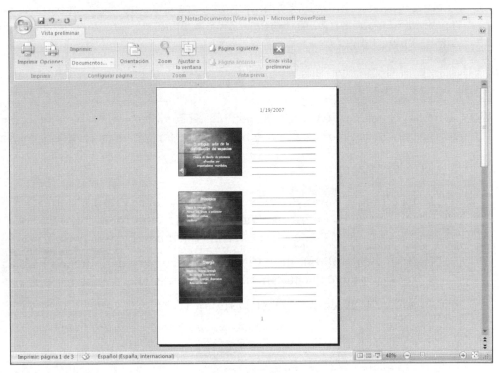

Figura 16.10. Vista preliminar de documentos.

23. En la ficha Vista preliminar, en el grupo Imprimir, haga clic en el botón **Imprimir** , y a continuación haga clic en **Aceptar**.

24. Vuelva a la vista **Normal**.

CIERRE la presentación 03_NotasDocumentos sin guardar los cambios.

Preparar una presentación para viajar

Con PowerPoint 2007, puede utilizar la característica Empaquetar para CD para reunir todos los componentes de la presentación y guardarlos en un CD o en cualquier otro soporte de grabación para que pueda pasarlo a otro ordenador diferente. Los archivos vinculados se incluyen en el paquete de la presentación por defecto. Las fuentes TrueType se almacenan junto con la presentación si selecciona la opción Fuentes TrueType incrustadas al crear el paquete. (Cuando se incrustan las fuentes, el tamaño del archivo aumenta significativamente.) En este ejercicio, utilizará Empaquetar para CD para crear un paquete de una presentación en un CD. A continuación ejecutará la presentación usando el Visor de PowerPoint.

UTILICE la presentación 04_Viajar. Este archivo de práctica está almacenado en la subcarpeta Capítulo_16 de Office 2007. Paso a paso.

ASEGÚRESE de tener un CD vacío disponible. Si su ordenador no tiene grabadora de CD, puede seguir los pasos de este ejercicio pero no podrá completar los pasos del 8 al 16.

ABRA la presentación 04_Viajar.

1. Haga clic en el **Botón de Office** , seleccione Guardar como, y a continuación guarde la presentación actual en la subcarpeta Capitulo_16 de Office 2007. Paso a paso, con el nombre Mi organización 101.

2. Haga clic en el **Botón de Office**, sitúe el puntero del ratón en Publicar, y seleccione seguidamente Empaquetar para CD.

3. Haga clic en **Aceptar**. (véase la figura 16.11).

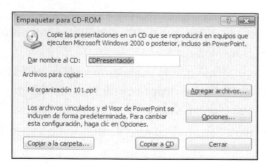

Figura 16.11. El cuadro de diálogo Empaquetar para CD-ROM.

4. En el cuadro Dar nombre al CD, escriba **Organización**.

5. Haga clic en **Opciones** (véase la figura 16.12). Bajo Tipo de paquete, deje seleccionada la opción Paquete de Visor, pero haga clic en la flecha Seleccionar cómo se reproducirán las presentaciones en el visor, y en la lista seleccione Permitir que el usuario seleccione la presentación que desea ver.

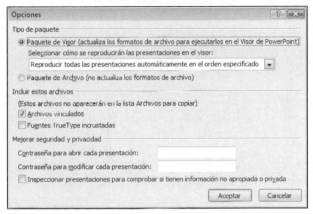

Figura 16.12. El cuadro de diálogo Opciones.

6. Al seleccionar la opción Paquete de Visor incluye el Visor de PowerPoint. Si selecciona la opción Paquete de Archivo, el paquete contiene sólo la presentación.

7. Bajo Incluir estos archivos, seleccione el cuadro de verificación Fuentes TrueType incrustadas, y a continuación haga clic en **Aceptar**.

8. Inserte un CD vacío en su grabadora de CD, y a continuación haga clic en **Copiar a CD**.

9. Cuando PowerPoint le pida que verifique que desea incluir el contenido vinculado, haga clic en **Sí**.

10. Cuando vea un mensaje que le informe que la grabación se ha realizado con éxito, haga clic en **No** para indicar que no desea copiar el mismo paquete en otro CD.

11. Haga clic en el botón **Cerrar** para cerrar el cuadro de diálogo Empaquetar para CD-ROM.

12. En el extremo derecho de la barra de título, haga clic en el botón **Cerrar** ⊠ para cerrar la presentación y cerrar PowerPoint.

13. Saque el CD de la grabadora de CD, y a continuación insértelo de nuevo. Después de unos segundos, el Visor de PowerPoint se inicia. La primera vez que ejecuta este programa, necesita hacer clic en **Aceptar** para aceptar los términos del acuerdo de la licencia del programa. A continuación se abre un cuadro de diálogo en el que puede seleccionar la presentación que desea ejecutar (véase la figura 16.13).

Figura 16.13. Cuadro de diálogo del Visor de Microsoft Office PowerPoint.

14. En la lista de nombres de archivos y carpetas, haga doble clic en `Mi organización 101`.

15. Haga clic en el botón del ratón para pasar de diapositiva en el Visor de PowerPoint, y después pulse **Esc** para finalizar la presentación.

16. Cierre el cuadro de diálogo `Visor de Microsoft Office PowerPoint`.

Mostrar una presentación

Para iniciar una presentación con diapositivas desde la vista **Normal** o **Clasificador de diapositivas**, haga clic en el botón **Presentación con diapositivas** para mostrar como pantalla completa de la diapositiva actual. A continuación, la forma más fácil de moverse linealmente de una diapositiva a otra es hacer clic en el botón del ratón sin mover el ratón. Pero, también puede moverse por la presentación utilizando el teclado:

- Para pasar a la diapositiva siguiente, pulse la **Barra espaciadora**, la tecla de desplazamiento **Abajo**, o la tecla de desplazamiento **Derecha**.

- Para retroceder a la diapositiva anterior, pulse la tecla **RePág** o la tecla de desplazamiento **Izquierda**.

- Para finalizar la presentación, pulse la tecla **Esc**.

Si necesita moverse a una diapositiva que no es ni la siguiente ni la anterior, puede mover el puntero del ratón para mostrar una barra de herramientas que no llama la atención en la esquina inferior izquierda de la diapositiva. Puede utilizar esta barra de herramientas de las siguientes formas:

- Para moverse a la diapositiva siguiente, haga clic en el botón **Siguiente**.

- Para moverse a la diapositiva anterior, haga clic en el botón **Anterior**.

- Para saltar a una diapositiva fuera de la secuencia (incluso si está oculta), haga clic en el botón **Exploración**, haga clic en Ir a diapositiva y a continuación haga clic en la diapositiva.

- Para mostrar las diapositivas en una presentación con diapositivas personalizada, haga clic en el botón **Exploración,** haga clic en Presentación personalizada, y a continuación haga clic en la presentación.

- Para mostrar una lista de atajos de teclado para llevar a cabo las tareas de la presentación con diapositivas, haga clic en el botón **Exploración**, y a continuación seleccione Ayuda. Por ejemplo, puede pulsar la tecla **H** para mostrar la diapositiva oculta siguiente, pulsar la tecla **E** para eliminar las anotaciones del bolígrafo, o pulsar **P** para mostrar la flecha del puntero.

- Para finalizar la presentación, haga clic en el botón **Exploración**, y a continuación seleccione Fin de la presentación.

En este ejercicio, se desplazará de varias maneras mientras muestra una presentación. También utilizará un rotulador para señalar sobre una diapositiva, cambiará el color y señalará en otra.

UTILICE la presentación 05_Mostrar. Este archivo de práctica está almacenado en la subcarpeta Capítulo_16 de Office 2007. Paso a paso.

ABRA la presentación 05_Mostrar.

1. Con la diapositiva 1 seleccionada en la vista **Normal**, en la barra de herramientas **Vista**, haga clic en el botón **Presentación con diapositivas** 🖵.

2. Haga clic en cualquier parte de la pantalla, y de nuevo vuelva a hacer clic.

   Primero el título se desplaza sobre la diapositiva desde arriba, y después el subtítulo se desplaza por la diapositiva desde abajo.

3. Haga clic en el botón del ratón para avanzar a la diapositiva 2.

4. Pulse la tecla de desplazamiento **Izquierda** para mostrar la diapositiva anterior y después pulse la tecla de desplazamiento **Derecha** para mostrar la diapositiva siguiente.

5. Mueva el ratón.

6. En la barra de herramientas, haga clic en el botón **Siguiente** (el botón del extremo derecho de la barra de herramientas sombreada) 🡒 para mostrar la diapositiva 3.

7. Haga clic con el botón derecho del ratón en cualquier parte de la pantalla, y a continuación seleccione Anterior para volver a mostrar la diapositiva 2.

8. Haga clic con el botón derecho del ratón en cualquier parte de la pantalla, sitúe el puntero del ratón sobre la opción Ir a diapositiva, y a continuación escoja en la lista de nombres de diapositivas, 7 Unámoslo todo.

9. Muestre la barra de herramientas, haga clic en el botón **Exploración** 🖿, y a continuación haga clic en el botón **Siguiente** para mostrar la diapositiva 8.

10. Utilice varios métodos de exploración para moverse por la presentación con diapositivas hasta que lo domine.

11. Haga clic en cualquier parte de la pantalla, y entonces seleccione Fin de la presentación.

12. Muestre la diapositiva 5, y cambie a la vista **Presentación con diapositivas**.

13. Haga clic con el botón derecho en cualquier parte de la pantalla, sitúe el puntero del ratón Opciones del puntero, y haga clic en Bolígrafo.

   El puntero cambia por la forma de un bolígrafo.

14. Dibuje una línea bajo las palabras Dar color del título, (figura 16.14).

15. Haga clic con el botón derecho del ratón sobre la pantalla, sitúe el puntero del ratón en Opciones del puntero, y a continuación seleccione Borrar todas las entradas manuscritas de la diapositiva.

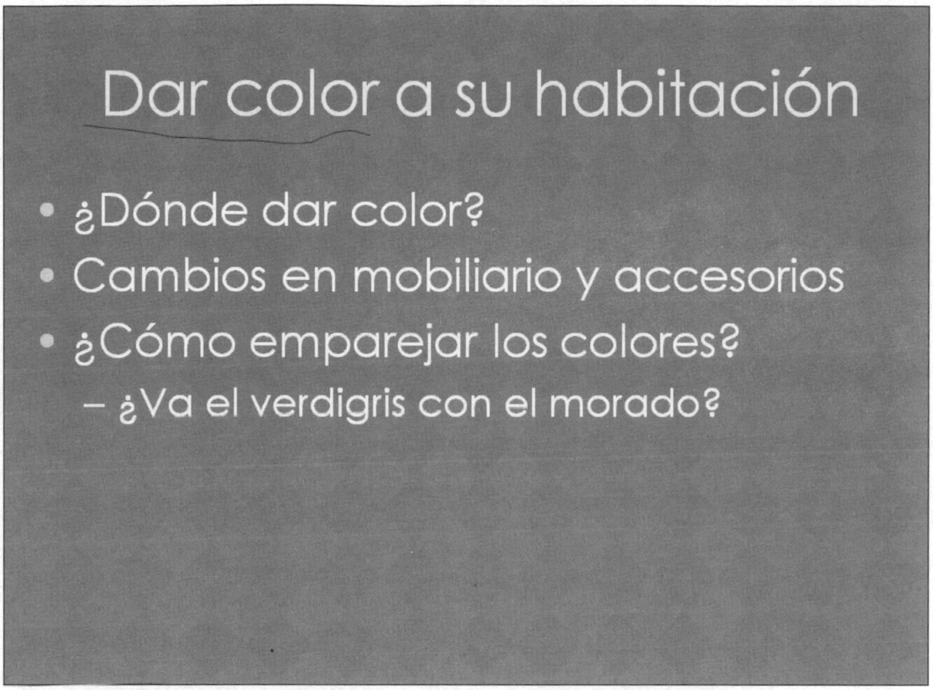

Dar color a su habitación

- ¿Dónde dar color?
- Cambios en mobiliario y accesorios
- ¿Cómo emparejar los colores?
  - ¿Va el verdigris con el morado?

Figura 16.14. Subrayamos con el bolígrafo las palabras Dar color.

16. Pulse la tecla **Barra espaciadora** para pasar a la diapositiva siguiente.

17. Muestre la barra de herramientas, haga clic en el botón **Rotulador** sitúe el puntero del ratón sobre Color de tinta, y a continuación en la paleta seleccione el color rojo oscuro.

18. Dibuje círculos alrededor de las palabras rueda de colores y muestras (véase la figura 16.15).

19. Haga clic con el botón derecho del ratón en cualquier parte de la pantalla, sitúe el puntero del ratón en Opciones del puntero, y a continuación seleccione Flecha. La herramienta **Rotulador** cambia por su puntero normal, y ahora puede hacer clic con el botón del ratón para avanzar a la diapositiva siguiente.

20. Pulse **Esc** para detener la presentación con diapositivas.

21. Haga clic en **Descartar**. La diapositiva 6 aparece en la vista **Normal**.

CIERRE la presentación 05_Mostrar sin guardar sus cambios, y si no va a continuar directamente con el capítulo siguiente, cierre PowerPoint.

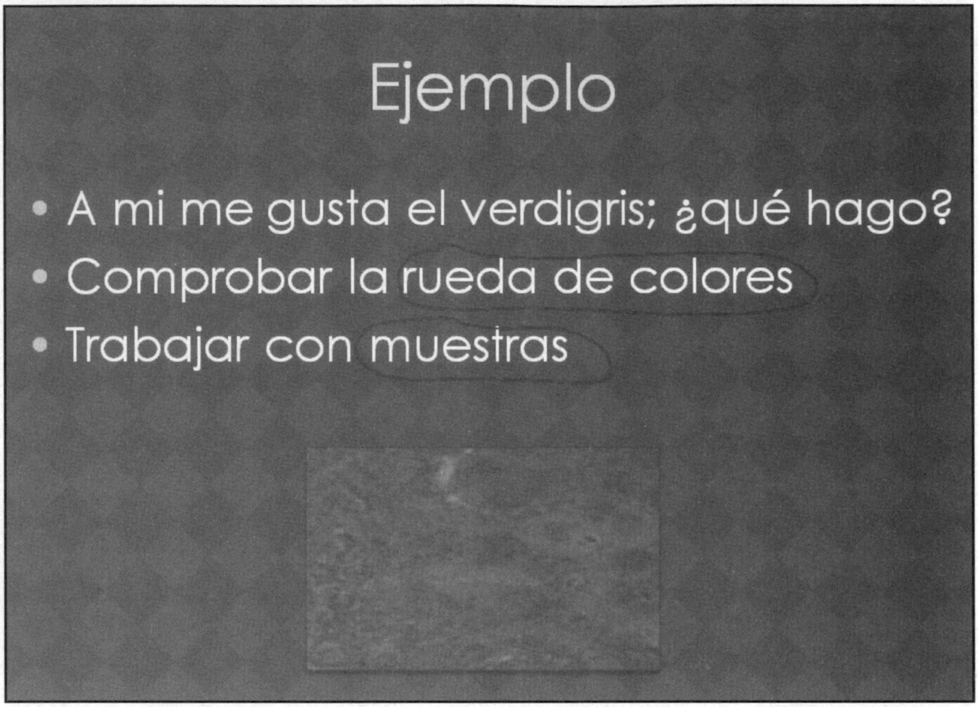

Figura 10.15. Círculos dibujados con el rotulador alrededor de las palabras.

Puntos clave

- Cuando no desea incluir todas las diapositivas de una presentación para un público determinado, puede utilizar un subconjunto de diapositivas para crear una presentación con diapositivas personalizada. También puede ocultar las diapositivas y después mostrarlas sólo si son adecuadas.

- Puede asignar intervalos de tiempo a las diapositivas manualmente, o puede ensayar la presentación y grabar los intervalos de tiempo por diapositiva dedicados en el ensayo. La presentación avanza automáticamente de una diapositiva a la siguiente una vez haya transcurrido el tiempo especificado.

- Puede crear fácilmente notas del orador para garantizar una exposición clara o imprimir los documentos para asegurarse que el auditorio pueda seguirle claramente a lo largo de su presentación.

■ Para ejecutar una presentación en un ordenador distinto de aquel en que elaboró la presentación, puede crear un paquete de presentación. Incluyendo el Visor de PowerPoint en el paquete posibilita que la presentación se pueda ejecutar desde un ordenador en el que PowerPoint no esté instalado.

■ El conocimiento y uso de todos los botones de la barra de herramientas, comandos y accesos rápidos del teclado para navegar en la vista **Presentación con diapositivas** garantiza una exposición de la presentación mejor.

■ Para enfatizar un punto, durante una presentación con diapositivas puede subrayar sobre las diapositivas utilizando las diferentes herramientas del rotulador y distintos colores distintos. Puede guardar o descartar estas anotaciones.

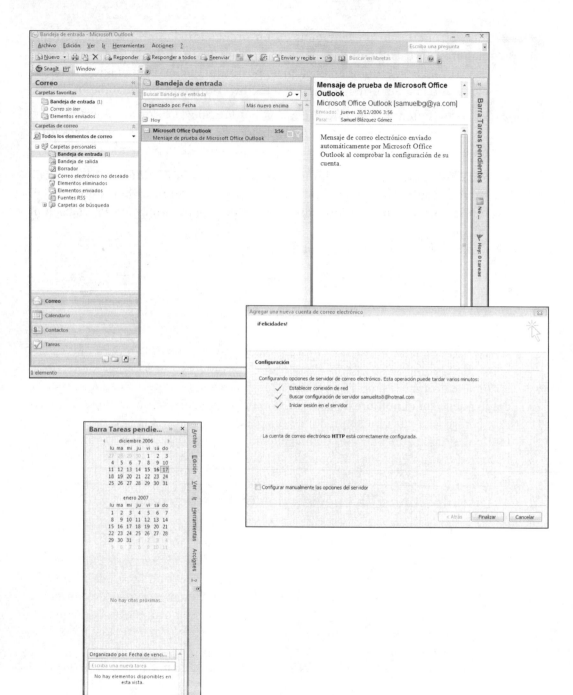

17. Primeros pasos con Outlook 2007

En este capítulo aprenderá a:

- ✓ Conectarse a su correo electrónico principal.
- ✓ Conectarse a cuentas de correo adicionales.
- ✓ Crear perfiles adicionales en Outlook.
- ✓ Personalizar su área de trabajo en Outlook.

Antes de comenzar a utilizar Outlook, necesitará configurarlo para que se conecte al servidor de su cuenta de correo electrónico y pueda crear su perfil de correo electrónico. Su perfil se basa en la información sobre su cuenta de correo, como puede ser el nombre de usuario, nombre de visualización, nombre de servidor, contraseña y la ubicación donde se encuentra almacenada la información de Outlook. Puede conectar más de una cuenta de correo electrónico para gestionar todas las comunicaciones de correo a través de Outlook.

Distintos tipos de cuentas de correo electrónico

Outlook 2007 admite los siguientes tipos de cuentas de correo electrónico:

- **Exchange Microsoft:** Si su empresa trabaja con un Servidor Exchange de Microsoft, puede enviar correo dentro y fuera de la red de su empresa. Los mensajes se guardan normalmente en un servidor de correo, pero puede de manera alternativa guardarlos en otra parte, como por ejemplo en su ordenador o en una red compartida. Por defecto, Outlook crea una copia local de su bandeja de entrada del ordenador y se sincroniza con el servidor cuando está conectado por lo que le permite de manera más sencilla trabajar sin conexión si fuese necesario.

- **Post Office Protocol 3 (POP3):** Cuando trabaja con una cuenta POP3, Outlook descarga los mensajes (copias) del servidor de correo a su ordenador. Puede elegir entre eliminar los mensajes del servidor o dejarlos por un tiempo indeterminado. Si accede a su cuenta de correo electrónico desde distintos ordenadores, probablemente querrá dejar los mensajes en el servidor para que estén disponibles.

- **Internet Message Access Protocol (IMAP):** Cuando trabaja con una cuenta IMAP, Outlook almacena las copias de los mensajes en el ordenador, y deja los originales en el servidor de correo. Usted lee y gestiona los mensajes de manera local y Outlook se sincroniza con el servidor cada vez que se conecte.

- **Hypertext Transfer Protocol (HTTP):** Los mensajes enviados desde una cuenta de correo HTTP, como la cuenta de Hotmail, están en páginas Web que Outlook copia desde el servidor de correo HTTP y los muestra dentro de la ventana de mensaje.

Puede añadir varias cuentas POP3, IMAP y HTTP, pero tan sólo una de Microsoft Exchange, al perfil de Outlook.

Conectarse a su correo electrónico principal

En este ejercicio, iniciará Outlook y lo configurará para conectarlo a una cuenta Microsoft Exchange. Aunque en este caso demostramos como conectarse a una cuenta Exchange Server, puede seguir el mismo proceso básico para conectarse a otro tipo de servidor de correo electrónico. No existen archivos de prácticas para este ejercicio.

ASEGÚRESE de tener su dirección de correo electrónico y contraseña disponibles antes de empezar con este ejercicio. Si está conectado a una cuenta de Exchange Server, deberá estar conectado en red. Si está trabajando sin red, necesitará primero establecer una conexión virtual de red privada (VPN).

1. Pulse el botón **Inicio** 📵 en la barra de tareas.

2. En el menú Inicio, seleccione Todos los programas, haga clic en Microsoft Office, y luego en Microsoft Office Outlook 2007.

3. En la ventana Inicio de Outlook 2007, haga clic en **Siguiente**. Si tiene configurada una cuenta de correo electrónico en otro programa de correo,

Outlook ofrece la posibilidad de importar información de correo desde esa cuenta, como muestra la figura 17.1.

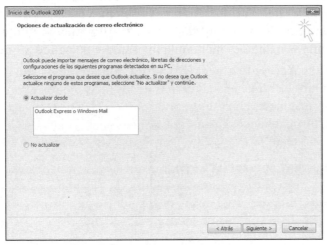

Figura 17.1. Inicio Outlook 2007.

4. En la ventana Opciones de actualización de cuentas de correo electrónico, seleccione la opción No actualizar y haga clic en **Siguiente** (véase la figura 17.2).

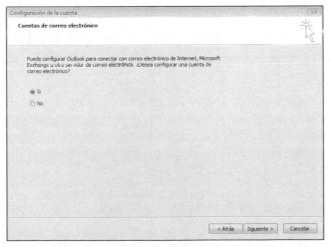

Figura 17.2. Cuentas de correo electrónico.

5. Seleccione Sí y haga clic en **Siguiente**.

6. En la ventana Configuración automática de la cuenta, introduzca su nombre, dirección de correo electrónico y contraseña en las correspondientes cajas de texto (véase la figura 17.3). Marque la casilla para configurar manualmente las opciones del servidor. Si tiene problemas durante la configuración de Outlook utilizando la herramienta de configuración automática, puede realizar cambios manuales marcando la casilla y pulsando **Siguiente**.

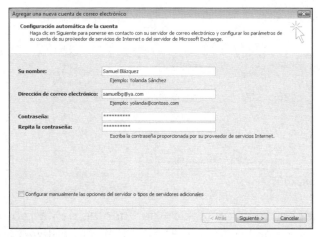

Figura 17.3. Configuración automática de la cuenta.

7. En la ventana Configuración automática de la cuentas, haga clic en **Siguiente** (véase la figura 17.4).

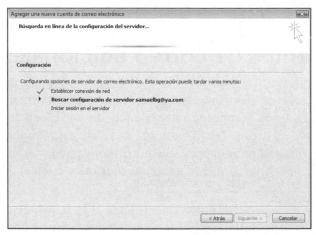

Figura 17.4. Búsqueda en línea de la configuración del servidor.

8. En el cuadro de diálogo de Microsoft Office Outlook en donde se le pregunta si desea combinar listas de fuentes RSS, haga clic en **Sí**, a menos que tenga una razón para no hacerlo. Outlook visualiza su bandeja de entrada (véase la figura 17.5).

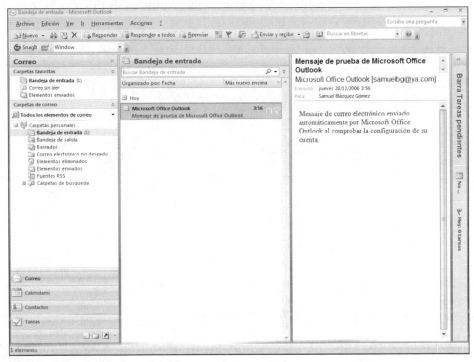

Figura 17.5. Bandeja de entrada.

Conectarse a cuentas de correo adicionales

Puede añadir cuentas de correo electrónico adicionales a su perfil principal de Outlook. Por ejemplo, si desea comprobar sus cuentas de correo electrónico personal y de trabajo desde un mismo perfil Outlook, o si utiliza otras cuentas de correo electrónico con otros sobrenombres. Su perfil sólo puede incluir una cuenta de Microsoft Exchange, pero puede contener múltiples cuentas HTTP, IMAP y POP3.

En este ejercicio, añadirá una cuenta de correo electrónico HTTP, IMAP o POP3 a su perfil de Outlook. No se necesitan archivos de prácticas para este ejercicio.

ASEGÚRESE de tener a mano la información de acceso para su cuenta HTTP, IMAP o POP3 antes de iniciar este ejercicio.

1. En el menú **Herramientas**, haga clic en **Configuración de la cuenta**.

2. En la pestaña **Correo electrónico**, haga clic en **Nuevo** (véase la figura 17.6).

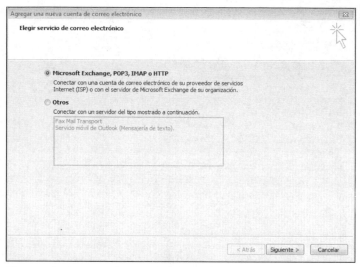

Figura 17.6. Elegir servicio de correo electrónico.

3. En la ventana **Elegir servicio de correo electrónico**, seleccione la opción **Microsoft Exchange, POP3, IMAP o HTTP** y haga clic en **Siguiente**.

4. En la ventana **Configuración automática de la cuenta**, introduzca su nombre, la dirección de correo electrónico y la contraseña de la cuenta que quiere añadir a su perfil. Haga clic en **Siguiente**. Outlook establece una conexión de red y busca la configuración del servidor. Después de localizar el servidor y validar su nombre de usuario y contraseña, Outlook le muestra un mensaje de confirmación (véase la figura 17.7).

5. Haga clic en **Finalizar** para completar la configuración de la cuenta. La nueva cuenta aparece en la pestaña de correo electrónico del cuadro de diálogo **Configuración de la cuenta** y en la lista de carpetas de todos los correos (véase la figura 17.8).

CIERRE el cuadro de diálogo **Configuración de la cuenta**.

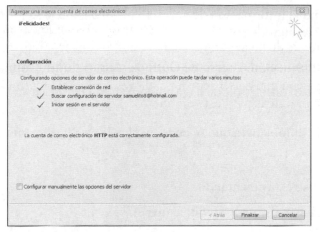

Figura 17.7. Configuración.

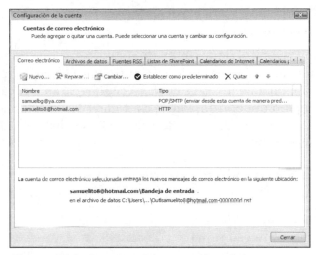

Figura 17.8. Cuentas de correo electrónico.

Crear perfiles adicionales en Outlook

Del mismo modo que múltiples usuarios de un ordenador con Windows Vista o Windows XP pueden tener perfiles de usuario individuales, puede tener más de un perfil de correo electrónico en su ordenador. Cada perfil puede incluir múltiples cuentas de correo electrónico, pero sólo una cuenta de Microsoft Exchange. La mayoría de la gente sólo tiene un perfil de correo electrónico, pero si desea conectarse a múltiples cuentas Exchange, por ejemplo, si tiene cuentas de correo electrónico con dos empresas a las que tiene acceso desde el mismo ordenador, sólo lo podrá hacer a través de un segundo perfil de correo electrónico.

En este ejercicio creará un segundo perfil de Outlook y configurará Outlook de manera que pueda elegir con qué perfil acceder cada vez que inicie Outlook. No se necesitan archivo de prácticas para este ejercicio.

ASEGÚRESE de configurar Outlook para que se conecte al menos a una cuenta antes de iniciar este ejercicio.

1. Salga de Outlook si se está ejecutando.

2. En el menú **Inicio**, haga clic en **Panel de control**.

3. Si su ordenador tiene instalado Windows Vista, escriba **Correo** en la barra de búsqueda y haga clic dos veces en el icono **Correo** que aparece como resultado. O bien, haga clic en **Vista clásica** sobre el Panel de control y haga clic sobre el icono **Correo**.

4. En el cuadro de diálogo Control de cuentas de usuarios, si está trabajando con la cuenta de administrador, haga clic en **Continuar**. O bien, introduzca la contraseña del administrador y haga clic en **Aceptar**. Se abre el cuadro de diálogo Configuración del correo. Puede configurar las cuentas de correo electrónico y los archivos de datos desde este cuadro de diálogo o desde Outlook (véase la figura 17.9).

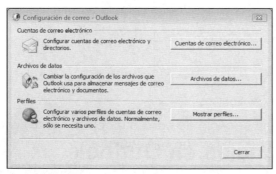

Figura 17.9. Configuración de correo.

5. En el cuadro de diálogo Configuración de correo, haga clic en **Mostrar perfiles**. Se abre el cuadro de diálogo Correo, con una lista de perfiles de su ordenador que están basados en su cuenta de usuario. No puede ver los perfiles de correo de otros usuarios (véase la figura 17.10).

Figura 17.10. Correo.

6. Haga clic en **Agregar**.

7. En la caja de texto Nombre de perfil, escriba un nombre para identificar su segundo perfil. Se aconseja que escriba un nombre obvio, por ejemplo, el nombre de la empresa o cuenta de correo electrónico al que aplica el perfil (véase la figura 17.11).

Figura 17.11. Nuevo perfil.

8. Haga clic en **Aceptar**.

9. Si aparece la ventana Elegir servicio de correo electrónico, seleccione la opción Microsoft Exchange y haga clic en **Siguiente**.

10. En la ventana Configuración automática de la cuenta, introduzca su nombre, dirección de correo electrónico y contraseña en las correspondientes cajas de texto, y después haga clic en **Siguiente**.

11. Después de que Outlook se conecte a la cuenta de correo electrónico, haga clic en **Finalizar**. El nuevo perfil aparece en el cuadro de diálogo Correo (como muestra la figura 17.12).

Figura 17.12. Lista de perfiles.

12. En el cuadro de diálogo Correo, seleccione la opción Solicitar un perfil, y después haga clic en **Aceptar**.

13. Inicie Outlook.

14. Haga clic en la flecha de Nombre de perfil, y en la lista, haga clic sobre el perfil al que quiera conectarse (véase la figura 17.13).

Figura 17.13. Elegir perfil.

Si desea que no vuelva a aparecer este cuadro de diálogo en el futuro, haga clic en Opciones, y seleccione el recuadro Configurar como perfil por predeterminado. Puede seleccionar un perfil alternativo predeterminado o dejar que Outlook lo haga volviendo al cuadro de diálogo Correo en el Panel de control.

ASEGÚRESE de aplicar los cambios en el cuadro de diálogo Correo antes de continuar si quiere cambiar las opciones de perfil de Outlook.

Personalizar su área de trabajo en Outlook

La ventana del programa Outlook contiene seis áreas o elementos en los que puede trabajar, mensajes de correo electrónico, contactos, calendario, tareas o notas (véase la figura 17.14).

Barra de menús   Barra de herramientas   Barra de tareas pendientes

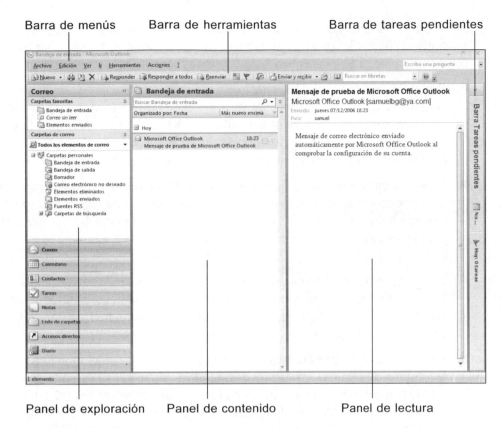

Panel de exploración   Panel de contenido   Panel de lectura

Figura 17.14. Ventana de Outlook.

Encontrará que tiene un planteamiento ideal para la manera en que trabaja. Pero si está viendo la ventana del programa en una pantalla de baja resolución, no necesita todas las herramientas disponibles, o si quisiera tener más espacio para su área de trabajo principal, puede cambiar de manera fácil la apariencia y presentación de su espacio de trabajo de las siguientes formas:

- **Barra de menús:** Cuando esté trabajando en la ventana de trabajo de Outlook, puede acceder desde los menús aquí visualizados. No puede ocultar la barra de menú, pero puede moverla, acoplándola en cualquier lugar de la ventana del programa o bien haciendo que flote en cualquier sitio de la pantalla.

- **Barra de herramientas:** Los botones en la barra de herramientas Estándar, los cuales se muestran por defecto, representan comandos utilizados con frecuencia en las categorías Archivo, Edición y Acciones. Puede visualizar también la barra de herramientas Avanzada y la barra de herramientas

Web. Para mostrar u ocultar una barra de herramientas, haga clic en el botón derecho del ratón sobre la barra de menú o área de barra de herramientas y haga clic en el nombre de la barra de herramientas.

■ **Panel de exploración:** Este panel de vista aparece en la parte izquierda de la ventana de Outlook. Su contenido varía dependiendo del módulo en el que esté, podría mostrar la estructura de organización del módulo, las opciones de vista, los vínculos a contenidos externos o temas de ayuda, etc. Puede personalizar el panel de exploración de la mejor manera para que se adapte a sus preferencias:

■ **Panel de contenido del módulo:** Esta vista del panel aparece en el centro de la ventana, y muestra el contenido del módulo seleccionado, sus mensajes de correo electrónico, calendario, contactos, etc. Puede visualizar y organizar el contenido de este panel de diferentes maneras. Estas opciones se explican en este manual como parte de los módulos individuales.

■ **Panel de lectura:** Cuando éste se muestre, puede visualizar un mensaje seleccionado, una cita, un documento adjunto u otro elemento sobre este panel. Puede visualizar el panel a la derecha o debajo del panel de contenido, o cerrarlo por completo.

■ **Barra de Tareas pendientes:** Este panel se encuentra en el lado derecho de la ventana de Outlook y muestra el calendario mensual y las citas próximas. Puede ocultar o mostrar el panel, cambiar el número de meses del calendario y citas, y organizar la lista de tareas de diferentes maneras. Puede cambiar el tamaño del panel de contenido minimizando o expandiendo la barra de Tareas pendientes. Cuando la barra está minimizada, el panel muestra la siguiente cita y el número de tareas completas del día.

Puede mostrar u ocultar cualquier elemento del espacio de trabajo, excepto la barra de menú que no se puede cambiar, desde el menú Ver. Las preferencias del entorno de Outlook se conservan de sesión en sesión. Cada vez que inicia Outlook, el Panel de exploración, la Barra de Tareas pendientes y el Calendario aparecen del mismo modo que cuando cerró por última vez Outlook.

Cuando inicia por primera vez Outlook, el módulo Correo aparece y visualiza su Bandeja de entrada. El panel de exploración muestra la estructura de carpetas de su bandeja de entrada (cuenta de correo electrónico) cuando se conecta a cualquier tipo de cuenta de correo electrónico, se visualizan cuatro carpetas.

■ **Elementos eliminados:** Los elementos de Outlook que elimina de otras carpetas se guardan en esta carpeta, y no se eliminan permanentemente hasta que vacíe la carpeta.

- **Bandeja de entrada:** Outlook deposita los mensajes nuevos en esta carpeta.

- **Correo electrónico no deseado:** Outlook deposita los mensajes spam en esta carpeta.

- **Elementos enviados:** Cuando envía un mensaje, Outlook guarda una copia en esta carpeta.

En los buzones de correo de cuentas Exchange Server también se visualizan estas otras cuatro carpetas.

- **Borrador:** En esta carpeta se guardan copias temporales de mensajes en progreso.

- **Bandeja de salida:** Los mensajes que envía se guardan en esta carpeta hasta que Outlook establece una conexión con su servidor de correo.

- **Fuentes RSS:** Las fuentes de información de las páginas Web a las que se subscribe están disponibles en esta carpeta. La primera vez que inicia Outlook, debería encontrar aquí fuentes de información recomendadas por Outlook.

- **Carpetas de búsqueda:** Estas carpetas virtuales siguen mensajes que se ajustan a criterios de búsqueda específicos.

Cuando haga clic en el botón **Lista de carpetas** al final del Panel de exploración, estas seis carpetas aparecen en el buzón de correo del servidor Exchange.

- **Calendario:** Muestra el módulo de Calendario de Outlook.

- **Contactos:** Muestra el módulo de Contactos de Outlook.

- **Diario:** Muestra el Diario de Outlook.

- **Notas:** Muestra el módulo de Notas de Outlook.

- **ProblemasSinc:** Hace un seguimiento de los fallos de comunicación y conflictos en el servidor de su correo o en su bandeja de entrada.

- **Tareas:** Muestra el módulo de Tareas de Outlook.

Puede visualizar cualquiera de los módulos, Correo, Calendario, Contactos, Tareas o Notas, haciendo clic en el botón correspondiente en la parte inferior del Panel de exploración, haciendo clic en el nombre del módulo en el menú Ir, o manteniendo pulsado la tecla **Control** y presionando la tecla de función que representa el módulo que desea mostrar.

Para este ejercicio, cambiará el espacio asignado en el Panel de contenido del módulo, cambiará el contenido de la Barra de Tareas pendientes, y aprenderá a cómo mover la barra de menú y cómo mover o esconder las barras de herramientas. No se necesitan archivos de prácticas para este ejercicio.

ASEGÚRESE de iniciar Outlook y visualizar la Bandeja de entrada antes de empezar con este ejercicio.

1. En la parte superior del Panel de exploración, haga clic en el botón de **Minimizar** el Panel de navegación «. El Panel de exploración se contrae para visualizar sólo una barra vertical en el lado derecho de la ventana del programa. En el módulo de Correo, los botones del Panel de exploración minimizado le dan acceso con sólo un clic a las carpetas incluidas en la lista de Carpetas favoritas.

2. Haga clic en la barra de Panel de exploración en la parte superior del panel. Outlook muestra sus Carpetas favoritas y Carpetas de correo en una ventana deslizante (véase la figura 17.15).

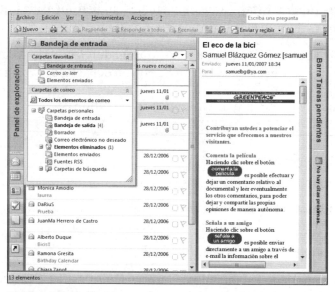

Figura 17.15. Panel de exploración.

3. Haga clic fuera de la ventana para cerrarla.

4. En la parte superior de la Barra de Tareas pendientes, haga clic en el botón **Expandir la barra de Tareas pendientes** «.

La **Barra de Tareas pendientes** se expande para mostrar el calendario del mes actual, sus próximas cuatro citas, y la lista de tareas.

5. En el menú **Ver**, señale **Barra de Tareas pendientes**, y haga clic en **Opciones**.

El cuadro de diálogo de **Opciones de la barra Tareas pendientes** se abre (véase la figura 17.16).

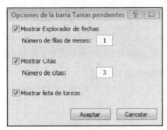

Figura 17.16. Opciones de la barra Tareas pendientes.

6. Cambie el número en el Explorador de fechas para que muestre 2 meses y cambie el número de citas a 4. Haga clic en **Aceptar**.

7. En el menú **Ver**, señale el **Panel de lectura**, y haga clic en **Inferior**.

El **Panel de lectura** se desplaza del lateral del panel de contenido a la parte inferior (véase la figura 17.17).

8. En el menú **Ver**, señale el **Panel de lectura**, y haga clic en **Desactivado** para cerrar por completo el **Panel de lectura**.

9. En la parte superior de la ventana de Outlook, coloque el cursor del ratón sobre la línea vertical de cuatro puntos justo a la izquierda del menú **Archivo**.

El puntero del ratón cambia a una flecha de cuatro cabezas.

10. Arrastre la barra de menús hacia el lado derecho de la ventana del programa Outlook y suelte la barra cuando cambie a posición vertical.

Los nombres de menús rotan para seguir el borde de la ventana, pero haciendo clic en cualquiera de los nombres de menús se muestran en un ángulo normal. Puede utilizar la misma técnica de arrastrar y soltar para mover cualquiera de las barras de herramientas que se muestran (véase la figura 17.18).

11. Arrastre la barra de menús hacia el panel de contenido. La barra de menús se convierte en una barra de herramientas flotante (véase la figura 17.19).

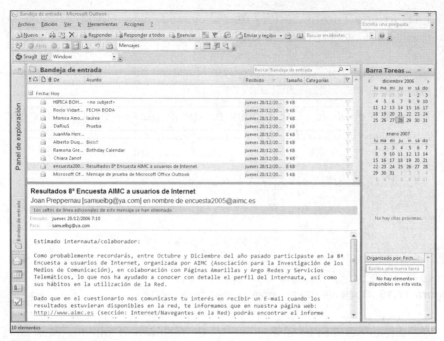

Figura 17.17. Panel de lectura.

Figura 17.18. Barra de menú en el lateral de la ventana.

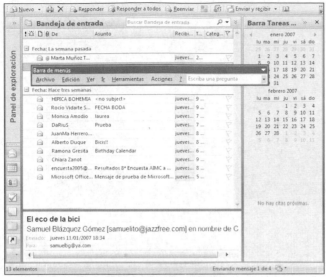

Figura 17.19. Barra de menús flotante.

12. Haga clic con el botón derecho en la barra de menús flotante o en el área de la barra de herramientas en la parte superior de la ventana de Outlook.

13. Haga uso de las técnicas tratadas en este capítulo, y reorganice los elementos de la ventana de Outlook como desee.

Puntos clave

- Puede configurar Outlook 2007 para que se conecte automáticamente a la mayoría de las cuentas de correo electrónico. Sólo necesitará proporcionar su dirección de correo electrónico y contraseña de la cuenta.

- Puede configurar múltiples cuentas de correo electrónico con un mismo perfil de Outlook, pero sólo puede tener una cuenta Exchange Server por perfil. Para conectarse a múltiples cuentas Exchange Server desde un mismo ordenador, deberá registrarse en cada una de ellas por medio de su propio perfil.

- Puede reorganizar la ventana de Outlook según sus preferencias de trabajo. Cualquiera de los paneles de Outlook, Panel de exploración, Barra de Tareas pendientes, Panel de lectura, al igual que la barra de herramientas Avanzada, se puede visualizar en cualquiera de los módulos de Outlook. Outlook mantiene los cambios hechos en la configuración predeterminada de sesión en sesión.

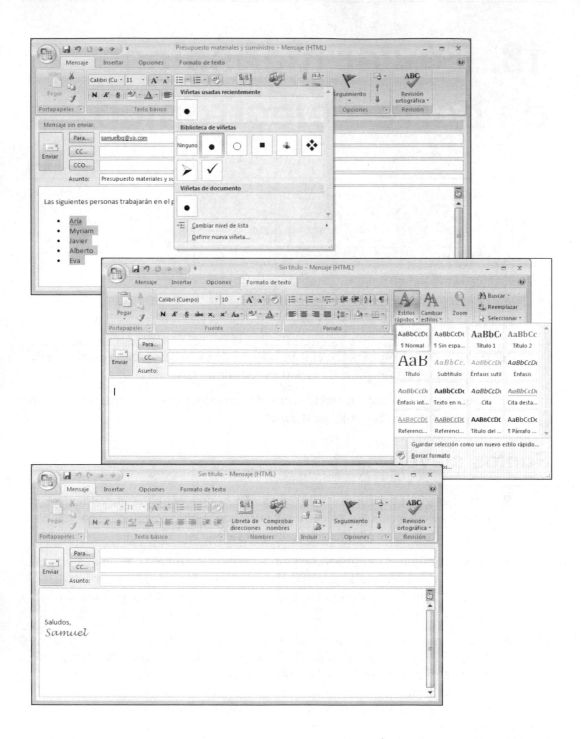

18. Enviar mensajes de correo electrónico

En este capítulo aprenderá a:

✔ Trabajar en la ventana de mensaje.

✔ Crear y enviar mensajes.

✔ Adjuntar archivos a los mensajes.

✔ Personalizar la apariencia de los mensajes.

✔ Añadir firmas en mensajes de manera automática.

A pesar de que Microsoft Office Outlook 2007 incluya componentes útiles para administrar el calendario, los contactos, las tareas, y las notas, la razón principal de que mucha gente utilice Outlook es para enviar y recibir mensajes de correo electrónico. Desde la década pasada, el correo electrónico se ha convertido en una forma aceptada, incluso necesaria, de comunicación empresarial. Y por supuesto, mucha gente utiliza el correo electrónico para no perder el contacto con amigos y familiares, bien sea desde el trabajo o desde casa.

Cuando envíe mensajes desde Outlook, puede:

■ Incluir archivos adjuntos tales como documentos, hojas de cálculo o gráficos.

■ Personalizar los mensajes utilizando colores, fuentes, fondos, firmas electrónicas y tarjetas de presentación.

■ Configurar las opciones de mensaje, tales como botones de voto, importancia, confidencialidad, y recordatorios.

■ Solicitar confirmaciones cuando se ha entregado un mensaje a la bandeja de correo del destinatario o cuando éste los haya abierto.

Trabajar en la ventana de mensaje

Outlook visualiza los mensajes de correo electrónico en el módulo Correo. Cuando cree o responda a un mensaje de correo electrónico, se abre la ventana Mensaje. Esta ventana tiene sus propios comandos independientes de los que aparecen en la ventana de programa de Outlook. Puede dar formato o modificar mensajes de correo electrónico salientes utilizando los comandos de la ventana Mensaje.

Los comandos relacionados con la gestión de mensajes (tales como Guardar, Imprimir, Propiedades y Permiso) están disponibles en el menú Office.

En este ejercicio, podrá echar un vistazo a los elementos de la ventana Mensaje que difiere de los elementos de la ventana Contactos. No se necesitan archivos de prácticas para este ejercicio.

ASEGÚRESE de iniciar Outlook y visualizar la Bandeja de entrada antes de empezar con este ejercicio.

1. En la barra de herramientas Estándar, haga clic en el botón **Nuevo**.

    Se abrirá la ventana Mensaje sin título (véase la figura 18.1).

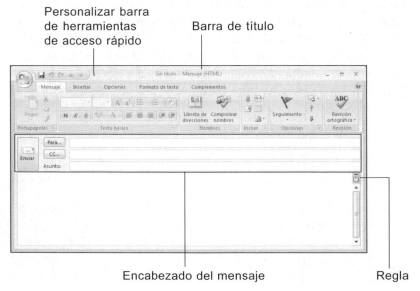

Figura 18.1. Ventana Mensaje.

2. En la esquina superior izquierda de la ventana Mensaje, haga clic en el **Botón de Office** 🔘 (véase la figura 18.2).

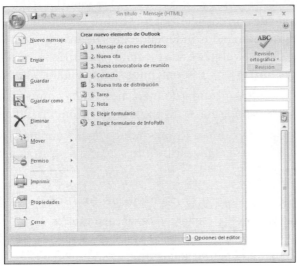

Figura 18.2. Opciones del botón Office.

3. Haga clic en el menú Office para cerrarlo.

4. Haga clic en el botón **Personalizar la barra de herramientas de acceso rápido** ▾.

Haciendo clic en un comando de la primera sección del menú, añade dicho comando a la barra de herramientas de acceso rápido (véase la figura 18.3).

Haciendo clic en un comando de la primera sección del menú, añade dicho comando a la barra de herramientas de acceso rápido.

5. En el menú que se muestra, haga clic en Mostrar debajo de la cinta de opciones.

La barra de herramientas de acceso rápido se mueve a una posición entre las pestañas y el encabezado del mensaje. Puede que encuentre útil esta posición si utiliza muchos comandos de la barra de herramientas de acceso rápido y no visualiza bien por completo el texto mostrado en la barra de título del mensaje (véase la figura 18.4).

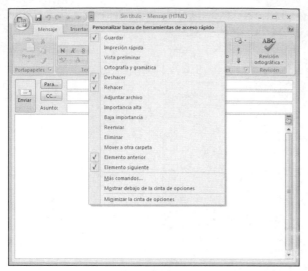

Figura 18.3. Opciones de la barra de herramientas de acceso rápido.

Ubicación alternativa para la barra de herramientas de acceso rápido

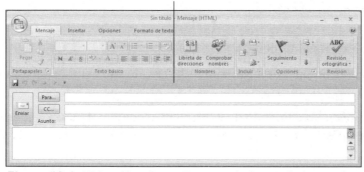

Figura 18.4. Ubicación alternativa para la barra de herramientas de acceso rápido.

6. En el menú para personalizar la barra de herramientas de acceso rápido, haga clic en Mostrar encima de la cinta de opciones.

7. Haga doble clic en la pestaña Mensaje.

   Haciendo doble clic sobre la pestaña activa, la cinta se minimiza y proporciona más espacio para el mensaje (véase la figura 18.5).

8. Haga clic en la pestaña Insertar. La cinta reaparece con la pestaña Insertar activa (véase la figura 18.6).

Cinta minimizada

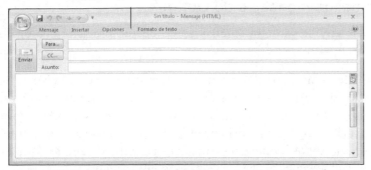

Figura 18.5. Ventana Mensaje con la cinta minimizada.

Figura 18.6. Opciones de la cinta de mensajes.

9. Haga clic en la pestaña Opciones (véase la figura 18.7).

Figura 18.7. Opciones de la pestaña Opciones.

10. Haga clic en la pestaña Formato de texto (véase la figura 18.8).

Figura 18.8. Opciones de la pestaña Formato de texto.

Muchos de los comandos de esta pestaña también aparecen en la pestaña Mensaje.

CIERRE la ventana Mensaje.

Formatos de los mensajes de Outlook

Outlook puede enviar y recibir mensajes de correo electrónicos en los siguientes formatos de mensaje:

- **Lenguaje de formato de documentos para hipertexto (HTML):** Soporta estilos de párrafo (incluyendo listas de numeración), estilos de caracteres (como fuentes, tamaños, colores, grosor), y fondos (como colores e imágenes). La mayoría de estos programas de correo electrónicos, pero no todos, soportan el formato HTML, y aquellos que no, muestran los mensajes HTML como texto sin formato.

- **Formato de texto enriquecido (RTF):** Soporta más opciones de formatos de párrafo que HTML, incluyendo bordes y sombreados, pero es compatible sólo con Outlook y Microsoft Exchange Server. Outlook convierte mensajes RTF a HTML cuando los envía desde fuera de la red Exchange.

- **Texto sin formato:** No soporta las funciones de formato disponibles en los mensajes HTML y RTF, pero todos los programas de correo electrónico lo soportan.

Crear y enviar mensajes

A pesar del tipo de cuenta de correo electrónico que posea, mientras tenga una conexión a Internet, puede enviar y recibir mensajes de correo electrónico dentro de su organización y al mundo entero. Puede personalizar los mensajes utilizando un estilo de fuente individual o color, e insertar su información de contacto en forma de firma electrónica o tarjeta de visita. Puede aplicar otros formatos, como temas y fondos de página, pero éstos no siempre aparecerán en los correos electrónicos del destinatario como usted pretende, y puede que haga que sus comunicaciones parezcan menos profesionales. Puede dar formato al texto de su mensaje para hacerlo más legible, incluyendo encabezados, listas, o tablas, y representando información de manera gráfica incluyendo estadísticas, imágenes, clipart, y otro tipo de gráficos. Puede adjuntar archivos al mensaje y vincularlo a otra información como archivos o páginas Web.

Direccionar mensajes

Direccionar un mensaje de correo electrónico es tan simple como escribir la dirección de correo electrónico de la persona a la que se desea enviar el mensaje en la caja de texto Para. Si desea enviar un mensaje a más de una destinatario, indique un nivel diferente de relación para varios destinatarios, o incluya a algunas personas sin que otros destinatarios se den cuenta. Aquí tiene algunos trucos. Outlook solicita de manera predeterminada que separe las diferentes direcciones de correo electrónico mediante punto y coma.

Si lo desea, puede instruir a Outlook para que acepte tanto puntos y comas como comas. Para ello:

1. En el menú Herramientas, haga clic en **Opciones**.

2. En el cuadro de diálogo Opciones, en la pestaña Preferencias, haga clic en el botón **Opciones de Correo electrónico**.

3. En el cuadro de diálogo de Opciones de correo electrónico, haga clic en el botón **Opciones de correo electrónico avanzadas**.

4. En la sección Al enviar un mensaje, seleccione el recuadro Usar la coma como separador de direcciones, y luego haga clic en **Aceptar** en cada uno de los tres cuadros de diálogo.

Mientras escribe un nombre o dirección de correo electrónico en las cajas de texto Para, CC, o CCO, Outlook visualiza las direcciones que concuerdan en una lista que se despliega. Seleccione un nombre o dirección de correo electrónico de la lista y pulse **Tab** o **Intro** para insertar el nombre completo o dirección en la caja de texto.

Si una dirección del destinatario se encuentra en su libreta de direcciones, puede escribir el nombre de la persona y Outlook buscará la dirección de correo electrónico correspondiente. También puede esperar a que Outlook valide el nombre o pulsar **Control-K** para validación inmediata. Por defecto, Outlook busca en la Lista de Direcciones Global y la libreta principal de direcciones. Para que Outlook también busque otras libretas de direcciones, haga lo siguiente:

1. En el menú Herramientas, haga clic en **Libreta de direcciones**.

2. En la ventana Libreta de direcciones: Contactos, en el menú Herramientas, haga clic en **Opciones**.

3. En el cuadro de diálogo Dirección, haga clic en **Agregar**.

4. En el cuadro de diálogo Agregar lista de direcciones, haga clic en la lista de direcciones que desea añadir, haga clic en **Agregar** y seguidamente en **Cerrar**.

5. En el cuadro de diálogo Dirección, haga clic en **Aceptar**, y seguidamente cierre la ventana Libreta de direcciones.

Enviar copias de cortesía

Para enviar una copia de cortesía de un mensaje a una persona, introduzca la dirección de correo electrónico de esta persona en la caja de texto CC. Puede que quiera una copia de cortesía a alguien para proporcionarle información pero indicando que usted no requiere que se involucre en la conversación. Para enviar un mensaje a una persona sin que otros destinatarios lo sepan, introduzca la dirección de correo electrónico de esta persona en la caja de texto CCO para enviar una copia de cortesía oculta. Outlook no muestra el campo CCO por defecto. Para visualizarlo haga lo siguiente:

1. Visualice la ventana Mensaje.

2. En la pestaña Opciones, en el grupo Campos, haga clic en el botón **Mostrar CCO**.

Las direcciones introducidas en la caja de texto CCO no se verán en los mensajes de los destinatarios. Tampoco se incluirán en las respuestas del mensaje original.

Guardar mensajes borrador

Hasta que no guarde o envíe un mensaje, Outlook mantiene una copia temporal de éste en la carpeta Borrador. Si cierra Outlook o si se da un problema en el que Outlook se cierre o si su ordenador se apaga antes de enviar un mensaje, el borrador retiene la mayoría de su trabajo. Cuando se guarda el primer borrador de un mensaje, tanto automática como manualmente, aparece en la cabecera del mensaje la anotación `Mensaje sin enviar`.

En este ejercicio, compondrá y enviará un mensaje nuevo de correo electrónico. No se necesitan archivos de práctica para este ejercicio.

ASEGÚRESE de iniciar Outlook y visualizar la bandeja de entrada antes de empezar con este ejercicio.

1. En la barra de herramientas Estándar, haga clic en el botón **Nuevo** ⬇Nuevo ▾ (véase la figura 18.9).

Encabezado del mensaje

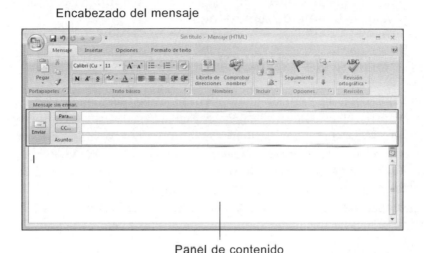

Panel de contenido

Figura 18.9. Nuevo mensaje.

2. En la caja de texto Para, escriba su propia dirección de correo electrónico.

3. En la caja de texto Asunto, escriba **Presupuesto materiales y suministro**.

4. En el panel de contenido, escriba **Las siguientes personas trabajarán en el presupuesto:** y pulse la tecla **Intro** dos veces. Luego escriba los siguientes nombres, pulsando **Intro** después de cada uno de los nombres y dos veces al final: **Aría**, **Myriam**, **Javier**, **Alberto** y **Eva**.

5. Seleccione la lista de nombres y seguidamente en la pestaña Mensaje, en el grupo Texto básico, haga clic en el botón **Viñetas** ▤▾ y no sobre la flecha. Outlook convierte la lista de nombres en una simple lista de viñetas.

6. Con la lista de viñetas aún seleccionada, en el grupo Texto básico, haga clic en la flecha del botón **Viñetas** (véase la figura 18.10).

7. En el menú Viñetas, señale Cambiar nivel de lista.

8. Pulse **Esc** dos veces para cerrar el menú Viñetas sin hacer cambios.

9. Pulse **Control-Fin** para mover el punto de inserción al final del mensaje. Escriba **Comenzar por:** y pulse la tecla **Intro** dos veces.

Outlook ha guardado el mensaje
en la carpeta Borrador

Figura 18.10. Viñetas.

Tabla

Tablas

10. En la pestaña Insertar, en el grupo Tablas, haga clic en el botón **Tabla**.

11. En el menú Insertar tabla, señale la tercera celda de la segunda fila (véase la figura 18.11).

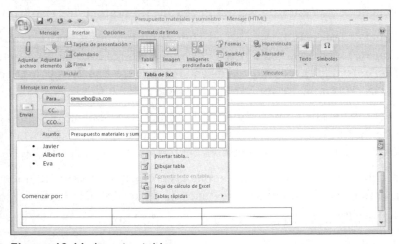

Figura 18.11. Insertar tabla.

12. Haga clic en la celda elegida para insertar la tabla en el mensaje (véase la figura 18.12).

Pestañas contextuales relacionadas con la tabla activa

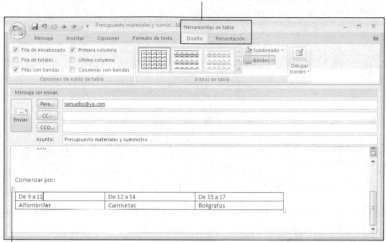

Selector de tabla

Figura 18.12. Pestaña contextual y selector de tabla.

13. Introduzca la siguiente información en la tabla:

De 9 a 11	De 12 a 14	De 15 a 17
Alfombrillas	Camisetas	Bolígrafos

14. En el encabezado del mensaje, haga clic en el botón **Enviar**. Outlook cierra la ventana Mensaje y envía el mensaje. Cuando reciba el mensaje en su bandeja de entrada, consérvelo para uso en ejercicios posteriores.

Adjuntar archivos a los mensajes

Una manera práctica de enviar un archivo (como puede ser un documento de Microsoft Office Word, una hoja de cálculo de Microsoft Office Excel, o una presentación de Microsoft Office PowerPoint) a otras personas es adjuntando un archivo a un mensaje de correo electrónico. El destinatario del mensaje puede guardar el archivo en su disco duro, abrir el archivo desde el mensaje, o si está utilizando Outlook 2007, puede previsualizarlo en el Panel de lectura.

En este ejercicio, enviará un documento de Word y una presentación de PowerPoint como archivos adjuntos a un mensaje de correo electrónico.

UTILICE el documento `03_Adjunto.docx` y la presentación `03_Adjunto.pptx`. Estos archivos de prácticas se encuentran disponibles en la carpeta `Capítulo_18` dentro de `Office 2007. Paso a paso`.

ASEGÚRESE de iniciar Outlook y visualizar la bandeja de entrada antes de empezar con este ejercicio.

1. En la barra de herramientas Estándar, haga clic en el botón **Nuevo** 🗐 Nuevo ▾.

2. En la caja de texto Para de la ventana Mensaje, escriba su propia dirección de correo electrónico.

3. En la caja de texto Asunto, escriba **Paso a paso**.

4. En el Panel de contenido, escriba **Adjunto los archivos del ejercicio**. Luego pulse **Intro** para pasar a la siguiente línea.

5. En la pestaña Mensaje, en el grupo Incluir, haga clic en el botón **Adjuntar archivo**. El cuadro de diálogo Insertar archivo se abre, mostrando el contenido de la carpeta Documentos (véase la figura 18.13).

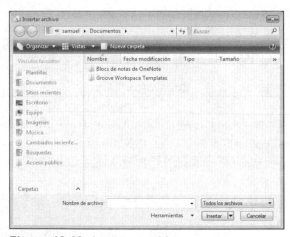

Figura 18.13. Insertar archivo.

6. Eche un vistazo a la carpeta de archivos de prácticas de este capítulo `Documentos\Office 2007. Paso a paso\Capítulo_18`, haga clic en el documento `03_Adjunto.docx`, mantenga pulsada la tecla **Control** y haga clic en la presentación `03_Adjunto.pptx`, y seguidamente haga clic en **Insertar**.

Los archivos aparecen en la caja de texto Adjunto en el encabezado del mensaje (véase la figura 18.14).

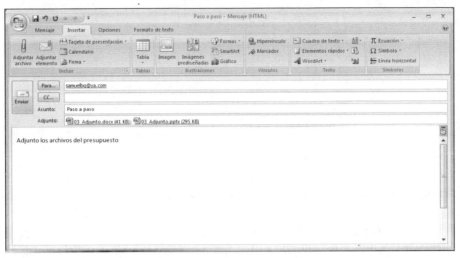

Figura 18.14. Archivos adjuntos.

7. En el encabezado del mensaje, haga clic en el botón **Enviar**.

Cambiar los ajustes del mensaje y opciones de entrega

Cuando envíe un mensaje, puede incluir si lo desea indicadores visuales de importancia, confidencialidad, categorizar el asunto de un mensaje, restringir que otras personas puedan cambiar o reenviar el contenido del mensaje, proporcionar un simple mecanismo de observaciones en el formulario de botones de voto, y especificar las opciones de entrega de un mensaje para cubrir sus necesidades. Los ajustes de mensajes y opciones de entrega más corrientes son:

■ **Importancia:** Puede indicar la urgencia de un mensaje configurando su importancia como Alta o Baja. Aparece una bandera en el encabezado del mensaje y, si el campo Importancia se incluye en la vista, aparece un icono de importancia en la bandeja de entrada o en otras carpetas de mensajes (véase la figura 18.15).

Puede ordenar fácilmente y agrupar los mensajes según la importancia haciendo clic en **Ordenar por: Importancia**.

Importancia Alta   Confidencial

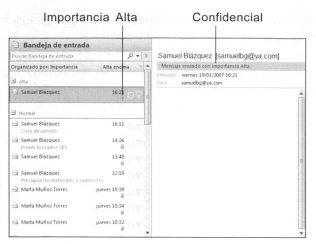

Figura 18.15. Importancia Alta y Confidencialidad.

- **Confidencialidad:** Puede indicar que un mensaje debe conservarse en privado estableciendo la confidencialidad como Confidencial, Personal, o Privado. No aparece ningún indicador en la carpeta del mensaje, pero se muestra una bandera en el encabezado del mensaje para indicar otra confidencialidad que sea diferente a la normal. Puede elegir incluir una confidencialidad como uno de los atributos de mensaje mostrados en el panel de bandeja de entrada, pero si lo hace, reemplazará el asunto del mensaje, lo que no es muy útil.

- **Seguridad:** Si tiene un identificador digital, puede firmar digitalmente el mensaje o puede cifrar el contenido del mensaje.

- **Opciones de voto:** Si usted y el destinatario del mensaje tienen cuentas Exchange Server, puede añadir botones de voto en sus mensajes para permitir a los destinatarios que seleccionen rápidamente de entre las diversas opciones de respuesta.

- **Opciones de seguimiento:** Puede hacer un seguimiento de los mensajes solicitando recibos de entrega y recibos de lectura. Estos recibos son mensajes que se generan automáticamente por el servidor de correo electrónico del destinatario cuando se entrega un mensaje al destinatario o cuando éste lee el mensaje.

- **Categorías:** Puede asignar un mensaje a un color de categoría que será visible para el destinatario si éste ve el mensaje en Outlook.

Las opciones más utilizadas se encuentran disponibles en el grupo Opciones de la pestaña Mensaje de la ventana Mensaje. Puede acceder a otras opciones desde el cuadro de diálogo Opciones del mensaje, el cual se abre haciendo clic en **Iniciador** de la esquina inferior izquierda del grupo Opciones (véase la figura 18.16).

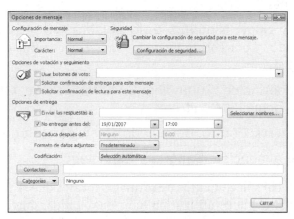

Figura 18.16. Opciones de mensaje.

Puede limitar las acciones que otros usuarios puedan realizar con mensajes que ellos reciben de usted al restringir las autorizaciones del mensaje. Por ejemplo, puede evitar que los destinatarios reenvíen o impriman el mensaje, así como que copien el contenido del mensaje o modifiquen el contendido cuando éstos reenvían o responden al mensaje. Las restricciones también se aplican en los archivos adjuntos. Dentro de una ventana de mensaje, las opciones de autorización se encuentran disponibles tanto en el menú Office como en el grupo Opciones de la pestaña Mensaje.

Personalizar la apariencia de los mensajes

Por defecto, el contenido de un mensaje de Outlook aparece en negro, con una fuente Calibri de 10 puntos, una fuente sans serif muy legible que es nueva en esta versión del sistema Office, alineado a la izquierda sobre un fondo blanco. Puede cambiar la apariencia de un mensaje aplicando tanto el formato local, texto o atributos de párrafo, como el formato global, un tema o estilo.

Las opciones de formato local disponibles en Outlook 2007 son en buena parte las mismas que en Word y otros programas del sistema de Office 2007, y puede que esté familiarizado con éstas al haber trabajado con esos programas. Aquí tiene un resumen rápido de los tipos de cambios de formato que puede aplicar:

- **Fuente, tamaño, y color:** Más de 220 fuentes en diversos tamaños y con una selección virtual ilimitada de colores.

- **Estilo de fuente:** Normal, Negrita, Cursiva, o Negrita y cursiva.

- **Estilo de subrayado y color:** Ninguno, Solo palabras, Con puntos, Con guiones, Ondulado, y por consiguiente con muchas combinaciones, con cualquier color del arco iris.

- **Efectos:** Tachado, Superíndice, Subíndice, Sombra, Relieve, Grabado, Minúsculas, Mayúsculas u Oculto.

- **Espaciado entre caracteres:** Escala, Espaciado, Posición e Interletraje.

- **Atributos de párrafo:** Alineación, Sangría y Espaciado.

Las opciones de formato global son conjuntos de formatos locales que se pueden aplicar mediante un par de clic. Puede utilizar un tema para aplicar una combinación preseleccionada de varias opciones de formato en todo el mensaje. Además, el sistema Office 2007 presenta un práctico y nuevo juego de opciones de formato denominados Estilos rápidos que pueden aplicarse sobre elementos individuales de un mensaje.

Es más probable que utilice Estilos rápidos a la hora de trabajar con documentos de Word que con mensajes, pero le ofreceremos una visión general y así puede investigar más tarde por su propia cuenta. Dentro de la ventana Mensaje, Estilos rápidos se encuentran disponibles en el grupo Estilos en la pestaña Texto de formato. Incluyen un número de estilos estándar para títulos, encabezados, listas, comillas, énfasis, etc. Puede ver una vista preliminar instantánea del efecto de un estilo en su texto señalando el estilo en la galería Estilos rápidos (figura 18.17).

Puede cambiar la apariencia de todos los estilos en la galería de Estilos rápidos seleccionando cualquiera de los 11 conjuntos de estilo disponibles, o creando el suyo propio. Si selecciona un conjunto de estilos, cambia la apariencia de todo el texto en el documento actual, al igual que la apariencia de los iconos en la galería Estilo rápido. Puede seleccionar u obtener una vista previa de un conjunto de estilo, el esquema de color, o la fuente haciendo clic en el botón **Cambiar estilos** en el grupo Estilos de la pestaña Texto de formato y luego indicando el Estilo, los Colores o las Fuentes.

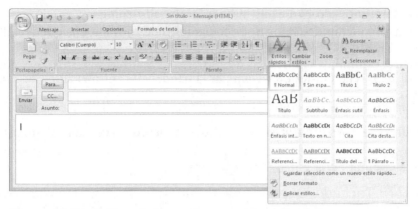

Figura 18.17. Estilos rápidos.

Agregar firmas en mensajes de manera automática

Cuando escribe un mensaje en papel, puede añadir una firma al final del mensaje escribiendo su nombre. Cuando crea un mensaje en Outlook, puede agregar una firma de correo electrónico al final del mensaje tanto manual como automáticamente, tan sólo basta insertar una firma de correo electrónico en un bloque predefinido de texto, con gráficos opcionales. Una firma de correo electrónico proporciona una información consistente al mensaje del destinatario. Puede incluir cualquier texto o gráfico que desee en su firma de correo electrónico, normalmente se suele incluir el nombre e información de contacto, pero dependiendo de su propia situación podría también incluir información como por ejemplo el nombre de su compañía, su cargo de trabajo, un descargo de responsabilidad legal, un eslogan personal o de la empresa, una foto, etc. Al utilizar Outlook 2007, puede elegir si incluir su tarjeta de presentación electrónica como parte o todo de su firma de correo electrónico.

Puede crear diferentes firmas de uso en diferentes tipos de mensajes. Por ejemplo, podría crear una firma de negocios formal para correspondencia con el cliente, una firma de negocios más informal para correspondencias con distintos departamentos, y una firma personal para enviar mensajes desde una cuenta secundaria. También podría crear una firma más completa para enviar en mensajes de correo electrónicos originales, y una firma con menos información para enviar en reenvíos de mensajes. Puede dar formato al texto con su firma de correo electrónico de la misma manera que puede dar formato a un mensaje de texto.

En este ejercicio, creará una firma de correo electrónico y luego instruirá a Outlook para que inserte la firma en todos los mensajes nuevos que cree. No se necesitan archivos de práctica para este ejercicio.

ASEGÚRESE de iniciar Outlook y visualizar la bandeja de entrada antes de empezar con este ejercicio.

1. En el menú **Herramientas**, haga clic en **Opciones** (véase la figura 18.18).

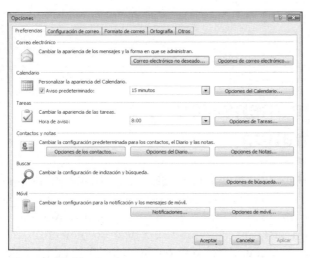

Figura 18.18. Opciones.

2. En la pestaña **Formato de correo**, haga clic en **Firmas**.

3. En la pestaña **Firma de correo electrónico**, haga clic en **Nueva** (véase la figura 18.19).

4. En el cuadro de diálogo **Nueva firma**, escriba **Profesional** como nombre de su nueva firma de correo electrónico, y luego haga clic en **Aceptar**. Outlook crea la firma `Profesional`.

5. En el área **Editar firma**, escriba **Saludos** seguido de una coma, pulse la tecla **Intro**, y luego escriba su nombre.

6. Seleccione su nombre, haga clic en la flecha **Fuente** `Calibri (Cu ▾`, y seguidamente en la lista, haga clic en Lucida Handwriting u otra fuente que desee.

7. Haga clic en la flecha **Tamaño de fuente** `10 ▾`, y luego en la lista, haga clic en **14**.

8. Haga clic en la flecha **Color de fuente** A▾, y luego debajo de la línea Colores estándar, haga clic en el color **Púrpura**.

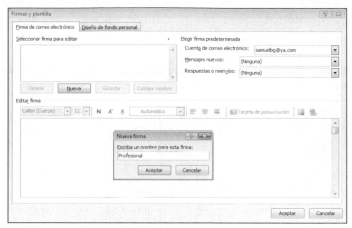

Figura 18.19. Firmas y plantillas.

Luego haga clic fuera de su nombre para ver los resultados de los cambios (véase la figura 18.20).

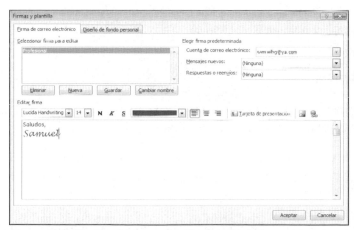

Figura 18.20. Cambios de formato de la firma.

9. Haga cualquier otro tipo de formato que desee.

    Puede insertar manualmente cualquier firma que haya creado en un mensaje de correo electrónico, pero es más frecuente instruir a Outlook a insertarlo de manera automática.

10. En el área Elegir firma predeterminada, haga clic en la flecha Mensajes nuevos, y luego en la lista seleccione Profesional.

11. Haga todos los cambios que desee, y luego haga clic en **Aceptar** en los dos cuadros de diálogo abiertos.

12. En la barra de herramientas Estándar, haga clic en el botón **Nuevo**.

Se abre un mensaje nuevo, con su firma de correo electrónico en el panel de contenido (véase la figura 18.21).

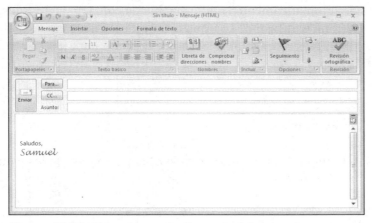

Figura 18.21. Mensaje con la firma electrónica.

CIERRE la ventana Mensaje.

ASEGÚRESE de volver a poner ninguna como firma de mensajes nuevos si no desea utilizar la firma Profesional que creo en este ejercicio.

Puntos clave

- Todos los comandos que necesita a la hora de crear un mensaje en Outlook 2007 se encuentran disponibles en la cinta, en la parte superior de la ventana del mensaje, agrupados en pestañas según la función.

- Puede crear fácilmente mensajes de correo electrónicos que contengan texto, hipervínculos, y archivos adjuntos.

■ Puede enviar mensajes en una amplia gama de formatos. Algunos formatos de mensaje soportan más opciones de formato que otros. Los destinatarios que utilicen programas que no soporten HTML o Formato de texto enriquecido verán el texto sin formato alguno.

■ Puede dar formato al texto y al fondo de sus mensajes, tanto eligiendo opciones de formato individuales como estilos o temas.

■ Puede crear gráficos profesionales utilizando la nueva función SmartArt disponible en Outlook 2007, Word 2007 y en PowerPoint 2007.

■ Puede insertar automáticamente la información de contacto en los mensajes de correo electrónico utilizando la firma electrónica. Puede crear diferentes firmas para diferentes propósitos e instruir a Outlook para insertar una firma específica según la cuenta de correo electrónico o el tipo de mensaje.

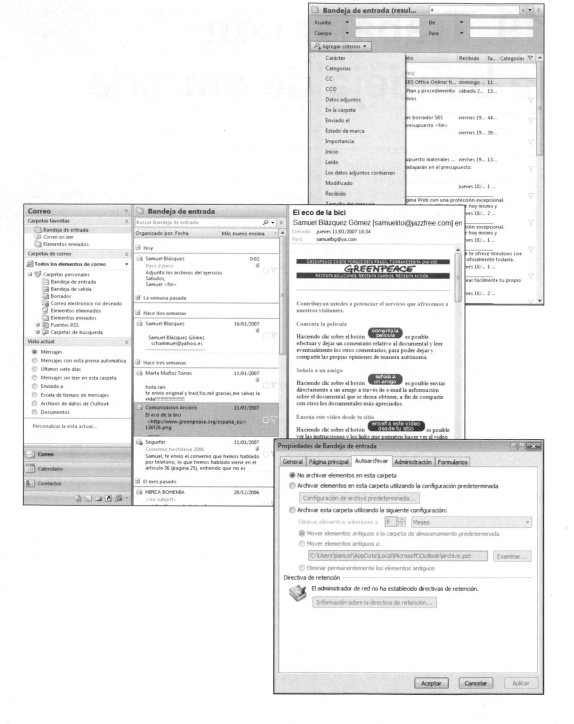

19. Trabajar con la bandeja de entrada

En este capítulo aprenderá a:

✓ Localizar mensajes instantáneamente.

✓ Ordenar mensajes de distintas maneras.

✓ Organizar mensajes usando categorías de color.

✓ Organizar mensajes en carpetas.

✓ Archivar mensajes.

En lo que lleva de libro, ha visto las acciones básicas de enviar y recibir mensajes así como los componentes de Outlook que se usan para estos propósitos. A continuación, verá en qué emplean la mayor parte de su tiempo las personas que trabajan con el correo electrónico como una de sus principales labores: ordenar los mensajes. Y es aquí donde Microsoft Office Outlook 2007 se desmarca del resto de sus competidores.

Localizar mensajes instantáneamente

Al mismo tiempo en que proporciona los criterios para una determinada búsqueda, Outlook filtra todos aquellos mensajes no coincidentes, minimizando así el esfuerzo requerido para dicha búsqueda. Y lo mejor de todo es que Outlook no sólo busca en el contenido del encabezamiento y del cuerpo del mensaje, sino que busca también en el contenido de los adjuntos que el mensaje pueda contener. Por tanto, si los términos de la búsqueda están incluidos en un documento de Microsoft Office Word adjunto al mensaje, este mensaje será incluido en los resultados de la búsqueda. Si los términos de búsqueda introducidos producen más de 200 resultados, el Panel de resultados de la búsqueda mostrará el siguiente mensaje (véase la figura 19.1).

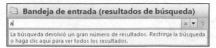

Figura 19.1. Resultado de búsqueda.

Podrá visualizar todos los resultados para los términos de búsqueda introducidos haciendo clic en la barra del mensaje obtenido, o bien reducir el número de resultados tanto expandiendo los términos de búsqueda como introduciendo otros criterios de búsqueda, tales como el emisor, el destinatario, información acerca de si el mensaje es un reenvío de un original o si contiene adjuntos, y otros criterios más.

En el siguiente ejercicio usará la herramienta **Búsqueda Instantánea** para localizar un determinado mensaje en su bandeja de entrada. No hay archivos de práctica para este ejercicio.

ASEGÚRESE de iniciar Outlook, y de visualizar la bandeja de entrada y el **Panel de lectura** antes de comenzar este ejercicio.

1. En el cuadro **Búsqueda** en el encabezamiento de la bandeja de entrada, introduzca una o varias palabras que puedan aparecer en mensajes de su bandeja de entrada. Por ejemplo, si hizo los ejercicios de los capítulos anteriores de este libro, podría introducir **alerta**, **borrador** o **desarrollo**. Al mismo tiempo que escribe, Outlook filtra los contenidos de la bandeja de entrada para visualizar así solamente aquellos elementos que contengan los caracteres, la palabra o las palabras que se han introducido, y destaca los términos de búsqueda en los mensajes que muestra (véase la figura 19.2).

    En la esquina inferior izquierda de la ventana del programa, la barra de estado muestra el número de mensajes incluidos en los resultados de la búsqueda, los cuales incluyen únicamente mensajes contenidos en la carpeta de bandeja de entrada, no así los contenidos en sus subcarpetas ni en cualquier otra carpeta de correo.

2. A la derecha del cuadro **Búsqueda**, haga clic en el botón **Expandir el generador de consultas** ☒.

3. En el **Panel de resultados de la búsqueda** expandido, haga clic en el botón **Agregar criterios** para poder ver una lista de criterios adicionales.

    Al seleccionar un campo de esta lista, éste se añade a la sección de criterios de búsqueda (véase la figura 19.3).

Término de búsqueda

Figura 19.2. Ejemplo de búsqueda.

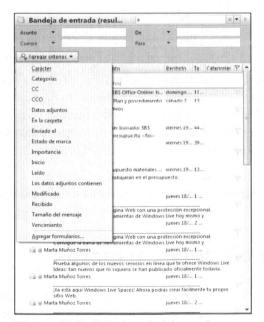

Figura 19.3. Criterios de búsqueda.

Al mismo tiempo, se puede pinchar en la flecha que hay a la derecha de cualquiera de los criterios predeterminados y seleccionar un campo distinto.

4. En la lista Agregar criterios, haga clic en **Datos adjuntos** para que este campo se incluya en el Panel de búsqueda.

5. Haga clic en la flecha de Datos Adjuntos y en la lista seleccione **Sí**.

Observe que los criterios de búsqueda están también descritos en el cuadro de términos de búsqueda (véase la figura 19.4).

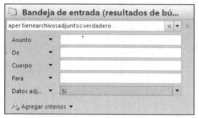

Figura 19.4. Criterios de búsqueda.

6. Para expandir la búsqueda de forma que se incluyan todas las carpetas de su correo, haga clic en el botón **Intentar buscar de nuevo en todos los elementos de correo**.

Outlook mostrará los resultados de búsqueda expandida agrupados por la carpeta en la que se encuentran. Podrá entonces abrir, eliminar o gestionar un mensaje desde el Panel de resultado de la búsqueda del mismo modo que lo haría desde cualquier otro panel. Si cambia un mensaje de manera que éste ya no se ajusta a los criterios de búsqueda, por ejemplo, si está buscando mensajes con marca de seguimiento con banderas y en el último momento marca uno de estos mensajes como completado, éste se borrará del Panel de resultados de la búsqueda, pero seguirá apareciendo en su correspondiente carpeta.

7. Pruebe a localizar información por criterios específicos. Cuando haya terminado, haga clic en el botón **Borrar el resultado de búsqueda** ⊠ para eliminar el filtro y volver a visualizar la lista de mensajes de la bandeja de entrada.

Ordenar mensajes de distintas maneras

Como el número de mensajes de su bandeja de entrada se incrementa de manera constante, puede que le resulte costosa la tarea de dar más prioridad a unos mensajes que a otros. No obstante, puede personalizar la forma en que los mensajes se visualizan, ordenan y agrupan en Outlook, para poder determinar rápidamente cuáles son los más importantes, cuáles se pueden eliminar y cuáles necesitan una respuesta inmediata.

Vistas por categoría	Vistas por lista	Otras vistas
Mensajes	Mensajes con vista previa automática	Escala de tiempo de mensajes
Enviado a	Últimos siete días	
Archivos de datos de Outlook	Mensajes sin leer en esta carpeta	
Documentos		

En vistas por categorías, el encabezado de la bandeja de entrada incluye sólo la organización y el orden de disposición, el **Panel de lectura** es visible por defecto, y la información del encabezamiento del mensaje está agrupada en múltiples líneas. En vistas por lista, la información aparece en columnas, el **Panel de lectura** no es visible por defecto, pero lo puede visualizar si desea. Para experimentar con distintos tipos de vistas, dirija el puntero a **Vista actual**, en el menú **Ver**, y una vez aquí seleccionar la opción de vista que más sea de su agrado.

También puede agrupar mensajes por los contenidos de cualquier campo, por ejemplo, por el emisor del mensaje o por el asunto, y podemos ordenar mensajes por conversación.

Por defecto, Outlook muestra los mensajes en el orden en que se reciben, con los mensajes más nuevos en la parte superior de la bandeja de entrada. Los mensajes recibidos en la semana en que se encuentra se agrupan por el día. Los mensajes recibidos con anterioridad se agrupan por la semana o por periodos más amplios. Puede cambiar el orden en que los mensajes y otros elementos, como por ejemplo, convocatorias de reunión o tareas, aparecen en la bandeja de entrada o en cualquier otra carpeta de correo.

Al visualizar mensajes en una vista por categoría, la barra **Organizado por** en el encabezamiento de la bandeja de entrada indica cómo están organizados los mensajes y en qué orden. Al hacer clic en **Indicador de orden** invertirá el orden en que se encontraban. Por ejemplo, de **Más nuevo encima** a **Más antiguo encima**. Independientemente de qué orden asigne, los encabezamientos de grupo dividen los mensajes en grupos que puede comprimir o expandir (véase la figura 19.5).

Agrupamiento   Orden

Grupos

Figura 19.5. Bandeja de entrada.

Para probar las opciones de organización, en el menú Ver seleccione la opción Organizar por y haga clic en la opción que más sea de su agrado.

Independientemente de la vista y organización que escoja, puede ordenar mensajes por cualquiera de los campos visibles, haciendo clic en el encabezamiento de su columna correspondiente, y podrá invertir el orden haciendo clic por segunda vez en este mismo encabezamiento. Puede cambiar los campos visibles en el cuadro de diálogo Mostrar campos, al cual se accede desde el comando Organizar por del menú Ver, y haciendo clic en el botón **Personalizar** (véase la figura 19.6).

Figura 19.6. Mostrar campos.

Outlook muestra los campos seleccionados en el mismo orden en que aparecen en la columna de la derecha. Si para que se puedan mostrar todos los campos necesita más espacio del que dispone, sólo algunos de estos campos quedarán visibles. En caso de que sea necesario, puede cambiar el número de líneas visibles para que se puedan mostrar más campos. No obstante, es bastante probable que alguna de las vistas predefinidas se ajuste a sus necesidades.

En una vista por lista, puede gestionar la organización, el orden, el agrupamiento, los campos visibles, así como otras configuraciones, mediante el menú contextual que aparece cuando hace clic con el botón derecho del ratón en alguno de los encabezamientos de las columnas (véase la figura 19.7).

En el siguiente ejercicio, cambiará la vista, la organización, el orden y el agrupamiento de los mensajes de su bandeja de entrada. Después, filtrará el contenido, y añadirá y eliminará campos, y cambiará la apariencia de la bandeja de entrada. Por último, restaurará las configuraciones predeterminadas de Outlook. No se necesitan archivos de práctica para este ejercicio.

ASEGÚRESE de iniciar Outlook y de visualizar la bandeja de entrada en la Vista por mensajes antes de empezar el siguiente ejercicio.

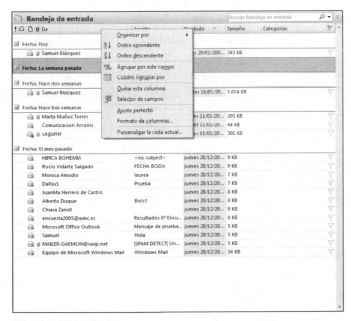

Figura 19.7. Ordenar por.

1. Si no dispone de mensajes no leídos en la bandeja de entrada, haga clic con el botón derecho del ratón en alguno de los mensajes que tenga, y seleccione **Marcar como no leído**.

2. En el menú **Ver**, seleccione **Panel de exploración**. Si a la izquierda de este comando no hay una marca de verificación, haga clic en **Panel de vista actual**. Las opciones básicas de vistas aparecerán en la parte inferior del **Panel de exploración** (véase la figura 19.8).

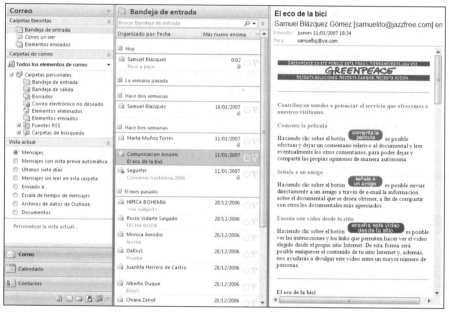

Figura 19.8. Panel de vista actual.

3. En el menú **Ver**, si el icono que aparece a la izquierda de **Vista previa automática** no está sombreado, haga clic en él. Las primeras tres líneas de cada uno de los mensajes no leídos aparecerán en la bandeja de entrada, debajo del encabezamiento del mensaje (véase la figura 19.9).

4. En el menú **Ver**, seleccione **Organizar por**, y haga clic en **De**.

5. En el encabezamiento de la bandeja de entrada, haga clic en **A encima**.

6. En el encabezamiento de la bandeja de entrada, haga clic en la barra **Organizado por**, y seleccione **Asunto**.

7. En el menú **Ver**, en **Expandir o contraer grupos**, haga clic en **Contraer todos los grupos** (véase la figura 19.10).

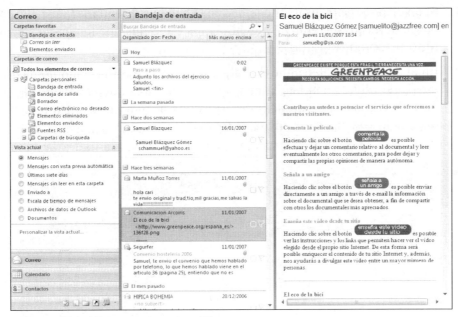

Figura 19.9. Vista previa automática.

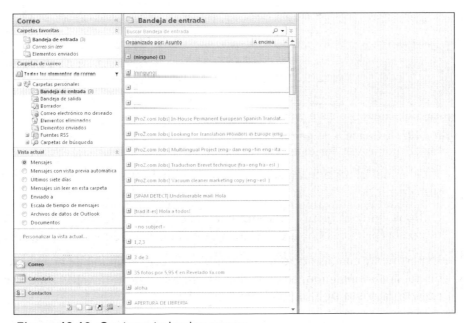

Figura 19.10. Contraer todos los grupos.

Puede usar esta herramienta para expandir o contraer todos los grupos. Puede expandir o contraer grupos específicos haciendo clic en el botón **Expandir** (+) o **Contraer** (-) a la izquierda del nombre del grupo.

8. En el panel Vista actual, seleccione la opción Mensajes sin leer en esta carpeta. Outlook filtra la bandeja de entrada para mostrar sólo los mensajes no leídos. El encabezamiento de la bandeja de entrada y la barra de estado indican que hay un filtro aplicado. Si no tiene mensajes sin leer en su bandeja de entrada, ésta no mostraría ningún mensaje (véase la figura 19.11).

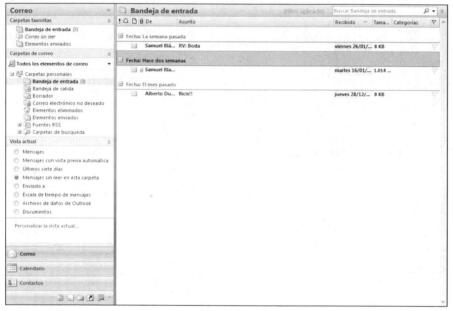

Figura 19.11. Bandeja de entrada con filtro.

9. En el panel Vista actual, seleccione la opción Mensajes con vista previa automática.

Outlook quita el filtro y muestra una vista por lista de los mensajes, mostrando las primeras líneas de los mensajes sólo en aquellos que están sin leer.

10. Experimente con las opciones disponibles de organización de mensajes si lo desea. A continuación, en el menú Ver, en Vista actual, seleccione Personalizar la vista actual (véase la figura 19.12).

Figura 19.12. Personalizar vista. El cuadro de diálogo Personalizar vista se abre.

11. Haga clic en **Campos**. El cuadro de diálogo Mostrar campos visto anteriormente se abre.

12. En la lista Campos disponibles, seleccione Carácter.

El campo Carácter pasa a la parte inferior de la lista Mostrar los campos por este orden.

13. En la lista Mostrar los campos por este orden, arrastre Carácter para que aparezca debajo de Importancia. Mientras arrastra este campo, unas flechas rojas indican dónde aparecerá cuando suelte el botón del ratón (véase la figura 19.13).

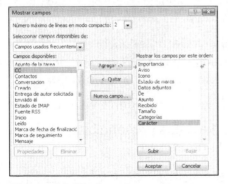

Figura 19.13. Arrastrar un campo.

Truco: Para cambiar el orden de las columnas en cualquier vista por lista, simplemente arrastre los encabezamientos de las columnas a la ubicación que desee. Mientras arrastra un encabezamiento de columna, unas flechas rojas indican dónde aparecerá la columna cuando suelte el botón del ratón.

---

14. En el cuadro de diálogo Mostrar campos, haga clic en **Aceptar**.

15. En el cuadro de diálogo Personalizar vista, haga clic en **Más opciones**.

El cuadro de diálogo Más opciones se abre (véase la figura 19.14).

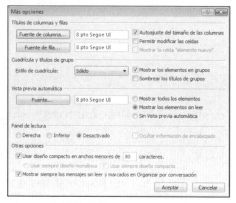

Figura 19.14. Más opciones.

16. Bajo la línea Cuadrícula y títulos de grupo, haga clic en la flecha de Estilo de cuadrícula, y en la lista desplegable, haga clic en Puntos pequeños. A continuación, haga clic en **Aceptar** en cada uno de los dos cuadros de diálogo abiertos para volver a la bandeja de entrada, que muestra las nuevas configuraciones de vista (véase la figura 19.15).

17. Arrastre el encabezamiento de columna Carácter hacia abajo, en la lista de mensajes, y suelte el botón del ratón cuando una "X" de color negro aparezca sobre el encabezamiento. Outlook elimina la columna Carácter.

18. En el menú Ver, en Vista actual, haga clic en Definir vistas.

El cuadro de diálogo Organizador de vistas personalizadas se abre, con la vista actual seleccionada (véase la figura 19.16).

19. En el cuadro de diálogo Organizador de vistas personalizadas, haga clic en el botón **Restablecer**. En el cuadro de mensaje de Microsoft Office Outlook que le pregunta si desea restablecer la configuración original de la vista, haga clic en **Aceptar**.

20. En la lista Nombres de vista, haga clic en cada una de ellas. Si las configuraciones de vista han cambiado de las que hay predeterminadas, el botón **Restablecer** se activa.

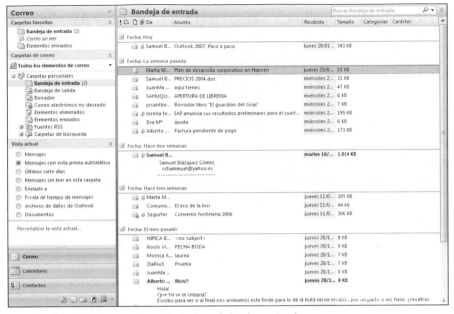

Figura 19.15. Nueva vista de la bandeja de entrada.

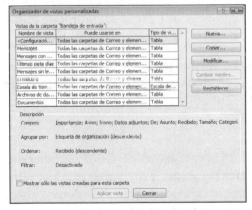

Figura 19.16. Organizador de vistas personalizadas.

21. Repita el paso 19 para restablecer las vistas personalizadas que desee. Cuando termine, seleccione la vista Mensajes y haga clic en **Aplicar vista**.

ASEGÚRESE de restablecer las configuraciones de vista predeterminadas antes de continuar, si quiere que éstas concuerden con las mostradas en este libro.

Organizar mensajes usando categorías de color

Asignar mensajes a categorías puede ayudarle a encontrar información con facilidad. Outlook 2007 incluye categorías de color, que combina las categorías nombradas con barras de colores, para proporcionarle un estímulo visual inmediato mientras mira los mensajes de su bandeja de entrada.Puede usar categorías de color en mensajes, elementos de calendario, contactos, tareas y notas, de distintas maneras:

■ En una carpeta cualquiera, puede seleccionar uno o más elementos, hacer clic en el botón **Clasificar** ▦ de la barra de herramientas Estándar, y hacer clic en la categoría que desee.

■ En una carpeta cualquiera, puede hacer clic en el botón derecho del ratón sobre un elemento o varios elementos seleccionados, dirigir el cursor a la opción de Clasificar, y hacer clic en la categoría que desee.

■ En una carpeta cualquiera de correo, puede hacer clic en el botón derecho del ratón en la barra de Categorías, y a continuación hacer clic en la categoría que desee.

■ Si con frecuencia utiliza una categoría en particular, la podrá asignar como categoría de clic rápido. Podrá entonces utilizar la categoría de clic rápido en un mensaje haciendo clic en su correspondiente barra de Categorías.

Para encontrar rápidamente los mensajes que pertenecen a una categoría, puede agrupar los mensajes por categorías, o incluir la categoría como un criterio de búsqueda en el Generador de Consultas. En la Barra de Tareas pendientes, puede organizar sus mensajes con marcas de seguimiento y tareas por categorías.

En el siguiente ejercicio visualizará las categorías de color predeterminadas, después las cambiará el nombre y creará categorías, y luego cambiará los colores que se asocian a una categoría, clasificará un mensaje, y ordenará el contenido de la bandeja de entrada por categorías.

UTILICE el mensaje "Prueba 1 de alerta". Si no ha terminado este ejercicio, puede hacerlo ahora, o bien experimentar con esta herramienta utilizando un mensaje cualquiera de su bandeja de entrada.

ASEGÚRESE de iniciar Outlook y de visualizar la bandeja de entrada en la vista por Mensajes que aparece por defecto antes de empezar el siguiente ejercicio.

1. En la bandeja de entrada, haga clic en el mensaje Prueba 1 de alerta.

2. En la barra de herramientas Estándar, haga clic en el botón **Clasificar**.

   La lista Categorías muestra las categorías estándar y las asignadas actualmente. Puede quitar todas las categorizaciones de un mensaje haciendo clic en Borrar todas las categorías (véase la figura 19.17).

Figura 19.17. Categorías.

3. En la lista de Categorías, haga clic en **Todas las categorías**. El cuadro de diálogo Categorías de Color se abre, mostrando las asignaciones de color y categoría actuales. Puede cambiar el nombre de cualquiera de las categorías por color estándar o crear nuevas categorías por color.

4. En el cuadro de diálogo Categorías de color, haga clic en el nombre Categoría azul, no en el cuadro de verificación, y haga clic en **Cambiar nombre**. Con el nombre de la categoría seleccionado para que se pueda editar, escriba **Gestión** y pulse **Intro**. El nombre de la categoría cambia (véase la figura 19.18).

Figura 19.18. Categorías de color.

5. Con la categoría Gestión todavía seleccionada, haga clic en la flecha Color y, en la paleta de colores, haga clic en el cuadro del color amarillo. El color asociado con la categoría Gestión ha cambiado de azul a amarillo.

6. En el cuadro de diálogo Categorías de color, haga clic en **Nuevo**. El cuadro de diálogo Agregar nueva categoría se abre.

7. En el campo Nombre, escriba **Producción**. Haga clic en la flecha Color y en la paleta haga clic en el cuadro del color rojo. A continuación, haga clic en la flecha de Tecla de método abreviado (véase la figura 19.19).

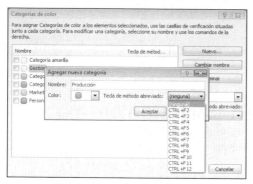

Figura 19.19. Categorías de color.

Puede asignar teclas de método abreviado a un máximo de 11 categorías de color, lo cual le puede beneficiar si utiliza con frecuencia distintas categorías.

8. En la lista de Tecla de método abreviado, haga clic en (ninguna). Seguidamente, en el cuadro de diálogo Agregar nueva categoría, haga clic en **Aceptar**. La nueva categoría aparece en la parte inferior de la lista de categorías de color. Su cuadro de verificación está seleccionado, lo que indica que ha sido asignada al mensaje seleccionado actualmente.

9. En el cuadro de diálogo Categorías de color, haga clic en **Aceptar**. En la lista de mensajes, aparecerá un recuadro rojo en la barra Categorías del mensaje seleccionado, y en el Panel de lectura aparecerá en la parte superior del mensaje una barra roja con el nombre de categoría **Producción**.

10. En la lista de mensajes, haga clic con el botón derecho del ratón en la barra Categorías del mensaje "Prueba de alerta 1". A continuación, en la lista, haga clic en **Gestión**. La barra Categoría pasará a verse en iconos amarillos y rojos, indicando que el mensaje está asignado a dos categorías. Puede asignar un mensaje a un número ilimitado de categorías.

El **Panel de lectura** muestra dos barras de colores de igual tamaño. En una sola fila se puede mostrar hasta un máximo de cuatro categorías. Las categorías adicionales se muestran en filas adicionales (véase la figura 19.20).

11. En el encabezamiento de la bandeja de entrada, haga clic en la barra **Organizado por**, y a continuación haga clic en **Categorías**. Los mensajes se organizan por categoría, y aquellos mensajes que no estén clasificados serán los primeros en aparecer.

12. A la derecha de la barra **Organizado por**, haga clic en **A encima**. El orden se invertirá de forma que los mensajes clasificados serán los primeros en aparecer en la lista (véase la figura 19.21).

ASEGÚRESE de ordenar la bandeja de entrada por fecha antes de continuar con el siguiente ejercicio.

Organizar mensajes en carpetas

Tras haber leído y respondido a los mensajes, puede que desee guardar algunos de ellos para futuras consultas. No cabe duda de que preferirá guardar todos ellos en su bandeja de entrada, pero como el número de mensajes va en continuo aumento hasta llegar a cientos e incluso a miles de ellos, puede que llegue al punto de saturarse en un abrir y cerrar de ojos. Para minimizar el contenido de su bandeja de entrada y evitar la acumulación de mensajes dispares, puede organizar los mensajes en carpetas. Algunos expertos en temas de organización mantienen que la estructura en carpetas es una parte imprescindible de un sistema organizativo. En Outlook, podrá hacer uso de todo tipo de estructuras por carpetas, o de cualquier otro tipo de estructura que se adapte más a su forma de trabajar. Por ejemplo, puede que desee crear una carpeta para cada proyecto en el que trabaje y almacenar todos los mensajes relacionados con uno de estos proyectos en su carpeta correspondiente, sin importar quién es el remitente del mensaje. O puede que quiera crear una carpeta para almacenar todos los mensajes de una persona en particular, como por ejemplo su jefe, sin importar el contenido del mensaje. Podrá mover mensajes a carpetas de forma manual, o si en la empresa en que trabaja disponen de Exchange Server, puede hacer que Outlook los mueva por usted. También podrá mover mensajes a otra carpeta automáticamente mediante una regla. Por ejemplo, puede hacer que Outlook mueva automáticamente todos los mensajes enviados por su jefe a una determinada carpeta. Y también puede configurar distintas reglas para que se ejecuten cuando se encuentra fuera de la oficina.

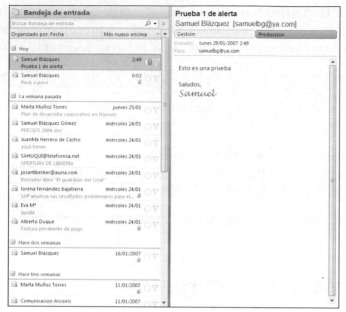

Figura 19.20. Barra de categorías.

Figura 19.21. Organizado por categorías.

UTILICE los mensajes "RE: Office 2007. Paso a paso" y "RV: Office 2007. Paso a paso". Si no ha terminado este ejercicio, puede hacerlo ahora, o bien experimentar con esta herramienta utilizando un mensaje cualquiera de su bandeja de entrada.

ASEGÚRESE de iniciar Outlook y de visualizar la bandeja de entrada en la vista por Mensajes antes de empezar el siguiente ejercicio.

En el próximo ejercicio, creará una carpeta y moverá mensajes a dicha carpeta.

1. En la barra de herramientas Estándar, haga clic en la flecha de Nuevo, y en la lista que aparece, haga clic en **Carpeta**. El cuadro de diálogo Crear nueva carpeta se abre (véase la figura 19.22).

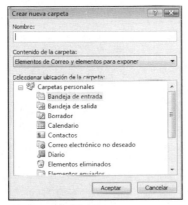

Figura 19.22. Crear nueva carpeta.

2. En el área Nombre, escriba **Mensajes de prueba**, y haga clic en **Aceptar**. Como esta carpeta ha sido creada desde la bandeja de entrada, Outlook la crea como una subcarpeta de la bandeja de entrada, con formato para que contenga elementos de correo (véase la figura 19.23).

3. En el Panel de exploración, localice los mensajes "RE: Office 2007. Paso a paso" y "RV: Office 2007. Paso a paso".

4. Arrastre el mensaje **RE: Office 2007. Paso a paso** a la carpeta Mensajes de prueba en el Panel de exploración.

5. Haga clic con el botón derecho del ratón en el mensaje **RV: Office 2007. Paso a paso** y seleccione Mover a una carpeta.

   El cuadro de diálogo Mover elementos se abre (véase la figura 19.24)

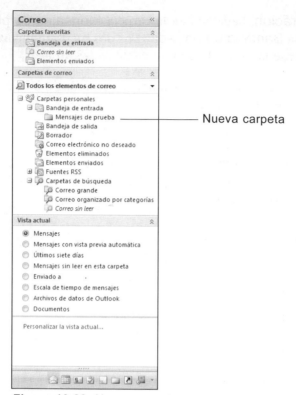

Figura 19.23. Nueva carpeta.

Figura 19.24. Mover elementos.

6. En la lista Mover los elementos seleccionados a la carpeta, seleccione Mensajes de prueba, si es que no está ya seleccionada, y luego haga clic en **Aceptar**.

7. En el **Panel de exploración**, haga clic en la carpeta **Mensajes de prueba**, debajo de la carpeta **Bandeja de entrada**. Los dos mensajes aparecen en la nueva carpeta (véase la figura 19.25).

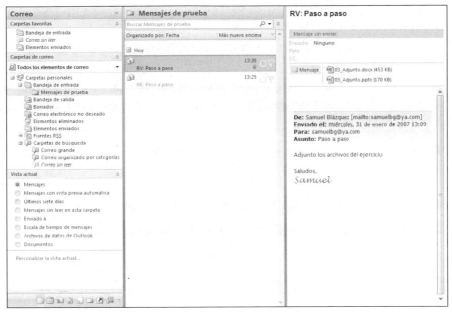

Figura 19.25. Carpeta Mensajes de prueba.

ASEGÚRESE de volver a poner los mensajes en su bandeja de entrada, en caso de haber usado mensajes personales en vez de mensajes de práctica.

Archivar mensajes

Los mensajes se van acumulando en la bandeja de entrada y en otras carpetas de correo, y puede que llegue a necesitar almacenarlos de manera distinta para reducir el espacio utilizado. Un ejemplo de esto sería archivar todos los mensajes enviados o recibidos antes de una fecha determinada. Archivar mensajes en un archivo de mensajes de Outlook separado le ayudará a ordenar su buzón de correo y a reducir el consumo de espacio utilizado, y al mismo tiempo podrá disponer de un acceso rápido a estos mensajes desde Outlook.

Por defecto, Outlook archiva mensajes de todas las carpetas automáticamente en intervalos de tiempo regulares, a una ubicación determinada por su sistema operativo, por norma general, a un archivo de datos al que se puede acceder desde el **Panel de exploración**. Puede cambiar los parámetros de configuración predeterminados para autoarchivar, tales como la frecuencia y la ubicación, y así como especificar la configuración en carpetas individuales.

Si trabaja en una red de Exchange Server, sus opciones de archivo pueden estar limitadas por políticas de almacenamiento fijadas por su administrador de red, para que no pueda almacenar elementos durante más tiempo de lo establecido.

En este ejercicio aprenderá a fijar las opciones de archivo automáticas de forma predeterminada, así como archivar manualmente una carpeta, y fijar las opciones de archivo para una carpeta determinada. No se necesitan archivos de práctica para este ejercicio.

ASEGÚRESE de iniciar Outlook y de visualizar la bandeja de entrada antes de comenzar con este ejercicio.

1. En el menú **Herramientas**, haga clic en **Opciones**.

2. En el cuadro de diálogo **Opciones**, haga clic en la pestaña **Otros** (véase la figura 19.26).

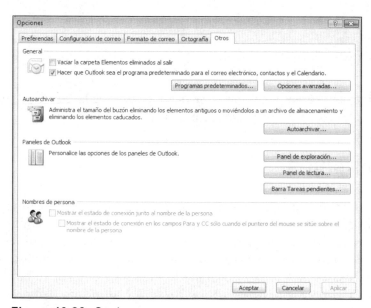

Figura 19.26. Opciones.

3. En el área Autoarchivar, haga clic en **Autoarchivar** (véase la figura 19.27).

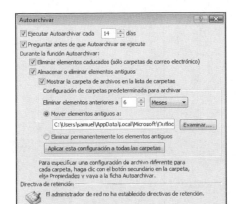

Figura 19.27. Autoarchivar.

4. Revise los parámetros de configuración Autoarchivar. Observe especialmente con qué frecuencia inicia Outlook el proceso de archivo, el tiempo que tiene que transcurrir para que se archive un elemento, y la ubicación que aparece en el cuadro Mover elementos antiguos a.

    Si la casilla de verificación Preguntar antes de que Autoarchivar se ejecute está seleccionada, Outlook pedirá su aprobación cada vez que el proceso de autoarchivar se ejecute. En caso de que se negase, el proceso no se volvería a iniciar hasta el próximo plazo programado.

    Observe que tiene la posibilidad de eliminar permanentemente los elementos antiguos. Si efectúa algún cambio en los parámetros de configuración Autoarchivar, o si desea personalizar la configuración en todas las carpetas, puede aplicar los cambios a todas las carpetas del buzón de correo haciendo clic en el botón **Aplicar esta configuración a todas las carpetas**.

5. Si desea efectuar cambios en los parámetros de configuración Autoarchivar, hágalo y después haga clic en **Aceptar** en cada uno de los cuadros de diálogo abiertos. Si no, haga clic en **Cancelar** en cada cuadro de diálogo para cerrarlos sin realizar ningún cambio.

6. Con la bandeja de entrada activa, en el menú Archivo, seleccione la opción Carpeta, y haga clic en **Propiedades de "Bandeja de entrada"**.

7. Haga clic en la pestaña Autoarchivar (véase la figura 19.28).

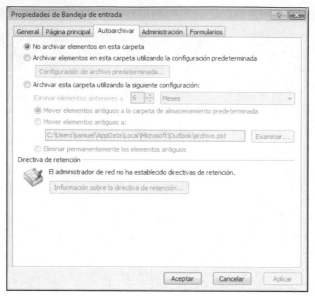

Figura 19.28. Propiedades de Bandeja de entrada.

Puede fijar las opciones de archivo para cada carpeta individualmente desde la pestaña Autoarchivar del cuadro de diálogo Propiedades de la carpeta.

- Si selecciona la opción Archivar elementos en esta carpeta utilizando la configuración predeterminada, podrá ver y modificar los parámetros de configuración predeterminados en el cuadro de diálogo Autoarchivar mostrado anteriormente haciendo clic en el botón **Configuración de archivo predeterminada**.

- Si selecciona la opción Archivar esta carpeta utilizando la siguiente configuración, podrá especificar el tiempo que tiene que transcurrir para que se archive un elemento y la ubicación donde se archivan los elementos de esta carpeta.

8. Si desea realizar cambios en los parámetros de configuración Autoarchivar en la Bandeja de entrada, hágalos, y luego haga clic en **Aceptar**. Si no, haga clic en **Cancelar** para cerrar el cuadro de diálogo sin realizar ningún cambio.

9. En el menú Archivo, haga clic en Archivar. Desde este cuadro de diálogo puede iniciar manualmente el proceso de archivo de todo el buzón de correo o de carpetas determinadas.

10. Si desea iniciar el proceso de archivo para el buzón de correo ahora, seleccione la opción Archivar todas las carpetas según su configuración de Autoarchivar y haga clic en **Aceptar**. Si no, haga clic en **Cancelar**.

Si hace clic en **Aceptar**, Outlook mostrará el progreso del proceso de archivo en la barra de estado, en la esquina inferior derecha de la ventana del programa. Puede cancelar un proceso de archivo haciendo clic en el botón Archivando en la barra de estado, y seleccionando de la lista que aparece Cancelar Archivando. La primera vez que Outlook archiva mensajes, crea un archivo de datos de Carpetas archivadas al que se puede acceder desde el Panel de exploración. El contenido del archivo de datos está organizado en la misma estructura por carpetas que el contenido original, y almacenado en un archivo distinto en el ordenador.

ASEGÚRESE de revisar sus parámetros de configuración Autoarchivar y que estén fijados a su gusto.

Puntos clave

- Puede filtrar y buscar mensajes en el buzón de correo por medio de la nueva herramienta Búsqueda instantánea. Puede crear Carpetas de búsqueda virtuales que se actualizan automáticamente para mostrar mensajes que se ajustan a unos criterios determinados.

- Puede ordenar y agrupar mensajes por emisor, fecha, asunto, tamaño, categoría, o cualquier otro campo.

- Puede asignar categorías de color a mensajes, tareas, citas, y otros elementos de Outlook, y agruparlos y ordenarlos según la categoría. Puede utilizar las categorías predefinidas de Outlook, o bien personalizarlas según sus necesidades.

- Puede crear carpetas para organizar su correo y mover elementos a carpetas tanto manual como automáticamente.

- Outlook archiva automáticamente elementos antiguos a un archivo de datos separado. Puede especificar la frecuencia, la ubicación, así como otros parámetros de configuración Autoarchivar de forma general, o por carpetas.

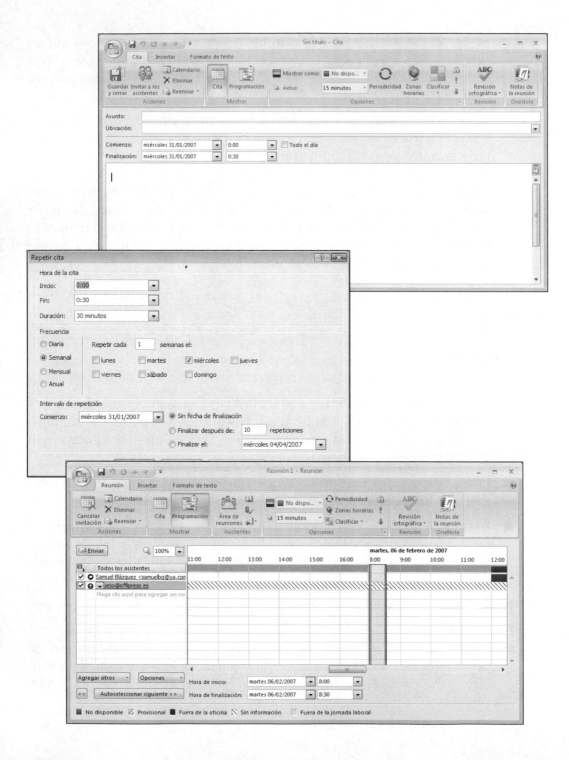

20. Trabajar con citas, eventos y reuniones

En este capítulo aprenderá a:

✓ Trabajar en las ventanas de elementos del calendario.

✓ Programar y cambiar citas y eventos.

✓ Programar, actualizar y cancelar reuniones.

✓ Responder a una convocatoria de reunión.

Es posible que llegado un momento se encuentre con que el **Calendario** de Microsoft Office Outlook controle su vida, lo que no tiene por qué significar nada malo. Usar el calendario de manera efectiva le puede proporcionar una mayor organización en el desarrollo de sus tareas y en su agenda. Le permite programar y hacer seguimientos de citas, reuniones y eventos. Como Outlook 2007 relaciona sus tareas programadas con su calendario, podrá mirar al calendario por días o semanas para observar las tareas pendientes para un día o una semana determinada y podrá hacer un seguimiento de su progreso marcando las tareas como completas cuando las termine.

Trabajar en las ventanas de elementos del calendario

Llamaremos a la ventana en la cual se crea o se responde a una cita la ventana **Cita**, a una reunión la ventana **Reunión**, y a un evento la ventana **Evento**. De forma general, nos referiremos a estas ventanas como las ventanas de elementos del calendario. Como las ventanas **Contactos** y **Mensajes**, las ventanas de elementos del calendario disponen de sus propios comandos, organizados en la nueva cinta de Office en lugar de estar en menús y barras de herramientas.

En este ejercicio hará un recorrido por las distintas herramientas de las ventanas de elementos del calendario, que difieren de las herramientas de las ventanas de elementos de contactos y correo, a las que no referimos en capítulos anteriores. También conocerá las diferencias entre los distintos tipos de elementos del calendario. No existen archivos de práctica para este ejercicio.

ASEGÚRESE de iniciar Outlook antes de comenzar el siguiente ejercicio.

1. En el Panel de Exploración, haga clic en el botón **Calendario** 🔲 para visualizar el módulo Calendario (véase la figura 20.1).

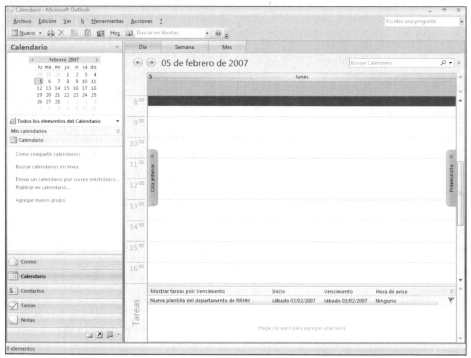

Figura 20.1. Calendario.

2. En la barra de herramientas Estándar, haga clic en el botón **Nuevo** 🔲 Nuevo ▾. Una ventana Cita sin título se abre (véase la figura 20.2).

3. En la esquina superior izquierda de la ventana, haga clic en el **Botón de Office** 🔵. Los comandos relativos a la gestión de citas, como por ejemplo, los de crear, guardar, eliminar e imprimir, están disponibles en el menú Office que aparece (véase la figura 20.3).

Figura 20.2. Nueva cita.

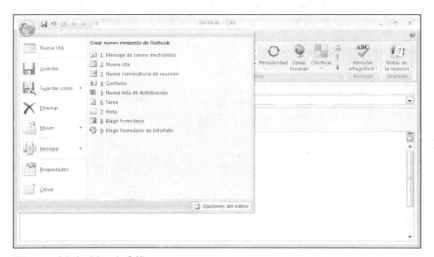

Figura 20.3. Menú Office.

4. Haga clic fuera del menú Office para que éste se cierre.

5. Haga clic en la pestaña Insertar (véase la figura 20.4).

6. Haga clic en la pestaña Formato de Texto (véase la figura 20.5).

7. Dentro de la pestaña Citas, en el grupo Opciones, haga clic en el botón **Zonas horarias**.

Figura 20.4. Insertar.

igura 20.5. Formato de texto.

Aparecerá un nuevo campo que muestra la zona horaria para la hora de comienzo y la de finalización. Con esta práctica herramienta de Outlook 2007, podrá programar una cita que traspase distintas zonas horarias, por ejemplo, un vuelo de Madrid a Dublín (véase la figura 20.6).

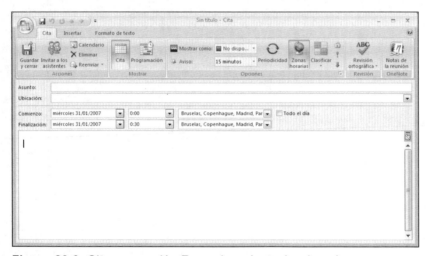

Figura 20.6. Cita con opción Zonas horarias seleccionada.

8. En el área de tiempo Comienzo, seleccione la casilla Todo el día. La ventana pasa de una ventana Cita a una ventana Evento. El contenido de las pestañas Formato de texto e Insertar no cambia, pero una pestaña Evento reemplaza a la pestaña Cita (véase la figura 20.7).

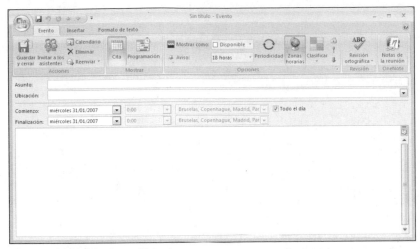

Figura 20.7. Ventana Evento.

9. Haga clic en la pestaña Evento. El contenido de la pestaña Evento es prácticamente idéntico al de la pestaña Cita. El único cambio consiste en que en la pestaña Evento en el grupo Opciones, la hora le aparece como Disponible por defecto, en vez de No Disponible, y el aviso pasa a mostrar 18 horas anteriores al evento en lugar de 15 minutos.

10. En el área de tiempo Comienzo, desactive la casilla Todo el día para pasar de evento a cita.

11. En el grupo Acciones haga clic en el botón **Invitar a los asistentes** .

La ventana pasa de una ventana Cita a una ventana Reunión. El contenido de las pestañas Formato de texto e Insertar no cambia, pero una pestaña Reunión, que incluye un grupo adicional, Asistentes, reemplaza a la pestaña Cita (véase la figura 20.8).

El encabezamiento de la ventana Reunión incluye un campo Para que aparece en los campos estándar Asunto y Ubicación. Puede invitar a asistentes introduciéndolos en el campo Para, o bien, haciendo clic en el botón **Programación** dentro del grupo Mostrar.

ASEGÚRESE de hacer clic en el botón **Zonas horarias** para ocultar las configuraciones de zonas horarias, si no desea que se muestren.

CIERRE la ventana Reunión sin guardar los cambios realizados.

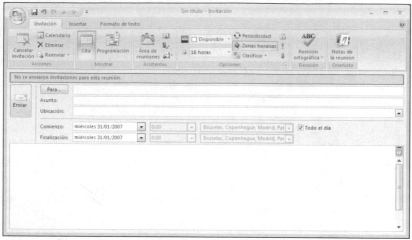

Figura 20.8. Grupo Asistentes.

Programar y cambiar citas

Las citas son intervalos de tiempo que programa para usted exclusivamente, al contrario que las reuniones a las que invita a otras personas. Si una cita se repite a intervalos específicos, como todos los martes y jueves, todas las semanas o todos los meses, la podrá configurar como una cita periódica. Al hacer esto, se crearán múltiples casos de una misma cita en su calendario durante el intervalo de tiempo que haya escogido. Las citas periódicas están relacionadas unas con otras. Cuando se hacen cambios a una cita periódica, podrá elegir entre actualizar todas las repeticiones de una misma cita o sólo una determinada cita.

Al crear una cita podrá indicar qué tipo de tiempo dispone en su calendario, que puede ser Disponible, Provisional, No disponible o Fuera de la oficina. Esta información estará disponible para otras personas que comparten su misma red de conexión, y también cuando envíe su información de agenda a otras personas en un mensaje de correo electrónico o al compartir el calendario. Podrá incluir información, como por ejemplo un plano para poder conducir hasta un sitio determinado, o enlaces de páginas Web, en el campo Notas, y adjuntar archivos relacionados para que los tenga a mano cuando tenga lugar la cita.

Cuando Outlook está activado, mostrará un mensaje de aviso 15 minutos antes de que dé comienzo la cita. Puede cambiar el plazo de tiempo del aviso o incluso no escoger ninguno si así lo desea. Si sincroniza su configuración de Outlook con un dispositivo móvil como por ejemplo un BlackBerry o un teléfono móvil con Microsoft Windows Móvil, también podrá recibir avisos en su dispositivo. Esto es bastante útil cuando no tiene su ordenador a mano.

En este ejercicio programará una cita y una cita periódica. No existen archivos de práctica para este ejercicio.

ASEGÚRESE de visualizar el módulo Calendario antes de empezar el ejercicio.

1. Dentro del Panel de exploración, en el Explorador de fechas, haga clic en la fecha de mañana.

2. En el Panel de calendario, seleccione la celda de las 13.00 horas o si ya tiene una cita programada a esta hora, seleccione una hora en la que disponga de 30 minutos. Haga clic en Haga clic aquí para agregar una cita.

3. Haga clic una vez para activar la celda. En este modo podrá introducir detalles básicos de la cita directamente en el Panel de calendario.

4. Escriba **Comida con Sonia** y pulse **Intro**.

5. Arrastre la cita de la celda 13.00 a la de 12.00 o si ya tiene una cita programada a esa hora, a cualquier otra hora que tenga disponible.

6. Coloque el cursor del ratón al borde inferior de la celda de la cita, y cuando el puntero se convierta en una flecha de doble dirección, arrástrelo hacia abajo para que la cita termine a las 13.00 horas.

7. Haga doble clic en la cita Comida con Sonia.

8. En la caja de texto Ubicación, escriba **Cafetería**.

9. En la pestaña Cita, en el grupo Opciones, haga clic en la flecha de Mostrar como y en la lista que aparece, haga clic en **Fuera de la oficina**.

10. En el grupo Opciones, haga clic en la flecha de Aviso, y en la lista, haga clic en 1 hora.

11. En el grupo Opciones, haga clic en el botón **Privado** 🔒. Al marcar una cita, reunión o evento como privado ocultará los detalles y no podrán ser vistos por ninguna persona con quien comparta el calendario (véase la figura 20.9).

Guardar
y cerrar

12. En el grupo Acciones, haga clic en el botón **Guardar y cerrar**. Outlook añade una franja morada en la parte izquierda de la cita para indicarle que estará fuera de la oficina, y le muestra la ubicación. El icono del candado en la esquina inferior derecha indica que la cita está marcada como privada.

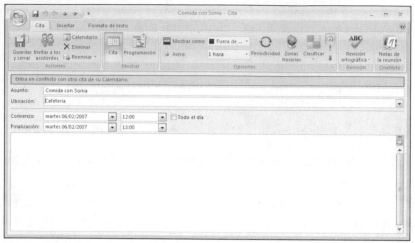

Figura 20.9. Ventana Cita.

13. Haga doble clic en la celda 14.00 horas. Outlook abre una ventana Cita con hora de comienzo a las 14.00 y con hora de finalización 30 minutos más tarde.

14. En la caja de texto Asunto, escriba **Reunión de personal**. Luego, en la caja de texto Ubicación, escriba **Sala de conferencias**.

15. En la pestaña Cita, en el grupo Opciones, haga clic en el botón **Periodicidad** (véase la figura 20.10).

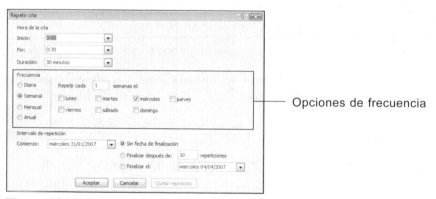

Opciones de frecuencia

Figura 20.10. Repetir cita.

La cita se repite por defecto semanalmente en el día de la semana que está en estos momentos seleccionado. Puede hacer que la cita se siga repitiendo hasta un futuro aviso, o que finalice tras un determinado número de repeticiones.

16. En el área Intervalo de repetición, seleccione la opción Finalizar después de, y en el cuadro cambie 10 por 2.

17. Para crear una cita de 30 minutos con comienzo a las 14.00 para un día de una semana seleccionada, para esta semana y la semana que viene, haga clic en **Aceptar**. El título de la barra de la ventana Cita cambia para reflejar de este modo que se trata de una cita periódica. La pestaña Cita pasa a ser la pestaña Cita periódica, y la frecuencia de la cita con la etiqueta Periodicidad aparece en el encabezado (véase la figura 20.11).

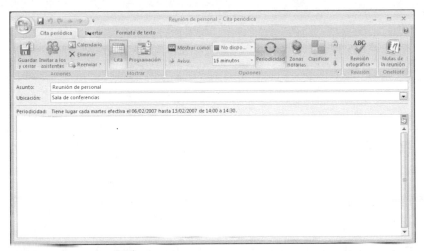

Figura 20.11. Cita periódica.

18. En la pestaña Cita periódica, en el grupo Acciones, haga clic en el botón **Guardar y cerrar**. La cita aparecerá en su agenda. El icono de una flecha circular a la derecha de la celda indica la periodicidad (véase la figura 20.12).

19. En el Explorador de fechas, haga clic en el día de la cita en cada una de las dos semanas siguientes para comprobar que la cita aparece en su agenda para la semana que viene, pero no para la siguiente.

Programar y cambiar eventos

Los eventos son intervalos de tiempo de un día que puede programar en su calendario de Outlook. Puede ser, por ejemplo, un cumpleaños, un día de cobro, o cualquier otra cosa que sucede en un día en particular, pero no a una hora específica. En todos los demás aspectos, los eventos son idénticos a las citas en lo que se refiere a indicar una ubicación o una periodicidad, determinar la disponibilidad, invitar a asistentes, y a adjuntar información adicional al evento.

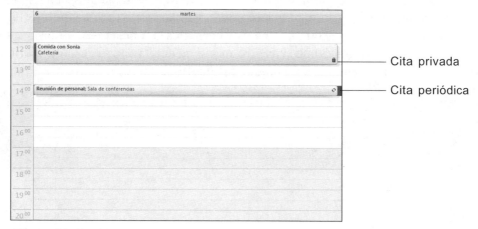

Figura 20.12. Calendario.

Puede crear un evento cuando visualiza el calendario en vista por día, semana o mes. En este ejercicio, programará un evento y lo transformará en un evento periódico. No existen archivos de práctica para este ejercicio.

ASEGÚRESE de visualizar el Calendario en Vista por día antes de comenzar el ejercicio.

1. En el Explorador de fechas, haga clic en la fecha de mañana.

2. En el Panel de calendario, dirija el puntero del ratón al espacio en blanco debajo del encabezamiento del día y encima de las celdas de las distintas horas.

   Aparecerá la frase Haga clic aquí para agregar un evento.

3. Haga clic una vez para activar la celda de evento. En este modo podrá introducir detalles básicos del evento directamente en el Panel de calendario.

4. Escriba **Cumpleaños** y pulse **Intro**. Outlook crea un evento de un día. Puede añadir más detalles al evento y modificar las configuraciones que hay por defecto desde la ventana Evento.

5. Haga doble clic en el evento Cumpleaños. La ventana Evento se abre. El asunto y la fecha muestran la información que ha introducido en el Panel de calendario.

6. En la pestaña Evento, en el grupo Opciones, haga clic en el botón **Perio-dicidad**.El cuadro de diálogo Repetir cita que ya vimos anteriormente en este capítulo se abre. La periodicidad que aparece por defecto para los eventos es la misma que para las citas, semanalmente, en el día de la semana seleccionado en estos momentos.

7. En el área Frecuencia, seleccione la opción Anual. Puede programar un evento anual para que se repita en una determinada fecha o en un día de la semana determinado, en la primera, segunda, tercera, cuarta, o última semana del mes (véase la figura 20.13).

Figura 20.13. Repetir cita.

8. Para crear una cita periódica anual en el mismo día cada año, haga clic en **Aceptar**. El título de la barra de la ventana Evento cambia para reflejar de este modo que se trata de un evento periódico. La pestaña Evento pasa a ser la pestaña Evento periódico, y la frecuencia del evento, con la etiqueta Perio-dicidad, aparece en el encabezado.

9. En la pestaña Evento periódico, en el grupo Acciones, haga clic en el botón **Guardar y cerrar**. El evento aparece en la parte superior del Panel de calendario. El icono con forma de flecha circular indica la periodicidad (figura 20.14).

Programar, actualizar y cancelar reuniones

Programar reuniones con Outlook es mucho más simple que programar reuniones de forma manual, especialmente cuando coordina las agendas de trabajo de varias personas. Una de las mayores dificultades que puede encontrar a la hora de programar una reunión es encontrar una hora que le venga bien a todo el mundo. Outlook muestra las agendas individuales y colectivas de los miembros de su empresa y de personas de fuera de la empresa que tienen publicada su disponibilidad en Internet.

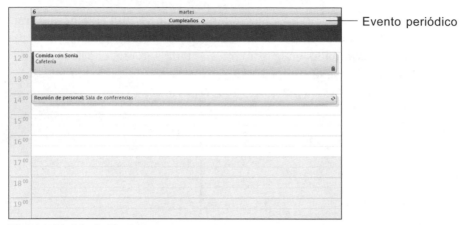

Evento periódico

Figura 20.14. Calendario.

Puede enviar una invitación para una reunión, llamada convocatoria de reunión, a cualquier persona que tenga una cuenta de correo electrónico, incluso si no utiliza Outlook. Puede informar a asistentes prescindibles a la reunión marcando su asistencia como Opcional. Puede invitar a grupos de personas usando un sobrenombre de correo electrónico o una lista de distribución. La convocatoria de reunión puede incluir texto y enlaces de Internet, así como documentos adjuntos. Ésta es una forma recomendable de asegurarse de que los asistentes a la reunión tengan una determinada información. Outlook hace un seguimiento automático de las respuestas de los asistentes y de aquellas personas responsables para programar los recursos solicitados, de forma que dispondrá siempre de un informe actualizado de las personas que asistirán a la reunión.

Si en su organización trabajan con Microsoft Exchange Scrver y el directorio de Exchange Server incluye recursos compartidos, como por ejemplo un área de reunión o material para presentaciones, podrá solicitar estos recursos invitándolos a la reunión. Las solicitudes de recursos pueden ser aprobadas automáticamente, o bien se pueden asignar a una persona en particular responsable de aprobar cada solicitud de recursos.

Puede que sea necesario cambiar la fecha, la hora, o la ubicación de una reunión, por ejemplo debido a un conflicto en la agenda. Cualquier cambio de la información de una convocatoria de reunión se puede llevar a cabo, incluido añadir o eliminar asistentes invitados o incluso cancelar la reunión. Tras realizar los cambios oportunos, Outlook envía una convocatoria de reunión actualizada a los asistentes invitados para mantenerlos informados. Si el único cambio realizado es en la lista de asistentes, Outlook le permite elegir si desea enviar una actualización sólo a aquellos asistentes afectados por el cambio.

En este ejercicio, creará y enviará una convocatoria de reunión. No existen archivos de práctica para este ejercicio.

ASEGÚRESE de visualizar el Calendario e informar a un compañero de trabajo o un amigo de que va a enviarle una convocatoria de reunión sólo para practicar.

1. En el **Explorador de fechas**, haga clic en la fecha de mañana. Ahora, en el **Panel de calendario**, haga clic en la celda **15.00 horas** o si tiene ya esta hora reservada, escoja otra en la que disponga de 30 minutos libres.

2. En la barra de herramientas **Estándar**, haga clic en la flecha de **Nuevo** Nuevo ·, y en la lista desplegable, haga clic en **Convocatoria de reunión**.

Advertencia: Si la selección activa en el Panel de calendario es un evento, Outlook creará una convocatoria de invitación al evento en su lugar. Si esto llega a suceder, desactive la casilla Todo el día para transformar la invitación en una reunión.

---

3. En la caja de texto **Para**, escriba la dirección de correo electrónico de alguna persona de su empresa o, si no trabaja con una red Exchange Server, escriba una dirección de correo cualquiera, como por ejemplo `luhueso@ offipress.es`.

4. En la caja de texto **Asunto**, escriba **Reunión 1**.

5. En la caja de texto **Ubicación**, escriba **Prueba, por favor acepte** para indicar a la persona a la que manda el correo que la convocatoria de reunión se trata sólo de una prueba.

6. En la pestaña **Reunión**, en el grupo **Mostrar**, haga clic en el botón **Programación**.

La lista de todos los asistentes en la página Programación le incluye a usted y también la dirección de correo electrónico que introdujo en la caja de texto Para si la persona de la dirección de correo está incluida en su libreta de direcciones, aparecerá el nombre con que esté asociada. El icono negro junto a su nombre indica que es usted el Organizador de la reunión. El icono rojo junto al nombre del único asistente, indica que él o ella es un Asistente necesario. Puede hacer clic en el icono de un asistente para cambiar el estado de Asistente necesario a Asistente opcional, o para indicar un Recurso (sala o equipo), en lugar de una persona (véase la figura 20.15).

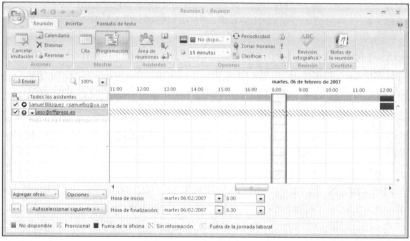

Figura 20.15. Programación.

Outlook señala la hora de reunión sugerida con barras verticales de color verde como hora de inicio, y rojo como hora de finalización. Si hay información acerca de si los invitados a la reunión estarán libres u ocupados, sus horarios se mostrarán en blanco (**Disponible**), azul (**No disponible**), o morado (**Fuera de la oficina**): Si es una disponibilidad provisional, se marca con rayas diagonales de color azul claro. Si no hay ninguna información disponible porque Outlook no puede conectar con la agenda de una persona o porque la reunión propuesta está fuera de la información de programaciones almacenadas en el servidor, Outlook lo marca con rayas diagonales grises. La fila gris de la parte superior de la programación indica la programación colectiva de todos los invitados.

Puede cambiar la hora y la duración de la reunión de forma que sea compatible con las programaciones mostradas seleccionando las horas deseadas en la parte inferior de la página Programación, arrastrando las barras verdes y rojas en el área Programación, o haciendo clic en la hora deseada en el área Programación.

7. En la esquina inferior derecha de la página Programación, haga clic en el botón **Autoseleccionar siguiente**. La línea verde de hora de inicio y la roja de finalización cambian a la celda horaria siguiente en la que haya media hora disponible. Puede cambiar las configuraciones Mostrar como y Aviso, crear repeticiones, asignar categorías por color y hacer cualquier otro cambio que desee. El tipo de disponibilidad indicada en la lista Mostrar como se aplicará a todos los asistentes que acepten su convocatoria de reunión.

8. Después de que haya seleccionado la hora de reunión deseada, haga clic en el botón **Cita** en el grupo Mostrar.

9. Verifique los detalles de la reunión, y haga clic en el botón **Enviar** en el encabezamiento de la convocatoria de reunión.

Responder a una convocatoria de reunión

Cuando recibe una convocatoria de reunión de otro usuario de Outlook, la reunión aparece en su agenda, mostrada como provisional, junto al resto de su horario ya programado. Hasta que no responda a la convocatoria de reunión, el organizador no puede saber si tendrá la intención de asistir o no. Hay cuatro formas básicas de dar respuesta:

■ Puede aceptar la petición y Outlook eliminará la convocatoria de reunión y mostrará su horario programado en su agenda tal y como el organizador de la reunión señaló en la convocatoria de reunión.

■ Puede aceptar provisionalmente la petición, indicando que es probable que vaya a la reunión, pero que todavía está indeciso. Outlook eliminará la convocatoria de reunión y mostrará su horario en su agenda como provisionalmente programado.

■ Puede proponer una nueva hora de reunión y Outlook enviará su petición al organizador de la reunión para su confirmación y mostrará la hora original en su agenda como provisionalmente programada.

■ Puede no aceptar la petición y Outlook eliminará la convocatoria de reunión y eliminará la reunión automáticamente de su agenda.

Crear áreas de reuniones

Si su empresa dispone de un sitio de colaboración creado con Microsoft SharePoint en el cual tiene permiso para crear bibliotecas de documentación, podrá crear un área de reuniones (un sitio Web para planificar una o varias reuniones y para hacer consultas de tareas relacionadas) al mismo tiempo que programa la reunión. También podrá crear un área de reuniones para una reunión que haya sido programada con anterioridad. Tras modificar la convocatoria de reunión para que ésta incluya la información sobre el área de trabajo, Outlook envía una convocatoria actualizada con la información necesaria a todos los asistentes.

Para crear un área de reuniones desde una convocatoria de reunión nueva o ya existente:

1. En la ventana Reunión, en la pestaña Reunión, en el grupo Asistentes, haga clic en el botón **Área de reuniones**.

2. En el panel Área de reuniones que se abre en la parte derecha de la ventana Reunión, haga clic en la flecha de **Seleccione una ubicación**, y a continuación, en la lista desplegable, haga clic en el sitio de SharePoint en que desea crear el Área de reuniones. Si ésta es la primera vez que usa el panel Área de reuniones, puede que primero necesite hacer clic en **Cambiar configuración**.

   Si con anterioridad no ha configurado nunca un Área de reuniones ni una Biblioteca de documentación en el sitio de Sharepoint que quiere utilizar, haga clic en Otros en la lista Seleccione una ubicación, introduzca la dirección del sitio de SharePoint en el cuadro de diálogo Otro servidor de área de trabajo que aparece, y haga clic en **Aceptar**.

3. En Seleccione un área de trabajo, seleccione un idioma de plantilla y un tipo de plantilla con el que quiera trabajar, y haga clic en **Aceptar**. O si por lo contrario desea crear un vínculo a un área de reuniones existente, seleccione esta opción, haga clic en la flecha de Seleccionar el área de trabajo y en la lista desplegable haga clic en Área de trabajo existente.

4. En el panel **Área de reuniones**, haga clic en **Aceptar**.

Los asistentes pueden crear un vínculo al área de reuniones desde la ventana **Convocatoria de reunión**, o desde la agenda.

Si no responde a una convocatoria de reunión, la reunión permanece en su agenda, marcada como provisional (véase la figura 20.16).

Opciones de respuesta   Muestra el calendario para la hora propuesta

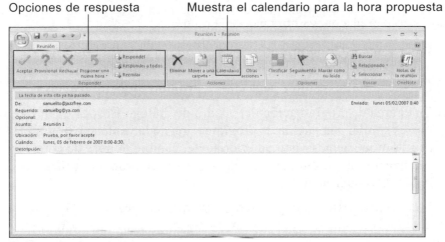

Figura 20.16. Reunión.

Si no está seguro de que un determinado horario de reunión le sea compatible, puede hacer clic en el botón **Calendario** dentro de la ventana **Convocatoria de reunión**, para abrir su agenda de Outlook en el día de reunión sugerido en una ventana separada, y así ver si tiene alguna otra cita que esté en conflicto.

Cuando acepta o rechaza una reunión, puede optar por enviar una respuesta al organizador de la reunión o no hacerlo. Si no envía una respuesta, no se procesará su decisión en el formulario **Reunión**, y ni el organizador ni los demás asistentes sabrán si tiene planeado asistir.

Por lo contrario, si envía una respuesta, puede añadir información a esta respuesta antes de enviarla, en caso de querer transmitir algún mensaje al organizador de la reunión.

Para responder manualmente a una convocatoria de reunión:

1. En la ventana Convocatoria de reunión, en el Panel de lectura, o en el menú atajo que aparece al hacer clic con el botón derecho del ratón en la convocatoria de reunión, haga clic en **Aceptar**, **Provisional** o **Rechazar**.

2. Elija si desea enviar una respuesta estándar, una respuesta modificada, o no enviar ninguna respuesta.

Para proponer una nueva hora para una reunión:

1. En la ventana Convocatoria de reunión, en el Panel de lectura, o en el menú atajo que aparece al hacer clic con el botón derecho del ratón en la convocatoria de reunión, haga clic en **Proponer una nueva hora**.

2. En el área de programación del cuadro de diálogo Proponer nueva hora, que es similar a la página de programación de la ventana Convocatoria de reunión que hemos visto anteriormente, cambie la hora de comienzo y de finalización de la reunión a la hora que desee proponer y haga clic en el botón **Proponer hora**.

3. En la ventana Respuesta a la reunión que aparece, introduzca un mensaje al organizador de la reunión si así lo desea, y haga clic en **Enviar**.

Outlook envía su respuesta y añade la reunión a su agenda como provisional, en su horario inicial. Después de que el organizador de la reunión acepte el cambio, tanto usted como los demás asistentes recibirá la convocatoria actualizada.

También puede optar por responder a las convocatorias de reunión automáticamente. Si lo hace, Outlook procesará convocatorias de reunión y cancelaciones de acuerdo a sus instrucciones. Para instruir a Outlook a que responda automáticamente a convocatorias de reunión:

1. En el menú Herramientas, haga clic en **Opciones**.

2. En la pestaña Preferencias del cuadro de diálogo Opciones, haga clic en el botón **Opciones del calendario**.

3. En el cuadro de diálogo Opciones del calendario, haga clic en el botón **Programación de recursos**.

4. En el cuadro de diálogo Programación de recursos, seleccione la casilla de verificación Aceptar las convocatorias y procesar cancelaciones automáticamente.

5. Seleccione las casillas de verificación Rechazar automáticamente las convocatorias de reunión en conflicto o Rechazar automáticamente las convocatorias de reunión periódicas si desea que Outlook ejecute estos comandos.

6. Haga clic en **Aceptar** en cada uno de los cuadros de diálogo abiertos.

Puntos clave

- Puede crear y administrar Citas y Eventos en el Calendario.

- Puede usar Outlook para configurar reuniones, invitar a participantes, y hacer seguimiento de sus respuestas. Outlook puede ayudarle a elegir un horario para una reunión basándose en las programaciones de los participantes.

- Otras personas en su empresa pueden ver si su horario está disponible, no disponible, o fuera de la oficina tal como lo indica en su agenda. Puede personalizar la visualización de sus horas de trabajo disponibles y marcar citas como probadas para ocultar los detalles a otra persona.

- Si su empresa dispone de un sitio de colaboración SharePoint, puede crear un área de reuniones adjunto a la convocatoria de reunión. Las áreas de trabajo proporcionan una ubicación centralizada donde poder compartir información y archivos entre los asistentes de una reunión.

- Si en su empresa trabajan con Exchange Server 2007, puede usar la herramienta Smart Scheduling para identificar de forma rápida horarios para reuniones de una determinada duración en los cuales sus asistentes estarán disponibles.

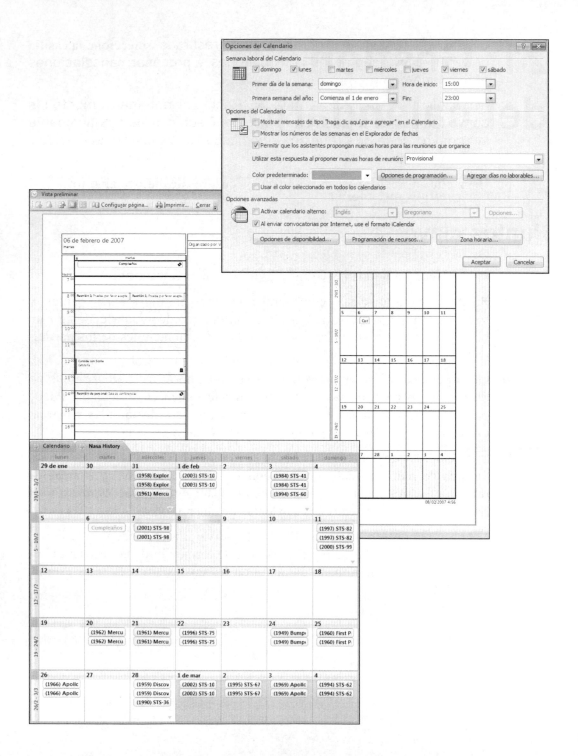

21. Gestión del calendario

En este capítulo aprenderá a:

✓ Visualizar diferentes vistas de un calendario.

✓ Definir el tiempo disponible.

El hecho de utilizar el Calendario de Microsoft Office Outlook 2007 constituye un gran paso hacia una mejor organización de su tiempo. En capítulos anteriores, vio cómo se crean y modifican citas en su agenda. Para hacer que su calendario se ajuste a sus necesidades con mayor eficacia, y al mismo tiempo, simplifique el proceso de encontrar la información que necesite, podrá redefinir los parámetros de configuración predeterminados del mismo.

Visualizar diferentes vistas de un calendario

En el módulo Calendario, el Panel de exploración incluye el Explorador de fechas, listas de calendarios a los que se puede conectar, y vínculos para abrir, buscar, compartir, enviar y publicar calendarios. Para que pueda tener un dominio total de todas sus programaciones, su calendario tiene la capacidad de poder visualizarse en una gran variedad de formas:

- **Vista por día, semana o mes:** Un calendario puede visualizarse de alguna de las siguientes formas:
  - **Vista por día:** Muestra un solo día con las horas separadas en intervalos de media hora.
  - **Vista por semana laboral:** Muestra su semana laboral, la cual está predefinida de Lunes a viernes, de 8.00 a 17.00. Puede definir su semana laboral para los días y las horas que desee.

- **Vista por semana completa:** Muestra toda una semana, de lunes a domingo, de una sola vez.

- **Vista por mes:** Muestra cinco semanas de una sola vez.

Puede cambiar entre los periodos de tiempo haciendo clic en los botones de la parte superior del Panel de calendario. En Vista por mes, puede hacer clic en la pestaña de una semana determinada, en el borde izquierdo del panel, para que sólo se visualice esa semana. En Vista por semana, puede visualizar tanto la semana laboral como la semana completa. En ambas vistas, puede hacer doble clic en un determinado día para que sólo se visualice ese día.

- **Vista por todas las citas:** Una lista que muestra todas las citas, no los eventos, agrupadas por la periodicidad (no disponible, Diaria, Semanal, Mensual, o Anual).

- **Vista por citas activas:** Una lista que muestra todas las citas que empiezan en el día actual, o en días posteriores, agrupadas por la periodicidad.

- **Vista por eventos:** Una lista que muestra sólo eventos de un día de duración, agrupados por la periodicidad.

- **Vista por eventos anuales:** Una lista que muestra sólo eventos que se repiten anualmente.

- **Vista por citas periódicas:** Una lista que muestra sólo citas y eventos periódicos, agrupados por la periodicidad.

- **Vista por categoría:** Una lista que muestra todos los elementos del calendario agrupados por categorías de color. Los elementos que pertenecen a varias categorías aparecerán en cada una de las categorías a las que están asignados.

- **Vista por archivos de datos de Outlook:** Una lista que muestra todos los elementos del calendario agrupados por Archivo de datos de Outlook y secundariamente por periodicidad.

Por defecto, Outlook visualiza su calendario en Vista por día. Para cambiar la vista, seleccione el modo de vista que desee en la lista Vista actual en el Panel de exploración, o haga clic en la vista deseada en el menú Ver. Para volver a la Vista por día actual desde cualquier otra vista en el que se encuentre, haga clic en Hoy, en la barra de herramientas Estándar.

En este ejercicio, visualizará diferentes periodos de tiempo en el Explorador de fechas y en el Calendario, así como diferentes tipos de vista de su programación.

UTILICE los elementos de calendario creados en el capítulo anterior. Si no terminó los ejercicios de este capítulo, puede hacerlo ahora, o bien, usar cualquier cita, reunión o evento de su calendario.

ASEGÚRESE de iniciar Outlook antes de comenzar este ejercicio.

1. En el Panel de exploración, haga clic en el botón **Calendario**, para visualizar el módulo Calendario (véase la figura 21.1).

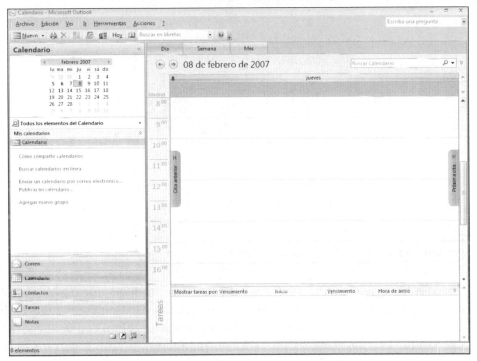

Figura 21.1. Módulo Calendario.

2. En el Explorador de fechas, haga clic en una fecha marcada en negrita para visualizar su agenda en un día en que tenga programada una cita o una reunión. Las fechas con eventos programados (que no sean citas ni reuniones) no aparecen en negrita.

3. En la parte superior del Panel de calendario, haga clic en **Semana**. Outlook muestra su agenda de la semana laboral en que está la fecha seleccionada, y destaca los días correspondientes en el Explorador de fechas. El área Tareas muestra las tareas pendientes para cada uno de los días.

4. En la parte superior del **Panel de calendario**, seleccione la opción **Mostrar semana completa**. Outlook muestra los siete días de la semana correspondiente a la fecha seleccionada. Los días que no están incluidos dentro de su semana laboral están sombreados (véase la figura 21.2).

Día de la semana

Figura 21.2. Vista por semana completa.

5. En la parte superior del **Panel de calendario**, haga clic en **Mes**. Outlook muestra su agenda de todo el mes. Los días correspondientes a meses distintos aparecen sombreados para proporcionar un claro indicador visual del salto. El área **Tareas** no estará disponible en **Vista por mes** (véase la figura 21.3). Puede visualizar un mes distinto desplazándose por el **Panel de calendario**, o haciendo clic en el mes que desea visualizar en el **Explorador de fechas**.

6. En la parte superior del **Panel de calendario**, a la derecha en **Nivel de detalles**, seleccione la opción **Mediano**. El calendario muestra sólo los eventos, que pasan a ser los únicos elementos que pueden leerse. Las citas y las reuniones aparecen como líneas horizontales, con el grueso de la línea como indicador de la duración programada para este elemento. Las líneas que representan elementos asignados a categorías de color se muestran en el color asignado.

Número de la semana

Figura 21.3. Vista por mes.

7. Seleccione la opción **Bajo** para ocultar citas y reuniones completamente.

8. Haga clic en una de las etiquetas de las semanas que aparecen a lo largo del borde izquierdo del Panel de calendario.

   Outlook muestra la semana seleccionada en la vista por semana utilizada por última vez, Semana Laboral o Semana Completa. En Vista por día o Semana no hay Nivel de detalles disponible. Outlook muestra todos los elementos del calendario.

9. A la izquierda del intervalo de fechas, en el encabezamiento de la agenda, haga clic en el botón **Adelante** .

10. Haga clic en una de las etiquetas de los días que aparecen en el encabezamiento de la agenda.

    Outlook muestra el día seleccionado en Vista por día.

11. En la barra de herramientas Estándar, haga clic en Hoy para volver a la vista predefinida.

Agregar y eliminar días no laborables

Puede agregar los días festivos de cualquier país a su calendario de Outlook, de esta manera:

1. En el menú Herramientas, haga clic en **Opciones**. A continuación, en la pestaña Preferencias del cuadro de diálogo Opciones, haga clic en **Opciones del Calendario**.

2. En el cuadro de diálogo Opciones del Calendario, haga clic en **Agregar días no laborables**.

3. En el cuadro de diálogo Agregar días no laborables o festividades al Calendario, seleccione las casillas de verificación de los países cuyas festividades quiere agregar a su calendario, y haga clic en **Aceptar**.

4. Cuando Outlook haya agregado las festividades de los países seleccionados a su calendario, haga clic en **Aceptar** en todos los cuadros de diálogo que hay abiertos.

Outlook 2007 asigna una categoría de color llamada "Día no laborable" a todos los días no laborables en su calendario. Si los únicos días no laborables en su calendario han sido agregados en Outlook 2007, puede ver una lista de días no laborables visualizando el calendario en Vista por categoría y desplazándose por la categoría Día no laborable. Puede eliminar todos los días no laborables de su calendario seleccionando el encabezamiento del día dentro del grupo Categorías: Día no laborable y pulsando la tecla **Supr**. Para eliminar días no laborables en una versión previa de Outlook, o si quiere eliminar sólo los días no laborables de un país determinado, siga estos pasos:

1. Visualice el Calendario por Vista Todas las citas.

2. En el menú Ver, dirija el cursor del ratón a la opción Vista actual, y haga clic en Personalizar la vista actual.

3. En el cuadro de diálogo Personalizar vistas, haga clic en el botón **Agrupar por**.

4. En el cuadro de diálogo Agrupar por, desactive la casilla de verificación Agrupar automáticamente según su disposición, si estuviera seleccionada. A continuación, haga clic en la flecha de Agrupar elementos por, y en la lista desplegable, haga clic en Ubicación.

5. Asegúrese de que en todos los elementos de las áreas Luego por esté seleccionado (ninguno) y a continuación haga clic en **Aceptar** en cada una de los cuadros de diálogo que hay abiertos.

6. En el Panel de calendario, contraiga los grupos que aparecen, o desplace el panel hasta el grupo Ubicación que desea, por ejemplo, Ubicación: Italia quede visible.

7. Para eliminar todos los días festivos del país visualizado, haga clic en Ubicación en el encabezamiento del grupo, y luego haga clic en el botón **Eliminar** en la barra de herramientas Estándar. Si Outlook muestra un mensaje que le avisa de que esta acción se aplicará a todos los elementos de los grupos seleccionados, haga clic en **Aceptar**.

8. Para eliminar sólo algunos días festivos seleccionados, haga clic en el día festivo o en los días festivos que desee eliminar, mantenga pulsada la tecla **Control** para seleccionar varios días festivos y haga clic en el botón **Eliminar** en la barra de herramientas Estándar.

Definir el tiempo disponible

Puede decirle a Outlook cuál es su programación de trabajo para que otras personas puedan citarse con usted sólo en las horas en que tiene planeado estar disponible. Este tiempo programado se llama "Semana laboral".

Por defecto, Outlook define la semana laboral de lunes a viernes, de 8.00 a 17.00. Puede hacer cambios para adaptar este horario a sus necesidades, por ejemplo, si trabaja en turno de tarde o en fines de semana. La semana laboral está coloreada de forma distinta en su calendario, y de forma predeterminada es el único horario mostrado a otras personas dentro de su red y que tienen acceso a su calendario.

En este ejercicio, visualizará y cambiará su semana laboral. No existen archivos de práctica para este ejercicio.

ASEGÚRESE de visualizar el Calendario en Vista por semana antes de comenzar este ejercicio.

1. En la parte superior del Panel de calendario, seleccione la opción Mostrar semana laboral.

2. Desplace la página de la agenda para poder ver el comienzo y la finalización del día laboral (véase la figura 21.4).

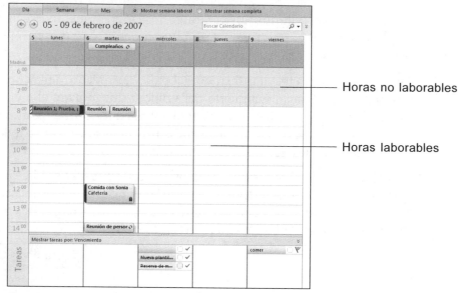

Horas no laborables

Horas laborables

Figura 21.4. Semana laboral.

3. En el menú Herramientas, haga clic en **Opciones**.

4. En la pestaña Preferencias del cuadro de diálogo Opciones, haga clic en **Opciones del Calendario**. El cuadro de diálogo Opciones del Calendario se abre.

5. En el área Semana laboral del Calendario, seleccione las casillas de verificación de Sábado y Domingo, y borre las correspondientes de Martes, Miércoles y Jueves.

   La semana laboral ha sido fijada de viernes a lunes.

6. Haga clic en la flecha de Hora de inicio, y en la lista desplegable, haga clic en 15:00. A continuación, haga clic en la flecha de Fin, y en la lista desplegable, haga clic en 23.00 (véase la figura 21.5).

7. Haga clic en **Aceptar** en cada uno de los cuadros de diálogo que hay abiertos. Su agenda muestra ahora su nueva configuración de semana laboral.

ASEGÚRESE de configurar su semana laboral del modo deseado antes de continuar.

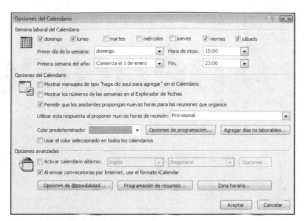

Figura 21.5. Opciones del calendario.

Puntos clave

- Puede visualizar una vista de calendario tradicional de su programación por el día, la semana laboral, la semana completa o el mes.
- Puede visualizar múltiples listas de elementos del calendario.

Apéndice

Contenido del CD-ROM

Apéndice. Contenido del CD-ROM

El CD-ROM que acompaña a este libro contiene los archivos de práctica que utilizará para llevar a cabo los ejercicios propuestos en el libro. De esta manera, al utilizar estos archivos de prácticas, no perderá tiempo en crear ejemplos e introducir datos y podrá centrarse exclusivamente en aprender cómo utilizar los programas.

¿Qué hay en el CD-ROM?

En el CD-ROM encontrará la siguiente estructura de carpetas:

1. Ejemplos

La siguiente tabla enumera los archivos de práctica incluidos en el CD-ROM del libro.

Capítulo	Archivos
Capítulo 1: Explorando Word 2007	01_Abrir.docx
	02_Vista.docx
	03_Vista.docx
	04_Imprimir.docx
Capítulo 2: Editar y revisar documentos	01_Cambios.docx
	02_TextoGuardado.docx
	03_EncontrarPalabra.docx
	04_Esquema.docx
	05_EncontrarTexto.docx
	06_Ortografía.docx

Capítulo	Archivos
Capítulo 3: Cambiar el aspecto del texto	01_FormatoRápido.docx 02_Caracteres.docx 03_Párrafos.docx 04_Listas.docx
Capítulo 4: Modificar el aspecto del documento	01_Fondo.docx 02_Tema.docx 03_Plantilla.docx 04_Encabezado.docx 05_ControlarPágina.docx
Capítulo 5: Crear un libro de Excel	ResumenExcepciones.xlsx RutaVolumen.xlsx
Capítulo 6: Trabajar con datos y tablas de datos	EntregasporCategoría2007Q1.xlsx Media de Entregas.xlsx Niveles de Servicio.xlsx Series.xlsx Tiempos de Clasificación de Conductores.xlsx
Capítulo 7: Realizar cálculos con datos	CostesPaquetes.xlsx GastosIT.xlsx MillasVehículo.xlsx OfertaTransportista.xlsx
Capítulo 8: Cambiar la apariencia de los documentos	BúsquedaEjecutiva.xlsx callcenter.jpg CallCenter.xlsx ExcepcionesPorHora.xlsx ResumenMillasVehículo.xlsx SeguimientoPorHora.xlsx Tablero.xlsx
Capítulo 9: Crear una base de datos	02_PlantillaTabla.accdb 03_Manipular.accdb

Capítulo	Archivos
Capítulo 10: Simplificar la entrada de datos mediante la utilización de formularios	01_CrearHerramienta Formulario.accdb
	02_AjustarPropiedades.accdb
	03_AjustarDiseño.accdb
	04_AñadirControles.accdb
	04_LogoFormularioClientes.jpg
	05_DespuésActualizar.txt
	05_VBA.accdb
	06_CrearAsistente.accdb
	07_AñadirSubformulario.accdb
Capítulo 11: Localizar información específica	01_OrdenarTabla.accdb
	02_FiltrarTabla.accdb
	03_FiltroFormulario.accdb
	04_DiversosCriterios.accdb
	05_DiseñoConsulta.accdb
	06_AsistenteConsultas.accdb
	07_Calcular.accdb
Capítulo 12: Hacer que su Información siga siendo precisa	01_ProbarCampo.accdb
	02_Tamaño.accdb
	03_Preciso.accdb
	04_Validar.accdb
	05_BúsquedaSencilla.accdb
	06_BúsquedaVariasColumnas.accdb
	07_Actualizar.accdb
	08_Eliminar.accdb
	09_Impedir.accdb
Capítulo 13: Iniciar una presentación nueva	01_Crear.pptx
	03_Convertir.docx
	04_Reutilizar_01.pptx
	04_Reutilizar_02.pptx

Capítulo	Archivos
Capítulo 14: Trabajar con el texto de la diapositiva	02_Edición.pptx
	03_Cuadrostexto.pptx
	04_Corregir.pptx
	05_Ortografía.pptx
	06_Buscar.pptx
	07_Cambiar.pptx
Capítulo 15: Ajustar el diseño, orden y apariencia de las diapositivas	01_Diseño.pptx
	02_Reorganizar.pptx
	03_Tema_01.pptx
	03_Tema_02.pptx
	04_EsquemaColor.pptx
	05_Otroscolores.pptx
	06_Fondo.pptx
Capítulo 16: Mostrar electrónicamente una presentación	01_Adaptar.pptx
	02_Ensayar.pptx
	03_NotasDocumentos.pptx
	03_Yinyang.png
	04_Viajar.pptx
	05_Mostrar.pptx
Capítulo 17: No contiene archivos	
Capítulo 18: Enviar mensajes de correo electrónico	03_Adjunto.docx
	03_Adjunto.pptx

2. Plantillas

Contiene plantillas de utilidad para las diferentes aplicaciones de Office 2007. Le recordamos que visite el sitio Web Microsoft Office Online: `http:// office.microsoft.com/es-es/templates/`.

3. Vídeos

Contiene vídeos explicativos de las nuevas características que presenta la suite Office 2007.

4. Office

Aquí encontrará una versión de prueba de Microsoft Office Profesional 2007, operativa durante un período de 60 días y en castellano. Para poder instalarla, es necesario observar los requerimientos mínimos. Igualmente se añade FileFormatConverters, un paquete de compatibilidad de Office 2003 a Office 2007.

Requisitos mínimos del sistema

Elemento	Requisitos mínimos
Sistema operativo	Microsoft Windows(R) XP con Service Pack (SP) 2, Windows Server(R) 2003 con SP1 o posterior.
Equipo y procesador	500 MHz de procesador o superior; 256 megabyte (MB) de RAM o superior; Unidad de DVD; 1 gigahertz (GHz) y 512 MB of RAM o superior.
Disco duro	2 gigabytes (GB); una parte de este espacio se liberará después de la instalación si se elimina el paquete de descarga original del disco duro.
Pantalla	Monitor con una resolución de 1024x768 o superior.
Conexión a Internet	Conexión de 128 Kbps o superior, para la descarga del código de activación del producto.
Componentes adicionales	Internet Explorer 6.0 o posterior, sólo exploradores de 32 bits. La funcionalidad de Internet requiere acceso a Internet (puede estar sujeto a cuotas).
	Para algunas funciones avanzadas de Outlook 2007, se necesita la conectividad a Microsoft Exchange Server 2000 o posterior. Para la búsqueda instantánea, se necesita Microsoft Windows Desktop Search 3.0. Los calendarios dinámicos requieren la conectividad del servidor.Para algunas funciones de colaboración avanzadas, se requiere la conectividad a Microsoft Windows Server 2003 con SP1 o posterior ejecutando Microsoft Windows SharePoint Services u Office SharePoint Server 2007. La biblioteca de diapositivas de PowerPoint requiere Office SharePoint Server 2007.

La conectividad con Office SharePoint Server 2007 es necesaria para los formularios de InfoPath habilitados para explorador y otras funciones de colaboración.

Algunas funciones de entrada manuscrita requieren la ejecución de Microsoft Windows XP Tablet PC Edition o posterior. La funcionalidad de reconocimiento de voz requiere un micrófono para hablar de cerca y un dispositivo de salida de audio. Las funciones de Information Rights Management requieren acceso a un servidor Windows 2003 con SP1 o posterior que ejecute los Servicios de Windows Rights Management.

Truco: Los requisitos de disco duro pueden variar dependiendo de la configuración; las opciones de instalación predeterminadas pueden requerir más o menos espacio en el disco duro.

Ejercicios paso a paso

Además del hardware, software y las conexiones necesarios para ejecutar Microsoft Office 2007, necesitará lo siguiente para completar con éxito los ejercicios propuestos en este libro:

- PowerPoint 2007, Word 2007, Excel 2007 y Outlook 2007.

- Acceso a una impresora.

- 10 Mb de espacio de disco duro libre disponible para los archivos de prácticas.

Índice alfabético